PASW(SPSS)

# 시계열 분석

김연형 지음

KYOWOOSA 教友社

# 머리말

시간이 흐름에 따라 변하는 현상으로 관찰된 자료를 시계열이라 하는데 이러한 시계열을 분석하는 목적은 첫째, 시계열 자료를 관찰하고 분석함으로써 주어진 자료를 발생시키는 확률적 체계를 이해하고 모형화하는 데 있으며 둘째, 과거의 자료를 가지고 미래의 값을 예측하는 데 있다. 시계열분석의 궁극적 목표는 예측이기 때문에 시계열분석의 필요성이 최근에 들어와서 여러 분야에서 그의 이용이 급속히 증가하고 있다. 그런데 국내에서 이용할 수 있는 시계열분석책은 대부분 외국서적으로 우리말로 된 시계열분석책이 필요함을 절실히 느껴졌다. 이와 같은 필요성에 따라 본서에서는 시계열분석 방법에 대한 여러 가지 기법을 많이 다루었으며, 학부 고학년이나 대학원 석사과정의 수준에서 다룰 수 있도록 집필되었다. 그리고 내용을 쉽게 하기 위해서 어려운 통계학 이론을 전개해야 할 부분은 각 장의 참고문헌을 소개하였으므로 관심이 있는 분들은 이것들을 이용하기 바란다.

부족하고 미흡한 책이기는 하나 이 책을 다시 펴내게 된 것은 기존의 SPSS 통계프로그램이 PASW Statistics 18.0으로 변경되어 새로 정리할 필요가 있었다. 또한 책에 담겨 있는 내용의 불충분함이나 그릇된 점이 있다면 이것은 어디까지나 본인의 책임임을 아울러 밝혀둔다. 이에 대해서는 앞으로 선배 및 동료교수님의 끊임없는 질책과 고견을 받아서 후일에 이 책의 내용을 보완하고자 한다. 끝으로 본서가 출간되도록 도와준 많은 분들께 감사드린다. 특히 많은 양의 원고를 정리하고 편집 등 잡다한 일을 마다하지 않고 성실하게 도와준 통계학과 박원동군에게 고맙게 생각한다.

출판사정이 여의치않음에도 이 책을 맡아 출판해 주신 교우사 오판근사장님과 백지선과장에게 깊이 감사드린다.

2012. 1 천잠단 연구동에서

칠석 김연형

# 차 례

## 제 03 장 추세가 없는 시계열 예측 / 45



## 제 04 장 추세에 의한 시계열 예측 / 83

## 제05장 계절변동에 의한 시계열 예측 / 113



## 제06장 순환변동에 의한 시계열 예측 / 159

## 제07장 확률과정모형의 기본개념들 / 185

## 제 08 장 정상시계열모형 / 211



## 제 09 장 모형의 식별 / 263

## 제10장 모수의 추정과 검진 / 291



## 제11장 예측 / 331

## 제12장 계절 ARIMA모형 / 357



## 제13장 전이함수모형 / 385

제 01 장

# PASW(SPSS) 맛보기

## 1.1 PASW 구성

### 1) PASW란 무엇인가?

SPSS(Statistical Package for the Social Science)는 광범위한 분야에 대한 데이터 입력, 데이터 관리, 데이터 집계 및 통계분석을 하는 통계분석기구로서 현재 가장 일반적으로 사용되고 있는 통계 패키지이다.

1929년에 처음 세상에 나온 SPSS는 원래 사회과학에서 많이 사용되는 설문조사, 시장조사 등의 표본조사 데이터 분석을 위한 프로그램 모음집으로 출발하였으며, 1975년에 SPSS 매뉴얼이 발간되면서 세상에 보급되기 시작하였다. 그후 1983년에 SPSS 미비점을 대폭 보완하고 실무에서 사용되는 거의 모든 통계적 분석방법을 포함한 SPSSX가 탄생하면서 사회과학 분야뿐만 아니라 모든 분야에 대한 종합적인 통계패키지로 발전하였다. 1986년에는 개인용 컴퓨터에서 사용할수 있는 SPSS/PC가 탄생하여 저변이 확대되었고, 1990년대 초에는 SPSS 윈도우용이 개발되기에 이르렀다. 2005년에는 윈도용 SPSS Ver. 12K로 '한글 SPSS'가 개발되었고, 최근에는 이것이 SPSS Ver.17.0으로 기능이 많이 보강되어 국내 SPSS 사용자들에게 사랑을 받고 있다. 최근에 IBM이 SPSS를 인수하면서 예측분야를 보강하면서 SPSS를 PASW(Predictive Analytics SoftWare)로 제품이 변경되었다. PASW 18.0은 쉽고 편안한 데이터 입력, 효율적인 데이터 관리 및 간편한 통계분석 처리 등을 목적으로 하고 있어 전문가가 아닌 일반 사용자도 쉽게 사용할 수 있는 통계 프로그램이다.

SPSS의 변화 과정

| 1967년 | 시카고 대학에서 개발 | 1992~1997년 | 윈도우형 시대 |
|---|---|---|---|
| 1968년 | SPSS 발매 | 1997~2002년 | 인터프라이즈형으로 변화 |
| 1968~1975년 | 제품화 | 2006년 | SPSS 14K |
| 1983년 | SPSS-X 발매 | 2008년 | SPSS 16.0 |
| 1984~1992년 | 도스형 PC 시대 | 2009년 | SPSS 17.0 |
| | | 2009년 | PASW 18.0 |

## 2) 한글 PASW 18.0 실행화면

■ 일단 프로그램을 실행하면 <그림 1.1>과 같은 대화상자를 볼 수 있다.

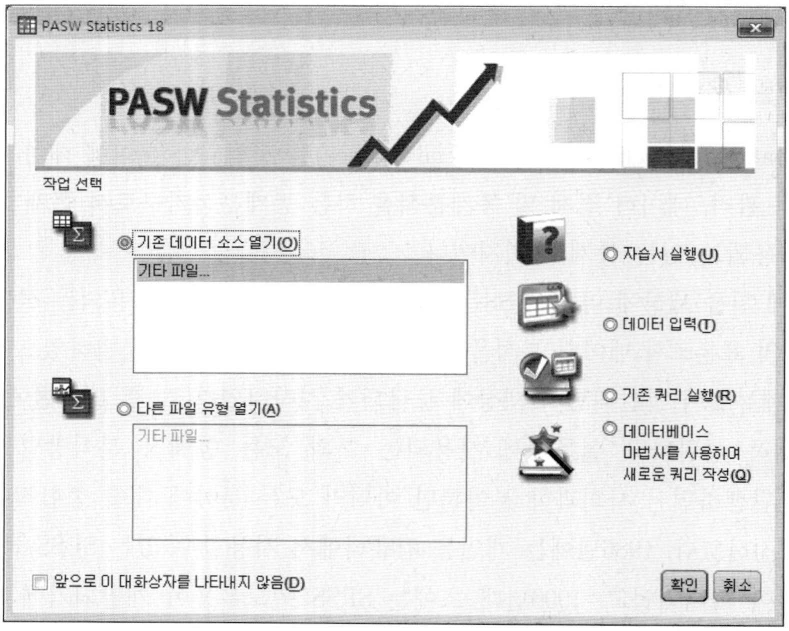


<그림 1.1> 초기화면의 대화상자

■ PASW 데이터 창과 함께 대화상자가 나타난다. 일반적인 응용프로그램과 거의 흡사한 초기화면의 메뉴를 나타내준다. 이 대화상자의 기능은 다음과 같다.

| | |
|---|---|
| 자습서 실행(U) | 도움말 기능을 실행한다. |
| 데이터 입력(T) | PASW 데이터편집기 창으로 이동한다. |
| 기존쿼리 실행(R) | 저장되어있는 기존의 쿼리를 실행 |
| 데이터베이스마법사를 사용 새 쿼리 작성(Q) | 데이터베이스마법사를 이용, 새 쿼리 생성 |
| 기존 데이터 소스열기(O) | 기존의 저장된 PASW 데이터파일 열기 |

- 이때 "앞으로 이 대화상자를 나타내지 않음"을 선택하면 다음 실행시부터는 이 대화상자가 나타나지 않게 된다.

### 3) PASW 창의 구성

#### (1) 데이터편집기(Data Editor)의 구성

- 데이터편집기는 아래 그림과 같은 형태로 worksheet형태로 나타난다. 엑셀 프로그램의 초기화면과 흡사해 엑셀을 많이 다루어 보았다면 친근한 느낌을 갖게 될 것이다. 이제 각각의 기능에 대해 알아보자.

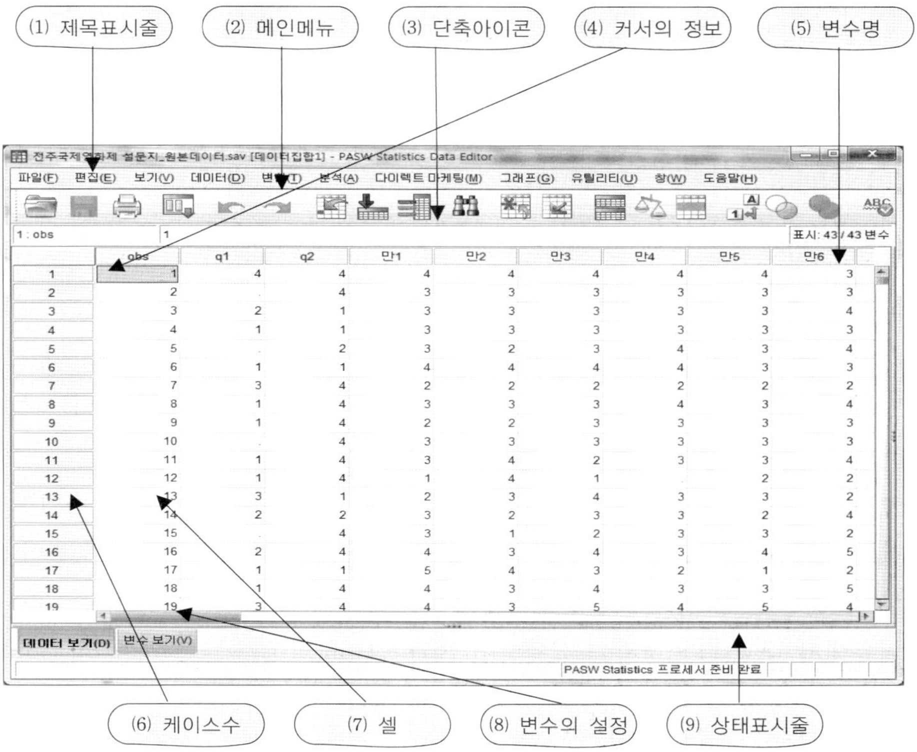


<그림 1.2> 창의 구성

(1) 제목표시줄은 현재작업중인 창의이름 즉 파일이름을 나타낸다. 또한 저장을 하게되면 이곳에 파일명이 나타나게 된다.

(2) 메인메뉴는 데이터편집기에서 사용할 수 있는 대부분의 기능을 나열한곳으로 데이터의 핸들링이 가능한 메뉴, 또한 실제적인 분석을 위한 메뉴, 그림을 그릴 수 있는 메뉴 등으로 되어있다.

(3) 단축아이콘은 메인메뉴 중에서 매우 자주 사용되는 메뉴를 아이콘 형태로 만들어놓은 곳이다.

(4) 커서의 정보는 현재 커서가 위치하고 있는 셀의 케이스수, 변수명과 값을 나타내는 곳이다.

(5) 변수명은 분석하고자 하는 변수들의 이름을 나타내는 곳으로 영문자 8글자, 한글은 4글자로 설정할 수 있다 변수명의 설정은 "(8) 변수의 설정"에서 이루어진다.

(6) 케이스는 설문조사라면 한사람을 의미한다. 만일 10명에게서 data를 얻었다면 10케이스라고 생각하면 된다.

(7) 셀은 실제로 변수가 입력되는 칸으로 셀의 type를 설정할 수가 있으며 숫자는 오른쪽정렬이 문자는 왼쪽정렬이 되어 있음을 알 수 있다. type는 "(8) 변수의 설정"에서 이루어진다.

(8) 변수의 설정에서는 변수명, 유형, 자리수, 소수점자리수, 설명, 값 등을 설정할 수 있다.

(9) 상태표시줄은 PASW가 동작하는 상태를 표시하는 곳으로, 준비상태, 동작상태 등을 표시하는 곳이다.

### (2) OUTPUT 창의 구성

- 왼쪽창과 오른쪽창의 형태는 탐색기 창의 형태와 동일하며 왼쪽창에서는 트리구조로서 결과의 제목을 나타내며 오른쪽창은 결과가 나타난다.
- 메뉴에서는 데이터편집기창과 거의 동일하며 단지 데이터부분이 생략된다.
- 결과는 *.spo 파일로 저장이 될 수 있으며 또한 이 창에서 언제든지 호출이 가능하다.
- 메뉴에서 내보내기 명령을 실행하면 Excel, Html의 문서로 저장이 가능하다.

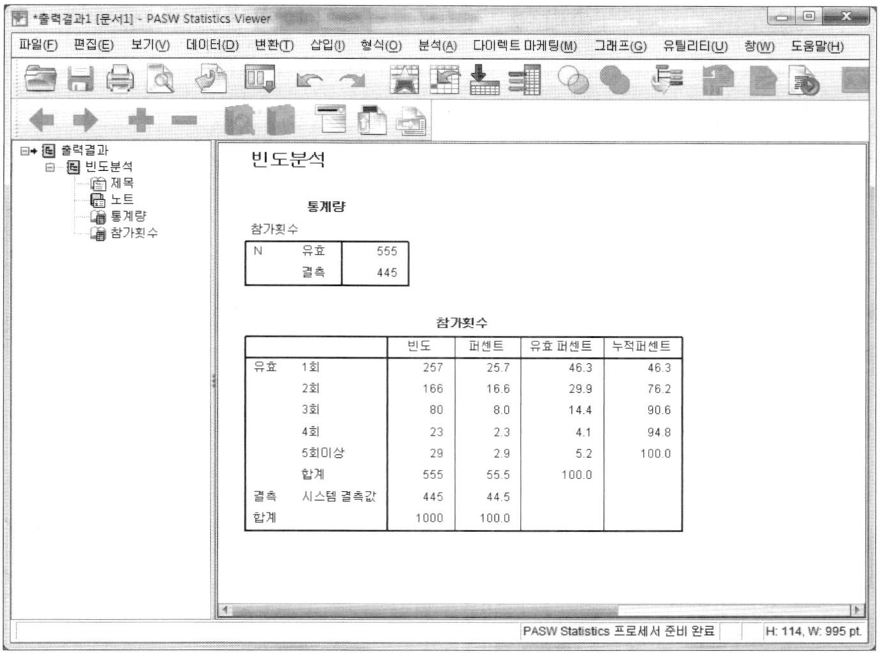


<그림 1.3> 결과창의 구성

## 4) 메뉴의 구성

### (1) 파일

- 새 파일은 한글워드에서 새문서와 같은 역할을 한다. 즉, 비어있는 새로운 데이터 창을 만들어 준다.
- 열기(Open)는 문서를 데이터 창에 불러오기를 할 때 사용하는 기능이다. 단축 아이콘은 이다.
- 텍스트 데이터 읽기(Read Text Data)는 한글워드 등에서 코딩 혹은 입력된 데이터가 테스트(*.txt)로 저장되어 있는 경우, 그 데이터를 pasw에서 읽도록 하는데 사용하는 기능이다.
- 저장(Save)은 입력한 데이터를 저장할 때 사용한다. 단축 아이콘은  이다. 다른 이름으로 저장(Save As...)은 기존의 데이터를 다른 이름으로 저장할 때 사용하는 기능이다. 다른이름으로 저장하게 되면 기존의 데이터는 그대로 남게 된다.
- 데이터 정보 파일 표시는 pasw에서 저장된 파일의 정보를 알려주는 기능을 하다.

이것을 선택하고 pasw 데이터로 저장된 파일을 선택하면, 그 파일에 입력되어 있는 변수 이름(Variable Name), 설명(Label), 자릿수(Column) 등의 구체적인 정보를 제공한다.

- 인쇄(Print...)는 마우스 블록을 지정하여 지정한 부분만 인쇄할 수도 있고, 전체를 인쇄할 수도 있다.
- 인쇄 미리보기(Print Preview)는 인쇄 미리보기로 출력할 면을 미리 보여준다. 원상태로 돌아가기 위해서는 키보드에서 Esc를 누르면 된다.

(2) 편집(Edit)

- 데이터 편집기에서 작성된 데이터 내용의, 일부 또는 전체에 대해서 잘라내기, 복사, 붙여넣기 등을 할 수 있다. 또한 지우기, 찾기, 바꾸기, 변수 삽입, 케이스 삽입, 케이스로 이동, 변수로 이동 등을 할 수 있다.
- 옵션은 PASW에서 사용되는 여러 가지 옵션을 설정하는 곳인데 최초 PASW를 설치했을 때 그 상태로 사용하면 된다.

(3) 보기(View)

- 상태표시줄을 숨기거나 표시할 수 있고, 툴바의 조정 및 도구모음과 데이터의 가로와 세로를 구분짓는 격자선을 설정할 수도 있다. 또한 데이터의 글자체 유형과 크기를 조절할 수 있고, 변수값 설명을 통해 변수값을 나타나게 할 수도 있다.

(4) 데이터(Data)

- 통계분석을 하기 위한 가장 중요한 준비단계로서, 데이터(Data)에서는 데이터를 관리하거나 변수 삽입, 케이스 삽입 등 데이터와 관련된 중요한 기능 등이 있다. 변수 삽입(Insert Variable)을 선택하면 마우스가 있는 왼쪽 칸에 새로운 변수가 삽입되고, 케이스 삽입(Insert Cases)을 선택하면 마우스가 있는 위쪽에 새로운 케이스가 삽입이 된다. 파일합치기(Merge Files)는 데이터를 두 개의 파일로 나누너 저장하여 하나로 합할 경우 사용한다. 케이스 선택(Select Cases...)은 변수의 특정값 만을 골라내거나 조건을 부여하여 조건에 부합하는 케이스만 분석할 수 있도록 해주는 조건문 만들기 기능이 있다.

(5) 변환(Transform)

- 변수계산(Compute...)은 변수간의 가감승제, 새로운 변수의 생성 등을 할 수 있는

곳으로 자주 사용하는 기능이다. 코딩변경(Recode)은 변수값을 바꾸어주는 기능을 한다. 여기에는 같은 변수로(Into same Variables)와 새로운 변수로(Into Different Variables)가 있는데, "새로운 변수로"는 코딩 변경시 새로운 변수를 생성하며, "같은 변수로"는 코딩 변경시 새로운 변수를 생성하지 않고 기존의 변수값이 변한다.

(6) 분석(Analyze)

- 보고서: 그룹별 요약통계와 같은 보고서 작성시에 이용
- 기술통계량: 빈도수, 기술통계, 탐색적 자료분석, 분할표, 요약보고서 등
- 표: 통계표를 작성하는 데 이용
- 평균비교: 부그룹별 기술통계를 제공하는 집단별 평균분석, 일표본 T-검정, 두 집단 간의 차이를 검정하는 T-검정, 두 집단 간의 차이를 검정하는 T-검정, 일원배치 분산분석
- 일반선형모형: 분산분석, 다변량 분산분석, 반복측정 분석, 분산성분
- 일반화 선형모형: 일반화 선형모형, 일반화 추정방정식
- 혼합모형: 일반선형모형의 확장으로서 선형혼합모형(linear mixed model)분석
- 상관분석: 두 변수 간의 상관분석, 편상관분석, 거리측도
- 회귀분석: 성형회귀, 곡선회귀, 로지스틱, 프로빗, 비선형, 가중회귀, 2-단계 최소제곱 등을 제공
- 로그선형 분석: 일반로그선혀오형, 로짓분석, 로그선형모형 등을 제공
- 신경망: 신경망(neural networks)분석 제공
- 분류분석: 판별분석, 군집분석, 트리(tree)분석 등을 제공
- 차원감소: 요인(인자)분석, 대응일치분석, 최적화 척도법
- 척도: 신뢰도분석, 다차원척도법 제공
- 비모수검정: 카이제곱, 이항검정, 런검정 등의 비모수검정
- 예측: 시계열분석 제공
- 생존확률: 생명표, Kaplan-Meier 생존분석 등을 제공
- 다중응답분석: 다중응답분석 처리에 대한 분석 제공
- 결측값 분석: 결측값 처리에 대한 분석
- 다중대입: 빈 패턴 분석, 결측 데이터 값 대입
- 복합표본: 복합표본(complex sample) 선택 및 분석 등

- 품질관리: 관리도, 파레토 도표
- ROC곡선: ROC곡선 제공
- AMOS18(A): 경로분석 제공

등의 절차가 있다.

### (7) 그래프(Graphs)

- 그래프 메뉴는 도표작성기, 그래프보드 양식 선택기, 레거시 대화 상자로 구성되어 있다.
- 레거시 대화 상자는 막대도표, 선도표, 영역도표, 원도표와 히스토그램 등의 도표를 출력할 때 사용한다.

### (8) 유틸리티(Utilities)

- PASW 데이터 파일의 내용에 관한 정보를 알고 싶을 때 사용한다.
- 사용자는 대화상자에 나타난 변수들의 목록을 통제하거나 조정할 수 있다.
- 변수군 정의(E)는 여러개의 변수들을 하나의 이름으로 묶을 때 사용하며, 변수군 사용(U)은 묶어 놓은 변수들을 필요시 한꺼번에 사용할 때 사용한다.

### (9) 창(Window)

- PASW에서 사용되는 창들에 대해서 이동 및 통제를 한다. 작업화면에서 다른 작업화면으로 이전하거나 특정 작업화면을 최소화하여 화면상에 보이지 않게 숨길 수 있다. 그리고 현재 사용하는 창에 대해서는 체크(∨)표시로 나타나게 된다.

### (10) 도움말(Help)

- PASW를 사용하는데 있어서 운용 전반에 걸쳐 필요한 도움말 기능을 수행한다.
- 프로그램의 사용기법은 물론 통계분석기법에 대한 도움말을 제공하며, 특히 온라인 도움말이나 PASW사의 홈페이지를 연결할 수 있는 기능은 사용자들에게 있어서 매우 유용한 정보를 제공할 수 있을 것이다.

### (11) 다이렉트 마케팅

- PASW를 사용하는데 다이렉트 마케팅과 기법선택 등이 있다.

## 5) 도구상자

- PASW 데이터 편집기의 도구상자의 구성과 기능은 다음과 같다.

① ② ③ ④ ⑤ ⑥ ⑦ ⑧ ⑨ ⑩ ⑪ ⑫ ⑬ ⑭ ⑮ ⑯ ⑰ ⑱ ⑲

| | |
|---|---|
| ① 데이터 문서 열기 | 작성된 PASW파일을 불러온다. |
| ② 이 문서 저장 | 새로운 파일일 경우 새로운 파일명을 입력할 것을 요구하며, 기존의 파일을 수정하거나 편집했을 경우에는 그 기존의 파일에 바로 저장된다. |
| ③ 인쇄 | 프린터로 내용을 출력할 때 사용되며, 프린터의 선택사항을 지정할 수도 있다. |
| ④ 최근 사용한 대화 상자 다시 호출 | 최근에 실행한 대화상자를 불러올 때 사용된다. |
| ⑤ 사용자 작업 실행 취소 | 데이터 창에서 최근에 실행한 명령을 취소한다. |
| ⑥ 사용자 작업 다시 실행 | 데이터 창에서 최근에 실행한 명령을 실행한다. |
| ⑦ 케이스로 이동 | 특정한 변수에서 특정한 케이스를 찾아갈 때 사용 |
| ⑧ 변수로 이동 | 특정한 케이스에서 변수 위치를 찾아갈 때 사용 |
| ⑨ 변수 | 변수의 세부 정보를 확인한다. |
| ⑩ 찾기 | 데이터 창에서 지정한 데이터값을 찾아갈 때 사용된다. |
| ⑪ 케이스 삽입 | 마우스로 지정한 위치 바로 앞에 케이스를 하나 삽입하고자 할 때 사용 |
| ⑫ 변수 삽입 | 지정한 변수 바로 앞에 변수를 하나 새로 만들 때 사용 |
| ⑬ 파일 분할 | 몇몇 정의된 변수에 따라 파일을 나눌 때 사용 |
| ⑭ 가중 케이스 | 각 케이스 별로 상이한 비중을 부여할 때 사용 |
| ⑮ 케이스 선택 | 주어진 어떤 조건하에서 케이스를 선택할 때 사용 |
| ⑯ 변수값 설명 | 데이터값에 숨겨져 있는 변수값 설명을 나타내거나 숨길 때 사용 |
| ⑰ 변수군 사용 | 유틸리티 메뉴의 변수군 사용명령과 동일, 변수군 정의를 사용할 때 선택 |
| ⑱ 모든 변수 표시 | 화면에 모든 변수를 표시한다. |
| ⑲ 맞춤법 검사 | 맞춤법 검사를 한다. |

## 1.2 시계열자료 사용법

### 1) 데이터의 날짜정의

- 시계열의 데이터에는 날짜의 정의가 빠질 수 없다. 본서의 예제를 풀다보면

month˙, year˙, date˙ 등의 "˙"가 정의된 변수명들을 볼 수가 있다. 이러한 변수들을 여러분들이 억지로 만드는 변수명이 아니고 PASW가 지원하는 특수변수이다. 예로 사망자수 데이터는 1995년 1월부터 시작하는 데이터라면 다음과 같은 방법으로 날짜를 정의할 수가 있다.

- 메뉴의 "데이터"에서 날짜정의(A)를 선택한다.

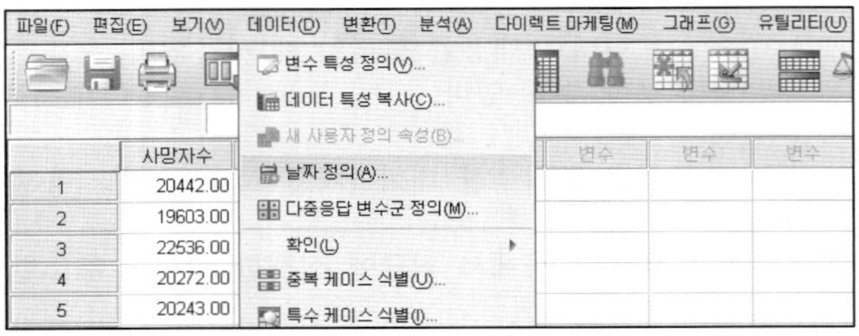


- 날짜정의 창이 뜨면 케이스의 날짜에서 년, 월을 선택하고 오른쪽창에 시작 연도와 월을 적어준다.

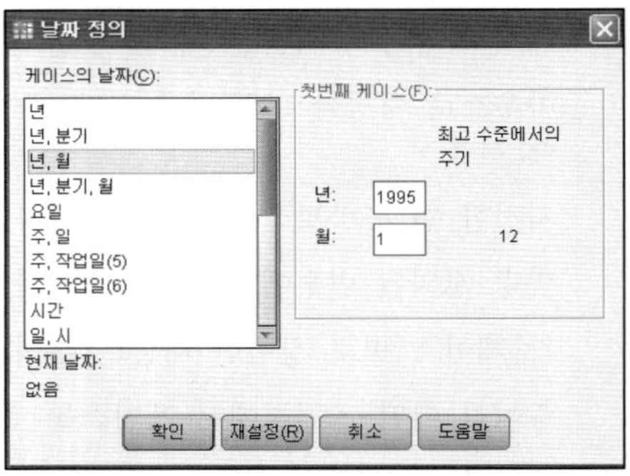


- 이제 결과를 확인해 보면 다음과 같다.

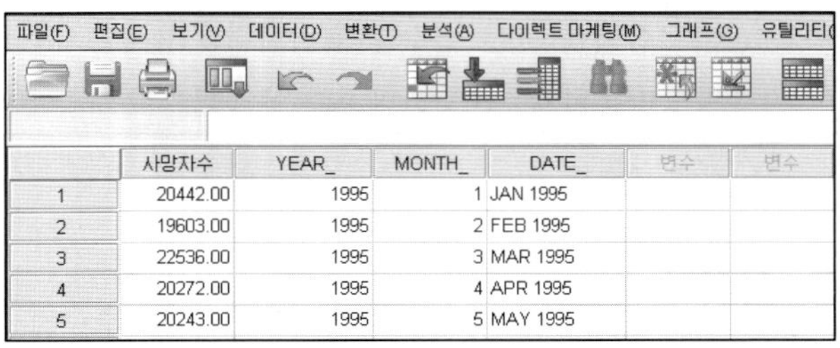


- year˙, month˙, date˙라는 변수가 생성되었다. 변수이름에 ˙표시는 PASW 시스템 변수임을 나타낸다. 따라서 임의로 변수이름을 수정하지 않는다.

• 생선된 날짜 변수에 별다른 이상이 없으면 파일을 저장한다.

## 2) 순차도표

■ 시계열도표를 그리는 방법이다. 우선 다음 주어진 메뉴를 선택한다.

• 변수에는 y축에 사용될 변수를 선택하여 왼쪽창에서 옮겨주고 시간축설명에는 x축에 사용될 변수를 선택한다. 시계열 데이터이므로 보통 date˙를 선택한다.

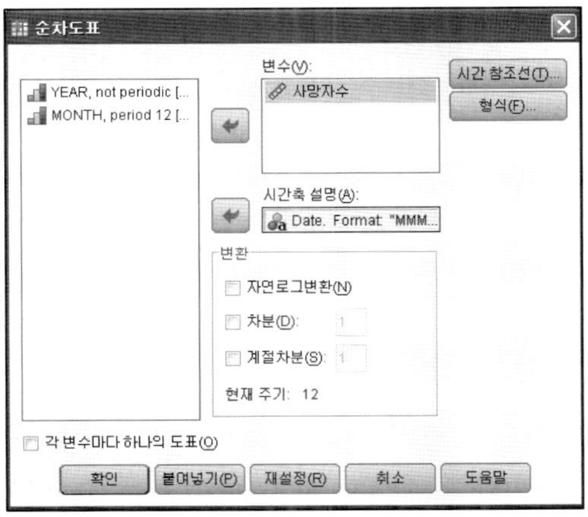

• 그리고 확인 단추를 누르면 다음과 같은 시계열도표가 작성된다.

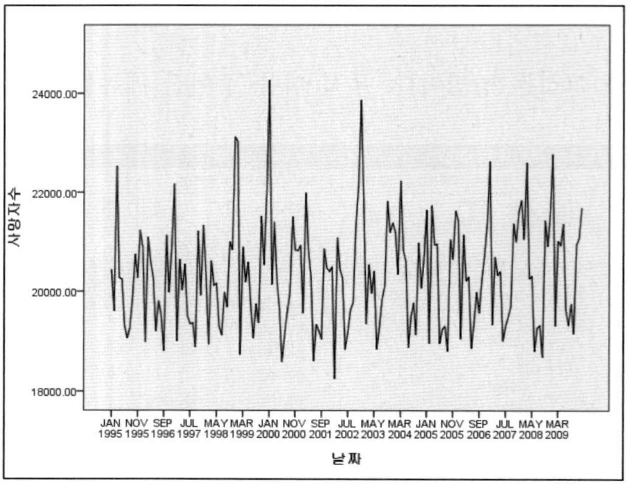


• 참고사항(1)

만일 시계열도표 안에 평균을 표시하는 참조선을 표시하기 위해서는 "순차도표"대화상자의 형식(F)... 단추를 누르고 "계열 평균에 참조선"을 체크하면 나타난다.

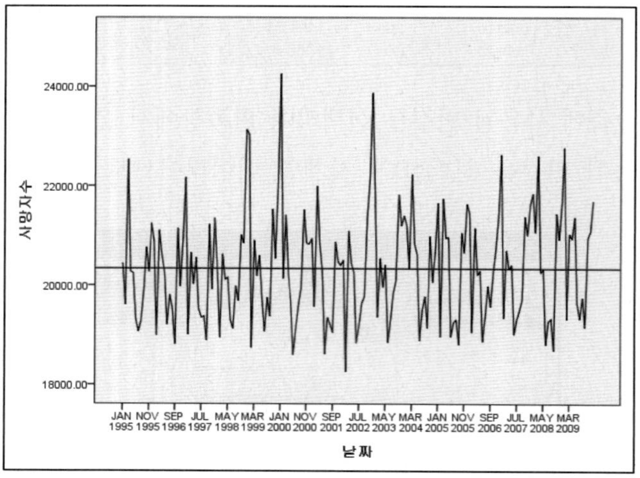


• 참고사항(2)

비계절적 1차 차분 후 변환된 시계열도표를 알고 싶으면, 다음과 같이 "순차도표"대화상자의 '변환'란에 '차분(D):'과 '1'을 각각 지정한다. 비계절적 2차 차분의 경우 '1'대신에 '2'를 입력하면 된다.

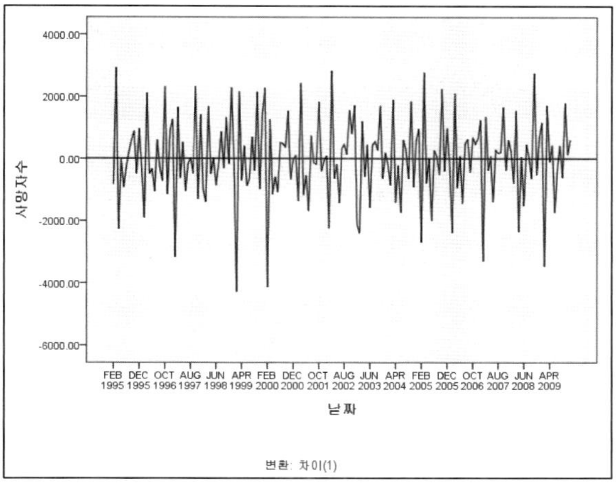


마찬가지로, 자연로그 변환 및 계절적 차분 후 변환된 시계열도표를 조사하고 싶으면 각각 '자연로그 변환(N)' '계절차분(S):'을 선택하면 된다.

### 3) 자기상관함수와 편자기상관함수

- 자기상관함수와 편자지상관함수는 식별단계에서 사용되는 유용한 도구이다.
- 자기상관함수를 통해 시계열의 정상성을 점검할 수 있다.
  - 우선 다음 주어진 메뉴를 선택한다.

- 변수에는 ACF 및 PACF를 알고자하는 변수를 왼쪽창에서 옮겨온다.

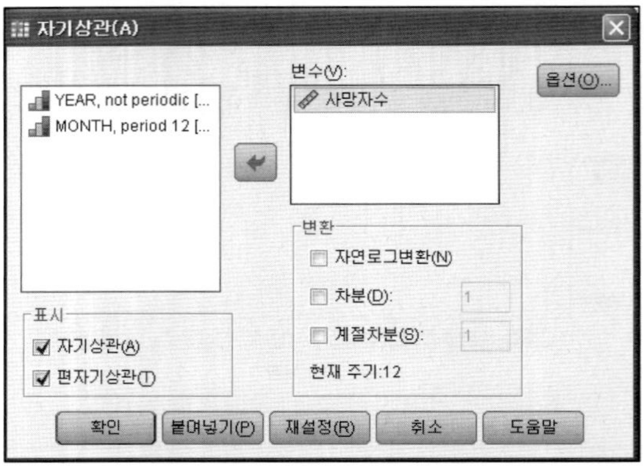

이때 필요에 따라 자기상관과 평자기상관을 선택적으로 출력할 수 있다. 분석전략에 따르면 자료분석에 필요한 상관함수 개수는 관측값 개수의 25%이다. 이를 적용시키기 위해서는 옵션(O)... 단추를 선택한다. 그리고 아래와 같이 “자기상관 도표:옵션“대화상자의 ‘최대 시차수(M):’에 ‘45’(=180/4)를 입력한다. 그리고 표준오차법은 통상 ‘Bartlett 근사(B)’를 선택한다.

- 참고사항(1)

  시계열도표와 마찬가지로, 자연로그 변환 또는 비계절적 차분 또는 계절적 차분 후 변환된 상관함수를 조사하고 싶으면 각각 ‘자연로그 변환(N)’ ’차분(D):‘ ’계절차분(S):‘ 을 선택하면 된다. 물론 경우에 따라서 이 세 개의 옵션을 서로 혼합해서 사용할 수 있다.

- 참고사항(2)

  때때로 비계절적 변동은 일단 무시하고 계절적 변동에만 관심 있을 때, 계절적 시차의 배수에만 해당하는 자기상관계수와 편자기상관계수를 분리하여 출력할 수 있다. 즉, “자기상관 도표:옵션” 대화상자의 ‘주기시차의 자기상관 출력(D)’를 체크하면 된다.

## 4) 회귀분석

■ 선형 회귀분석, 곡선추정 등을 실시할 수가 있다. 곡선추정에서는 많은 방법을 선택할 수 있다.

■ 선형(L)

• 우선 다음 주어진 메뉴를 선택한다.

• 종속변수에는 분석하고자하는 변수명을, 독립변수에는 종속변수에 영향을 끼치는 변수를 이 곳에서는 시간이 독립변수이므로 year˙을 사용했다.

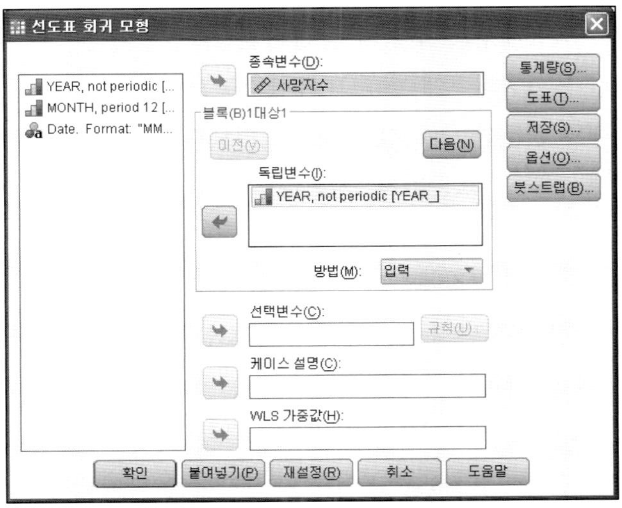

• 위 그림에서 "방법(M)"에서 분석방법을 선택한다. 분석방법에는 다음과 같은 방법들이 있다.

□ 입 력 : 입력된 독립변수들을 모두 분석

□ 단계선택 : 단계선택법(stepwise)으로 각 단계마다 유의수준에 해당되는 변수를 선택 또는 제거한다.

□ 제 거 : 독립변수중 부적합변수를 한번에 제거한다.

□ 후 진 : 후진선택법(backward)으로 모든변수를 선택한 후 유의수준에 따라 변수를 제거한다.

□ 전 진 : 전진선택법(forward)으로 유의수준에 따라 변수를 하나씩 선택한다.

□ 아래의 메뉴에 통계량(S), 도표, 옵션의 각각의 기능은 다음과 같다.

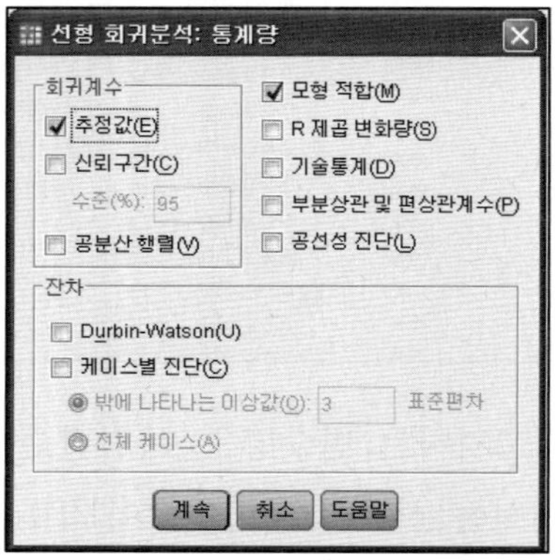


□ 추정값 : 회귀계수의 추정치를 나타낸다.

□ 신뢰구간 : 회귀계수에 대한 95%신뢰구간을 나타낸다.

□ 공분산행렬 : 분산-공분산행렬을 나타낸다.

□ 기술통계 : 평균, 표준편차, 상관행렬을 나타낸다.

□ 모형적합 : ANOVA표, 결정계수 등을 나타낸다.

□ R제곱 변화량 : 결정계수의 변화량을 나타낸다.

□ 부분상관 및 편상관계수 : 상관계수, 부분상관 등을 나타낸다.

□ 공선성 진단 : VIF, 고유값, 조건지수등을 나타낸다.

□ Durbin-Watson : 더빈왓슨통계량을 나타낸다.

□ 케이스별 진단 : $\mu \pm 3$을 벗어나는 잔차값을 나타낸다.

☐ ZPRED : 표준화 추정값 ☐ ZRESID : 표준화 잔차값

☐ DRESID : 삭제잔차 ☐ ADJPRED : 조정 추정값

☐ SRESID : 스튜던트화 잔차 ☐ SDRESID : 스튜던트화 삭제잔차

☐ 히스토그램(H) : ZRESID의 히스토그램. 정규곡선이 같이 그려진다.

☐ 정규확률도표(R) : 표준잔차의 정규확률점도표

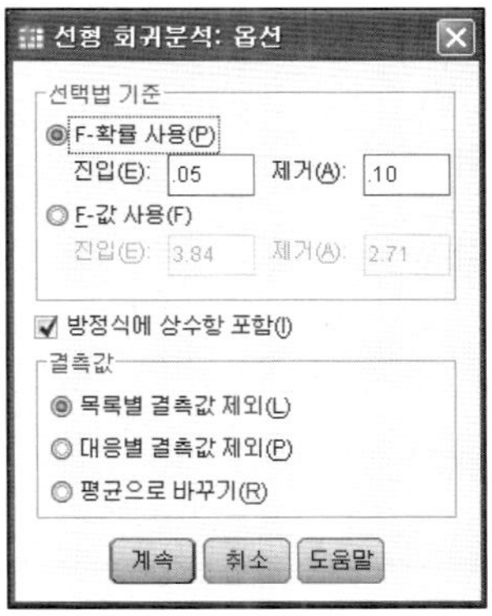


- 회귀분석의 방법 선택시 단계, 전진, 후진을 선택하면서 유의 수준을 결정할 수 있다. 또한 결측값의 보정도 가능하다.
- 곡선추정
- 종속변수에는 분석하고자 하는 변수를 선택하고 독립변수는 시간(시계열이므로)을 선택한다. 모형에서는 여러 가지의 모형을 선택할 수 있도록 되어 있으므로 적합한 모형을 선택하고 분산분석표 출력(Y)을 선택한 후 확인을 클릭하면 된다. 모형에 대한 선택은 본문을 참조하길 바란다.

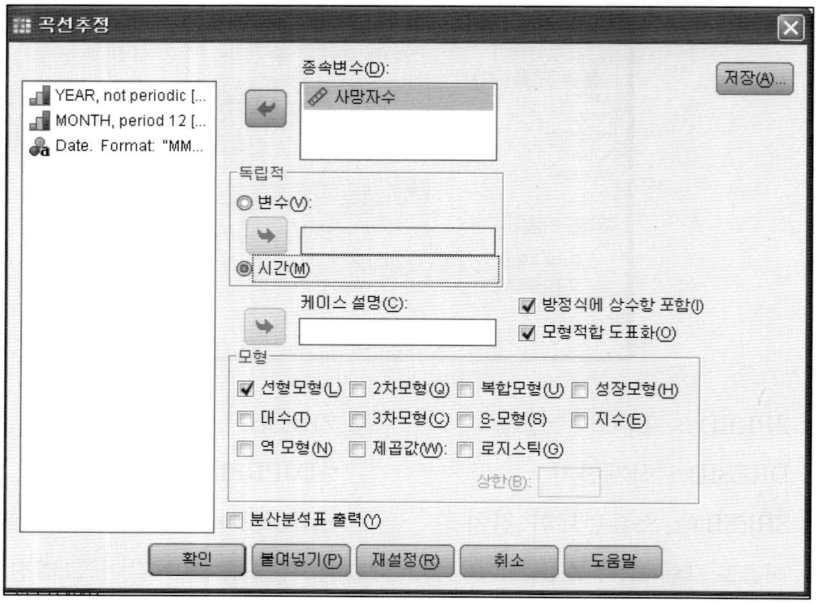

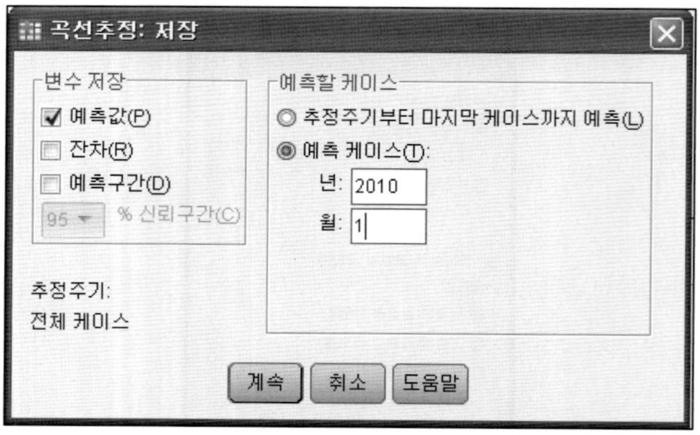

- 저장 메뉴에서는 미래시점을 예측할 수 있다.
- 저장할 변수에서 예측값을 선택하면 오른쪽 메뉴가 활성화되며 예측케이스에 예측년도와 분기를 적어주고 계속을 클릭하면 된다.

## 5) 시계열모형생성

- 우선 다음 주어진 메뉴를 선택한다.

- 지수평활
- 지수평활에서 모형에는 단순, Holt, winters모형을 선택할 수 있다.

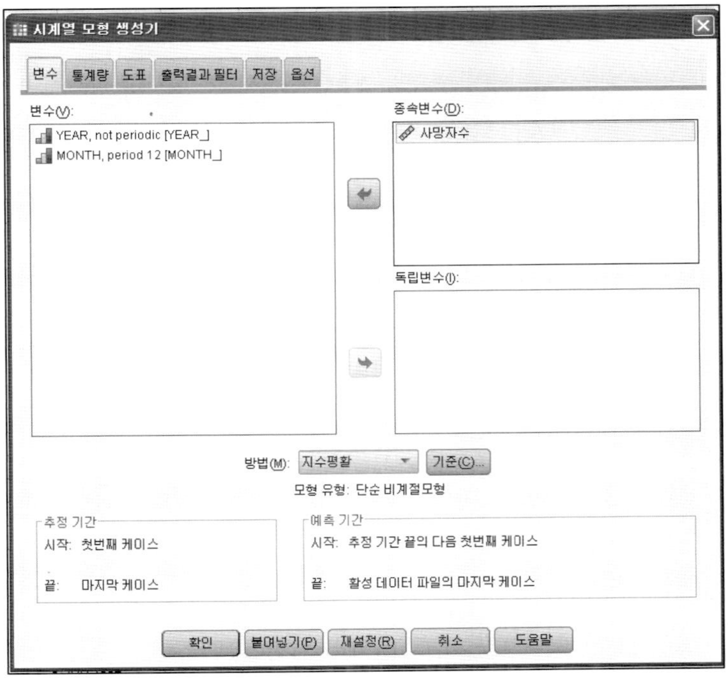

• 

에서 단순을 선택한다.

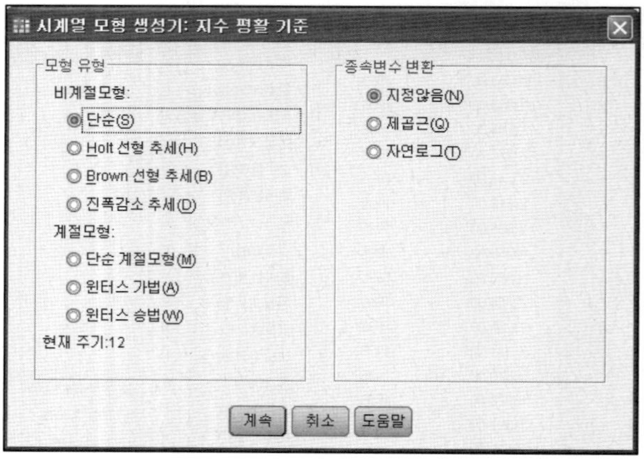


• 이로써 승법 단순지수평활법을 지정하게 된다.

• 그 다음으로는 좌측 상단의 '통계량' 단추를 누른 후, '개별 모형의 통계량' 란에서 '모수 추정값(P)'을 체크하여 지수평활계수를 추정한다. '적합도'란에 있는 8개의 모형적합도 통계량과 '잔차 자기상관함수'와 '잔차 편자기상관함수'는 모형검진단계에서 사용하는 도구들이다.

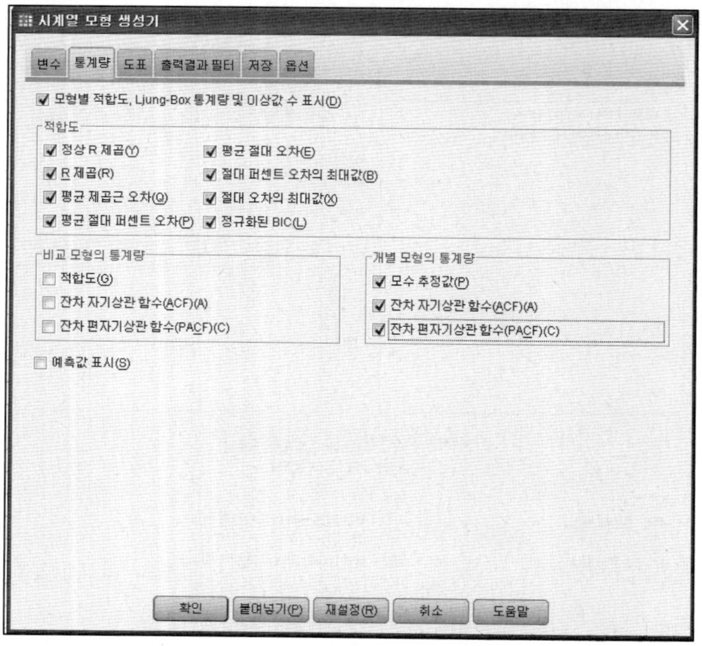

- 참고사항

단순에서와 마찬가지로 Holt, winters방법에서도 동일하나 모수 메뉴에서 Holt는 감마값을  추정하며, winters방법에서는 델타까지 추정을 한다.

- ARIMA모형
- ARIMA모형에서는 ARIMA(p, d, q)의 모형을 설정해서 분석할수 있으며 또한 ARIMA(p, d, q)×(P, D, Q)s 분석을 할 수 있다. 변환을 이용해 자연로그, 제곱근 변환을 할 수 있다. 모형에 상수항을 포함 또는 삭제할 수 있으며 저장 메뉴에서는 다른 저장 메뉴와 마찬가지로 예측값을 나타낼 수 있다.

앞에서와 같이 메뉴 분석(A) – 예측 – 모형 생성(C)... 을 선택하여 “시계열 모형 생성기” 대화상자가 나타나면 방법(M): ARIMA 기준(C)... 을 선택한다.

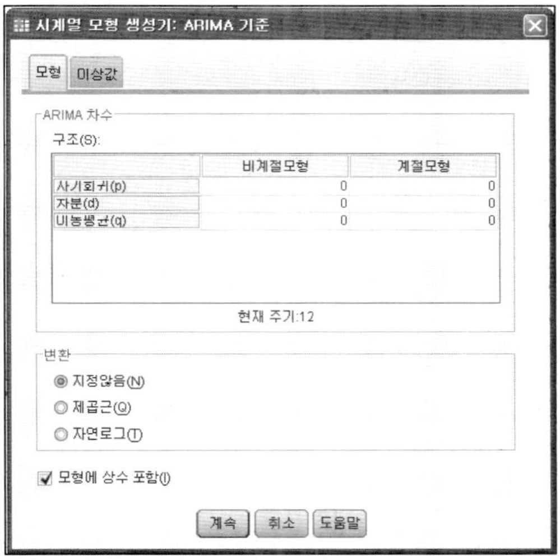


- 옵션에서는  예측방법을 비조건부 최소제곱과 조건부 최소제곱법을 선택해 사용할 수 있다.

제 02 장

# 시계열과 예측

## 2.1 시계열의 개념

시계열(time series)이란 시간의 경과에 따라 변동하는 변수를 관측한 결과들의 집합을 의미한다. 예를 들면 전주백화점의 매월 매출액, 한국의 연간 강철생산량, 한국의 GNP, 강우량등 얼마든지 있다. 이와같은 시계열은 어떠한 사회현상이나 자연현상에 관한 변수의 시간적 변화를 나타내는 하나의 역사적 사실의 자료가 되는 것이다. 시계열을 구성해 주는 통계숫자로는 관찰결과를 그대로 나타낸 실수도 있고 또한 그 실수로부터 계산하여 얻은 평균, 비율 또는 지수와 같은 수치로 되는 경우도 있다. 예를 들면, 지질학에서 조사되는 어느 한 지점에서의 지진의 강도와 의학에서 분석되는 심전도(echocardiogram)처럼 연속되는 시점(continuous time point)에서 시계열자료가 기록될 수 있고 월별통화량과 일별 종합주가지수와 같이 이산시점(discrete time point)에서 시계열자료가 얻어질 수가 있다. 그러나 본서에서는 등간격의 이산시점(equally spaced discrete time point)에서 관찰되는 시계열자료만을 다루기로 한다. 시계열의 변화관계를 직관적으로 알 수 있게 하기 위해서 우리나라의 생활물가지수를 1990년 1월부터 2010년 12월까지의 자료를 이용하여 그림으로 나타낸 것이 <그림 2.1>의 시계열 산포도이다. 또한 <그림 2.2>는 연속되는 시점에서 기록되는 어떤 환자의 심전도를 나타낸 것이다.

시계열의 분석을 위해서 시계열은 각 항이 서로 비교할 수 있는 성질이 있어야 되기 때문에 다음과 같은 요인이 갖추어져야 한다. 첫째로, 시계열에서의 시간의 경과는 동일한 시간간격에 따라야 한다. 둘째로, 시계열을 구성하는 숫자들은 동일한 정의와 방법에 의하여 조사된 것이어야 한다.

이상과 같은 요인을 갖춘 시계열자료를 분석하는 목적은, 첫째 과거와 현재의 자료에 대한 성격을 보다 자세히 이해하고, 둘째 그 이해를 바탕으로 미래를 보다 합리적으로 예측하기 위함이다. 따라서 시계열분석에서는 일정기간 동안 분석대상이 되는 변수에 의하여 나타난 변동이 분석의 촛점이 된다. 즉 어떤 시계열이 과거의 오랜기간 동안의 변동에 있어서 일정한 추세(trend)나 지속적인 양상을 나타낸다면, 미래에도 그것이 계속될 것이라고 예상하는 것은 자연스러운 판단일 것이다. 어떤 변수의 과거의 형태가 미래까지 계속될 것이라는 가능성은 시계열적 추론을 할 수 있는 그럴듯한 근거를 제공하는 것이며 그러한 추론이 바로 시계열분석의 목적이라고 할 수 있다.

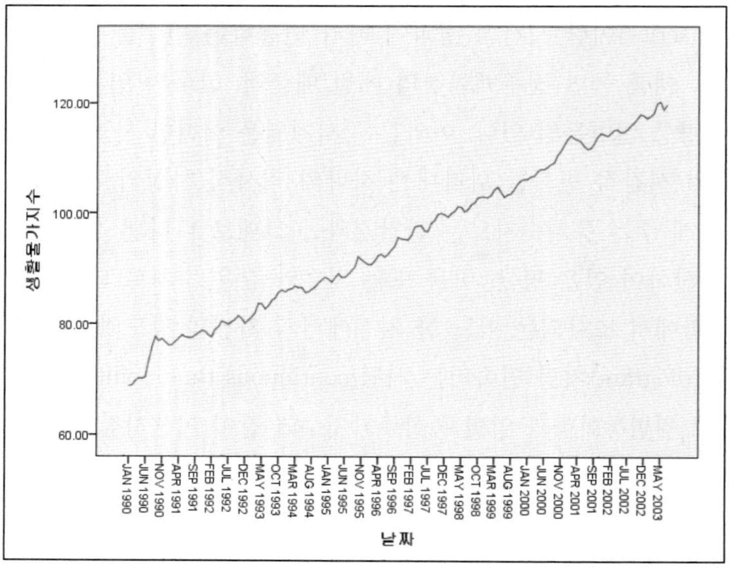


<그림 2.1> 생활물가지수의 시계열 그림

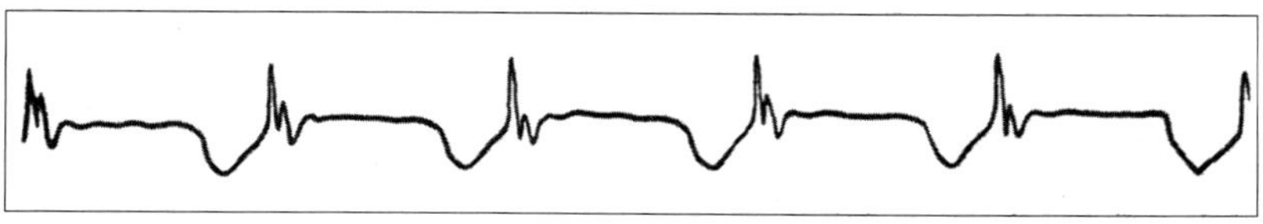

<그림 2.2> 어느 환자의 심전도

이러한 시계열분석은 접근방법에 따라서 하나는 자기회귀이동평균모형(autoregressive moving average model)과 같은 시간영역분석(time domain analysis)이고 다른 하나는 스펙트럴분석(spectral analysis)즉 진동수영역분석(frequency domain analysis)으로 구분된다. 여기서 스펙트럴분석이란 정상성(stationarity)을 갖는 시계열은 싸인(sign)함수와 코싸인(cosine)함수로 이루어진 무수히 많은 주기함수(periodic function)들의 합으로 나타낼 수 있음을 이용하여 시계열의 분석에 대한 각각의 주기함수들의 영향력을 스펙트럴밀도함수로 나타내므로써 영향력이 큰 주기를 찾아내는 방법을 말한다.

## 2.2 시계열의 변동요인과 모형

시계열의 분석에 있어서는 시계열에 나타나는 변동은 성질을 달리하는 몇 가지 변동의 합성으로 보고, 이들 각종의 변동을 분해하여 각각을 측정하는 방법을 취한다. 시계열에 나타나는 변동의 구성요인은 미첼(W.C. Mitchell), 퍼슨즈(W.H. Persons) 등의 이론에 따라 다음과 같은 네가지 요인으로 구분하여 설명하고 있다.

### 1) 추세변동(secular trend ; T(t))

추세변동이란 대체로 10년 이상 동일방향으로 상승 또는 하강 경향을 나타내는 요소로서 경제의 성장과 인구의 증가, 신자원 및 기술의 개발 등으로 인하여 발생하는 장기변동이 이에 속한다.

### 2) 순환변동(cyclical movement ; C(t))

순환변동이란 전체 경제활동의 확장, 수축의 순환과정을 부단히 반복하는 주기적인 변동을 말한다. 순환변동이 불규칙변동과 다른 점은 그 주기가 1년 이상으로 비교적 길고, 누적적이며 특정부문의 변동이 다른 부분에 확산 파급되는 특징을 가지고 있다는 점이다.

### 3) 계절변동(seasonal variation ; S(t))

계절변동이란 12개월을 주기로 하여 변동하는 것으로서 농업생산의 계절성, 계절적인 기온의 변화와 이에 따른 생활관습의 변화 등에 따라서 매년 반복 발생되는 경제현상이다.

### 4) 불규칙변동(irregular fluctuation ; I(t))

불규칙변동이란 위에 말한 요인으로는 설명되지 않는 변동요소로서 천재지변, 파업, 전쟁 및 급격한 경제정책의 변화 등 사회적 변화에 의하여 일어나는 극히 단기적이고 불규칙적인 비회귀적 경제변동을 말한다.

각 변동을 나타내는 장기적인 추세는 점진적으로 상승하는 1차함수의 형태를 보이고 있으며 계절변동은 1년을 주기로 3월과 4월이 가장 높고 10월과 11월이 가장 낮게 나타나는 규칙적인 모습을 보이고 있다. 순환변동은 약 8년 정도의 주기로 증감이 교차하는 모습을 보이고 있으며 불규칙변동은 평균을 중심으로 불규칙하게 증감이 계속되고 있음을 알 수 있다.

시계열은 이상의 네개의 변동요인의 결합으로 이루어져 있으며 시계열의 성질에 따라 다음의 두가지 모형으로 가정하는 것이 통례이다. 원시계열, 추세변동, 순환변동, 계절변동, 불규칙변동을 각각 $Y_t$, $T_t$, $C_t$, $S_t$, $I_t$라고 할 때 두 가지 모형은 다음과 같다. 우선 가법모형(additive model)은

$$Y_t = T_t + C_t + S_t + I_t$$

와 같이 표현되고 승법모형(multiplicative model)은

$$Y_t = T_t \times C_t \times S_t \times I_t$$

와 같이 표현된다. 이상과 같은 모형 중 어느 것이 경제현상의 분석에 가장 적합한 것인가의 결정은 이론보다는 실제로 자료별로 모형을 적합해 봄으로써 가능해진다. 그런데 시계열의 네가지 변동요인은 모두 시간의함수이며 또한 각각의 요인은 그 특성에 맞는 함수식을 갖고 있다. 특히 불규칙변동은 가법모형인 경우에 일정한 분산과 평균이 0, 승법모형인 경우에는 일정한 분산과 평균이 1인 정규분포를 가지는 특성을 지니고 있다. 이와같은 모형은 시계열에 따라 다르지만 대분분의 시계열은 승법모형에 속하는 것으로 알려지고 있다. 위의 네 가지 요인을 종합분해함으로써 각각의 특성에 맞는 분석을 할 수가 있다.

## 2.3 예 측

### 2.3.1 예측의 개념

미래에 발생할 사건을 알고자 하는 인간의 욕망은 항상 존재하고 있고, 그러한 욕망

은 미래를 좀더 합리적이고, 과학적으로 예측하고자 하는 노력으로 나타난다. 이러한 예측(forecasting)이란 장래 활동에 관한 추정이라고 할 수 있다. 장래는 목적의식이나 인과관계의 인식과 함께 발생한 것이다. 따라서 예측을 하는 주된 이유는 우리들의 현재의 의사결정이 불확실한 미래의 어떤 사건의 발생에 매우 중요한 역활을 하기 때문이다.

그러나 불확실한 미래를 오차없이 정확하게 예측한다는 것은 불가능하고, 다만 얼마나 정확한 정보를 제공할 수 있는가의 문제, 즉 이는 예측의 신뢰성(reliability)의 문제인데, 이 속성은 예측자체의 중요성을 근본적으로 결정지우는 요소라고 할 수 있다. 그리고 예측은 과거의 자료에 의해서 이루어지는 것으로서 현재는 과거의 연장이며, 미래는 현재의 연장이라는 가정을 하고 있다. 따라서 미래가 현재와 연속성이 없이 크게 단절되어 있다면, 예측은 불가능하게 될 것이다.

일반적으로 우리가 예측하고자 하는 목적은 다음과 같다고 볼 수 있다. 우선, 예측에 사용되고 있는 법칙의 경험적 검토를 위하여 예측을 하게 된다. 따라서 예측의 결과는 사용된 법칙의 경험적 진위성의 검토의 조건이 된다. 그러나, 그릇된 법칙으로부터 예측의 결과를 유도할 수 있으므로 이러한 법칙의 검토는 완전한 것이 못된다. 다음으로 중요한 예측의 목적은 실천적인 것이다. 어떠한 합리적 행동의 계획을 하기위해서는 미래에 대한 정보가 필요하다. 사회 현상이 복잡하여지고 또 변화의 속도가 빨라질수록 미래에 대한 정확한 정보의 필요성은 더욱 증대하기 때문이다.

경제 현상을 예측할 수 있는 능력은 문제가 되는 경제 현상을 설명할 수 있는 법칙을 우리가 얼마나 소유하고 있는가에 달려 있다. 우리가 예측을 하려는 사건과 관련되어 있는 경험적 법칙들에 관한 지식이 정확할수록 예측의 정확성은 높아질 것이다. 또 하나의 중요한 점은 경제 현상을 설명하는 법칙들은 대부분 통계적 법칙이라는 사실이다. 복잡한 사회 현상 또는 경제 현상의 인과관계성은 통계적 법칙의 힘으로서만 예측을 허용한다.

### 2.3.2 예측방법의 종류

#### 1) 질적예측방법

질적예측방법(qualitative forecasting methods)은 보통 전문가의 의견을 사용해서 미래값을 주관적으로 예측한다. 이방법은 예측해야 할 사건에 관한 과거의 자료가 이용가능하지 못할 때나 희귀할 때 이용하게 된다. 예를들면 신제품이 소개되는 경우 과거의 자료는 이용될 수 없는 것이다. 신제품의 판매량을 예측하기 위해서 회사는 많은 판매원이나 시장조사팀이 제공하는 전문 의견에 의존해야 한다.

질적 예측방법 중의 하나가 델파이법(Delphi method)이다. 이 방법은 랜드(Rand)회사가 개발했는데, 전문가 패널을 이용해서 특정분야의 새로운 개발시기와 같은 특정 문제에 관한 예측을 하는 데 이용한다. 델파이법은 패널 구성원이 관련 분야의 전문가임을 가정하고 또 패널 구성원의 통합된 지식이 한 구성원이 산출한 예측값보다는 낫다는 가정하에 성립된다. 전문가 패널이 예측요구를 받았을 때는 먼저 패널 토의를 하게 된다. 그러나 이러한 토의는 한 구성원 또는 몇명의 구성원에 의해 주도되는 경우도 있다. 또한 패널 토의에서 결정된 사항이 여러 사회적 압력을 받을 경우도 있다. 델파이법에서는 이런 문제를 해결할 때 패널구성원을 격리시켜서 구한다. 각 구성원은 계속되는 설문에 응답해서 패널 조정자에게 반송하게 된다. 첫번째 설문이 완성되면 다음 설문이 첫번째 설문에 대한 패널 전구성원에 의해 작성된 정보와 함께 각 구성원에게 전달된다. 따라서 각 구성원은 자신의 의견과 전구성원의 종합의견을 비교할 수 있다. 이와같이 해서 몇 차례 반복된 설문응답은 예측에 이용할 수 있는 의견일치에 수렴하게 된다. 그러나 델파이법은 만장일치를 유도하기보다는 오히려 의견간의 타당한 차이가 발생할 수 있는 것으로 여긴다.

이상의 내용을 확률적 개념으로 요약하면 다음과 같다. 즉 델파이법은 전문가들의 주관적 확률에 의한 예측이긴 하나 주관적 확률론에 의하면 확률의 객관성은 존재하지 않으며 확률은 개인의 신념도로 간주하는 것이다. 따라서 같은 사건에 대한 확률은 개인의 경험과 지식에 따라 개인과 개인 사이에 차이가 있을 수 있다.

이와 같은 주관적 확률론은 모든 인간은 합리적 사고를 가지고 있다는 전제하에 성립된다.

두 번째 질적예측방법은 『시나리오』(scenario)방법이다.

『시나리오』란 현시점의 특수한 상태를 출발점으로 하여 어떠한 과정을 통해 가능한 한 미래의 상태에 도달할 수 있는가를 분석하는 방법을 말한다. 즉 예측과는 달리 『시나리오』는 미래의 가능성을 제시하는데 사용된다.

**예제 2-1**

다음과 같은 선진국의 노동시장의 발전가능성을 전개하여 보기로 한다. 앞으로 10년간에는 생산에 참여하는 여성노동자의 비율이 증가할 것이며 특히 주당 30시간 이상 노동하는 20세-60세 사이의 노동자들 중에서 여성의 비율이 커질 것이다. 전반적으로 노동력의 수는 증가할 것이며 정년퇴직의 법적 완화는 공급되는 총 노동시간을 증가시킬 것이다.

한편 출생률의 감소는 학교를 떠나 노동에 적극 참여하는 노동력의 수를 매년 감소시킬 것이다. 또한 산업의 자동화는 새로운 직업을 창출함으로써 전체적인 노동력의 수요를 증가시킬 것이다. 동시에 노동자의 평균노동시간이 감소함에 따라 고용주는 증가된 노동수요를 충족시키기 위해 더 많은 노동자를 고용하게 될 것이다. 그후 10년간에도 이러한 경향은 지속될 것이며 노동자의 건강상태가 일반적으로 좋아지고, 또 퇴직자의 사회보장제도가 약화됨에 따라 늦게 퇴직하는 경향이 나타나게 될 것이다. 특히 사회보장제도의 재정문제는 심각해질 것이며, 여성의 노동 참여율의 증가는 이 문제를 더욱 심각하게 할 것이다.

위 예에서 알 수 있듯이 미래에 대한 예측이 아니고 여러 가능성 중에서 한 가능성을 중점적으로 제시하는 것이다. 물론 이러한 『시나리오』를 전개시키는 과정에서는 여러 가정을 전제해야 하는데 어떠한 가정을 하는가에 따라 상이한 『시나리오』가 전개될 수 있다.

다음과 같은 이유는 『시나리오』가 적절하고 효율적인 예측방법임을 보여준다. 첫째로 『시나리오』는 사용자로 하여금 중요한 사상들의 인과관계를 체계적으로 분석케 하고, 가능한 미래의 사상들간의 논리적 모순을 검토하게 함으로써 미래의 가능성을 보여준다. 둘째로, 『시나리오』는 순수한 주관적 방법보다는 많은 관찰자료를 사용함으로써 어느 정도의 객관성을 갖고 있을 수 있으며 제한된 시간과 자료로도 『시나리오』를 작성할 수 있다는 장점이 있다.

그런데 이 방법에서의 문제점은 각 『시나리오』가 전개된 확률을 어떻게 결정해야 할 것인가 라는 것이다.

일반적으로 이러한 확률은 전문가들의 주관적인 평가, 혹은 『델파이』방법을 통해 각 가능한 『시나리오』에 대한 확률을 평가할 수 있다. 『시나리오』의 확률결정과 관련된 연구로는 Sarin(1978, 1979), De Kluyver's and Moskowitz(1984) 그리고 Brauers and Weber(1988) 등이 있다.(오광우·이우리, 예측방법과 응용., 1991)

세번째 질적 예측방법은 『크로스 임팩트』(cross-impact)분석방법이다.

방법은 『델파이』방법 및 『시나리오』방법과 밀접한 관련성을 갖고 있는 예측방법으로 방법의 기초원리는 매우 간단하다. 『크로스 임팩트』방법은 미래의 사상들이 어떻게 상호작용을 하며 이 상호작용은 어느 시점에서 어떠한 확률로 일어날 것인가 하는 것을 체계적으로 분석하며 예측하는 방법이다. 이때 분석에 사용되는 도구는 『크로스 임팩트』행렬(Cross-Impact matrix)이다.

**예제 2-2**

문제가 되는 세개의 사상을 각각 $E_1, E_2, E_3$라고 하고 사상 $E_i$가 다른 사상들에게 영향을 주게 되는 시차를 $t_i$라 표시하며, 또 영향을 줄 확률을 $P(E_i)$라 한다면 『크로스 임팩트』의 행렬은 다음과 같다.

| 사상 | 시점 | 확률 | 사상 발생할 경우 | | |
|---|---|---|---|---|---|
| | | | $E_1$ | $E_2$ | $E_3$ |
| $E_1$ | $t_1$ | $P(E_1)$ | | 증진<br>10%<br>즉시 | 증진<br>50%<br>7년 |
| $E_2$ | $t_2$ | $P(E_1)$ | 억제<br>−20%<br>5년 | | 증진<br>0%<br>즉시 |
| $E_3$ | $t_3$ | $P(E_1)$ | 억제<br>−10%<br>즉시 | 억제<br>−70%<br>즉시 | |
| | | | 사상 발생하지 않을 경우 | | |

위의 행렬의 대각선 위쪽 부분은 사상들을 증신시키는 확률과 그 시차가 기록되고 반면에 대각선 아래쪽은 사상을 억제시키는 확률과 시간의 간격이 기록된다. 위의 예에서 $E_1$이 발생하게 되면 $E_2$의 발생 확률을 10% 증가시키게 하는 영향을 즉각적으로 미치게 하고, $E_3$에는 시점 $t_3$보다 7년전에 영향을 미치고, 또 $E_3$가 발생할 확률을 50% 증가시키게 한다. 반면에 $E_1$이 발생하지 않으면 $E_2$가 발생할 확률을 20% 감소시키는 영향을 미치고, 그러한 영향은 5년동안 지연된다. 또 $E_3$에는 즉각적으로 $E_3$가 발생할 확률을 10% 감소시키는 영향을 미친다. ■

**예제 2-3**

한 도시의 미래의 인구실태를 분석 및 예측하고자 하는데 이 도시 인구수의 크기는 공무원직의 수에 좌우된다고 하자. 첫번째 가능한 사상($E_1$)은 정책에 따라 공무원직을 25% 감소하는 것이며, 이것이 1992년에 발생될 확률이 0.4로 기대된다. 또 다른 사상 $E_2$는 전국적인 추세에 따라 이 도시의 년간 인구증가율도 현재는 6%이지만 2002년에는 2%로 감소할 것이라는 것이며, 이렇게 될 확률은 0.5이다.

만약 공무원 감원 정책이 실현되는 경우(즉, $E_1$이 발생할 경우) 사상 $E_2$가 발생할 확률은 60%가 증가하게 되고(원래 $E_2$가 발생할 확률이 50%이고 나머지 50%에 대한 60%의 증가가 되므로 80%로 된다.) 시기도 일년 당겨 2001년에 $E_2$가 발생하게 될 것이다. 반면에 $E_1$ 즉 공무원의 감원정책이 실천되지 않을 경우 $E_2$가 발생할 확률은 80%가 감소하고 발생하는 시점은 전과 동일하다.

우리는 이제 $E_1$이 발생하였을 경우의 $E_2$의 확률 $P(E_2 \mid E_1)$과 $E_1$가 발생하지 않았을 경우에 $E_2$가 발생할 확률 $P(E_2 \mid \overline{E}_1)$을 다음과 같이 각각 계산할 수 있다.

$$P(E_2 \mid E_1) = 0.5 + 0.6(1.0 - 0.5) = 0.8$$

$$P(E_2 \mid \overline{E_1}) = 0.5 - 0.8(1.0 - 0.5) = 0.1$$

상기의 예를 『크로스 임패트』행렬로 나타내면 아래와 같다.

| 사 상 | | 시 간 | 확 률 | 발생할 경우 | |
|---|---|---|---|---|---|
| | | | | $E_1$ | $E_2$ |
| $E_1$ | 25%의 공무원 감원 | 1992 | 0.4 | | 증진<br>60%<br>1년 |
| $E_2$ | 연간 인구증가율이<br>2%로 감소 | 2002 | 0.5 | 억제<br>−80%<br>즉시 | |
| | | | | 발생하지 않을 경우 | |

필요한 경우 위의 예에 $E_2$가 발생할 총 평균확률을 구할 수 있는데 이 확률은 $E_1$의 우도(likehood)를 가중함으로써 다음과 같이 산정될 수 있다.

$$P(E_2) = \frac{0.8(0.4) + 0.1(0.6)}{0.4 + 0.6} = 0.38$$ ■

『크로트 임팩트』예측방법은 여러분야에 사용될 수 있으나 문제점은 『델파이』, 『시나리오』와 같은 다른 질적 예측방법의 경우와 같이 사상들간의 상호연관성과 이들이 발생하는 확률을 구하기 어려운 데 있다.

관심이 있는 독자들은 Jackson and Lawton(1976), Martino and Chen(1978), Brauers and Weber(1988) 등을 참고할 수 있다. (오광우·이우리, 1991)

## 2) 양적예측방법

양적예측방법(quantitative forecasting methods)은 관측된 자료에 포함되어 있는 정보만을 이용하여 예측에 필요한 경험적 법칙을 추정하는 예측방법으로, 이때 설정 되는 모형은 예측될 변수가 하나 또는 그 이상의 변수들과 인과관계를 갖는다고 가정하는 인과적 모형(causal model)과 미래의 예측값은 예측대상이 되고 있는 변수에 관한 과거의 자료나 과거의 오차에만 의존된다고 가정하는 시계열모형(time series model)이 있다.

가장 많이 이용되는 양적예측방법은 시계열모형이다. 시계열모형에 의한 예측은 예측될 변수의 과거의 자료에서 어떠한 패턴을 발견하여 미래에도 그러한 패턴이 특성을 잃지 않고 반복될 것이라는 가정하에 모형을 확립하여 예측하는 방법이다.

그러므로 경영자가 미래에 수행할 결정사항은 시계열모형이 산출한 예측값을 변경시킬 수 없다. 따라서 시계열모형은 여타조건이 일정할 때 가장 유용하지만 경제 경영 정책변동효과를 예측할 때는 매우 유용하지 못하다. 만약 기업이 현행 마케팅전략을 지속하면서 판매량변화 시계열모형을 이용한다면, 이 시계열모형은 가격 인상, 광고비 증가 및 새로운 광고 캠페인으로 인한 판매량변화 예측에 별 도움이 되지 못 할 것이다. 이 예측모형에 대해서는 후절에서 자세히 설명하게 된다.

인과적모형에 의한 예측은 예측되어야 할 변수는 하나 이상의 설명변수들과 인과관계가 존재한다고 가정하고, 과거의 자료로부터 이들 간의 인과적 관련성을 추정하여 미래에도 그러한 관련성이 지속될 것이라는 가정하에 미래의 값을 예측하는 방법이다.

이러한 인과예측모형에는 회귀모형, 계량경제모형 및 투입산출모형 등이 있다. 그런데 인과적 모형에서 변수들 간의 인과관계는 모형의 설정이나 추정에서 직접적으로 영향을 미치거나 확인되지는 않는다. 또 변수들간에 관련성이 존재할 때도 어느 변수가 원인변수인지 결과변수인지를 규명할 수가 없다. 따라서 이러한 판단은 사전정보에 의하여 주관적으로 이루어 질 수밖에 없다. 특히 인과성의 문제는 상호관련성이 높은 경제변수들 간의 분석에서 많이 대두된다. 예컨데 제품판매량이 가격, 광고비 및 경쟁품의 가격 등과 관계가 있다고 하자. 이런경우 제품판매량은 종속변수라 하고 여타변수들은 독립변수라 할 때 예측자는 판매량과 독립변수간의 함수관계를 통계적으로 추정하는 것이다. 이관계가 결정되면 예측자는 독립변수의 미래예측값을 사용해서 판매량의 미래값을 산출한다.

인과예측모형이 유용하기도 하지만 여기엔 몇가지 단점이 있다. 첫째, 예측모형은 개발이 어렵다는 점이다. 또한 예측변수 뿐만 아니라 모형에 포함된 모든 변수에 대한 과거의 자료를 필요로 하는 것이다. 더우기 종속변수의 예측력은 예측자가 독립변수의 미래값을 얼마나 정확히 예측할 수 있는가에 달려 있다.

## 2.3.3 예측방법의 선택

예측방법을 선택할 때 예측자는 다음과 같은 요인을 고려해야 한다.

즉, (a) 요구되는 예측형태 (b) 시간프레임 (c) 자료패턴

(d) 예측비용 (e) 요구되는 정확성 (f) 자료의 이용가능성

예측방법의 선택에서 고려해야 할 첫번째 요인은 요구되는 예측형태이다. 점예측과 신뢰구간 예측간의 차이점을 생각해 보자. 어떤 상황에서는 점예측이면 충분하고 또 다른 상황에서는 구간예측이 필요하게 된다. 예측형태는 예측방법 선택에 영향을 미친다. 왜냐하면 어떤 형태는 이론적으로 타당한 신뢰구간을 산출하지만 다른 형태는 그렇지 못하기 때문이다.

예측방법 선택에 영향을 미치는 두 번째 요인은 예측상황의 시간프레임(time frame)이다. 예측값은 미래의 많은 일별, 주별, 월별, 분기별 및 년별 등 특정시간 상의 점에 대하여 산출된다. 이와같은 시간의 길이가 시간 프레임이다. 시간 프레임의 길이는 다음과 같이 분류된다. 즉 단기는 1개월 내지 3개월이며 중기는 3개월 이상 2년 이하이며 장기는 2년 이상을 의미한다.

일반적으로 시간프레임의 길이는 예측방법 선택에 영향을 미친다. 통상 장기적인 시간프레임은 정확한 점예측이 어렵고 시간프레임이 길어짐에 따라 질적예측방법이 많이 이용된다.

다음으로 자료의 패턴도 예측방법선택시 고려되어야 한다. 기존의 자료패턴이 추세, 계절 및 순환적이냐, 혹은 이런 요소의 복합이냐 하는 것이 사용할 예측 방법을 결정한다. 따라서 과거의 자료가 예측값 산출에 이용되는 어떤 예측상황에서도 기존

의 자료패턴을 확인하는 것이 매우 중요하다. 비용도 예측방법의 선택에 관계가 있다. 첫째로 예측방법의 개발비용을 고려해야 한다. 예측방법의 개발은 일정한 절차를 따르는 것이 필요하게 된다. 이러한 절차는 복잡하므로 이에 따른 비용도 예측방법마다 다르게 된다. 둘째, 필요한 자료의 저장비용도 고려해야 한다. 어떤 예측방법은 상대적으로 적은 자료의 저장을 필요로 하지만 다른 방법은 많은 자료의 저장을 요구하기도 한다. 마지막으로 예측방법의 실질적인 계산비용도 분명히 매우 중요하다(컴퓨터 사용비용 등) 예측방법은 계산이 단순한 경우도 있지만 다른 방법은 복잡한 경우도 있다. 즉 복잡성의 정도가 총예측비용에 중요한 영향을 미친다.

예측방법의 선택에서 또 다른 매우 중요한 요인은 요구되는 예측의 정확성이다. 어떤 상황에서는 20% 정도의 오차가 허용되지만, 1%의 오차도 허용될 수없는 경우도 있다. 어떤 특정의 예측방법을 이용해서 얻어지는 정확성은 항상 중요한 고려사항이다.

양적예측방법이 이용될 때 관련변수에 대한 과거의 자료가 이용됨은 주지의 사실이다. 이 정보의 이용가능성은 사용될 예측방법을 결정하는 요인이다. 예측방법에 따라 과거자료의 필요량이 다르기 때문에, 이용할 수 있는 자료의 양이 중요하다. 필요한 자료를 결정하기 전에 이용할 자료의 정확성과 적시성은 검토되어야 한다. 왜냐하면 부정확하고 진부한 자료를 사용하면 부정확한 예측을 하게됨은 뻔한 일이기 때문이다. 만약 필요한 과거의 자료가 이용될 수 없다면, 특별한 자료수집 절차가 요구된다. 이러한 상황은 분명히 예측방법의 선택에 영향을 미칠 것이다.

특정상황에 사용될 예측방법을 선택하는 것은 설명한 요인들간에 균형을 이룩할 수 있는 방법을 찾는 것이다. 특정 상황에 가장 좋은 예측방법이 항상 가장 정확한 것은 아니다. 대신에 사용될 예측방법은 최소의 비용과 노력으로 상황의 욕구에 부응하는 방법이다.

### 2.3.4 예측의 오차

예측오차는 예측방법의 유효성을 평가할 수 있는 기준이 된다고도 할 수 있다. 이러한 예측오차를 측정하는 문제를 생각하여 보자. 시점 $t$에서 어떤 변수의 실제값을 $Y_t$라 하고 $Y_t$의 예측값을 $\widehat{Y}_t$로 표기한다면 예측값 $\widehat{Y}_t$와 실제값 $Y_t$의 차이 즉 예측오차 $e_t$는 다음과 같이 구해진다.

$$e_t = Y_t - \widehat{Y}_t$$

일정기간 동안 예측오차의 분석은 사용된 예측방법이 이 패턴에 적합한가를 지적해 준다.

만약 예측방법이 시계열에 내재하는 추세, 계절 및 순환요소를 정확하게 예측한다면 예측오차는 시계열의 불규칙요소에만 영향을 받는다. 이런 경우 예측오차는 순수히 랜덤(random)하게 나타날 것이다.

<그림 2.3> (1)는 사용된 예측방법이 추세, 계절 및 순환요소를 적절히 설명하고 있음을 지적하는 예측오차를 표현하고 있다. 보통 예측방법이 자료의 패턴에 부합하지 않을 때 예측오차는 일정기간 동안 어떤 패턴을 나타나게 된다.

<그림 2.3> (2)에서 예측오차는 사용한 예측방법이 시계열에서 상향추세를 설명할 수 없음을 지적하는 상향추세를 보여주고 있다. <그림 2.3> (3)의 예측오차는 자료의 계절변동이 사용된 예측방법으로 설명되지 못함을 나타내고 있다. <그림 2.3> (4)의 예측오차는 자료의 순환변동이 설명되지 못했음을 나타내고 있다.

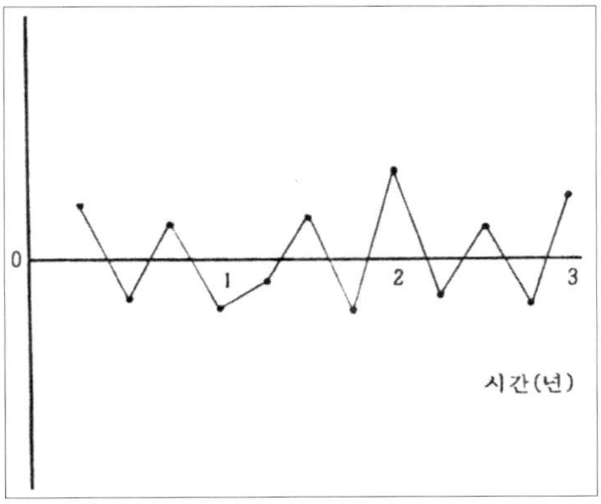


(1) 확률예측오차

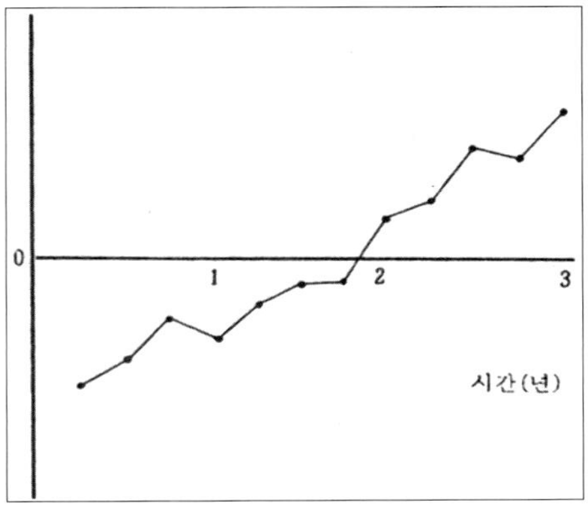


(2) 설명되지 않은 추세

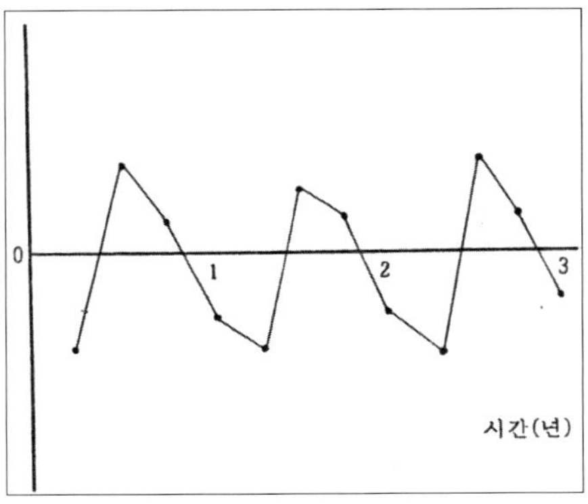


(3) 설명되지 않은 계절변동

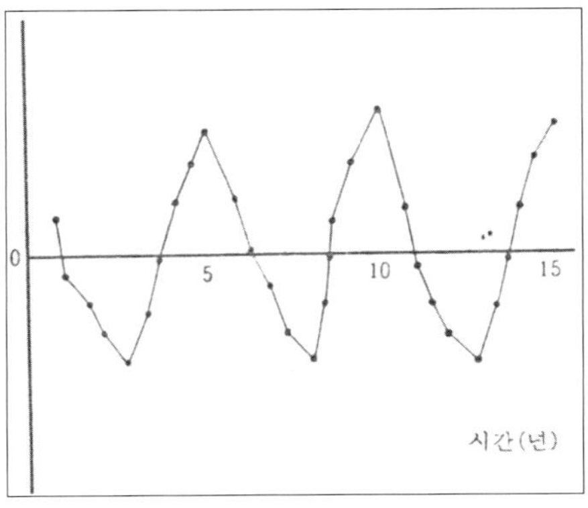


(4) 설명되지 않은 순환변동

<그림 2.3> 예측오차의 산포도

### 1) 예측오차의 평가

예측결과가 현실과 어떻게 비교될 수 있으며 또한 얼마나 부합될 수 있는가 하는 문제가 바로 두번째의 초점이 된다. 이 문제는 성격상 기술적인 내용이 더 많다고 하겠으나 우선 다양한 기술형태 가운데에서 어떤 형태를 택하여야 할 것인가 하는 문제가 있다.

만약 일정기간 동안 예측오차가 예측방법으로 오차의 확률분표를 이용했다면, 정확한 예측을 가능하게 하기 위해서는 오차의 크기를 측정하는 것이 중요하다. 오차의 크기를 측정하기위해서는 일정기간동안에 발생하는 모든 예측오차의 합계를 고려해야 한다. 그러나 $\sum(y_t - \hat{y}_t)$은 오차의 크기에 관계없이 합계가 거의 0의 값을 갖기 때문에 이용할 수 없다. 이러한 문제를 해결하는 한 가지 방법은 예측오차의 절대값을 검토하는 것이다.

즉 절대편차(absolute deviation)는 $|e_t| = |y_t - \hat{y}_t|$이므로 이 절대편차를 기간의 수로 나누면 평균절대편차(mean absolute deviation; MAD) 가된다. 즉

$$MAD = \frac{\sum_{t=1}^{n} |\, e_t \,|}{n} = \frac{\sum_{t=1}^{n} |\, y_t - \hat{y}_t \,|}{n}$$

그러나 평균절대편차는 오차의 정도를 표현하고 있기는 하지만 방향은 설명하지 못하는 단점이 있다. 음과 양의 예측오차가 상쇄되는  것을 예방할 수 있는 또 다른 방법은 예측오차를 제곱하는 것이다. 즉 제곱오차(squared errors)는 $(e_t)^2 = (y_t - \hat{y}_t)^2$이며 제곱오차가 계산되면 평균제곱오차(mean squared errors ; MSE)가 정의된다. 즉

$$MSE = \frac{\sum_{t=1}^{n} (e_t)^2}{n} = \frac{\sum_{t=1}^{n} (y_t - \hat{y}_t)^2}{n}$$

마지막으로 상대적인 오차의 크기를 나타내는 평균절대백분비오차(mean absolute percentage errors ; MAPE) 는 다음과 같이 정의된다.

$$MAPE = \frac{\sum_{t=1} \left( \frac{|\, y_t - \hat{y}_t \,|}{y_t} \right) \times 100}{n}$$

이상에서 설명한 예측오차의 척도인 MAD, MSE 및 MAPE는 두가지 다른 측면에

서 사용된다. 첫째로는 시계열의 예측에 이용될 예측방법 선택과정에 도움을 주는 것이다. 어떤 방법이 변수의 미래값을 가장 정확하게 예측할 것인가를 결정할 때 몇가지 예측방법 중에서 선택하려 한다고 하자. 이러한 선택에서 일반적인 전략은 과거자료의 모의실험(simulation) 이다. 모의실험과정에서 예측자는 과거의 자료를 모른다고 가정한다. 그리고 과거자료의 예측값을 산출하기 위하여 예측방법을 개별적으로 모두 사용한다.

다음에 예측값과 과거 자료의 실제값을 비교하여 MAD, MSE 및 MAPE를 이용해서 정확도를 측정한다. 이제 실제적으로 예측에 사용할 방법을 선택하기 위하여 과거자료의 예측에 여러가지 방법의 성능을 비교하여 어떤 방법을 사용했을 때 가장 정확하게 예측을 할 수 있는가를 검토하기로 한다.

둘째로, MAD, MSE 및 MAPE는 예측시스템의 탐색척도를 투입하여 예측시스템에서 잘못이 언제 발생하는가를 조사한다. 과거의 자료에서 확인된 패턴이 미래에도 계속되지 않는다면 어떤 예측방법이 산출한 예측값은 정확하다고 기대할 수 없다. 상당한 기간 동안 계속되던 자표패턴에 어떤 변화가 발생된 상황을 생각해 보자. 그러면 예측에 사용해 온 예측방법은 자료패턴의 변화 때문에 부정확한 방법이 될 것이다. 이러한 상황에서 산출된 예측값이 매우 부정확하게 되기전에 가능한 빨리 패턴의 변화를 발견해야 할 것이다.

## 2) 예측오차의 평가기준

### (1) 불균등계수

『타일』(H.Theil, 1966)은 계량경제모형에서 구한 예측값의 정확성에 대한 체계적 계측방법을 제안하였다. 이 예측기준방법을 불균등계수(inequality coefficient) $U$라고 하며 다음과 같다.

$$U = \sqrt{\frac{\sum (P_i - A_i)^2}{\sum A_i^2}} \tag{2.1}$$

여기서 $P_i = (F_i - F_{i-1})/F_{i-1}$으로 예측값의 변화율이고 $A_i = (y_i - y_{i-1})/y_{i-1}$으로 실제값의 변화율을 나타낸다. 불균등계수는 예측값과의 절대수준의 차이를 측정하지 않고 이들의 변화율의 차이를 측정하는데 예측값과 실제값의 변화율이 일치하는 경우 즉 $P_i$와 $A_i$가 일치하는 경우에 불균등계수 $U$는 0이 된다. 또한 $U$가 1인 경우에는 $P_i = 0$ 즉 $F_i = F_{i-1}$이 되는 경우이므로 예측값들이 시점의 변화에 관계없이 항상 일정한 경우를 나타낸다. 불균등계수의 약점은 $U$의 분명한 한계가 존재치 않는 점인데 경험에 따르면 $U$값이 0.3과 0.4사이에 놓이게 되면 예측결과가 만족스럽다고 판단할 수 있다.

예측오차의 근원은 불균등계수를 분해함으로써 다음식과 같이 구할 수 있다.

$$U_m = \frac{(\overline{P} - \overline{A})^2}{(1/n)\sum(P_i - A_i)^2} \quad \text{< 편의 >}$$

$$U_s = \frac{(S_P - S_A)^2}{(1/n)\sum(P_i - A_i)^2} \quad \text{< 불안 >}$$

$$U_c = \frac{2(1-r)S_A S_P}{(1/n)\sum(P_i - A_i)^2} \quad \text{< 공분산 >}$$

$$U_m + U_s + U_c = 1$$

이 때 $U_m$을 편의비율(bias proportion), $U_s$를 분산비율(variance proportion) 그리고 $U_c$를 공분산비율(covariance proportion)이라 하고 이들의 합은 1이 된다.

**예제 2-4**

표 2.1은 우리나라의 수입에 대한 단순선형회귀방정식으로 부터의 예측값의 변화율 $P_i$와 실제값의 변화율 $A_i$를 나타내고 있다. 이 회귀모형의 예측성과는 바람직한 것인가 하는 질문에 답하기 위하여 타일(Theil)의 불균등계수를 구하여라. 또한 세가지의 불균등비율을 구하고 그 의미를 설명하시오.

<표 2.1> 수입에 대한 예측값과 실제값의 변화율

| | 예측값의 변화율($P_i$) | 실제값의 변화율($A_i$) | $A_i^2$ | $(P_i - A_i)^2$ | $(A_i - \overline{A})^2$ | $(P_i - \overline{P})^2$ |
|---|---|---|---|---|---|---|
| 1980 | + 5 | +10 | 100 | 25 | 73.96 | 13.69 |
| 81 | + 2 | +2 | 4 | 0 | 0.36 | 0.49 |
| 82 | − 4 | −7 | 49 | 9 | 70.56 | 28.09 |
| 83 | 0 | +4 | 16 | 16 | 6.76 | 1.69 |
| 84 | + 1 | −3 | 9 | 16 | 19.36 | 0.09 |
| 85 | + 4 | +6 | 36 | 4 | 21.16 | 7.29 |
| 86 | + 7 | +4 | 16 | 9 | −6.76 | 32.49 |
| 87 | − 2 | −4 | 16 | 4 | 29.16 | 10.89 |
| 88 | − 2 | −1 | 1 | 1 | 5.76 | 10.89 |
| 89 | + 2 | +3 | 9 | 1 | 2.56 | 0.49 |
| 계 | 13 | 14 | 256 | 85 | 236.4 | 106.1 |

풀이

$$U^2 = \frac{\sum(P_i - A_i)^2}{\sum A_i^2} = \frac{85}{256} \fallingdotseq 0.33$$

$$U = \sqrt{0.33} = 0.57$$

그리고 불균등비율을 구하기 위하여 각 통계량의 값을 구하면 다음과 같다.

$\overline{P} = 1.3$ , $\overline{A} = 1.4$ , $S_A^2 = 23.64$ , $S_P^2 = 10.61$ , $S_A = 4.86$

$S_P = 3.26$ , $r_{pa} = 0.813$

이다. 따라서

$$U_m = \frac{(\overline{P} - \overline{A})^2}{\sum(P_i - A_i)^2/n} = \frac{(1.3 - 1.4)^2}{8.5} = 0.001$$

$$U_s = \frac{(S_P - S_A)^2}{\sum(P_i - A_i)^2/n} = \frac{(3.26 - 4.86)^2}{8.5} = 0.301$$

$$U_c = \frac{2(1 - r_{pa})S_A S_P}{\sum(P_i - A_i)/n} = \frac{2(1 - 0.813)(15.84)}{8.5} = 0.708$$

이다.

## 2) 『자누스』 계수

『가드』와 『월드』(Gadd and Wold, 1964)가 제시한 『자누스』계수(Janus Quotient)는 다음과 같이 계산된다.

$$J^2 = \frac{\sum_{i=n+1}^{n+m}(F_i - y_i)^2}{\sum_{i=1}^{n}(F_i - y_i)^2}$$

여기서 $n+1$에서 $n+m$까지의 기간은 예측기간이고 1에서 $n$까지는 관측기간을 나타낸다. 그러므로 『자누스』계수는 관측기간의 예측오차와 예측기간의 예측오차의 비율을 나타낸다. $J^2$은 관측기간의 예측오차와 예측기간의 예측오차가 동일한 경우에 1이 되고 $J^2$의 값이 크면 클수록 모형의 예측능력은 떨어지게 된다. 『자누스』 계수는 미래기간 중의 예측수행 뿐만 아니라 과거기간에 있어서의 예측수행도 고려하고 있다. 『자누스』 계수의 추정에 포함된 기간을 다음과 같이 나타낼 수 있다.

$$\underbrace{t=1,2,\cdots,n}_{\text{(관측기간)}} \quad J \quad \underbrace{i=(n+1),(n+2),\cdots,(n+m)}_{\text{(미래예측기간)}}$$

『자누스』계수의 정의는 $J$가 비음(non-negative)임을 나타내므로 그의 값은 0과 ∞ 사이에서 변화한다.

$$0 \le J \le \infty$$

더우기 모형의 구조가 미래에 있어서도 표본기간에 있어서와 동일하게 유지된다면 『자누스』계수는 거의 1과 같다. $J$의 값이 크면 클수록 모형의 예측능력은 떨어지게 된다. 더우기 1보다 큰 $J$의 값은 모형의 구조변화가 필요한 것을 나타내기도 한다.

## 2.3.5 예측의 문제점

예측모형을 추정하고자 할 경우에 이론과 실제 간의 괴리로부터 발생하는 다음의 문제들이 제기될 수 있다.

첫째, 사회현상의 예측에서는 반복실험의 불가능성과 자료의 역사적 성격으로 말미암아 경험적 법칙을 얻는데 한계를 갖게 되고, 이러한 빈약한 법칙에 대한 지식은 정확한 예측을 매우 어렵게 한다.

둘째, 자료의 수집 혹은 관측과정에서 발생할 수 있는 오차나 경제변수인 경우, 변수의 이론적 의의와 자료 사이의 괴리로 인하여 발생되는 측정오차 등으로 자료의 신빙성이 결핍될 수 있고, 이때 이를 측정하거나 교정할 방법이 없다.

세째, 과거의 시계열자료를 이용하는 경우 예측을 위하여 사용되는 자료들은 대부분의 경우 표본추출의 결과로 생각할 수 없다. 따라서 일정기간 동안의 주어진 시계열자료를 가지고 그 자료가 속하고 있는 모집단 분포의 특성을 통계적으로 추정한다는 것은 문제가 된다.

넷째, 사회현상으로부터 관측된 자료들의 오차의 분포는 흔히 정규분포의 형태를 취하지 않을 수 있고, 또 시계열모형을 사용할 경우 자료 자체의 패턴을 발견하기 위해서 필요한 많은 자료를 수집하기 어렵다.

다섯째, 경제모형에서 고려된 변수 중에는 가끔 적절히 측정될 수 없는 변수들이 포함될 수 있다. 이 경우 대리변수(proxy variables)들을 사용함으로써 발생하는 오차들은 불가피하게 된다.

여섯째, 인과적 모형을 설정할 경우 변수들 간의 인과적 관련성은 주관적 판단이고, 인과성의 가정은 모형 속에 포함되지 않으며 이러한 인과성을 객관적으로 측정할 수도 없다. 또한 관련성의 크기를 나타내는 계수는 고정된 것으로 간주하나 실제로는 시간의 흐름에 따라 변동될 수 있다.

일곱째, 인과적 모형의 경우, 특히 경제변수들 간에는 상호의존성이 높으므로 독립변수와 오차간의 일정한 상관관계가 발생할 가능성이 높고, 또한 미래를 예측할 경우 독립변수 역시 예측되어져야 하는 미지수이므로 상대적으로 예측력은 낮아지게 된다. 따라서 이론적으로 훌륭한 어떤 모형이 확립되더라도 위와 같은 문제들로 말미암아 좋은 통계적 특성을 갖는 예측을 할 수가 없다.

# 연습문제

1. 시계열의 변동요인과 모형을 설명하시오.

2. 예측의 개념과 종류를 설명하시오.

3. 예측오차의 평가방법을 구체적으로 설명하시오.

4. 다음 자료는 서로 다른 3개의 매출액에 대한 예측모형을 이용하여 각 모형의 예측오차를 구한 것이다.

| 년 | 분기 | Model A 예측 오차 | Model B 예측 오차 | Model C 예측 오차 |
|---|---|---|---|---|
| 2006 | 1 | +25 | +15 | −20 |
| | 2 | +12 | +6 | +6 |
| | 3 | +7 | −10 | +15 |
| | 4 | +5 | −3 | −10 |
| 2007 | 1 | +3 | +12 | +8 |
| | 2 | 0 | +4 | −5 |
| | 3 | −4 | −7 | +7 |
| | 4 | −11 | −1 | −8 |
| 2008 | 1 | −17 | +9 | +3 |
| | 2 | −21 | +7 | +10 |
| | 3 | −28 | −12 | −12 |
| | 4 | −34 | −5 | +4 |
| 2009 | 1 | −21 | +17 | −7 |
| | 2 | −13 | +3 | +9 |
| | 3 | −7 | −9 | +19 |
| | 4 | −2 | −3 | −7 |
| 2010 | 1 | +5 | +13 | +16 |
| | 2 | +9 | +5 | −6 |
| | 3 | +15 | −10 | −9 |
| | 4 | +19 | −6 | +5 |

① 각 모형에 대한 예측오차를 그래프로 나타내시오.

② 어느 예측오차의 패턴이 임의적으로 나타내고 있는가?

③ 모형 A, B와 C 중 어느 모형이 자료의 패턴에 정확하게 적합시키고 있는지를 결정하시오.

5. 다음 자료는 어느 지역에 대한 소득과 예측된 소득을 나타내고 있다.

| 년 | 소득(억원) | 예측값 |
|---|---|---|
| 2003 | 3074 | 3292 |
| 2004 | 3135 | 3250 |
| 2005 | 3206 | 3230 |
| 2006 | 3267 | 3255 |
| 2007 | 3310 | 3266 |
| 2008 | 3362 | 3283 |
| 2009 | 3418 | 3300 |
| 2010 | 3500 | 3337 |

① 각 년도에 대한 예측오차를 계산하시오.

② 시점에 대해서 예측오차를 그림으로 나타내시오.

③ MAD를 계산하시오.

④ MSE를 계산하시오.

6. 다음의 예측오차에 대한 MAD, MSE과 MAPE을 각각 계산하시오.

| $t$ : | 1 | 2 | 3 | 4 | 5 | 6 | 7 | 8 | 9 | 10 |
|---|---|---|---|---|---|---|---|---|---|---|
| $e_t$ : | 4.4 | 3.4 | 5.3 | 5.0 | 5.1 | 4.4 | 3.7 | 5.9 | 5.0 | 3.8 |
| $y_t$ : | 5.0 | 4.5 | 6.0 | 6.2 | 6.1 | 5.5 | 5.4 | 5.0 | 4.5 | 4.0 |

7. 다음의 시계열자료와 예측값을 이용하여 불균등계수 $U$를 계산하시오.

| $t$ | $Y_t$ | $\widehat{Y}_t$ |
|---|---|---|
| 1 | 5.63 | 7.25 |
| 2 | 9.41 | 7.25 |
| 3 | 4.95 | 7.25 |
| 4 | 8.78 | 7.25 |
| 5 | 5.20 | 7.25 |

| $t$ | $Y_t$ | $\widehat{Y}_t$ |
|---|---|---|
| 6 | 9.63 | 7.25 |
| 7 | 5.35 | 7.25 |
| 8 | 8.95 | 7.25 |
| 9 | 4.87 | 7.25 |
| 10 | 9.21 | 7.25 |

**8.** 다음 자료를 이용하여 타일(Theil)의 편의비율($U_m$), 분산비율($U_s$)과 공분산 비율($U_c$)을 계산하시오.

| $t$ | $Y_t$ | $\widehat{Y}_t$ |
|---|---|---|
| 1 | 1.0 | 0.8 |
| 2 | 1.6 | 1.3 |
| 3 | 2.1 | 2.0 |
| 4 | 1.8 | 1.7 |
| 5 | 0.9 | 0.8 |
| 6 | 1.4 | 1.2 |
| 7 | 1.9 | 1.6 |
| 8 | 1.7 | 1.5 |

제 03 장

# 추세가 없는 시계열 예측

## 3.1 정상시계열의 특성

자료들은 그 시계열의 특성에 따라 정상시계열(stationary time series)과 비정상시계열(nonstationary time series)로도 구분된다. 정상시계열은 <그림 3.1>에서 보는 바와 같이 일정한 평균값을 중심으로 증가하거나 혹은 감소하는 상태를 이루고 일정한 분산을 가지며 공분산(covariance)은 측정값간의 시간차(time lag)에 의해서만 영향을 받은 상태를 말한다.

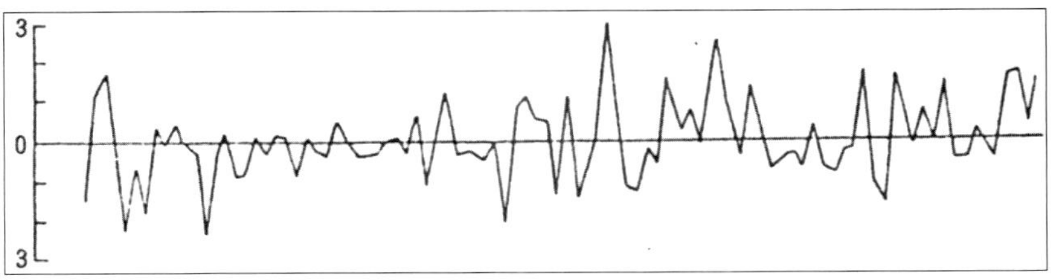


<그림 3.1> 평균0, 분산1을 갖는 정상시계열

다시 말하면 시계열을 생성시키는 과정(process)이 시간에 따라 변하지 않으며 생성과정의 형태나 매개변수의 값들이 시간의 흐름에 따라 변하지 않는다는 것이다. 그런데 만일 시차에 관계없이 다음 식 즉, 통계적 균형(statistical equilibrium)의 상태를 가정할 때

$$f(y_t,\ y_{t+1},\ \cdots,\ y_{t+k}) = f(y_{t+m},\ y_{t+m+1},\ \cdots,\ y_{t+m+k})$$

$$E(y_t) = E(y_{t+m})$$

$$Var(y_t) = Var(y_{t+m})$$

을 만족하면 우리는 이를 정상성(stationarity)이라 정의하고 이러한 조건을 충족시키는 시계열을 정상시계열이라고 한다. 그러나 우리가 경험하는 대다수의 경제, 경영 분야의 많은 시계열들은 어떤 고정된 평균을 중심으로 평형을 이루지 못하고 시간의 흐름에 따라 평균이나 분산이 변화하는 것을 볼 수 있다. 예를 들면 1990년 1월 부터 2010년 12월 까지의 생활물가지수의 자료를 이용하여 시계열 산포도를 나타낸 것이 <그림 3.2>이다. 그림에서 보는 바와 같이 산업생산지수의 시계열을 생성시키는 과정이 시간에 따라 변화하는 것을 볼 수 있는 데 이러한 시계열을 비정상시계열이라 한다.

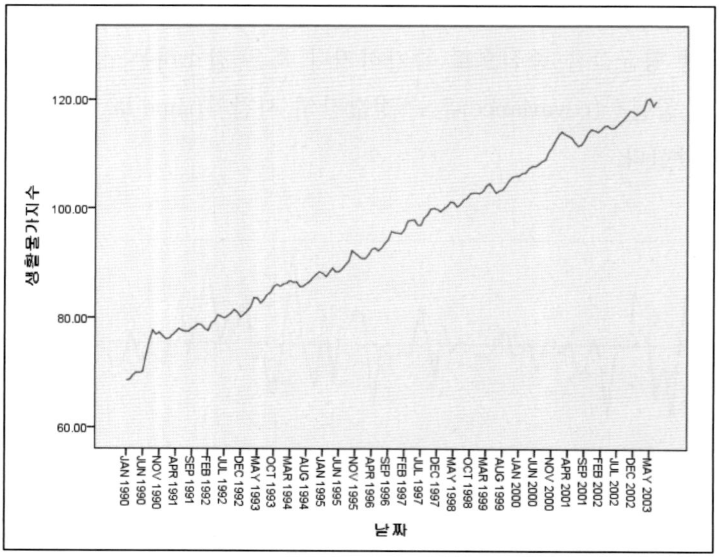


<그림 3.2> 생활물가지수의 시계열 그림

### 3.1.1 추세가 없는 모형

정상시계열에 대한 추세가 없는 모형을 다음과 같이 표현할 수 있다.

$$y_t = \beta_0 + \epsilon_t$$

여기서,

$y_t$ =시점 $t$에서의 시계열의 실제값

$\beta_0$ =시계열의 불변평균수준

$\epsilon_t$ =시점 $t$에서의 평균수준을 둘러싼 불규칙변동을 의미하는 확률변수

$t = 1, 2, \cdots$

우리는 확률원소로써 2장에서 설명한 불규칙변동보다는 $\epsilon_t$를 사용하는 것에 유의해야 한다. 일반적으로 $\epsilon_t$의 평균값이 0으로 가정할지라도, 이러한 불규칙변동, 혹은 오차항의 성질은 특수한 경우에 적용된다. 또한 오차항 $\epsilon_t$은 독립으로 가정한다. 오차항이 독립일 때 생성되는 시계열은 <그림 3.3>에서 보는 바와 같이 식별할 수 없게 평균수준 $\beta_0$주위에서 변하고 있는 것을 알 수 있다.

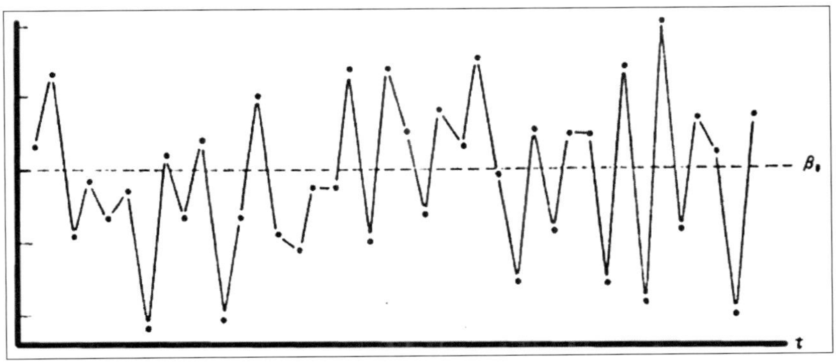


<그림 3.3> 독립오차항

다른 한편, 종속오차항(자기 상관오차항)은 <그림 3.4>에서 보는 것 처럼 평균수준을 중심으로 급격하게 위 아래로 번갈아 나타내는 계열을 보이고 있으며 또한 그림 3.5에서 양(+)의 자기상관오차항은 시점의 보다 긴 시기에 대한 평균수준 주위를 위 아래로 넓게 나타내는 계열을 보이고 있다.

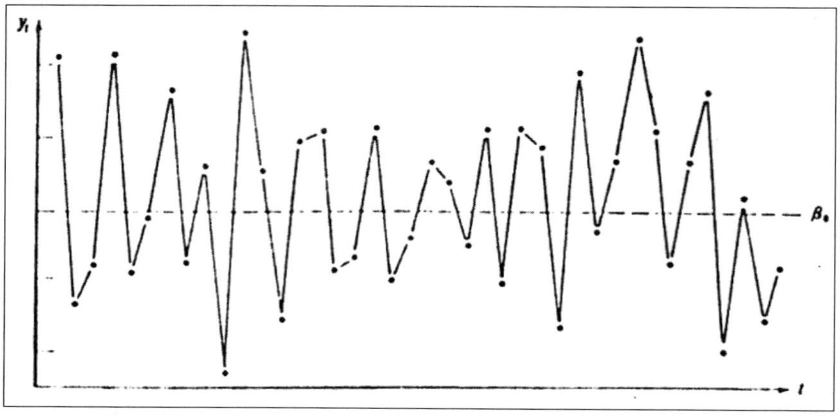


<그림 3.4> 부(−)의 자기상관오차항

정상시계열 예측은 그의 값을 다른 자료로부터 알 수 없으면 추정된 $\beta_0$을 포함해서 예측하게 된다. 과거의 자료분석으로 부터 알게 되는 오차항 $\epsilon_t$의 성질은 $\beta_0$값이 어떻게 추정되었느냐에 따라서 결정되고 그리고 예측의 정확성에 대한 평가에 영향을 미친다.

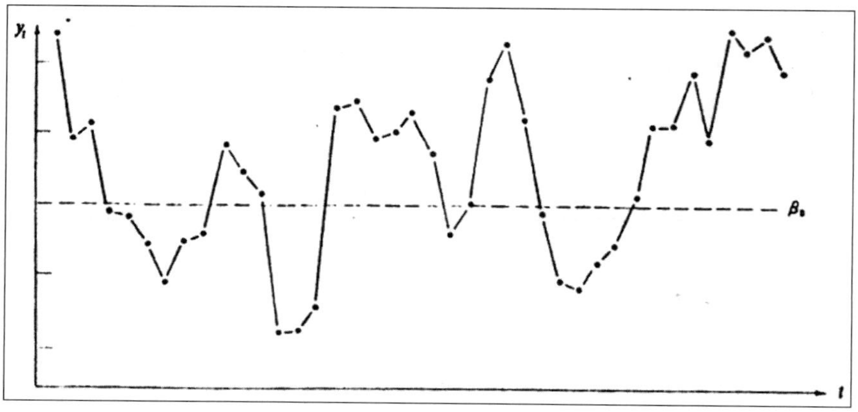


<그림 3.5> 양(+)의 자기상관오차항

# 3.2 정상성과 무작위성의 검정

## 3.2.1 연검정 : 무작위성에 관한 단순검정

연검정(run test)은 독립오차항을 가진 시계열로부터 얻은 측정값이 계열의 중위수의 위 혹은 아래에 꼭 같게 있다는 전제하에 근거를 두고 있다. 검정을 하기위하여, 우선 계열의 중위수 $\tilde{y}$를 계산하고 다음에 중위수 위의 측정값에 + 기호를, 중위수 아래에 있는 측정값에 - 기호를 붙인다. 마지막으로 측정값에 대한 + 와 - 목록표를 만들고 그리고 + 와 -의 연(runs), 혹은 묶음(blocks) 의 수를 계산한다. + 와 - 의 수는 계열이 짝수이거나 홀수일 경우에 다르다. 만약 $n$이 홀수이면 중위수는 무시되고 $(n-1)/2$ 플러스(+)와 $(n-1)/2$ 마이너스(-)를 얻는다.

다른 경우에는 각각에 대하여 $n/2$를 얻는다. 즉,

$$\begin{aligned} m &= +\text{의 수} = -\text{의 수} \\ &= (n-1)/2 \qquad (n = \text{홀수}) \\ &= n/2 \qquad\qquad (n = \text{짝수}) \end{aligned}$$

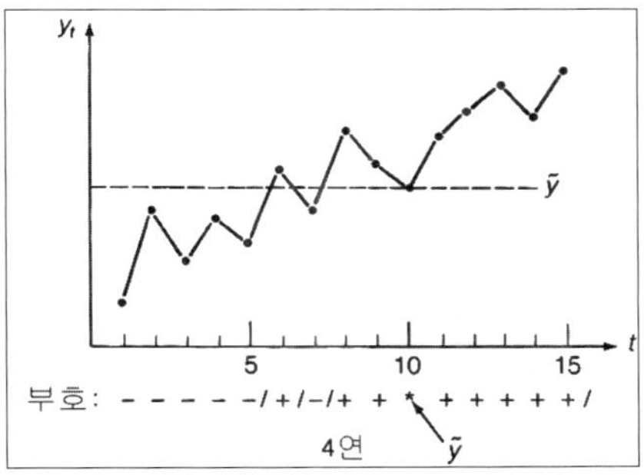


(1) 추세계열

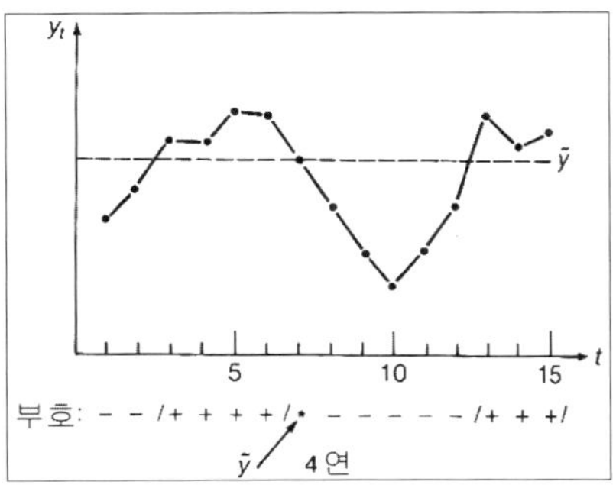


(2) 양의자기상관계열

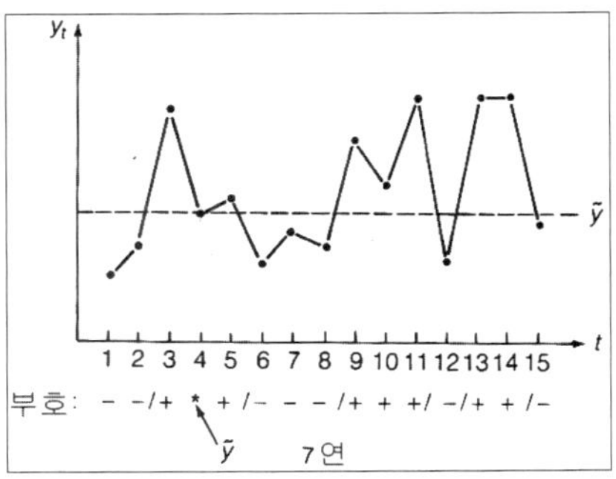


(3) 무작위 계열

<그림 3.6> 서로 다른계열에 대한 연의 효과

그런데, 추세를 갖거나 혹은 큰 양의 자기상관을 갖은 계열은 작은 연(runs)을 갖는 경향이 있고 부의 자기상관을 갖는 경우에는 많은 연을 갖게 될 것이다. 예를 들면 그림 3.6 (1)은 연에 추세의 영향을 보이고 있다. 계열에 있어서 초기의 측정값은 중위수(−)아래에 있고 뒤의 측정값은 중위수(+)위에 있다. 위로 향한 추세는 단지 2개의 연(runs)이 주도하고 있고 아래로 향한 추세에 대한 경우도 반대로 성립한다.

<그림 3.6> (2)에서, 양(+)의 자기상관의 영향을 보이고 있다. 즉, 계열이 중위수의 위, 아래에 넓게 퍼져있음으로써 비교적 연의 수가 작다. 마지막으로 <그림 3.6> (3)에서 보는 것처럼, 무작위계열은 + 와 −의 보다 작은 연을 갖고 있음을 볼 수 있다.

### 1) 가설검정절차 : 연검정

#### (1) 가설설정

$H_0$ : 계열은 독립오차항을 가진 추세가 없는 계열이다.

$H_1$ : 계열은 추세가 있고 자기상관오차항을 가진계열이다.

혹은,

$H_0$ : $y_t = \beta_0 + \epsilon_t$($\beta_0$는 상수, $\epsilon_t$는 독립 )

$H_1$ : $y_t = \beta_0 + \epsilon_t$($\beta_0$는 상수가 아니거나 혹은 $\epsilon_t$는 독립이 아니다)

#### (2) 검정통계량

$R=$ 중위수의 위와 아래에 있는 연의 수

$$Z = \frac{|R - \mu_R|}{\sigma_R}$$
$$\mu_R = m + 1$$
$$\sigma_R = \left(\frac{m(m-1)}{2m-1}\right)^2$$

#### (3) 의사결정규칙

① 소표본인 경우 ($m \le 20$ , $\alpha = 10\%$)

$R \ge R_U$ 혹은 $R \le R_L$이면 귀무가설 $H_0$을 기각한다.

② 대표본인경우 ($m > 20$ , $\alpha$)

$|Z| > Z_{\frac{\alpha}{2}}$이면 귀무가설 $H_0$을 기각한다.

### (4) 결 론

귀무가설 $H_0$을 기각하면, 추세가 없는 독립모형이 $(1-\alpha)\times 100\%$ 신뢰수준에서 적절하지 못하다는 것을 보이고 있다.

**예제 3-1**

어느 도시의 경찰서 발표에 의하면 지난 20년간(1991−2010)의 범죄건수를 다음 <표 3.1>과 같이 발표되었다. 이 범죄건수를 그림으로 나타내면 그림 2.7과 같다. 이 도시의 범죄건수가 해마다 증가하는 추세가 있는지의 여부를 유의수준 10%에서 검정하시오.

<표 3.1> 년도별 범죄건수

| 년도 | 시점 | 범죄건수 | 부호 | 년도 | 시점 | 범죄건수 | 부호 |
|---|---|---|---|---|---|---|---|
| 1991 | 1 | 22 | − | 2001 | 11 | 114 | + |
| 1992 | 2 | 50 | − | 2002 | 12 | 131 | + |
| 1993 | 3 | 34 | − | 2003 | 13 | 91 | + |
| 1994 | 4 | 58 | − | 2004 | 14 | 127 | + |
| 1995 | 5 | 59 | − | 2005 | 15 | 122 | + |
| 1996 | 6 | 53 | − | 2006 | 16 | 158 | + |
| 1997 | 7 | 90 | − | 2007 | 17 | 134 | + |
| 1998 | 8 | 85 | − | 2008 | 18 | 237 | + |
| 1999 | 9 | 73 | − | 2009 | 19 | 270 | + |
| 2000 | 10 | 52 | − | 2010 | 20 | 261 | + |

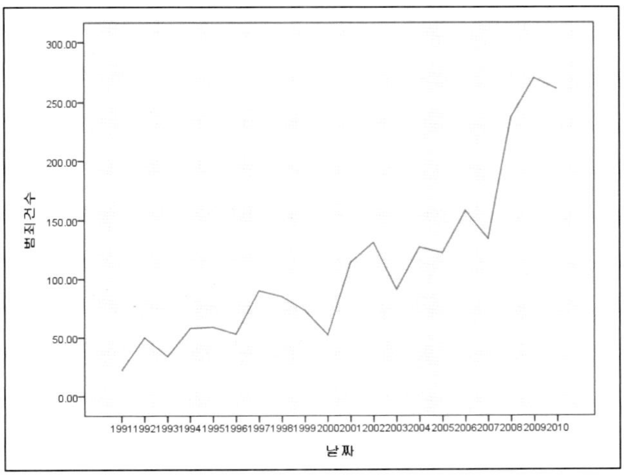


<그림 3.7> 범죄건수의 산포도

**풀이** (1) 가설설정

$H_0$ : 해마다 범죄건수는 독립오차항을 가진 추세가 없는 모형을 따른다.

$H_1$ : 해마다 범죄건수는 추세를 나타내고 자기상관오차항을 가진다.

(2) 검정통계량의 계산

우선 중위수를 계산하면 다음과 같다. $n=20$이므로 중위수는 10번째와 11번째 측정값의 중간값이다. 즉 10번째의 측정값은 90이고 11번째 값은 91이므로 중위수는

$$\tilde{y}=y_{(10.5)}=\frac{(90+91)}{2}=90.5$$

이다. 그리고 중위수 90.5 보다 큰 측정값에는 플러스(+) 기호를 작은 값에는 마이너스(−) 기호를 표시한다(표 3.1 참조) 따라서 연의수는 $R=2$이다.

(3) 의사결정규칙

① 소표본인 경우 $(m=n/2=10,\ \alpha=10\%)$

$m=n/2=10$이므로 부록의 표 1로부터 $R\geq 16$ 혹은 $R\leq 6$이면 귀무가설 $H_0$을 기각하여야 하는데 여기서 계산된 $R$값은 2이므로 10% 유의수준에서 귀무가설 $H_0$을 기각한다.

② 대표본인 경우

$m=10$으로 작지만 정규분포를 이용해서 검정을 하면 다음과 같다.

$|Z|>Z_{0.05}=1.645$이면 귀무가설 $H_0$을 기각한다.

$$\mu_R=m+1=10+1=11$$

$$\sigma_R=\left(\frac{m(m-1)}{(2m-1)}\right)^{1/2}=\left(\frac{10(10-1)}{2\times 10-1}\right)^{1/2}=2.18$$

$$R=2$$

$$Z=\frac{R-\mu_R}{\sigma_R}=\frac{2-11}{2.18}=-4.13$$

$|-4.13|=4.13>1.645$이므로 귀무가설 $H_0$을 기각한다.

(4) 결 론

추세가 없는 모형은 부적절하다고 결론을 내릴수 있다. 특히 <그림 3.7>과 $R$의 값이 작다는 사실로 부터 해마다 범죄건수는 증가하고 있다고 결론을 내릴 수 있다.

### 2) PASW 분석 절차

(1) 분석(A) - 비모수 검정(N) - 레거시 대화 상자(L) - 런(R) 을 열고 검정 변수에 범죄건수를 넣고 평균을 선택한다.

(2) 런검정 결과 유의확률이 0.003으로 유의수준 0.01을 기준으로 할 때, 귀 무가설을 기각하므로 해마다 범죄건수는 추세를 나타내고 있다고 볼 수 있다.

**런 검정**

| | 범죄건수 |
|---|---|
| 검정값[a] | 111.0500 |
| 케이스 < 검정값 | 11 |
| 케이스 >= 검정값 | 9 |
| 전체 케이스 | 20 |
| 런의 수 | 4 |
| Z | -2.972 |
| 근사 유의확률(양측) | .003 |

a. 평균

### 3.2.2 전환점 검정 : 무작위성

추세가 없는 모형을 점검하기 위하여 사용되는 또다른 검정방법이 전환점 검정(turning points test) 이다. 이 검정방법은 연검정방법보다 자료에 있어서 보다 많은 정보를 이용한다.

시계열에 있어서 전환점은 계열이 방향을 바꾸는 점을 말한다. 그러한 점은 계열에 있어서 정점(peak)혹은 저점(trough)으로 표시된다. 추세가 있거나 혹은 양의 자기상관계열은 무작위계열보다는 전환점이 적다. 부의 자기상관계열은 전환점이 보다 많다. 이상에서 설명한 내용을 그림으로 표시하면 <그림 3.8> (1) - (4)와 같다.

전환점의 수를 계산하는 편리한 방법은 일차 차분($y_t - y_{t-1}$)값이 양 혹은 음에 따라서 그 기간에 플러스(+) 혹은 마이너스(−) 기호를 부여하는 방법이다. 플러스 기호는 계열이 그 시점기간에 상승하는 의미이고 마이너스 기호는 하락하는 의미이다. 전환점은 시점기간의 기호가 다음기간의 기호가 다른 경우를 의미한다.

계열이 실제적으로 무작위하게 추세가 없는 계열이면, 전환점의 수에 대한 표본분포는 $n$의 값이 작을지라도 근사적으로 정규분포를 한다. 그러므로 정상성에 대한 검정은 정규분포을 이용하여 할 수 있다.

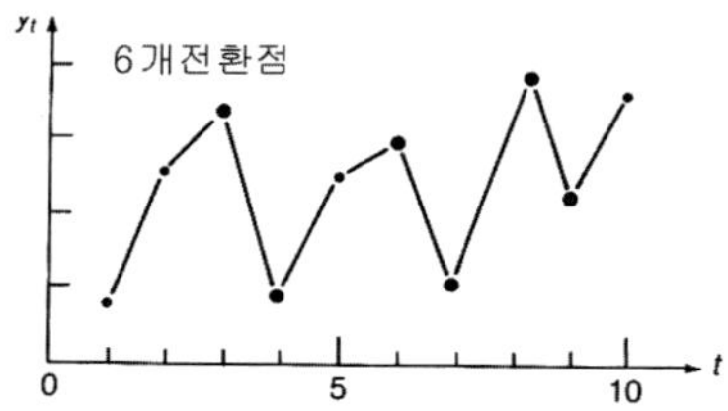


(1) 무작위계열

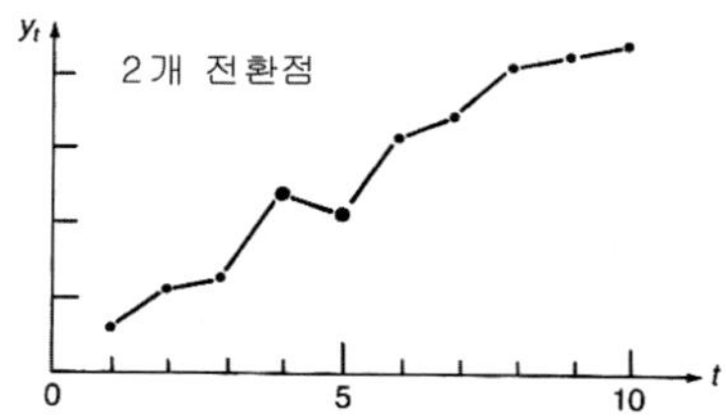


(2) 추세계열

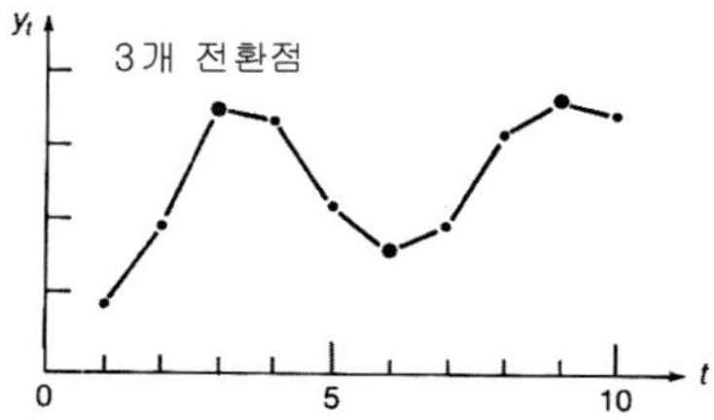


(3) 양의 자기상관계열

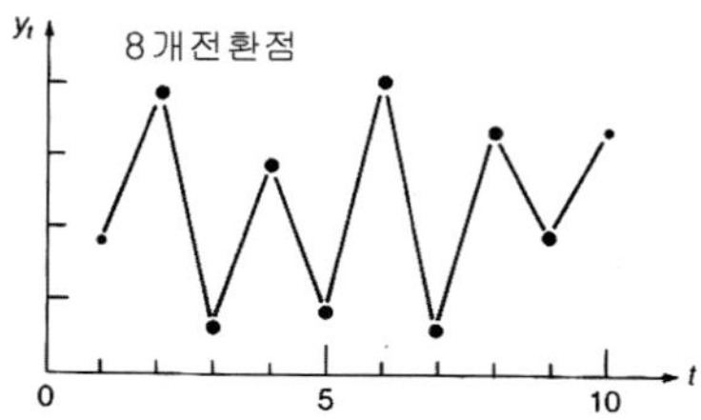


(4) 부의 자기상관계열

<그림 3.8> 계열의 여러가지형태에 대한 전환점

### 1) 전환점 검정의 절차

(1) 가설설정

$H_0$ : 계열은 무작위하게 추세가 없는 계열이다.

$H_1$ : 계열은 추세이거나 혹은 자기상관오차를 갖고 있다.

(2) 검정통계량

$U = n$개의 측정값의 계열에 있어서 전환점의 수

(3) 의사결정규칙

$|Z| > Z_{\alpha}$이면 귀무가설 $H_0$을 기각한다.

$$Z = \left| \frac{U - \mu_u}{\sigma_u} \right|$$

$$\mu_u = \frac{2(n-2)}{3},\ \sigma_u = \left(\frac{16n-29}{90}\right)^{\frac{1}{2}}$$

(4) 결 론

귀무가설 $H_0$을 기각하면, 추세가 없는 독립 모형은 적절하지 못하다고 결론을 내릴 수 있다. 덧붙여서, $Z$가 양의 값을 갖으면 추세이거나 혹은 양의 자기상관을 갖고 또한 $Z$가 음의 값을 갖으면 부의 자기상관을 갖는다고 할 수 있다.

**예제 3-2**

어느 도시의 범죄건수에 대한 인구 10,000명당 범죄율이 1991년부터 2010년 까지의 20년간의 자료는 다음 표 3.2 와 같다. 범죄율에 대한 계열이 무작위하게 추세가 없는 계열인지의 여부를 전환점검정을 이용하여 유의수준 5% 에서 검정하시오.

**풀이** (1) 가설설정

$H_0$ : 범죄율은 무작위하게 추세가 없는 계열이다.

$H_1$ : 범죄율은 추세가 있거나 혹은 자기상관오차를 갖고 있다.

<표 3.2> 범죄율에 대한 자료

| 시점 $t$ | 인구 $x_t$ | 범죄율 $Y_t$ | 부호 $Y_t - Y_{t-1}$ | 시점 $t$ | 인구 $x_t$ | 범죄율 $Y_t$ | 부호 $Y_t - Y_{t-1}$ |
|---|---|---|---|---|---|---|---|
| 1 | 16,046 | 1.37 | − | 11 | 28,756 | 3.96 | + |
| 2 | 16,880 | 2.96 | +[TP] | 12 | 31,258 | 4.19 | +[TP] |
| 3 | 17,809 | 1.91 | −[TP] | 13 | 33,540 | 2.71 | −[TP] |
| 4 | 18,699 | 3.10 | +[TP] | 14 | 37,095 | 3.42 | +[TP] |
| 5 | 19,709 | 2.08 | −[TP] | 15 | 40,434 | 3.02 | −[TP] |
| 6 | 20,852 | 2.54 | + | 16 | 44,639 | 3.54 | +[TP] |
| 7 | 22,124 | 4.07 | +[TP] | 17 | 50,353 | 2.66 | −[TP] |
| 8 | 23,496 | 3.62 | − | 18 | 57,654 | 4.11 | + |
| 9 | 25,118 | 2.91 | − | 19 | 63,534 | 4.25 | +[TP] |
| 10 | 26,750 | 1.94 | −[TP] | 20 | 69,507 | 3.96 | − |

주 [TP] = 전환점

(2) 검정통계량

각 시점의 범죄율에 대한 일차 차분($y_t - y_{t-1}$)의 부호를 결정하여 전환점을 계산하면 전환점의 갯수는 $U = 13$이다. (<표 3.2> 참조)

(3) 의사결정규칙

임계값은 $Z_{0.025} = 1.96$이다. 그리고 $n = 20$,

$$\mu_u = \frac{2(20-2)}{3} = 12,\ \sigma_u = \left(\frac{16 \times 20 - 29}{90}\right)^{\frac{1}{2}} = 1.08$$

따라서

$$|Z| = \frac{|13-12|}{1.08} = 0.56$$

$|Z| = 0.56 < Z_{0.025} = 1.96$이므로 귀무가설 $H_0$을 기각 할 수 없다.

(4) 결 론

따라서 유의수준 5% 에서 범죄율은 추세가 없는 독립인 모형이라고 결론내릴 수 있다.

### 3.2.3 추세에 관한 다니엘(Daniel) 검정

정상성에 대한 보다 강력한 비모수검정은 스피어만(Spearman)의 상관계수($\rho$) 혹은 켄달(Kendall)의 상관계수를 이용함으로써 수행할 수 있다.

스피어만(Spearman)상관계수에 의거한 검정은 추세에 관한 다니엘검정으로 알려져 있다. 이 검정을 성취하기 위하여, $n$개의 짝$(t,\ y_t)$에 관한 스피어만상관계수를 계산한다. 소표본인 경우 혹은 대표본에 대한 정규근사법에 의하여 주어진 임계값을 이용함으로써 상관계수와 비교하여 유의성에 관한 검정을 한다.

### 1) 가설검정절차

#### (1) 가설설정

$H_0$ : 계열은 추세를 가지고 있지 않다.

$H_1$ : 계열은 상향 혹은 하향으로 추세를 가지고 있다.

#### (2) 검정통계량

① 소표본인경우 ; $n \le 30$

$$r_s = 1 - \frac{6\sum d_t^2}{n(n^2-1)}$$

$$d_t = t - y_t \text{ 의 순위} = t - R(y_t)$$

② 대표본인경우 ; $n > 30$

$$Z = \frac{r_s - \mu_{rs}}{\sigma_{rs}}$$

$$\mu_{rs} = 0, \quad \sigma_{rs} = \frac{1}{\sqrt{n-1}}$$

#### (3) 의사결정규칙 (유의수준 $\alpha$)

① 소표본인 경우

$|\ r_s\ | > r_{\frac{\alpha}{2}}$ 이면 귀무가설 $H_0$을 기각한다.

② 대표본인 경우

$|\ Z\ | > Z_{\frac{\alpha}{2}}$ 이면 귀무가설 $H_0$을 기각한다.

#### (4) 결 론

귀무가설 $H_0$을 기각하면, 계열은 $(1-\alpha)\times 100\%$ 신뢰수준에서 추세를 가지고 있다고 결론을 내릴 수 있다. 덧붙여서 $r_s$와 $Z$이 양이면 추세는 상향으로 변하고, $r_s$와 $Z$이 음이면 추세는 하향으로 변하다고 결론지울 수가 있다.

**예제 3-3**

예제 3.2의 어느 도시의 범죄율을 이용하여 범죄율이 추세를 가지고 있는지의 여부를 유의수준 5%에서 다니엘검정을 하시오.

<표 3.3> 다니엘 검정에 대한 스페어만 계수의 계산

| 시점<br>t | 범죄율<br>$Y_t$ | 순위<br>$R(Y_t)$ | $d_t = t - R(Y_t)$ | $d_t^2$ |
|---|---|---|---|---|
| 1 | 1.37 | 1 | 0 | 0 |
| 2 | 2.96 | 9 | −7 | 49 |
| 3 | 1.91 | 2 | 1 | 1 |
| 4 | 3.10 | 11 | −7 | 49 |
| 5 | 2.08 | 4 | 1 | 1 |
| 6 | 2.54 | 5 | 1 | 1 |
| 7 | 4.07 | 17 | −10 | 100 |
| 8 | 3.62 | 14 | −6 | 36 |
| 9 | 2.91 | 8 | 1 | 1 |
| 10 | 1.94 | 3 | 7 | 49 |
| 11 | 3.96 | 16 | −5 | 25 |
| 12 | 4.19 | 19 | −7 | 49 |
| 13 | 2.71 | 7 | 6 | 36 |
| 14 | 3.42 | 12 | 2 | 4 |
| 15 | 3.02 | 10 | 5 | 25 |
| 16 | 3.54 | 13 | 3 | 9 |
| 17 | 2.66 | 6 | 11 | 121 |
| 18 | 4.11 | 18 | 0 | 0 |
| 19 | 4.25 | 20 | −1 | 1 |
| 20 | 3.76 | 15 | 5 | 25 |
| | | | | $\sum d_t^2 = 582$ |

**풀이** (1) 가설설정

$H_0$ : 범죄율은 추세가 없다

$H_1$ : 범죄율은 추세가 상향 혹은 하향으로 변하고 있다

(2) 검정통계량

① 소표본인 경우

$$r_s = 1 - \frac{6\sum d_t^2}{n(n^2-1)} = 1 - \frac{6 \times 582}{20(400-1)} = 0.5774$$

② 대표본인 경우

$$Z = \frac{0.5774 - 0}{0.2294} = 2.517$$

$$\mu_{rs} = 0,\ \sigma_{rs} = \frac{1}{\sqrt{19}} = 0.2294$$

(3) 의사결정규칙

유의수준 5%이고 양측검정인 경우에 스피어만 $\rho$에 대한 임계값은 $n = 20$일 때 $r_{20, 0.025} = 0.4451$이다. 따라서

① 소표본인 경우 $|r_s| = 0.5774 > r_{0.025} = 0.4451$

② 대표본인 경우 $|Z| = 2.517 > Z_{0.025} = 1.96$

이므로 귀무가설 $H_0$을 기각한다.

(4) 결 론

의사결정규칙에서 귀무가설 $H_0$을 기각하므로 신뢰수준 95%에서 데이타에 상향으로 추세가 있다고 결론을 내릴 수 있다.

■

### 3.2.4 추세에 관한 켄달(Kendall) 검정

거의 다니엘검정과 대등한 검정이 켄달의 상관계수를 이용하므로써 유도된다. 이 검정을 하기 위하여, 계열의 관측값으로부터 구성되어진 ${}_nC_2 = n(n-1)/2$개의 짝을 조사한다. 상향추세가 있는 계열로부터 얻어진 관측값은 초기의 관측값 보다는 크게 되고, 나중값보다는 작게되는 경향이 있다. (그리고 하향추세가 있는 계열에 대한 경우도 반대로 성립된다) 여기서 $N_u$ = 상향의 짝들의 수이고 $N_d$ = 하향의 짝들의 수라고 하자. 그러면 다음과 같은 경우를 생각할 수 있다.

첫째, 추세가 없는 계열에 대해서는, 상향과 하향의 짝의 수가 같게 된다. 즉 $N_u - N_d = 0$

둘째, 상향추세가 있는 계열에 대해서는 상향의 짝들의 수가 하향의 짝들의 수보다는 크게 된다. 즉 $N_u - N_d > 0$

셋째, 하향추세가 있는 계열에 대해서는 상향의 짝들의 수가 하향의 수보다는 작게

된다. 즉 $N_u - N_d < 0$

계열의 관측값에 대한 가능한 경우는 $n(n-1)/2$이다. 그리고 각각은 상향이거나 혹은 하향을 하게 된다. 그래서 $N_u + N_d = n(n-1)/2$이다.

켄달(Kendall)의 상관계수는 다음과 같은 방법으로 $N_u$와 $N_d$으로부터 계산된다. 즉,

$$\tau = \frac{N_u - N_d}{n(n-1)/2}$$

$$= 1 - \frac{4N_d}{n(n-1)}$$

$$= \frac{4N_u}{n(n-1)} - 1$$

소표본인 경우에는 ($n \leq 10$), 유의수준 $\alpha$을 가진 양측검정에 대한 타우($\tau$)의 임계값은 부록 표 3에 주어져 있으며 대표본인 경우에 있어서는 ($n > 10$), 정규근사방법에 의해서 검정한다.

### 1) 가설검정절차

#### (1) 가설설정

$H_0$ : 계열은 무작위하게 추세가 없는 계열이다.

$H_1$ : 계열은 상향이거나 혹은 하향으로 추세가 있는 계열이다.

#### (2) 검정통계량

① 소표본인 경우($n \leq 10$)

$$\tau = \frac{N_u - N_d}{n(n-1)/2}$$

② 대표본인 경우($n > 10$)

$$Z_\tau = \frac{\tau - \mu_\tau}{\sigma_\tau}$$

$$\mu_\tau = 0,\ \sigma_\tau = \left(\frac{2(2n+5)}{9n(n-1)}\right)^{1/2}$$

(3) 의사결정규칙 : 양측검정, 유의수준

① 소표본인 경우

$|\tau| > \tau_{\frac{\alpha}{2}}$ 이면 $H_0$을 기각한다.

② 대표본인 경우

$|Z_\tau| > Z_{\frac{\alpha}{2}}$ 이면 $H_0$을 기각한다.

(4) 결 론

귀무가설 $H_0$이 기각되면, $(1-\alpha)\times 100\%$ 신뢰수준하에서 계열은 추세가 있다고 결론을 내릴 수 있다. 덧붙여서 $\tau$ 혹은 $Z_\tau$가 양이면 계열은 상향으로 추세가 있다고 하고 또 $\tau$ 혹은 $Z_\tau$가 음이면 계열은 하향으로 추세가 있다고 결론을 내린다.

**예제 3-4**

예제 3.2의 범죄율을 이용하여 범죄율이 추세가 있는지의 여부를 켄달의 상관계수를 이용하여 검정하시오.

**풀이** (1) 가설설정

$H_0$ : 범죄율은 추세가 없다

$H_1$ : 범죄율은 상향이거나 혹은 하향으로 추세가 있다

(2) 검정통계량 : 대표본인 경우 $(n=20)$

우선 켄달의 타우($\tau$)을 계산하기위하여 필요한 $N_u$의 값을 계산하면 <표 3.4 >와 같다.

<표 3.4> 범죄율에 대한 켄달-계수의 계산

| 시점 $t$ | 범죄율 $Y_t$ | $Y_t$보다 큰측정값의 수 | 시점 $t$ | 범죄율 $Y_t$ | $Y_t$보다 큰측정값의 수 |
|---|---|---|---|---|---|
| 1 | 1.37 | 19 | 11 | 3.96 | 3 |
| 2 | 2.96 | 11 | 12 | 4.19 | 1 |
| 3 | 1.91 | 17 | 13 | 2.71 | 6 |
| 4 | 3.10 | 9 | 14 | 3.42 | 4 |
| 5 | 2.08 | 14 | 15 | 3.02 | 4 |
| 6 | 2.54 | 13 | 16 | 3.54 | 3 |
| 7 | 4.07 | 3 | 17 | 2.66 | 3 |
| 8 | 3.62 | 5 | 18 | 4.11 | 1 |
| 9 | 2.91 | 8 | 19 | 4.25 | 0 |
| 10 | 1.94 | 10 | 20 | 3.76 | 0 |
| 계 | | | | | $N_u=134$ |

$$N_u = 134$$

$$\frac{n(n-1)}{2} = \frac{20 \times 19}{2} = 190$$

$$N_d = \frac{n(n-1)}{2} - N_u = 190 - 134 = 56$$

$$\tau = \frac{N_u - N_d}{n(n-1)/2} = \frac{134 - 56}{190} = +.4105$$

$$\mu_\tau = 0,\ \sigma_\tau = \left(\frac{2(2n+5)}{9n(n-1)}\right)^{1/2} = \left(\frac{2(2 \times 20 + 5)}{9 \times 20 \times (20-1)}\right)^{1/2} = .1622$$

$$Z = \frac{.4105 - 0}{.1622} = 2.53$$

(3) 의사결정규칙 : $\alpha = 5\%$

$|Z| > Z_{0.025} = 1.96$이면 귀무가설 $H_0$을 기각한다

(4) 결 론

$|Z| = 2.53 > Z_{0.025} = 1.96$이므로 귀무가설 $H_0$을 기각한다. 따라서 범죄율은 상향으로 추세를 가지고 있다고 결론을 내릴 수 있다.

■

## 3.2.5 퍼트맨토우(Portmanteau)검정

### 1) 자기상관함수

시차(k)의 표본자기상관함수는 $(n-k)$개의 짝에 대해서 다음과 같이 계산된다.
$(y_1,\ y_{i+1}),\ (y_2,\ y_{i+2}),\ \cdots,\ (y_{n-k},\ y_n)$

$$r_k = \frac{\sum(y_{i-k} - \overline{y})(y_i - \overline{y})}{\sum(y_i - \overline{y})^2} \quad (3.1)$$

계열에 있어서 관측값의 수가 시차 $k$에 비하여 크게 되면, 총평균과 부분평균의 제곱합에 대한 대체는 상관계수 $r$의 값을 크게 변경하지 않는다. 그러나 계열의 이용가능한 자료가 작을 때 이러한 대체는 중요한 의미를 갖게 되며, 이 경우에는 1보다 큰 상관계수 $r$의 값을 가질지도 모른다는 것에 유의해야 한다. 시차1, 시차2, 시차3, …에

대한 표본자기상관계수를 구하고 시차 $k$에 대하여 그림으로 나타날 때, 결과를 보통 표본자기상관함수(sample autocorrelation function ; SACF)라고 부른다. 이 그림은 정상성 혹은 자기상관을 검토할 때 그리고 여러가지 비정상적인 모형으로 부터 모형을 선택할 때 매우 유용하게 이용된다.

**예제 3-5**

<표 3.5>은 한국자동차회사의 영업부 사원들이 20주 기간중 주당 소비하는 휘발류량을 보여 주고 있다. 이 자료를 이용하여 시차 1에서 시차 10까지의 표본자기상관계수를 구하고 또한 표본자기상관함수를 그림으로 나타내시오.

**풀이** 우선 시차 5에 대한 계산과정은 표 3.6과 같다. 그리고 시차 10가지의 계산결과는 <표 3.7>과 같다.

$$\sum_{1}^{10} y_t = 8,129 \quad \sum_{1}^{10} y_t^2 = 3,423,535 \qquad \bar{y} = 406.45$$

$$SS_{yy} = \sum y_t^2 - \frac{(\sum y_t)^2}{n} = 3,423,535 - \frac{(8,192)^2}{20} = 119,502.95$$

$$\sum (y_{t-5} - \bar{y}) \cdot (y_t - \bar{y}) = 2,712.4$$

$$r_5 = \frac{\sum (y_{t-5} - \bar{y})(y_t - \bar{y})}{\sum (y_t - \bar{y})^2} = \frac{\sum (y_{t-5} - \bar{y})(y_t - \bar{y})}{\sum y_t^2 - (\sum y_t)^2 / n}$$

$$r_5 = \frac{2,712.4}{119,502.95} = .023$$

<표 3.5> 주당 휘발류 소비량(갤론)

| 주당 $t$ | 소비량 $y_t$ | 주당 t | 소비량 $y_t$ | 주당 $t$ | 소비량 $y_t$ | 주당 $t$ | 소비량 $y_t$ |
|---|---|---|---|---|---|---|---|
| 1 | 409 | 6 | 445 | 11 | 380 | 16 | 252 |
| 2 | 289 | 7 | 310 | 12 | 598 | 17 | 446 |
| 3 | 509 | 8 | 372 | 13 | 418 | 18 | 473 |
| 4 | 364 | 9 | 440 | 14 | 359 | 19 | 337 |
| 5 | 404 | 10 | 414 | 15 | 432 | 20 | 478 |

<표 3.6> 시차 5에 대한 계산과정

| $t$ | $y_{t-5}$ | $y_t$ | $(y_{t-5}-\bar{y})$ | $(y_t-\bar{y})$ | $(y_{t-5}-\bar{y})\times(y_t-\bar{y})$ |
|---|---|---|---|---|---|
| 6 | 409 | 445 | 2.55 | 38.55 | 98.3 |
| 7 | 289 | 310 | −117.45 | −96.45 | 11,328.1 |
| 8 | 509 | 372 | 102.55 | −34.45 | −3,532.8 |
| 9 | 364 | 440 | −42.45 | 33.55 | −1,424.2 |
| 10 | 404 | 414 | −2.45 | 7.55 | −18.5 |
| 11 | 445 | 380 | 38.55 | −26.45 | −1,019.6 |
| 12 | 310 | 598 | −96.45 | 191.55 | −18,475.0 |
| 13 | 372 | 418 | −34.45 | 11.55 | −397.9 |
| 14 | 440 | 359 | 33.55 | −47.45 | −1,591.9 |
| 15 | 414 | 432 | 7.55 | 25.55 | 192.9 |
| 16 | 380 | 252 | −26.45 | −154.45 | 4,085.2 |
| 17 | 598 | 446 | 191.55 | 39.55 | 7,575.8 |
| 18 | 418 | 473 | 11.55 | 66.55 | 768.7 |
| 19 | 359 | 337 | −47.45 | −69.45 | 3,295.4 |
| 20 | 432 | 478 | 25.55 | 71.55 | 1,828.1 |
| | | | | | 2,712.4 |

<표 3.7> 시차 $k$에 대한 자기 상관 계수

| 시차 $k$ | $r_k$ | 시차 $k$ | $r_k$ |
|---|---|---|---|
| 1 | −.333 | 6 | .185 |
| 2 | −.081 | 7 | −.147 |
| 3 | .285 | 8 | .056 |
| 4 | −.523 | 9 | .307 |
| 5 | .023 | 10 | −.278 |

그리고 주당 소비하는 휘발류량에 대한 산포도와 표본자기상관함수는 <그림 3.9>과 같다.

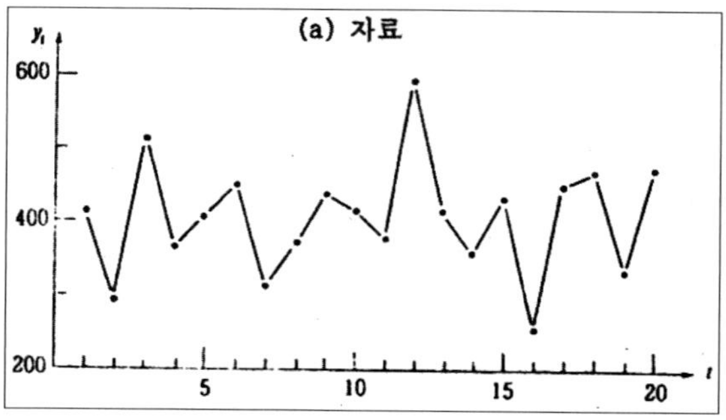


(a) 자료

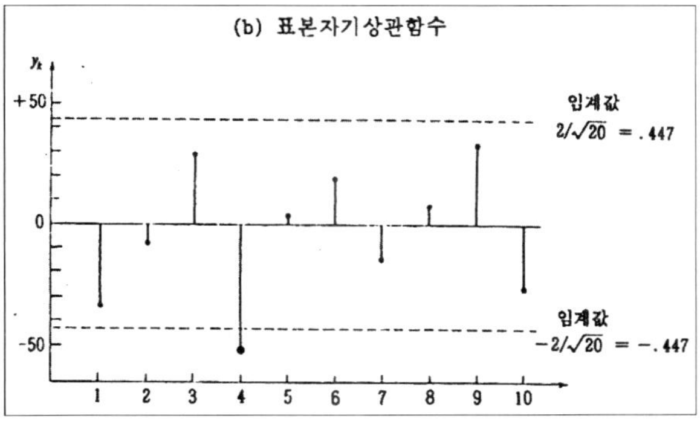


(b) 표본자기상관함수

<그림 3.9> 자료에 대한 산포도와 표본자기상관함수

분석절차

분석 – 예측 – 자기상관을 선택한다.

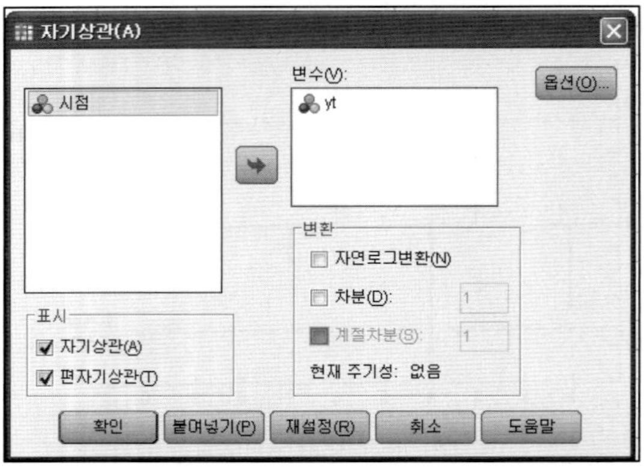


변수에 $yt$를 넣고, 확인을 누른다.

분석결과

**자기상관**

계열:yt

| 시차 | 자기상관 | 표준오차[a] | Box-Ljung 통계량 값 | 자유도 | 유의확률[b] |
|---|---|---|---|---|---|
| 1 | -.448 | .208 | 4.638 | 1 | .031 |
| 2 | -.110 | .202 | 4.935 | 2 | .085 |
| 3 | .307 | .197 | 7.378 | 3 | .061 |
| 4 | -.418 | .191 | 12.173 | 4 | .016 |
| 5 | .106 | .185 | 12.500 | 5 | .029 |
| 6 | .146 | .178 | 13.174 | 6 | .040 |
| 7 | -.155 | .172 | 13.985 | 7 | .051 |
| 8 | .028 | .165 | 14.014 | 8 | .081 |
| 9 | .301 | .158 | 17.648 | 9 | .039 |
| 10 | -.251 | .151 | 20.419 | 10 | .026 |
| 11 | -.053 | .143 | 20.556 | 11 | .038 |
| 12 | .156 | .135 | 21.889 | 12 | .039 |
| 13 | -.229 | .126 | 25.173 | 13 | .022 |
| 14 | .161 | .117 | 27.084 | 14 | .019 |
| 15 | .039 | .107 | 27.217 | 15 | .027 |
| 16 | -.138 | .095 | 29.298 | 16 | .022 |

a. 가정된 기본 공정은 독립적입니다(백색잡음).

b. 점근 카이제곱 근사를 기준으로 합니다.

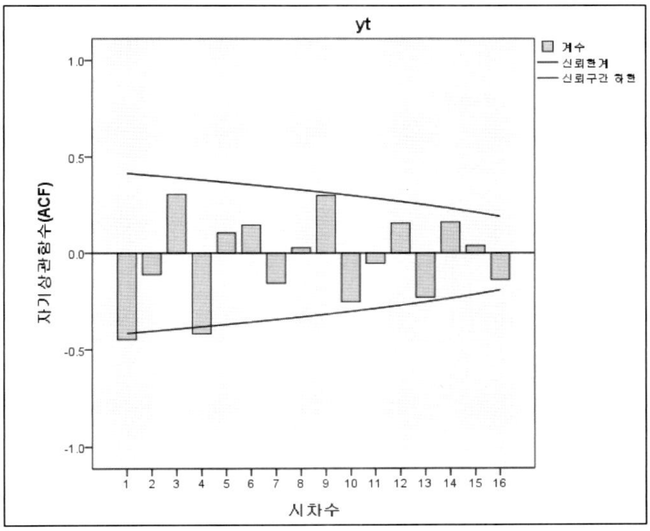


**편자기상관**

계열:yt

| 시차 | 편자기상관 | 표준오차 |
|---|---|---|
| 1 | -.448 | .224 |
| 2 | -.388 | .224 |
| 3 | .096 | .224 |
| 4 | -.344 | .224 |
| 5 | -.260 | .224 |
| 6 | -.153 | .224 |
| 7 | -.073 | .224 |
| 8 | -.258 | .224 |
| 9 | .252 | .224 |
| 10 | .128 | .224 |
| 11 | -.021 | .224 |
| 12 | -.041 | .224 |
| 13 | .050 | .224 |
| 14 | .085 | .224 |
| 15 | -.020 | .224 |
| 16 | -.041 | .224 |

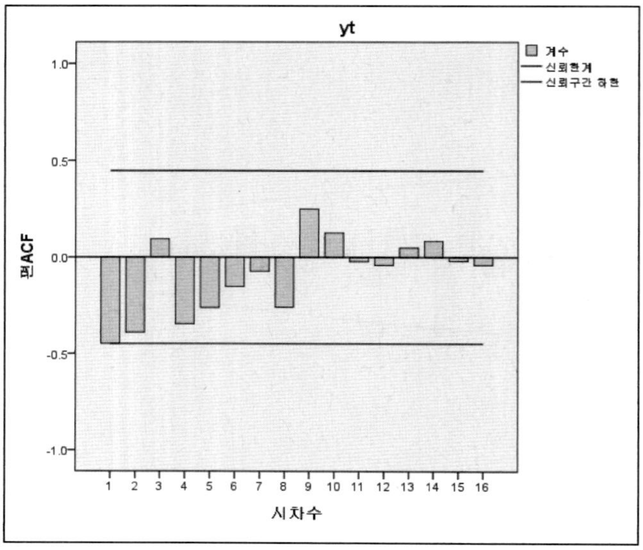


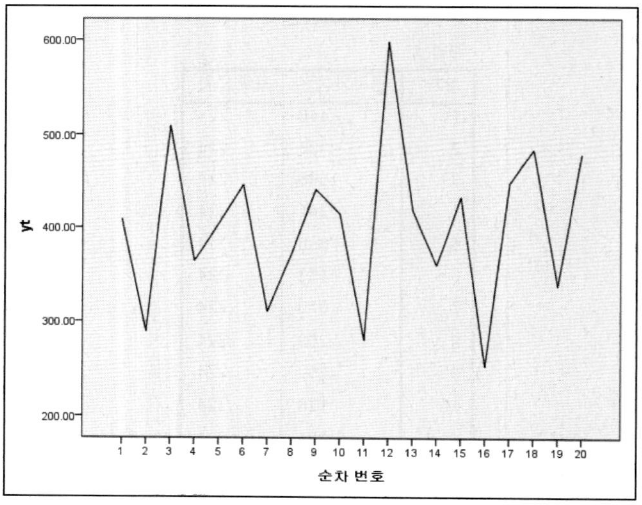


## 2) 퍼트맨토우 검정

퍼트맨토우(Portmanteau) 검정방법은 박스(G. E. P. Box)와 피어스(D. A. Pierce)에 의해서 개발되고 그후 리융(G. M. Ljung)과 박스(G. E. P. Box)에 의해서 변형된 검정방법이다. $m$개 표본자기상관은 유의수준의 통제하에서 모두 한꺼번에 검정하게 된다. 계열의 자료가 많으면, 변형박스–피어스(혹은 리융–박스–피어스), Q 통계량 [modified Box – Pierce (or Ljung Box–Pierce) Q statistic]으로 알려진 검정통계량은 검정되어질 $m$개 표본자기상관의 수와 같은 자유도를 갖는 카이제곱분포(chi–square distribution)에 근사하게 된다.

비록 $m$의 값이 임의적이지만, 그렇게 크지는 않으며 보통은 표본크기의 약 1/4보다 크지 않아야 한다.

### 1) 가설검정절차

#### (1) 가설설정

$H_0$ : $\rho_k = 0$ 모든 $k \le m$에 대해서

$H_1$ : $\rho_k \neq 0$ $k \le m$의 어떤값에 대해서

#### (2) 검정통계량

$$Q_m = n(n+2)\sum_{k=1}^{m}\frac{r_k^2}{n-k}$$

$m$ = 검정되어질 계수의 수

$n$ = 계열의 관측값의 수

#### (3) 의사결정규칙(유의수준 $\alpha$, $n$, $m$)

$Q_m > \chi^2_\alpha(m)$이면 귀무가설 $H_0$을 기각한다. ($m$ = 자유도)

#### (4) 결 론

귀무가설 $H_0$가 기각되면, 계열은 $(1-\alpha)\times 100\%$ 신뢰수준하에서 무작위 하지 않다고 결론지울수 있다.(즉, 추세를 갖거나 혹은 자기상관을 갖는다) 자기상관함수와 관련하여 계열의 그림은 자기상관 혹은 추세의 성질을 결정하는데 사용된다.

**예제 3-6**

예제 3.5의 자료를 이용하여 시차 3이하에 대한 자기상관이 있는지의 여부에 대하여 퍼트만토우검정을 하시오. (단, $\alpha = 5\%$)

풀이 (1) 가설설정

$H_0$ : $\rho_k = 0$   모든 $k \le 3$에 대해서

$H_1$ : $\rho_k \ne 0$   어떤 $k \le 3$에 대해서

혹은

$H_0$ : 계열은 3 보다 작은 시차에 대해서 자기상관을 갖고 있지 않다

$H_1$ : 계열은 3 보다 작은 어떤시차에 대해서 자기상관을 갖고 있다

(2) 검정통계량

$$Q_3 = 20(20+2)\left(\frac{(-0.333)^2}{19} + \frac{(-0.081)^2}{18} + \frac{(0.285)^2}{17}\right) = 4.8$$

(3) 의사결정규칙 ($n = 20,\ m = 3,\ \alpha = 5\%$)

$Q_3 > \chi^2_{0.05}(3) = 7.81$이면 귀무가설 $H_0$을 기각한다.

(4) 결 론

$Q_3 = 4.86 < \chi^2_{0.05}(3) = 7.81$이므로 귀무가설 $H_0$을 기각할 수 없다. 따라서 추세가 없는 모형이라고 할 수 있다.

## 3.3 예측모형

### 3.3.1 추세가 없는 예측모형

본 절에서의 내용들은 시계열의 평균수준이 시간에 따라 변하지 않거나 매우 천천히 변한다는 가정하에 설명되고 있다. 이에 대한 적당한 모형은 다음과 같이 설정할 수 있다.

$$y_t = \beta_0 + \epsilon_t$$

여기서 $\beta_0$는 확률변동(random fluctuations)과 관련된 것으로 시간에 따라 거의 변화하지 않거나 느리게 변한다고 생각하는 상수이다. 그런데 이들 변동은 확률오차 $\epsilon_t$에 따라 변하는 값들이다.

오차항이 평균이 0이고 표준편차가 $\sigma_\epsilon$인 정규분포를 한다면 즉 $\epsilon_t \sim N(0,\ \sigma_\epsilon^2)$이면 $y_t$는 $y_t \sim N(\beta_0,\ \sigma_\epsilon^2)$이 된다. 예측값의 성질은 $\beta_0$와 $\sigma_\epsilon^2$의 값을 알고 있느냐의 여부에

달려 있다. 만약 $\beta_0$와 $\sigma_\epsilon^2$의 값을 알고 있다면 미래시점에 대한 예측값은 $\beta_0$가 될 것이고 예측구간은 $\sigma_\epsilon$을 이용하여 표준정규분포의 백분율 점들로부터 설정시킬 수 있다. 그런데 만약 $\beta_0$와 $\sigma_\epsilon^2$을 모른다면 $\beta_0$와 $\sigma_\epsilon^2$의 값은 추정할 수 밖에 없으며 예측구간은 $t-$분포의 백분율 점들로부터 설정시킬 수 있다. 즉 $\beta_0$의 최소제곱추정량은

$$\widehat{\beta_0} = \frac{\sum_{t=1}^{n} y_t}{n}$$

으로 $y_1, y_2, \cdots, y_n$의 단순평균이다.

또한 현재시점을 $n$이라 할 때 $l$시점 이후의 예측값을 $\hat{y}_{n+l}$이라고 하면

$$\hat{y}_{n+l} = \widehat{\beta_0}$$

이다. 따라서 예측값에 대한 $(1-\alpha)\times 100\%$ 신뢰구간은

$$\widehat{\beta_0} \pm t_{\alpha/2}\widehat{\sigma_\epsilon}$$

이다. 여기서

$$\widehat{\sigma_\epsilon} = \widehat{\sigma_\epsilon}\sqrt{1+\frac{1}{n}}$$

$$\left[\sigma_\epsilon^2 = \ \sigma_{y-\bar{y}}^2 = \ \sigma_y^2 + \ \sigma_{\bar{y}}^2 = \sigma_\epsilon^2 + \frac{\sigma_\epsilon^2}{n} = \sigma_\epsilon^2(1+\frac{1}{n})\right]$$

이다.

**예제 3-7**

대한 수산식품회사는 대구판매량에 따른 최저, 최고 매상액을 예측하고 생선가공공장의 운영계획을 위하여 <표 3.8>의 자료를 이용하여 월별대구어획량(단위: 톤)에 대한 점추정(point forecast)과 95%의 예측구간을 구하시오.

<표 3.8> 대구어획량의 자료

| 년도 | 월 | 시점T | 실제값 $y_t$ | 년도 | 월 | 시점T | 실제값 $y_t$ |
|---|---|---|---|---|---|---|---|
| 2009 | 1 | 1 | 362 | 2010 | 1 | 13 | 276 |
| | 2 | 2 | 381 | | 2 | 14 | 334 |
| | 3 | 3 | 317 | | 3 | 15 | 394 |
| | 4 | 4 | 297 | | 4 | 16 | 334 |
| | 5 | 5 | 399 | | 5 | 17 | 384 |
| | 6 | 6 | 402 | | 6 | 18 | 314 |
| | 7 | 7 | 375 | | 7 | 19 | 344 |
| | 8 | 8 | 349 | | 8 | 20 | 337 |
| | 9 | 9 | 386 | | 9 | 21 | 345 |
| | 10 | 10 | 328 | | 10 | 22 | 362 |
| | 11 | 11 | 389 | | 11 | 23 | 314 |
| | 12 | 12 | 343 | | 12 | 24 | 365 |

**풀이** $\beta_0$의 최소제곱추정값은 $\beta_0 = \bar{y}$로 이것은 $n$개의 관찰값 $y_1$, $y_2$, $\cdots$, $y_n$의 평균값이 된다. 시계열 $y_t$의 어떤 미래값의 예측은 $\hat{y}_t = \beta_0 = \bar{y}$이다.

따라서 <표 3.8>의 자료를 이용하여 $\beta_0$의 최소제곱추정값은

$$\widehat{\beta_0} = \bar{y} = \frac{\sum_{t=1}^{24} y_t}{24} = 351.29 \text{이다.}$$

그러므로 다음달의 대구의 예측어획량은 351.29이다. 그리고 95% 예측구간은

$$\begin{aligned}\widehat{\beta_t} \pm t_{\frac{\alpha}{2}} \widehat{\sigma_\epsilon} &= 351.29 \pm 2.069 \times 35.17 \\ &= (278.52,\ 424.06)\end{aligned}$$

이다. 여기서 $t_{(n-1, \alpha/2)} = t_{(23,\ 0.025)} = 2.069$이며 표준오차는 35.17이다

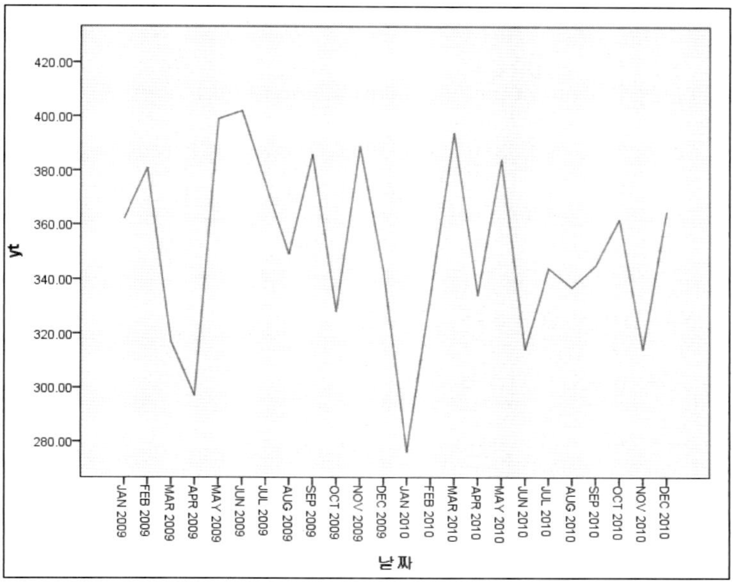


<그림 3.10> 대구어획량

## 3.3.2 단순지수평활모형

단순지수평활법(simple exponential smoothing method)은 과거의 관측값을 가지고 미래의 값을 예측할 때 최근의 자료들에 대하여 더 많은 가중치를 부여하여 예측하는 방법이다. 이동평균법에서는 이동평균을 계산하기 위해 최근의 $m$개의 관측값이 필요하였으며, 최근의 $m$개의 관측값에 대하여 동일한 비중을 부여하였을 뿐만 아니라 그 이전 시점들($t < n-m$)의 관측값들에 대한 정보를 완전히 무시하였다. 그러나 미래의 값을 예측하는 데 필요한 정보는 최근의 자료들에 더 많이 포함될 수 있으며, 또 예측을 위해서는 더 많은 자료들을 사용하는 것이 일반적으로 바람직한 예측방법이 될 수 있다. 단순지수평활법은 바로 단순이동평균법의 이와같은 단점을 보완시킨 예측방법이다.

단순지수평활법에서는 최근의 관측값 $y_T$, 바로 전 시점의 단순지수평활예측값 $S_{T-1}$과 평활계수 $\alpha$값만으로 예측이 가능하다. 실제로 단순지수평활예측값은 과거시점의 시계열자료들의 가중평균이다.

$$S_T = \alpha y_T + (1-\alpha)S_{T-1}$$

윗 식에서 단순지수평활(simple exponential smoothing) $S_T$를 평활통계량(smoothed statistic)이라 하고 $\alpha$는 평활상수(smoothing constant)이며, $0 \le \alpha \le 1$을 가정한다. 단순지수평활값 $S_T$는 $S_0,\ y_1,\ y_2,\ \cdots,\ y_T$의 가중평균값이다. 그리고 시점 T에 대한 평활추정값 $S_T$는 모든 과거의 관측값의 선형결합임을 다음의 전개식에서 알 수 있다.

$$S_T = \alpha y_T + (1-\alpha)S_{T-1}$$

$$S_{T-1} = \alpha y_{T-1} + (1-\alpha)S_{T-2}$$

$$S_T = \alpha y_T + (1-\alpha)[\alpha y_{T-1} + (1-\alpha)S_{T-2}]$$

$$= \alpha y_T + \alpha(1-\alpha)y_{T-1} + (1-\alpha)^2 S_{T-2}$$

$$S_{T-2} = \alpha y_{T-2} + (1-\alpha)S_{T-3}$$

$$S_T = \alpha y_T + \alpha(1-\alpha)y_{T-1} + (1-\alpha)^2[\alpha y_{T-2} + (1-\alpha)S_{T-3}]$$

$$= \alpha y_T + \alpha(1-\alpha)y_{T-1} + \alpha(1-\alpha)^2 y_{T-2} + (1-\alpha)^3 S_{T-3}$$

$S_{T-3},\ S_{T-4},\ \cdots,\ S_2,\ S_1$에 대하여도 마찬가지 방법으로 구하여 대입시키면 결국

$$S_T = \alpha y_T + \alpha(1-\alpha)y_{T-1} + \alpha(1-\alpha)^2 y_{T-2} + \cdots + \alpha(1-\alpha)^{T-1}y_1 + (1-\alpha)^T S_0$$

이 되며 여기서 $S_0$는 $\beta_0$에 대한 초기추정값(initial estimate)이다. 위에서 우리는 관찰값들의 계수 $\alpha,\ \alpha(1-\alpha),\ \cdots,\ \alpha(1-\alpha)^{T-1}$은 $T$가 커질수록 기하급수적으로 줄어듦을 알 수 있다. 예컨데 평활상수 $\alpha = 0.1$이라면 계수값들은 0.1, 0.09, 0.081, 0.0081 등이 된다. 그러므로 이들 계수들이 기하급수적으로 줄어든다는데 기인하여 이러한 수정과정을 단순지수평활이라 한다. 이 계수들이 감소하므로 가장 최근의 관찰값 $y_T$가 $\beta_0$의 최근의 추정값에 가장 크게 기여함을 알 수 있다. $\alpha$의 선택에 따라 $S_T$의 부드러운 정도가 결정된다. 0에 가까운 값을 선택하게 되면 시계열의 이전(과거) 값에 보다 큰 가중값이 부여되므로 이전값이 보다 더 강조된다. 따라서 시계열은 더 부드러워진다. 반면에 1에 가까운 값을 선택하게 되면 시계열의 현재값에 보다 큰 가중값이 부여된다.

여기서 주목하여야 할 것은 초기추정값 $S_0$을 어떻게 정하느냐 하는 것이다. 만일에 과거의 자료가 주어졌다면 전체평균값으로 $S_0$를 정할 수 있으며, 그러한 자료가 없으면 시점 1의 관측값 $y_1$이나 시점 1에서 시점 $n$까지의 관측값들의 산술평균을 사용할 수도 있다.

**예제 3-8**

예제 3.7의 자료를 이용하여 단순지수 평활법을 이용하여 2011년 1월부터 6월까지의 예측값을 구하시오(자료명 : Exm3-7.SAV)

**풀이** ① PASW를 이용하여 단순지수평활을 수행하는 절차는 주 메뉴에서 분석 ⇒ 예측 ⇒ 모형생성을 차례로 선택하고 시계열모형생성기 대화상자에서 종속변수에 시계열변수($y_t$)를 선택하고 방법으로 지수평활을 선택한다.

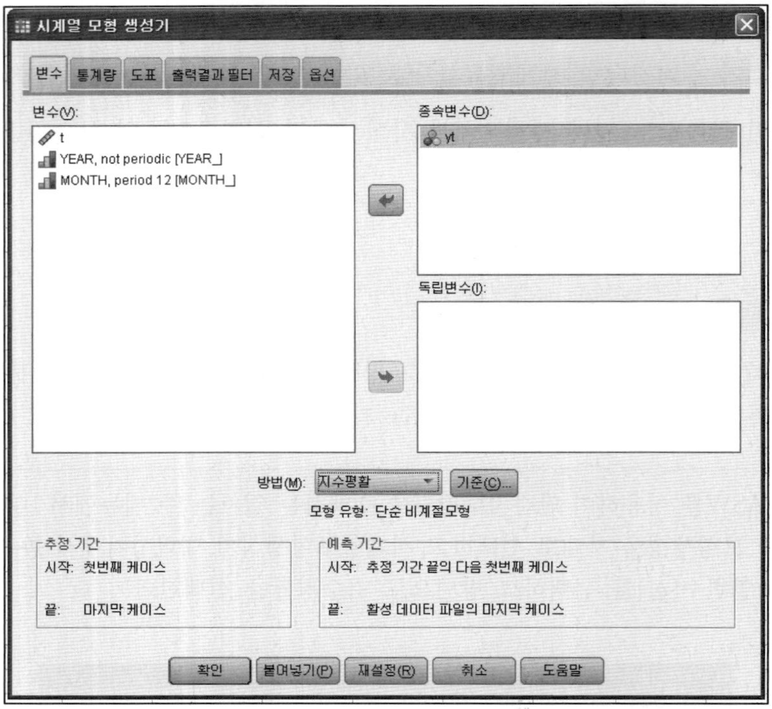


② 기준 단추를 누르면 <그림 3.11>과 같은 지수평활 기준 대화상자가 나타나고 모형 유형으로 단순을 선택한다. 시계열변수의 변환이 필요하면 종속변수 변환에서 변환을 선택하면 되고, 특별한 이유가 없으면 디폴트로 지정않음이 선택된다.

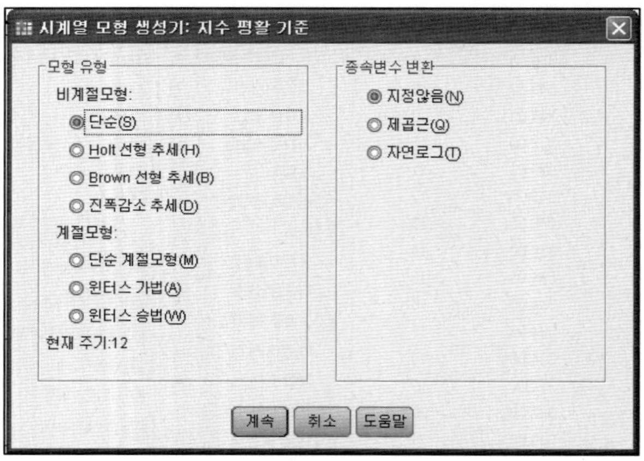


<그림 3.11> 지수평활 기준 대화상자

③ 지수평활 기준 대화상자에서 저장 단추를 누르고 <그림 3.12>에서 저장하기를 원하는 변수를 지정하면 된다. 옵션 단추를 누르면 원하는 예측 기간과 결측값의 처리 방법을 지정할 수 있다. 통계량 단추를 누르고 출력을 원하는 통계량을 지정할 수 있다.

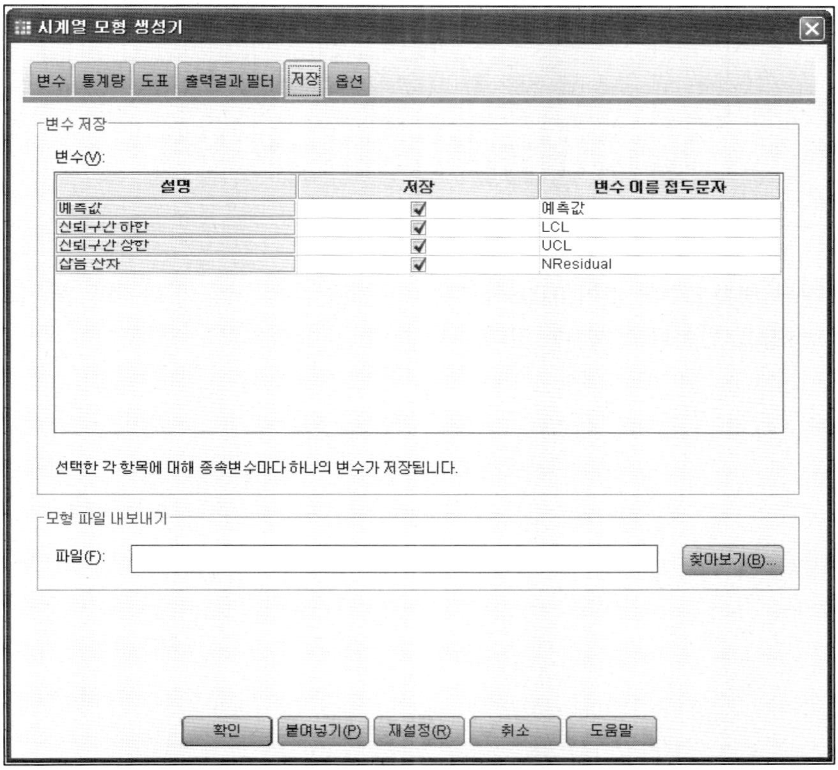


<그림 3.12> 시계열모형 생성기 : 저장 대화상자

④ 다음은 지수평활법을 수행한 결과의 출력이다.

**지수평활 모형 모수**

| 모형 | | | 추정값 | SE | t | 유의확률 |
|---|---|---|---|---|---|---|
| yt-모형_1 | 변환 안 함 | 알파(수준) | .038 | .071 | .533 | .599 |

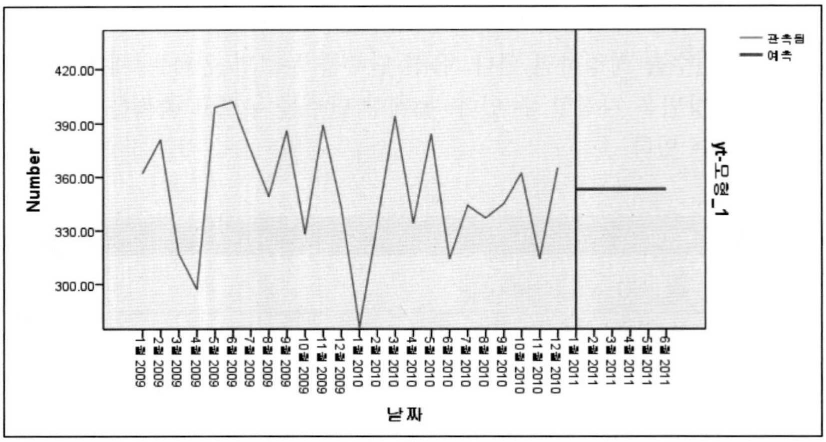


추정된 평활모수의 값이 0.038이므로 예측값은 추정 기간의 마지막 관측값에 조금의 영향을 받는다고 할 수 있다.

# 연습문제

**1.** $Y_T$를 일주일동안 어느 전화에 걸려온 잘못 걸린 횟수라 할때 다음 모형에서 $\beta_0$와 $\epsilon_t$가 의미하는 바를 설명하시오.

$$Y_t = \beta_0 + \epsilon_t \ , \ t = 1, 2, \cdots$$

**2.** 다음의 시계열이 (a)~(c)중 어디에 속하는지 분류하고 그 이유를 설명하시오.

(a) 정상성(stationarity) (b) 정상적이거나 비정상적 (c) 비정상성

① $Y_t$ =매년 온도가 30도를 넘는 여름날의 수(1960~2010)

② $Y_t$ = J시에서 1인당 지출하는 생명보험비용(1970~2010)

③ $Y_t$ =경제기획원의 실업률 예측시 발생되는 에러의수(1970~2010)

④ $Y_t$ = J시에서 1인당 소비하는 껌의 수(1970~2010)

**3.** 정상성에 대한 모수적검정과 비모수적검정사이의 차이점은 무엇인가?

**4.** 임의의 계열로부터 50개의 관측값을 구했다고 하자. 그리고 R이 결정되었다고 했을 때 아래물음에 답하시오. 단 R은 중위수 위와 아래의 연(run)의 수이다.

① 기대되는 연(run)의 수는?

② 연의수에 대한 표준편차는?

③ 연의수 R이 18이라 하자. 그리고 유의수준을 1%로 했을 때 이 계열이 정상적이거나 임의적 인지를 검정하시오.

④ 위의 ③에서 유의수준을 5%로 하여 검정을 하시오.

**5.** 임의의 계열로부터 19개의 관측값을 구했다고 하자. 그리고 R이 결정되었다고 했을 때 아래 물음에 답하시오. 단 R은 중위수 위와 아래의 연(run)의 수이다.

(a) 기대되는 연의수는?

(b) 연의수에 대한 표준편차는?

(c) 연의수 R이 7이라 하자. 유의수준 10%로 이 계열이 확률적인지를 검정하시오. 그리고 수평적 그리고 확률적 모형이 적절한지 여부에 대해 설명하시오.

**6.** 다음의 시계열자료를 이용하여 물음에 답하시오.

| $t$ | $Y_t$ | $t$ | $Y_t$ | $t$ | $Y_t$ |
|---|---|---|---|---|---|
| 1 | 72.1 | 9 | 92.5 | 17 | 78.3 |
| 2 | 63.9 | 10 | 83.0 | 18 | 69.3 |
| 3 | 61.6 | 11 | 65.6 | 19 | 87.9 |
| 4 | 82.8 | 12 | 59.1 | 20 | 94.9 |
| 5 | 84.2 | 13 | 76.4 | 21 | 79.3 |
| 6 | 69.1 | 14 | 85.0 | 22 | 74.3 |
| 7 | 76.3 | 15 | 68.2 | 23 | 87.4 |
| 8 | 81.5 | 16 | 78.4 | 24 | 91.3 |

① 위 시계열에 대한 그래프를 그리시오.

② 연검정($\alpha = 5\%$) 결과 수평적 모형을 사용할 수 있겠는지 답하시오.

③ 전환점 검정($\alpha = 5\%$) 결과 수평적모형을 사용할 수 있겠는지 답하시오.

④ 캔달의 타우(tau)값에 바탕을 둔 검정결과 수평적 모형을 사용할 수 있겠는지 답하시오.

⑤ 추세에 대한 다니엘 검정(Daniel's test) 결과 수평적 모형을 사용할 수 있겠는지 답하시오. ($\alpha = 5\%$)

⑥ 위의 검정들을 바탕으로해서 수평적 모형을 사용할 수 있겠는지의 여부에 관해 설명하시오.

**7.** 어떤 백화점의 수입총액을 예측하고자 한다. 다음 자료를 이용하여 물음에 답하시오.

| 년도 | 수입(10억) | 년도 | 수입(10억) |
|---|---|---|---|
| 2004 | 10 | 2008 | 22 |
| 2005 | 14 | 2009 | 30 |
| 2006 | 18 | 2010 | 29 |
| 2007 | 19 | | |

① 연검정을 실시하여 정상적 확률모형을 기각할 수 있는지를 보시오.

② 피어슨의 상관계수를 구하여 정상적모형을 기각할 수 있는지를 보시오. ($r = 0.974$)

③ 스피어만의 상관계수를 구하여 정상적모형을 기각할수 있겠는가?

**8.** 다음의 시계열 자료에 대한 시차 2 의 자기상관계수를 계산하시오.

| $t$ | 1 | 2 | 3 | 4 | 5 | 6 | 7 | 8 | 9 | 10 |
|---|---|---|---|---|---|---|---|---|---|---|
| $Y_t$ | −1 | −3 | −4 | 2 | 0 | 1 | 2 | 1 | −1 | 3 |

**9.** 다음 자료는 어떤 주유소의 지난 2년간의 월 평균 매출액을 나타낸 것이다. 이제 향후 12개월에 대한 월별 매출액을 지수평활에 의하여 예측하려고 한다. 단, 초기값은 690이며 평활상수 $\alpha = 0.2$이라고 한다.

| 월 | 평균매출액(만원) | 월 | 평균매출액(만원) | 월 | 평균매출액(만원) |
|---|---|---|---|---|---|
| 1 | 690 | 9 | 833 | 17 | 815 |
| 2 | 590 | 10 | 722 | 18 | 748 |
| 3 | 745 | 11 | 821 | 19 | 781 |
| 4 | 635 | 12 | 757 | 20 | 889 |
| 5 | 725 | 13 | 652 | 21 | 846 |
| 6 | 738 | 14 | 812 | 22 | 863 |
| 7 | 632 | 15 | 723 | 23 | 734 |
| 8 | 765 | 16 | 708 | 24 | 788 |

제 04 장

# 추세에 의한 시계열 예측

## 4.1 추세의 특성

### 4.1.1 추세의 정의

전 장에서 설명한 바와같이 인구성장, 기술진보와 사회적 변화 등과 같은 요인에 의해서 시간이 경과함에 따라 평균값이 변화하는 시계열을 비정상적 시계열(nonstationary time series)이라 한다. 추세는 변화의 형태가 다음과 같은 주요한 특성을 갖는 비정상성(nonstationarity)을 나타낸다. 첫째로 시계열의 장기변동을 말하는 것으로 관측값에 의한 변동과 무작위 성분이 포함되어 있는데 추세개념의 특징은 계열의 관측값이 장기간에 걸쳐 고른 현상을 나타낸다는 점이다. 둘째는 계열이 상향이든 하향이든간에 단지 한 방향으로 움직인다는 것이다.

시계열변동의 이러한 형태는 다음과 같은 정의에 의해서 요약될 수 있다. 즉 $y_t$의 기대값이 다음 식과 같이 시간이 경과함에 따라 변한다면, $y_1$, $y_2$, $\cdots$ 의 시계열은 추세를 갖는다고 말한다.

$$E(y_t) = f(\beta_0, \beta_1, \cdots ; t)$$

$$t = 1, 2, 3, \cdots$$

여기서 $f(\beta_0, \beta_1, \cdots)$은 시간이 경과함에 따라 증가하거나 혹은 감소하는 함수이다.

### 4.1.2 추세의 원인

경제변수와 같은 시계열은 추세를 갖고 있는 것이 흔히 있는 일이다. 경제현상에서 보면 시간이 경과함에 따라 느리고 지속적으로 움직이는 원동력은 추세가 있는 계열을 만들게 된다. 일반적으로 추세에 대한 주요 원천 가운데 다음과 같은 것들이 있다. 첫째 인구의 변화이다. 인구의 변화는 에너지 소비, 원료의 사용, 인력의 이용과 판매 수익 등과 같은 수요의 변화를 야기시킨다. 둘째는 기술의 변화이다. 진보된 기술과 생산성의 증가는 수명의 변화와 생활수준을 변하게 할 것이다. 세째는 사회 관습의 변화를 들 수 있다. 느리게 변화하는 기호와 습관 등등은 소비와 다른 패턴들을 변경한다. 즉 이혼율의 증가, T·V시청률의 증가, 흡연률의 감소 등이다. 네째 인플레이션과 데플레이션이다. 화폐의 구매력은 가격, 임료, 이자율과 소비자 저축패턴 등에 영향을 준다. 다섯째 환경조건의 변화와 시장조건의 변화를 갖는다. 기업의 상표와 생산품에 대한 친밀감의 증가는 기업에 관련된 모든 계열에 영향을 주게 된다.

### 4.1.3 추세가 있는 계열의 특성

일반적으로 추세가 있는 시계열에 대한 모형은 다음과 같이 나타낼 수 있다.

$$y_t = T_t + \epsilon_t$$

$y_t$ =시점 $t$에 대한 계열의 실제값

$T_t$ =시점 $t$에 대한 기대값(추세)

$= f(\beta_0, \beta_1, \cdots)$

$\epsilon_t$ =추세의 주변에 있는 불규칙변동으로 표시되는 확률변수

$t = 1, 2, \cdots$

여기서 $f(\beta_0, \beta_1, \cdots)$은 추세경향을 나타내는 증가하거나 혹은 감소하는 함수이다. 이 모형은 확률영향($\varepsilon_t$)에 의한 추세로부터 변동을 갖은 일관되게 증가하거나 혹은 감소하는 계열을 나타낸다. 대부분의 경우에는$\varepsilon_t$는 모든 시점 $t$에 대한 $E(\epsilon_t) = 0$을 갖는 정상계열을 형성한다고 가정한다.

## 4.2 추세에 관한 통계적 검정

$y_t$가 정규분포를 한다면, 피어슨(pearson)의 상관계수에 의한 검정방법은 추세모형을 이용할지의 여부를 결정하는데 매우 유용하게 이용할 수 있다. 원래 이 검정방법은 선형추세를 탐지하기 의하여 고안되었으나 실제의 추세가 곡선일지라도 귀무가설 $H_0$을 기각하므로써 이용된다. $t$와 $y_t$간의 표본상관계수는 다음 식과 같이 계산된다.

$$r = \frac{SS_{ty}}{\sqrt{SS_{tt} \cdot SS_{yy}}}$$

$$SS_{tt} = \sum (t-\bar{t})^2 = \sum t^2 - \frac{(\sum t)^2}{n} = \frac{n(n^2-1)}{12}$$

$$\left[ \sum y = \frac{n(n+1)}{2}, \ \sum y^2 = \frac{n(n+1)(2n+1)}{6} \right]$$

$$SS_{yy} = \sum (y-\bar{y})^2 = \sum y^2 - \frac{(\sum y)^2}{n}$$

$$SS_{ty} = \sum (t-\bar{t})(y-\bar{y}) = \sum ty - \frac{(\sum t) \cdot (\sum y)}{n}$$

만일 $t$가 $1, 2, \cdots, n$을 나타내면, $SS_{tt}$는 $SS_{tt} = n(n^2-1)/12$로써 보다 간단하게 계산할 수 있다. 모상관계수 $\rho$가 0이면 계열은 시간에 따라 선형적으로 상호관계가 없다. 즉, 추세가 없다는 것이다. 그리고 표본상관계수 $r$은 표본추출오차가 거의 0이 된다. 모상관계수 $\rho$가 0이고 $y_t$가 정규분포를 하면 다음 식의 검정통계량은 자유도가 $n-2$인 $t-$분포를 따른다.

$$t_r = \frac{r\sqrt{n-2}}{\sqrt{1-r^2}}$$

### 1) 가설검정 절차

(1) 가설설정

$$H_0 : \rho = 0 \qquad \text{vs} \qquad H_1 : \rho \neq 0$$

(2) 검정통계량

$$t_r = \frac{r\sqrt{n-2}}{\sqrt{1-r^2}}, \qquad r = \frac{SS_{ty}}{\sqrt{SS_{tt} \cdot SS_{yy}}}$$

(3) 의사결정규칙(유의수준$\alpha$ )

$| t_r | > t_{\frac{\alpha}{2}}$ 이면 귀무가설을 기각한다.

(4) 결 론

귀무가설 $H_0$을 기각하면 계열은 추세를 갖는다고 한다. 덧붙여서 $t_r$이 양이면 추세는 상향추세를 나타내고, $t_r$이 음이면 추세는 하향추세를 나타낸다.

**예제 4-1**

<표 4.1>은 한국의 13년간 (1987~1999)의 포도주 생산량이다. 이 자료를 이용하여 포도주 생산량에 대한 추세가 있는지의 여부를 상관계수를 이용하여 검정하시오. ($\alpha = 5\%$)

<표 4.1> 포도주 생산량에 대한 스페어만의 $\rho$ 계산 (단위 : $10^6$ 리터)

| 년도 | 시점 $t$ | 생산량 $y_t$ | $y_t$ 의순위 R($y_t$) | $d_t$ | $d_t^2$ |
|---|---|---|---|---|---|
| 1987 | 1 | 183.3 | 11 | −10 | 100 |
| 1988 | 2 | 183.7 | 12 | −10 | 100 |
| 1989 | 3 | 183.1 | 10 | −7 | 49 |
| 1990 | 4 | 162.6 | 8 | −4 | 16 |
| 1991 | 5 | 144.2 | 4 | 1 | 1 |
| 1992 | 6 | 160.4 | 7 | −1 | 1 |
| 1993 | 7 | 159.3 | 6 | 1 | 1 |
| 1994 | 8 | 166.6 | 9 | −1 | 1 |
| 1995 | 9 | 186.7 | 13 | −4 | 16 |
| 1996 | 10 | 140.5 | 3 | 7 | 49 |
| 1997 | 11 | 152.0 | 5 | 6 | 36 |
| 1998 | 12 | 138.1 | 2 | 10 | 100 |
| 1999 | 13 | 119.4 | 1 | 12 | 144 |
| | | | | | $\sum d_t^2 = 614$ |

풀이 (1) 가설설정

$H_0 : \rho = 0$ vs $H_1 : \rho \neq 0$

(2) 검정통계량

<표 4.2>로부터 $SS_{yy}$, $SS_{tt}$와 $SS_{ty}$은 다음과 같다.

<표 4.2> 포도주 생산에 대한 상관계수

| 년도 | 시점 $t$ | 생산량 $y_t$ | $t \times y_t$ | $y_t^2$ | $t^2$ |
|---|---|---|---|---|---|
| 1987 | 1 | 183.3 | 183.3 | 33,598.9 | 1 |
| 1988 | 2 | 183.7 | 367.4 | 33,745.7 | 4 |
| 1989 | 3 | 183.1 | 549.3 | 33,525.6 | 9 |
| 1990 | 4 | 162.6 | 650.4 | 26,438.8 | 16 |
| 1991 | 5 | 144.2 | 721.0 | 20,793.6 | 25 |
| 1992 | 6 | 160.4 | 962.4 | 25,728.2 | 36 |
| 1993 | 7 | 159.3 | 1115.1 | 25,376.5 | 49 |
| 1994 | 8 | 166.6 | 1332.8 | 27,755.6 | 64 |
| 1995 | 9 | 186.7 | 1680.3 | 34,856.9 | 81 |
| 1996 | 10 | 140.5 | 1405.0 | 19,740.3 | 100 |
| 1997 | 11 | 152.0 | 1672.0 | 23,104.0 | 121 |
| 1998 | 12 | 138.1 | 1657.2 | 19,071.6 | 144 |
| 1999 | 13 | 119.4 | 1552.2 | 14,256.4 | 169 |
| $\Sigma$ | 91 | 2079.9 | 13,848.4 | 337,992.1 | 819 |

$$SS_{yy} = \sum y^2 - \frac{(\sum y)^2}{n} = 337,992 - \frac{(2079.9)^2}{13} = 5224.0$$

$$SS_{ty} = \sum ty - \frac{(\sum t)\cdot(\sum y)}{n} = 13,848 - \frac{91 \times 2079.9}{13} = -711.3$$

$$SS_{tt} = \sum t^2 - \frac{(\sum t)^2}{n} = 819 - \frac{(91)^2}{13} = 182,\ t = 1.2.\cdots,n$$

$$(SS_{tt} = \frac{n(n^2-1)}{12} = \frac{13 \times (132-1)}{12} = 182,\ t = 1,\ 2,\ \cdots\ ,\ 13)$$

상관계수는

$$r = \frac{SS_{ty}}{\sqrt{SS_{tt}\cdot SS_{yy}}} = \frac{-711.3}{\sqrt{182 \times 5,224}} = -0.729$$

이다. 따라서 검정통계량은

$$t_r = \frac{r\sqrt{n-2}}{\sqrt{1-r^2}} = \frac{-0.729 \times \sqrt{13-2}}{\sqrt{1-(-0.729)^2}} = -3.532$$

(3) 의사결정규칙($\alpha = 5\%,\ df = 13-2 = 11$)

$|\ t_r\ | > t_{0.025} = 2.201$ 이면 귀무가설을 기각한다.

(4) 결 론

$|\ t_r\ | = 3.532 > 2.201$ 이므로 귀무가설 $H_0$을 기각하므로 포도주 생산량은 하향추세가 있다고 할 수 있다.

# 4.3 예측모형

## 4.3.1 선형추세에 의한 시계열 예측

시간의 경과에 따라 변화하는 시계열의 평균수준을 생각하여 보자. 특히 선형모형에서 시간에 따라 평균수준이 변화한다고 가정한다. 그러므로 시계열에 대한 적당한 모형을 다음과 같이 나타낼 수 있다.

$$y_t = \beta_0 + \beta_1 t + \epsilon_t$$

이 모형에서 $\beta_0 + \beta_1 t$ 는 시계열의 평균수준과 시간간의 직선관계를 나타내므로 시계열의 평균수준은 시간의 경과에 따라 선형모형에서 변화한다. 이 관계의 기울기는 $\beta_1$이고 또 시간 0에서 절편은 $\beta_0$이다. 시계열은 관측값이 추세선으로 부터 떨어져 생기는 확률변동과 결합된 직선에 의해서 포함된 추세에 의하여나타낼 수 있다. 추세선의 기울기 $\beta_1$이 0보다 크게 되면, 이것은 시계열의 평균수준이 시간이 지남에 따라 증가하는 것을 의미한다. 반면에 기울기 $\beta_1$이 0보다 작으면, 시계열의 평균수준이 시간이 지남에 따라 감소하는 것을 의미한다.

### 1) 회귀분석방법

$\beta_1$과 $\beta_0$의 최소제곱추정값은 각각 다음과 같이 계산된다. 즉,

$$\hat{\beta}_1 = \frac{n\sum_{t=1}^{n} t y_t - (\sum_{t=1}^{n} t)(\sum_{t=1}^{n} y_t)}{n\sum_{t=1}^{n} t^2 - (\sum_{t=1}^{n} t)^2}$$

$$\begin{aligned}\hat{\beta}_0 &= \frac{\sum_{t=1}^{n} y_t}{n} - \hat{\beta}_1\left(\frac{\sum_{t=1}^{n} t}{n}\right) \\ &= \bar{y} - \hat{\beta}_1 \bar{t}\end{aligned}$$

여기서 $y_1, y_2 \cdots , y_n$은 $n$개의 관측값이다. 따라서 시계열의 미래값 $y_t$의 현재시점 $t$에서 $l$기간을 예측하는 식은

$$\hat{y}_{t+l} = \hat{\beta}_0 + \hat{\beta}_1(t+l)$$

이다.

**예제 4-2**

일진백화점의 컴퓨터센터에서 판매되고 있는 개인용 컴퓨터에 대한 최근 2년간 (2009년과 2010년)의 월별 판매대수는 <표 4.3>과 같다. 이 자료를 이용하여 2011년 1월과 2월의 판매대수를 구하시오.(자료명 : EXM4-2.SAV)

<표 4.3> 개인용 컴퓨터 판매량

| 월별 | 2009 | 2010 |
|---|---|---|
| 1 | 197 | 296 |
| 2 | 211 | 276 |
| 3 | 203 | 305 |
| 4 | 247 | 308 |
| 5 | 239 | 356 |
| 6 | 269 | 393 |
| 7 | 308 | 363 |
| 8 | 262 | 386 |
| 9 | 258 | 443 |
| 10 | 256 | 308 |
| 11 | 261 | 358 |
| 12 | 288 | 384 |

**풀이** 개인용 컴퓨터 판매량에 대한 $\beta_1$과 $\beta_0$의 최소제곱추정값은 다음과 같다.

위의 예제는 PASW의 회귀분석 메뉴에서 곡선추정을 이용하여 수행해도 같은 결과를 얻을 수 있음을 볼 수 있다. 즉, <분석> ⇒ <회귀분석> ⇒ <곡선추정>을 선택한다.

<종속변수(D)>에 판매량변수(YT)를 넣고 독립변수는 <시간>을 설정한다. 모형은 <선형모형>을 선택하고 <분산분석표출력(Y)>을 설정하고 <저장(A)>을 클릭하여 대화상자를 연다.

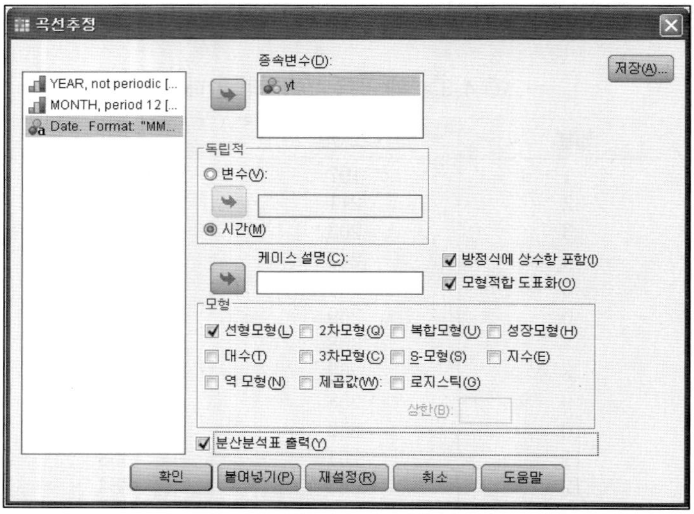


저장대화상자에서 <변수 저장>에 <예측값(P)>를 설정하고 <예측할 케이스>의 예측케이스(T)에 년 : 2011, 월 : 2 를 넣고 수행(<계속>)시킨다.

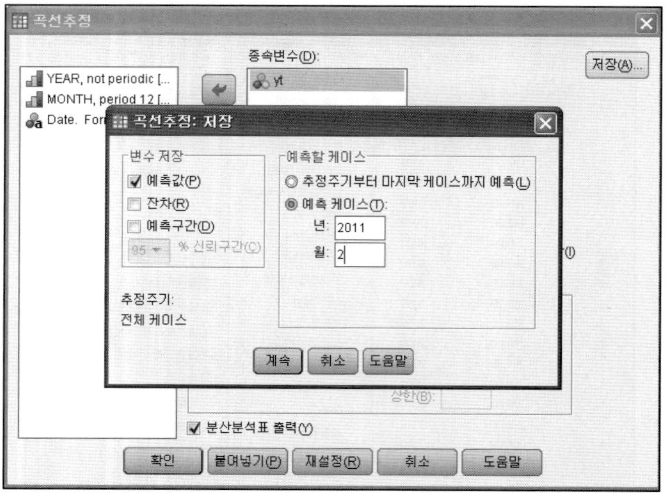


이러한 절차를 수행하면 다음과 같은 결과를 얻는다. 이 결과에 의하면 곡선추정법으로 추정된 추세식은

$$\hat{y}_t = 198.03 + 8.07 \times t$$

이다. 추정회귀계수는 유의확률이 0 이므로 통계학적으로 유의하며 분산분석결과에 의하여 통계학적으로 의미가 있다고 볼 수 있다. 이 결과를 원 시계열 자료와 예측된 값을 그림으로 나타내면 다음과 같다.

**모형 요약**

| R | R 제곱 | 수정된 R 제곱 | 추정값의 표준오차 |
|---|---|---|---|
| .879 | .773 | .762 | 31.671 |

**분산분석**

| | 제곱합 | 자유도 | 평균 제곱 | 거짓 | 유의확률 |
|---|---|---|---|---|---|
| 회귀 모형 | 74974.357 | 1 | 74974.357 | 74.748 | .000 |
| 잔차 | 22066.602 | 22 | 1003.027 | | |
| 합계 | 97040.958 | 23 | | | |

**계수**

| | 비표준화 계수 | | 표준화 계수 | t | 유의확률 |
|---|---|---|---|---|---|
| | B | 표준오차 | 베타 | | |
| 케이스 순차 | 8.074 | .934 | .879 | 8.646 | .000 |
| (상수) | 198.029 | 13.344 | | 14.840 | .000 |

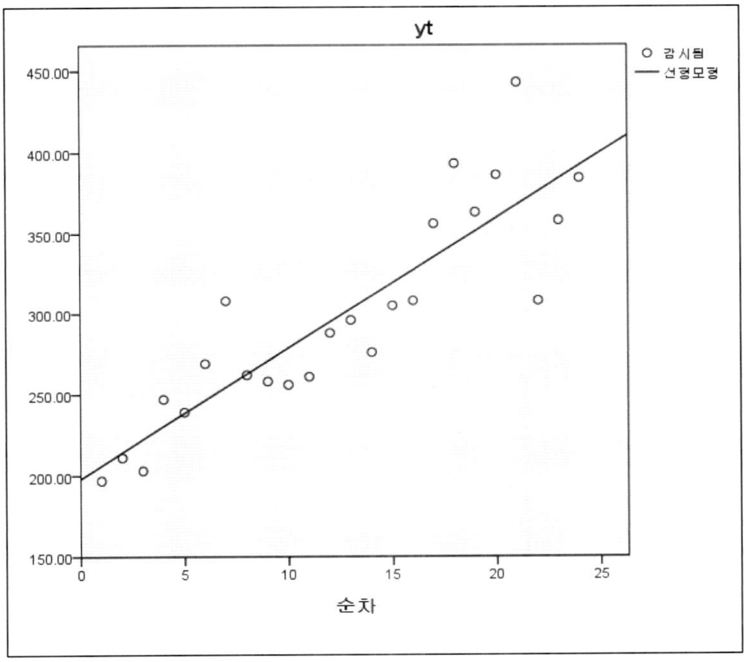

| 예측값 | |
|---|---|
| 20011. 1 | 399.89 |
| 2011. 2 | 407.96 |

## 4.3.2 곡선추세에 의한 시계열 예측

### 1) 2차형의 추세에 의한 예측

시계열의 평균수준이 시간이 경과함에 따라 2차형 혹은 곡선형에서 변화하는 상태를 생각하여 보기로 한다. 즉, 시계열의 평균수준이 증가하거나 혹은 감소하는 상태를 의미한다. 따라서 다음과 같은 2차형의 시계열모형을 고려해 보자.

$$y_t = \beta_0 + \beta_1 t + \beta_2 t^2 + \epsilon_t$$

2차추세모형을 회귀분석방법에 의하여 설명하기로 한다. 2차형의 회귀계수 $\beta_0$, $\beta_1$과 $\beta_2$에 대한 최소제곱추정값을 $\widehat{\beta_0}$, $\widehat{\beta_1}$과 $\widehat{\beta_2}$로 표기하면, 시계열 $y_t$에 대한 예측은 다음 식과 같다.

$$\widehat{y_t} = \widehat{\beta_0} + \widehat{\beta_1} t + \widehat{\beta_2} t^2$$

**예제 4-3**

<표 4.4>은 우리나라의 1980~1997년간의 국민소득(GNP)에 관한 자료이다. 이 자료를 이용하여 예측모형과 3년간 국민소득을 예측하시오.(자료명 : EXM3-3.SAV)

<표 4.4> 국민소득(GNP)

| 년도 | GNP | 년도 | GNP | 년도 | GNP |
|---|---|---|---|---|---|
| 1980 | 368 | 1986 | 929 | 1992 | 2387 |
| 1981 | 457 | 1987 | 1097 | 1993 | 2655 |
| 1982 | 524 | 1988 | 1313 | 1994 | 3037 |
| 1983 | 620 | 1989 | 1479 | 1995 | 3489 |
| 1984 | 710 | 1990 | 1782 | 1996 | 3864 |
| 1985 | 793 | 1991 | 2142 | 1997 | 4160 |

**풀이** <예제 4.2>와 같이 PASW의 곡선추정을 선택한 후 종속변수에 국민소득(GNP)을 선택한다. 독립변수에는 시간(M)을 선택하고 모형에서는 2차모형을 선택한후 실행한다. <케이스설명(C)>에서 방정식에 상수항포함을 선택하고 모형은 <2차모형(Q)>을 선택하고 <분산분석표출력(Y)>을 설정한 다음 <저장(A)>을 클릭하여 대화상자를 연다. 저장대화상자에서 <예측케이스>에 관측값 21을 넣고 수행시킨다.

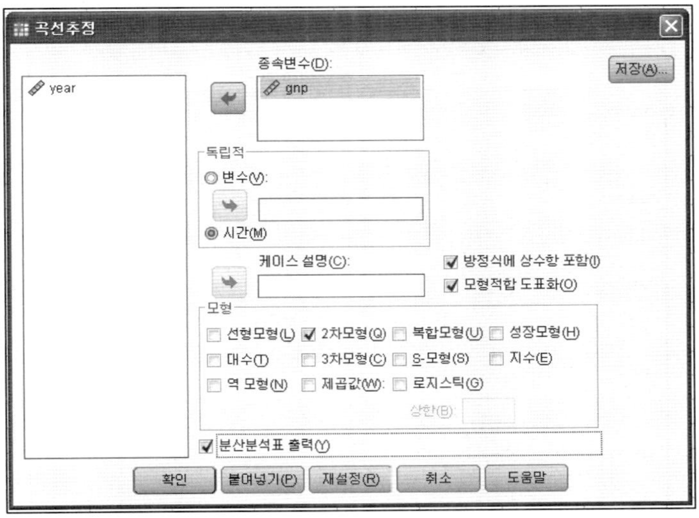


실행된 결과는 다음과 같다.

**2차모형**

모형 요약

| R | R 제곱 | 수정된 R 제곱 | 추정값의 표준오차 |
|---|---|---|---|
| .999 | .999 | .999 | 47.543 |

분산분석

| | 제곱합 | 자유도 | 평균 제곱 | 거짓 | 유의확률 |
|---|---|---|---|---|---|
| 회귀 모형 | 2.602E7 | 2 | 1.301E7 | 5756.160 | .000 |
| 잔차 | 33905.441 | 15 | 2260.363 | | |
| 합계 | 2.606E7 | 17 | | | |

계수

| | 비표준화 계수 | | 표준화 계수 | | |
|---|---|---|---|---|---|
| | B | 표준오차 | 베타 | t | 유의확률 |
| 케이스 순차 | -10.188 | 9.144 | -.044 | -1.114 | .283 |
| 케이스 순차 ** 2 | 12.358 | .468 | 1.042 | 26.426 | .000 |
| (상수) | 415.848 | 37.733 | | 11.021 | .000 |

즉 추정된 2차 회귀식은 다음과 같다.

$$\widehat{y_t} = 415.85 - 10.19t + 12.36t^2$$

분산분석표의 F값이 5756으로 유의하며 2차 회귀식중에서 $\widehat{\beta_1}$값은 유의하지 않으나 상수와 $\widehat{\beta_2}$는 유의함을 알수가 있다. 따라서 원데이터와 예측값과의 그림은 다음과 같다.

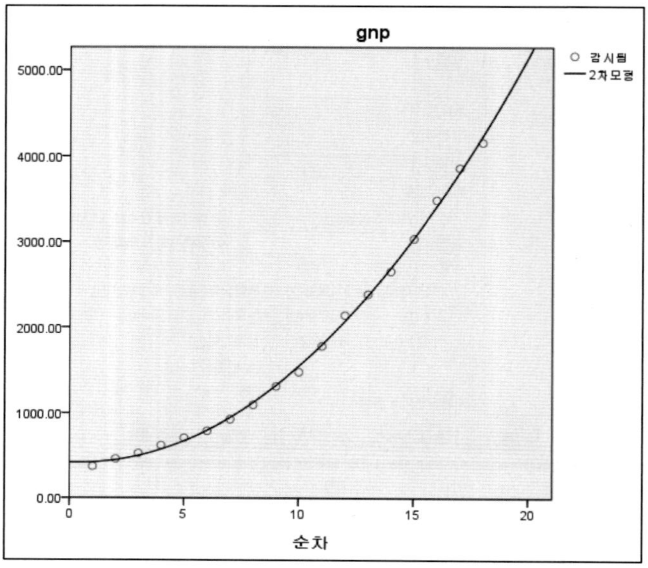


| 년도 | 예측값 |
|---|---|
| 1998 | 4683.49510 |
| 1999 | 5155.26754 |
| 2000 | 5651.75593 |

## 4.3.3 단순지수추세모형

시계열이 인구증가와 전염병의 감염자수 등과 같이 시간경과에 따라 일정비율로 증가(혹은 감소)하는 자료를 나타낼 경우 그 추세방정식이 지수함수 형태를 취할 때가 많다. 이러한 형태중의 단순지수모형(simple exponential model)은 다음과 같이 나타낼 수 있다.

$$y_t = \beta_0 \cdot \beta_1^t \cdot \epsilon_t \tag{4.1}$$

식 3.1의 $y_t$값은 $\beta_0$과 $\beta_1$값에 의존함을 알 수 있으며 $\beta_0$는 $y_t$의 절편 그리고 $\beta_1$은 변화율을 각각 뜻한다. 그리고 <그림 4.1>에서 보는 바와 같이 $\beta_1 > 1$의 경우 $t$가 증가함에 따라 $y_t$도 증가하고, $0 < \beta_1 < 1$의 경우 $y_t$는 $t$의 증가에 따라 감소하게 된다.

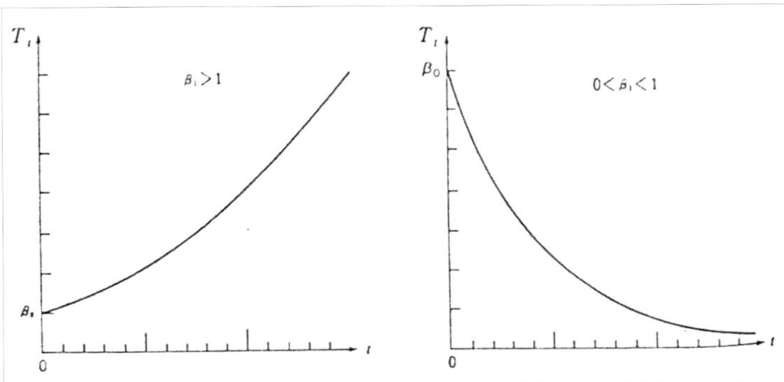


<그림 4.1> 단순지수 추세곡선

일단 시계열의 산포도가 위의 식과 같은 지수함수형태의 추세변동을 갖는다고 볼 수 있을 경우 그 추정방법은 지수함수형태의 식을 선형함수로 변환함으로써 쉽게 할 수 있다. 즉, 식의 양변에 대수를 취하면 다음과 같이 된다.

$$y_t = \beta_0 \beta_1^t \cdot \epsilon_t$$

$$y_t' = \log y_t = \log\beta_0 + t \cdot \log\beta_1 + \log\epsilon_t$$

$$= \beta_0' + \beta_1' t + \epsilon_t'$$

여기서 $\beta_0' = \log\beta_0$, $\beta_1' = \log\beta_1$, $\epsilon_t' = \log\epsilon_t$ 이다 모수 $\beta_0'$과 $\widehat{\beta_1}$을 추정한 후에는 원래의 값으로 변환하여 주어야 한다 즉,

$$\widehat{\beta_0} = anti\log\widehat{\beta_0}' = \epsilon^{\widehat{\beta_0}'}$$

$$\widehat{\beta_1} = anti\log\widehat{\beta_1}' = \epsilon^{\widehat{\beta_1}'}$$

**예제 4-4**

<표 4.5>은 어느 도시의 연도별 독감감염자수를 나타낸 자료이다. 이 자료를 이용하여 향후 5년간의 독감감염자수를 예측하시오(자료명 EXM4-4.SAV)

<표 4.5> 독감감염자수

| 년도 | t | $y_t$ | $y_t{}' = \log y_t$ | 년도 | t | $y_t$ | $y_t{}' = \log y_t$ |
|---|---|---|---|---|---|---|---|
| 1984 | 1 | 182 | 5.204 | 1992 | 9 | 400 | 5.991 |
| 1985 | 2 | 187 | 5.231 | 1993 | 10 | 460 | 6.131 |
| 1986 | 3 | 211 | 5.352 | 1994 | 11 | 520 | 6.254 |
| 1987 | 4 | 237 | 5.468 | 1995 | 12 | 575 | 6.354 |
| 1988 | 5 | 276 | 5.620 | 1996 | 13 | 640 | 6.461 |
| 1989 | 6 | 301 | 5.707 | 1997 | 14 | 668 | 6.504 |
| 1990 | 7 | 316 | 5.756 | 1998 | 15 | 777 | 6.655 |
| 1991 | 8 | 332 | 5.805 | 1999 | 16 | 866 | 6.763 |

**풀이** PASW의 곡선추정을 선택 한 후 종속변수에 logyt를 선택한다. 모형에서는 지수모형을 선택한 후 실행한다.

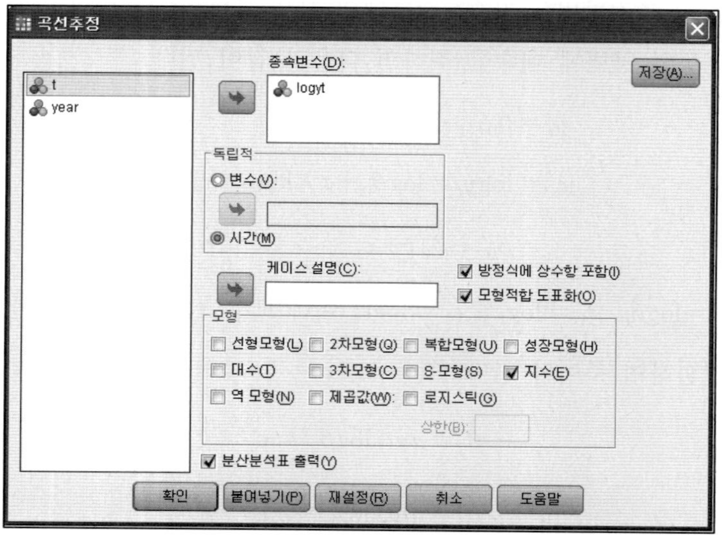


실행된 결과는 다음과 같다.

지수

**모형 요약**

| R | R 제곱 | 수정된 R 제곱 | 추정값의 표준오차 |
|---|---|---|---|
| .997 | .994 | .994 | .007 |

**분산분석**

| | 제곱합 | 자유도 | 평균 제곱 | 거짓 | 유의확률 |
|---|---|---|---|---|---|
| 회귀 모형 | .110 | 1 | .110 | 2503.564 | .000 |
| 잔차 | .001 | 14 | .000 | | |
| 합계 | .111 | 15 | | | |

**계수**

| | 비표준화 계수 | | 표준화 계수 | | |
|---|---|---|---|---|---|
| | B | 표준오차 | 베타 | t | 유의확률 |
| 케이스 순차 | .018 | .000 | .997 | 50.036 | .000 |
| (상수) | 5.091 | .018 | | 287.368 | .000 |

종속변수는 ln(logyt)입니다.

분산분석표나 모수추정값의 p값을 보아 모두 통계학적으로 유의함을 알 수가 있다. 따라서 추정된 단순지수추세식은 다음과 같다.

$$y_t{}' = \log y_t = 5.09 + 0.018t$$

이제 log를 제거하여 다음과 같은 예측방정식을 구할 수 있다.

$$\widehat{\beta_0} = e^{5.09} = 162.39, \quad \widehat{\beta_1} = e^{0.018} = 1.018, \quad \widehat{y_t} = 162.39(1.018)^t$$

원데이터와 예측값과의 그림은 다음과 같다.

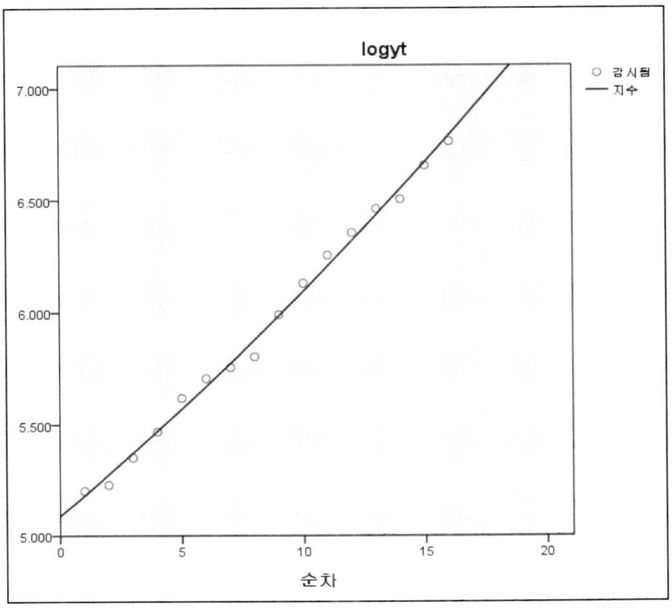

| 년도 | 예측값 |
|---|---|
| 2000 | 1006.49 |
| 2001 | 1141.22 |
| 2002 | 1296.94 |
| 2003 | 1477.34 |
| 2004 | 1686.82 |

### 4.3.4 수정지수모형

단순지수모형을 이용할 때의 문제점은 지수 성장에 대한 한계가 없다는 점이다. 따라서 지수성장에 대한 상한(upper limit)을 갖는 추세곡선을 이용하는 것이 보다 현실적일 것이다. 식 (4.1)의 단순지수성장모형을 다소 조정하면 $y_t$의 값이 증가 또는 감소하되 상한(upper limit) 또한 하한(lower limit)값을 갖는 수정지수추세모형(modified exponential trend model)을 나타낼 수 있다. 즉

$$y_t = \beta_0 + \beta_1 \cdot \beta_2^t \cdot \epsilon_t \tag{4.2}$$

혹은

$$y_t = \beta_0 + \beta_1 \cdot \beta_2^t \cdot \epsilon_t \tag{4.3}$$

$\beta_0 =$ 추세값에 대한 상한 혹은 하한값

$\beta_0 + \beta_1 =$ 원점에서의 추세값

위 모형의 오차항은 가법이거나 승법모형을 나타내고 있다.

연속적인 1차차분의 비

$$(y_t - y_{t-1})/(y_{t-1} - y_{t-2}) = \triangle y_t / \triangle y_{t-1} = \beta_2$$

는 상수값이다. 또한 만약 $\beta_1$이 영보다 작다면 $\beta_0$는 상한이 되며 $\beta_1$이 영보다 크다면 $\beta_0$는 하한이 된다. 네가지의 가능한 수정지수곡선의 경우를 <그림 4.2>에 나타내고 있다. 이들 중에서 가장 많이 이용되고 있는 것은 상한을 갖는 $\beta_1 < 0$와 $\beta_2 < 1$인 경우 <그림 4.2(1)>이다.

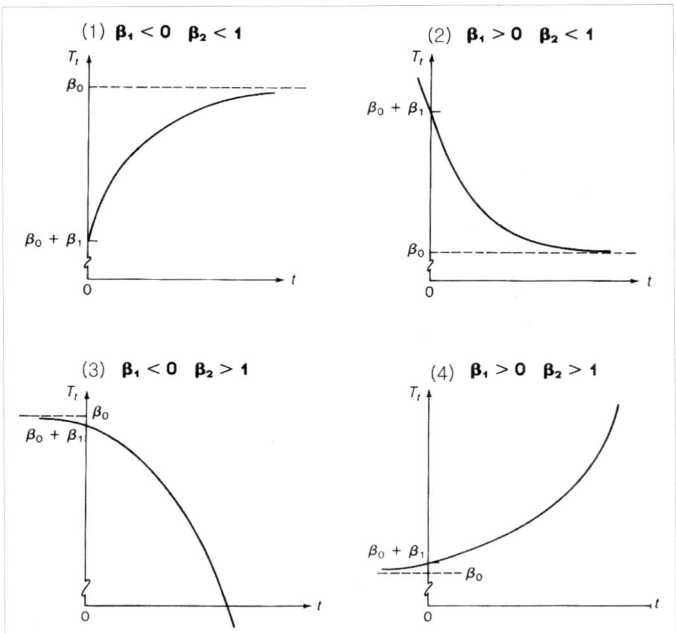


<그림 4.2> 수정지수 추세곡선

**예제 4-5**

다음자료는 태인전자에서 생산하는 연도별 반도체칩 생산량이다. 15년간의 자료를 이용하여 예측모형과 향후 5년간(2011년~2015년)의 생산량을 예측하시오.

<표 4.6> 반도체칩 생산량

(단위 : 백만)

| 년도 | 생산량 | 년도 | 생산량 |
|---|---|---|---|
| 1996 | 79 | 2004 | 734 |
| 1997 | 29 | 2005 | 608 |
| 1998 | 162 | 2006 | 993 |
| 1999 | 247 | 2007 | 1017 |
| 2000 | 299 | 2008 | 1006 |
| 2001 | 621 | 2009 | 1057 |
| 2002 | 510 | 2010 | 1009 |
| 2003 | 701 | | |

**풀이** PASW의 곡선추정을 선택한 후 종속변수에 생산량(logy)를 선택한다. 모형에서는 복합모형을 선택한 후 실행한다.

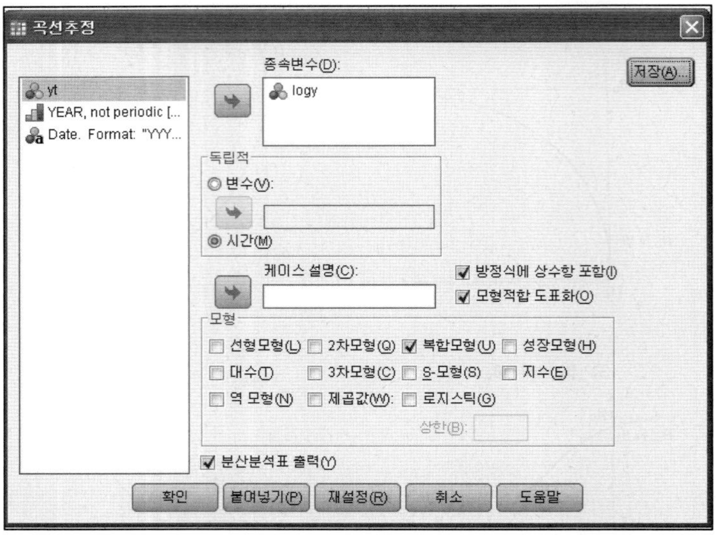


실행된 결과는 다음과 같다.

**모형 요약**

| R | R 제곱 | 수정된 R 제곱 | 추정값의 표준오차 |
|---|---|---|---|
| .821 | .674 | .649 | .123 |

**분산분석**

| | 제곱합 | 자유도 | 평균 제곱 | 거짓 | 유의확률 |
|---|---|---|---|---|---|
| 회귀 모형 | .405 | 1 | .405 | 26.897 | .000 |
| 잔차 | .196 | 13 | .015 | | |
| 합계 | .600 | 14 | | | |

**계수**

| | 비표준화 계수 | | 표준화 계수 | t | 유의확률 |
|---|---|---|---|---|---|
| | B | 표준오차 | 베타 | | |
| 케이스 순차 | 1.039 | .008 | 2.273 | 136.407 | .000 |
| (상수) | 4.390 | .293 | | 15.003 | .000 |

종속변수는 ln(logy)입니다.

분산분석표나 모수추정값의 p값을 보아 모두 통계학적으로 유의함을 알수가 있다. 원데이터와 예측값과의 그림은 다음과 같다.

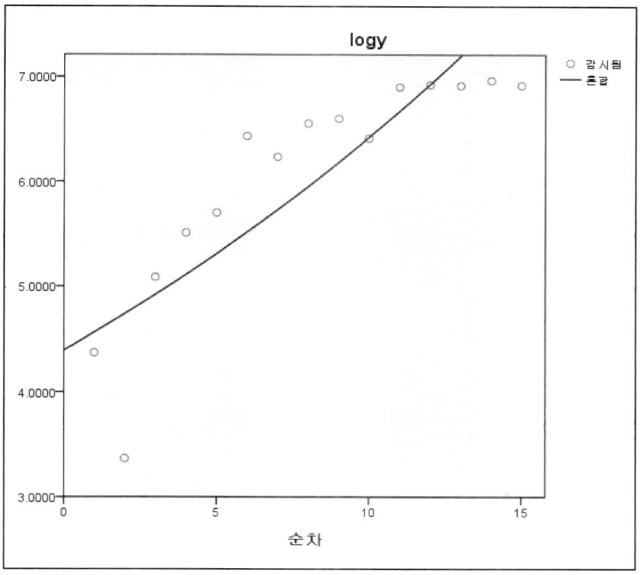


| 년도 | 예측값 |
|---|---|
| 2011 | 3185.7 |
| 2012 | 4354.7 |
| 2013 | 6025.3 |
| 2014 | 8442.4 |
| 2015 | 11984.6 |

### 4.3.5 로지스틱(logistic)모형

경제와 경영분야의 많은 현상은 처음에는 급속도로 증가하나 어떤 점에 도달하면 증가하는 속도가 점차 떨어지는 경향을 가지고 있다. 특히 신상품 개발의 경우 개발초기에 판매량은 서서히 증가하다가 급증하는 형태를 보이며 그 후에는 판매량의 증가률이 서서히 감소하는 현상을 나타낸다. 또한 이 모형은 신장이나 체중 또는 근세의 인구증가등이 이런 형태를 보이고 있다.

로지스틱(Logistic)모형은 수정된 지수곡선의 역수로 다음과 같이 정의된다.

$$y_t = \frac{1}{\beta_0 + \beta_1 \cdot \beta_2^t} + \epsilon_t$$

$$T_t = \frac{1}{\beta_0 + \beta_1 \cdot \beta_2^t}$$

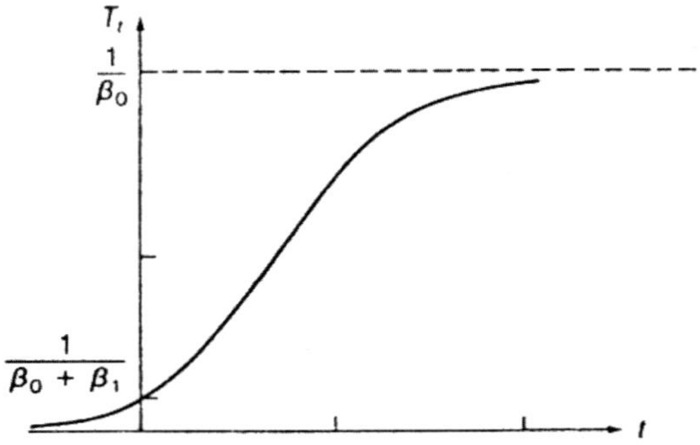


<그림 4.3> 로지스틱 추세곡선

이 모형은 <그림 4.3>에서 $T_t$값이 나타난 바와같이 증감율이 점차 감소하면서 $T_t = 1/\beta_0$에 점차 접근하는 상황을 나타내 주고 있다. 여기서 $1/\beta_0$값은 대개 유사제품이나 관련제품의 과거 자료를 조사하여 결정한다. 그런데 <그림 4.3>의 경우는 $\beta_1 > 0$과 $\beta_2 < 1$인 경우이며 $1/\beta_0$는 상한포화수준이고 $1/(\beta_0 + \beta_1)$은 추세값이다. $\beta_2$가 0에 가까워지면 질수록 곡선은 그의 상한포화수준(점근선)에 보다 완만하게 접근하게 될 것이다.

로지스틱모형을 선형으로 변환하면 다음과 같다.

$$T_t' = \frac{1}{T_t} = \beta_0 + \beta_1 \cdot \beta_2^t$$

$$\log(T_t' - \beta_0) = \log\beta_1 + \log\beta_2 \cdot t$$

이와같이 변환된 식에 대하여 $\beta_1$과 $\beta_2$를 최소제곱법으로 추정한다. 특히 로지스틱모형의 모수 $\beta_0$, $\beta_1, \beta_2$를 추정하고 추정된 모형식을 구할 때 제품수명주기의 초기단계인 관찰값에서부터 오차가 발생하기 때문에 로지스틱 모형을 사용할 때에는 신중을 기해야 한다.

**예제 4-6**

다음 자료는 이동전화가입자수를 나타낸 것이다. 이 자료를 이용하여 로지스틱 모형으로 적합시키고 향후 5년간을 예측하시오(자료명 : EXM4-6.SAV)

<표 4.7> 연도별 이동전화가입자수

| 년도 | 실제값 | 년도 | 실제값 |
|---|---|---|---|
| 1984 | 3 | 1991 | 166 |
| 1985 | 5 | 1992 | 272 |
| 1986 | 7 | 1993 | 472 |
| 1987 | 10 | 1994 | 960 |
| 1988 | 20 | 1995 | 1641 |
| 1989 | 40 | 1996 | 3181 |
| 1990 | 80 | 1997 | 6828 |

**풀이** PASW의 곡선추정법에서 종속변수는 이동전화가입자수(mobile)을 넣고 독립변수는 시간을 선택한다. 모형은 <로지스틱모형>을 선택한다.

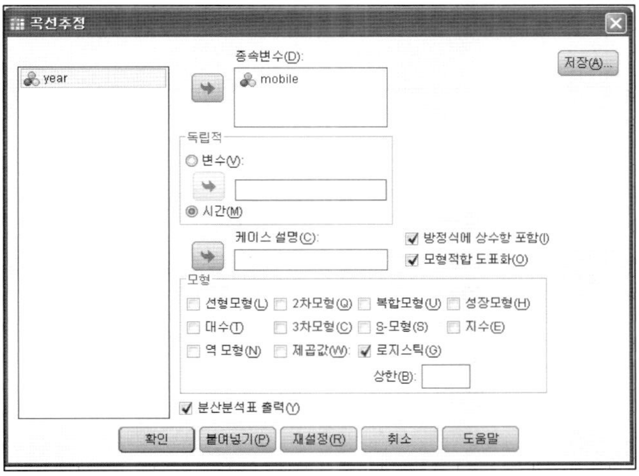


**모형 요약**

| R | R 제곱 | 수정된 R 제곱 | 추정값의 표준오차 |
|---|---|---|---|
| .998 | .996 | .996 | .170 |

**분산분석**

| | 제곱합 | 자유도 | 평균 제곱 | 거짓 | 유의확률 |
|---|---|---|---|---|---|
| 회귀 모형 | 83.017 | 1 | 83.017 | 2882.379 | .000 |
| 잔차 | .346 | 12 | .029 | | |
| 합계 | 83.362 | 13 | | | |

**계수**

| | 비표준화 계수 | | 표준화 계수 | | |
|---|---|---|---|---|---|
| | B | 표준오차 | 베타 | t | 유의확률 |
| 케이스 순차 | .547 | .006 | .369 | 88.876 | .000 |
| (상수) | .829 | .079 | | 10.438 | .000 |

종속변수는 ln(1 / mobile)입니다.

수행시킨 결과 분산분석표에서 p값이 매우 작아서 모형이 타당하다고 볼 수 있다. 원자료와 예측된 값을 그림으로 나타내면 다음과 같다.

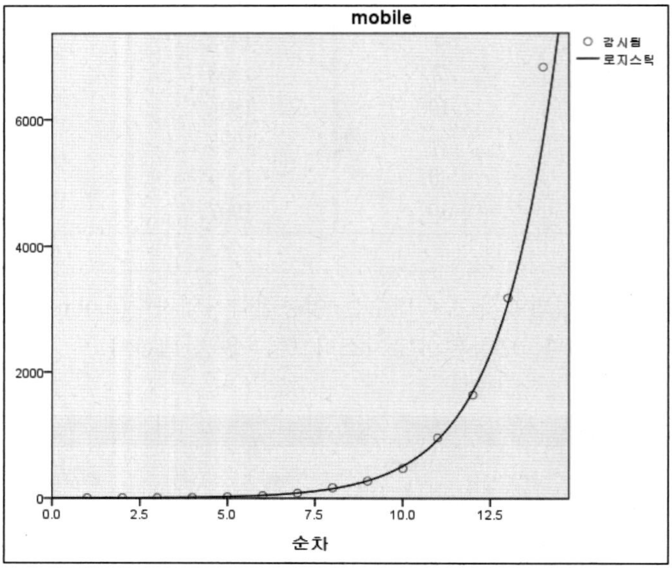


| 년도 | 예측값 |
|---|---|
| 1998 | 6325.97253 |
| 1999 | 7814.55275 |
| 2000 | 9448.52995 |
| 2001 | 11227.90412 |
| 2002 | 13152.67527 |

## 4.3.6 이중지수평활방법에 대한 시계열 예측

추세가 있는 선형모형 $y_t = \beta_0 + \beta_1 t + \epsilon_t$에 대한 $\beta_0$와 $\beta_1$의 수정된 추정값을 결정하기 위하여 사용되는 방법을 이중지수평활(double exponential smoothing)방법 혹은 브라운방법(Brown's method)이라 한다. 이 접근방법은 시점 $t$에서 $\beta_1$에 대한 수정 추정값을 $\widehat{\beta_1}(t)$이라 하고 다음과 같이 주어진다.

$$\widehat{\beta_1}(t) = \frac{\alpha}{1-\alpha}(S_t - S_t^{[2]})$$

여기서 $S_t$는 단일평활추정값 혹은 단일평활통계량(single smoothed statistic)이라 하고 이것은 $S_t = \alpha y_t + (1-\alpha)S_{t-1}$에 의해서 구해진다. 또한 $S_t^{[2]}$는 이중평활통계량(double smoothed statistic)라고 한다. 이것은 단일평활식의 산출(output)에 평활계산을 적용하므로써 구해진다. 즉, $S_t^{[2]}$값은 다음 이중평활식을 이용하여 $S_t$값을 평활화하므로써 얻어진다.

$$S_t^{[2]} = \alpha S_t + (1-\alpha)S_{t-1}^{[2]}$$

여기서 $S_t^{[2]}$은 단일평활통계량의 제곱이 아니고 이중평활통계량이다.0과 1사이에 있는 상수 $\alpha$는 평활상수라 한다. 이중평활절차는 시점 $t$에서 $\beta_0$에 대한 수정 추정값을 $\widehat{\beta_0}(t)$이라 하고 다음 식에서 구해진다.

$$\begin{aligned}\widehat{\beta_0}(t) &= 2S_t - S_t^{[2]} - t\widehat{\beta_1}(t) \\ &= 2S_t - S_t^{[2]} - t\left[\frac{\alpha}{1-\alpha}(S_t - S_t^{[2]})\right]\end{aligned}$$

이제 시점 $t$를 포함하여 모든 기간에 대한 자료가 있을 경우 시점 $t+l$에 대한 예측값을 구하는 방정식은 다음과 같다.

$$\begin{aligned}\hat{y}_{t+l}(t) &= \widehat{\beta_0}(t) + \widehat{\beta_1}(t)(t+l) \\ &= [\widehat{\beta_0}(t) + \widehat{\beta_1}(t)t] + \widehat{\beta_1}(t)l \\ &= \widehat{T_t}(t) + \widehat{\beta_1}(t)l \\ &= 2S_t - S_t^{(2)} + \frac{\alpha}{1-\alpha}(S_t - S_t^{(2)})l\end{aligned}$$

여기서

$$\begin{aligned}\widehat{T_t}(t) &= \widehat{\beta_0}(t) \ + \widehat{\beta_1}(t)t \\ &= \ [\ 2S_t - S_t^{[2]} - t\widehat{\beta_1}(t)] + \widehat{\beta_1}(t)t \\ &= 2S_t - S_t^{[2]}\end{aligned}$$

$$\widehat{\beta_1}(t) = \frac{\alpha}{1-\alpha}(S_t - S_t^{(2)})$$

이다.

**예제 4-7**

다음자료는 우리나라의 1980년부터 1997년까지의 우표류 판매량이다. 이 자료를 이용하여 평활상수 $\alpha$를 결정하고 브라운(Brown)방법을 적용하여 1998년, 1999년, 2000년의 판매량을 예측하시오(자료명 : EXM4-7.SAV)

<표 4.8> 유표류 판매량 (단위 : 백만매)

| 년도 | 우표류판매량 | 년도 | 우표류판매량 |
|---|---|---|---|
| 1980 | 1025 | 1989 | 960 |
| 1981 | 902 | 1990 | 1069 |
| 1982 | 883 | 1991 | 893 |
| 1983 | 836 | 1992 | 996 |
| 1984 | 761 | 1993 | 1235 |
| 1985 | 797 | 1994 | 1174 |
| 1986 | 877 | 1995 | 1138 |
| 1987 | 902 | 1996 | 1132 |
| 1988 | 903 | 1997 | 1114 |

**풀이** 우선 적절한 지수평활상수 $\alpha$를 구하기 위해 PASW에서 <분석> ⇒ <예측> ⇒ <모형생성>을 선택한다. 종속변수는 우표류판매량(YT)를 설정한다.

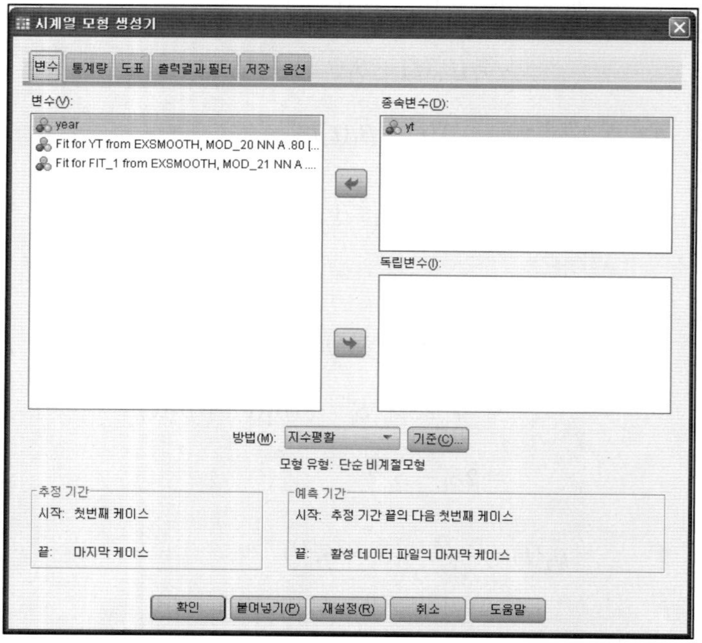

실행된 결과는 다음과 같다.

**지수평활 모형 모수**

| 모형 | | | 추정값 | SE | t | 유의확률 |
|---|---|---|---|---|---|---|
| yt-모형_1 | 변환 안 함 | 알파(수준) | .819 | .225 | 3.634 | .002 |

평활상수 $\alpha$는 0.82이라는 것을 알 수 있다.

이제 예측값을 구하기 위해서는 $\widehat{T}_t(t)$와 추세변동 $\widehat{\beta}_1(t)$을 먼저 계산해야 한다. 즉, SPSS에서 <변환> ⇒ <변수계산>을 열고 <대상변수>에 <hatt> 와 <hatbeta>의 변수명을 지정하고 숫자 표현식에 $\widehat{T}_t(t)$와 추세변동 $\widehat{\beta}_1(t)$을 구하는 식을 넣고 계산한다.

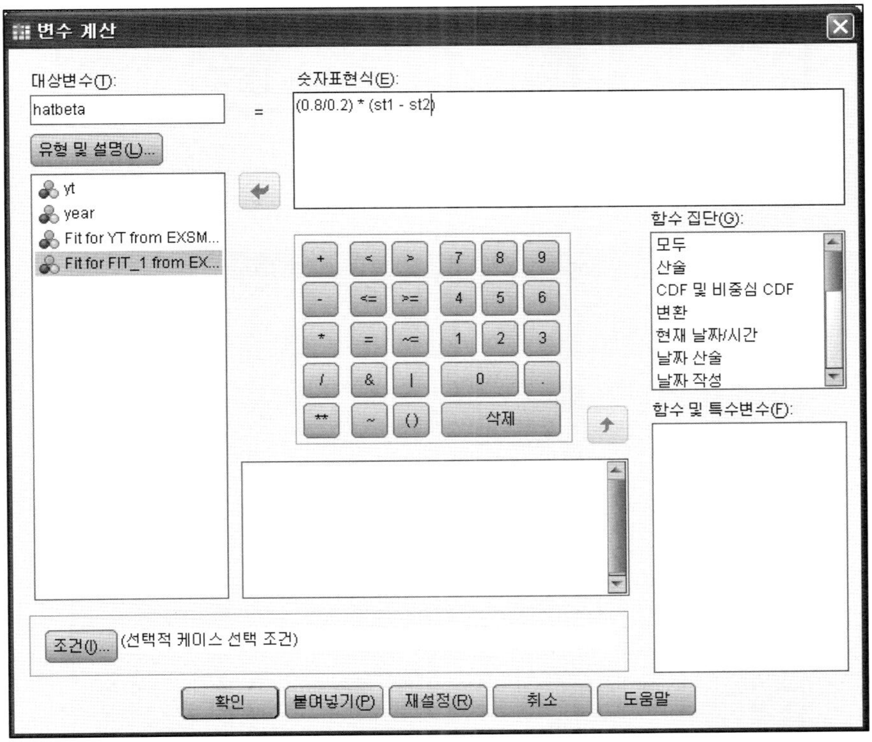

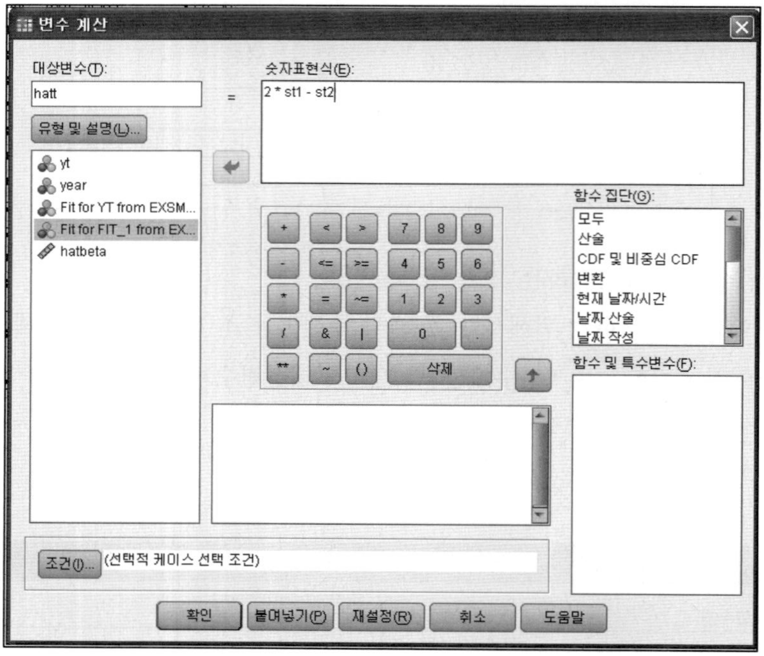


계산된 결과는 다음과 같다.

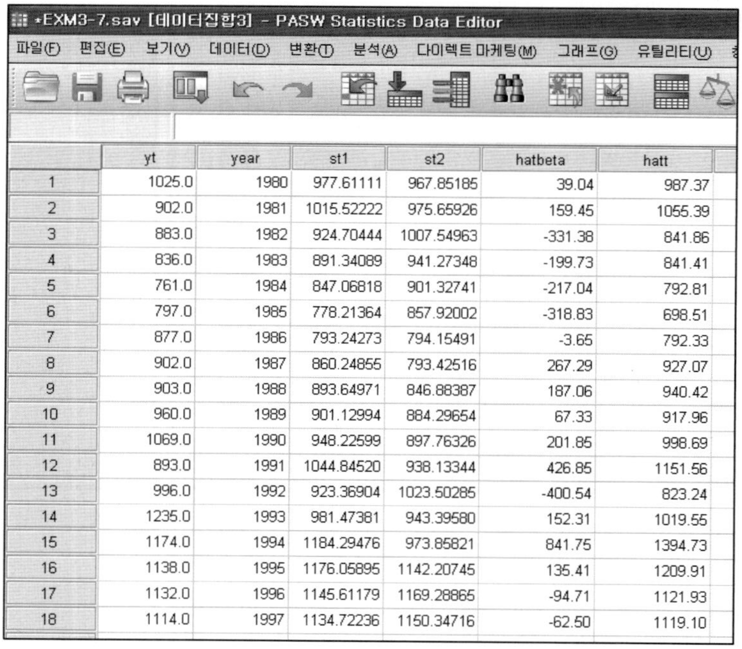


| | yt | year | st1 | st2 | hatbeta | hatt |
|---|---|---|---|---|---|---|
| 1 | 1025.0 | 1980 | 977.61111 | 967.85185 | 39.04 | 987.37 |
| 2 | 902.0 | 1981 | 1015.52222 | 975.65926 | 159.45 | 1055.39 |
| 3 | 883.0 | 1982 | 924.70444 | 1007.54963 | -331.38 | 841.86 |
| 4 | 836.0 | 1983 | 891.34089 | 941.27348 | -199.73 | 841.41 |
| 5 | 761.0 | 1984 | 847.06818 | 901.32741 | -217.04 | 792.81 |
| 6 | 797.0 | 1985 | 778.21364 | 857.92002 | -318.83 | 698.51 |
| 7 | 877.0 | 1986 | 793.24273 | 794.15491 | -3.65 | 792.33 |
| 8 | 902.0 | 1987 | 860.24855 | 793.42516 | 267.29 | 927.07 |
| 9 | 903.0 | 1988 | 893.64971 | 846.88387 | 187.06 | 940.42 |
| 10 | 960.0 | 1989 | 901.12994 | 884.29654 | 67.33 | 917.96 |
| 11 | 1069.0 | 1990 | 948.22599 | 897.76326 | 201.85 | 998.69 |
| 12 | 893.0 | 1991 | 1044.84520 | 938.13344 | 426.85 | 1151.56 |
| 13 | 996.0 | 1992 | 923.36904 | 1023.50285 | -400.54 | 823.24 |
| 14 | 1235.0 | 1993 | 981.47381 | 943.39580 | 152.31 | 1019.55 |
| 15 | 1174.0 | 1994 | 1184.29476 | 973.85821 | 841.75 | 1394.73 |
| 16 | 1138.0 | 1995 | 1176.05895 | 1142.20745 | 135.41 | 1209.91 |
| 17 | 1132.0 | 1996 | 1145.61179 | 1169.28865 | -94.71 | 1121.93 |
| 18 | 1114.0 | 1997 | 1134.72236 | 1150.34716 | -62.50 | 1119.10 |

따라서 브라운(Brown)방법을 이용한 3년간의 예측값을 다음과 같다.

$$\widehat{y_{19}}(18) = \widehat{T_{18}}(18) + \widehat{\beta_{18}}(18) \times 1 = 1119.1 + (-62.5) \times 1 = 1056.6$$

$$\widehat{y_{20}}(18) = \widehat{T_{18}}(18) + \widehat{\beta_{18}}(18) \times 2 = 1119.1 + (-62.5) \times 2 = 994.1$$

$$\widehat{y_{21}}(18) = \widehat{T_{18}}(18) + \widehat{\beta_{18}}(18) \times 3 = 1119.1 + (-62.5) \times 3 = 931.6$$

원 자료와 예측값을 그림으로 나타내면 다음과 같다.

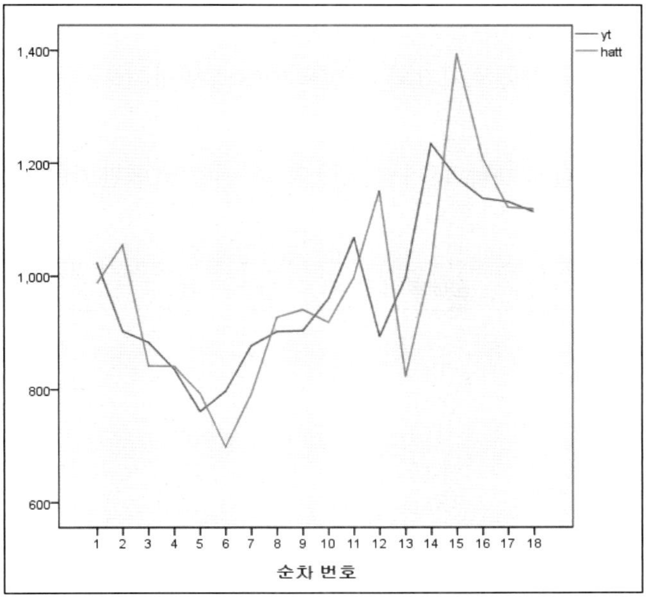

# 연습문제

**1.** 추세를 갖는 시계열과 추세를 갖지 않는 시계열간의 주요차이점은 무엇인가?

**2.** 추세에 관한 통계적 검정을 구체적으로 예를 들어 설명하시오.

**3.** 지수평활접근법에 대한 초기값의 결정문제를 설명하시오.

**4.** 어떤 컴퓨터 대리점에 대해 11개월 동안의 총 매출액(백만원)에 대한 자료가 다음과 같다.

| 월 | 총매출액 | 월 | 총매출액 |
|---|---|---|---|
| 1 | | 7 | 83.3 |
| 2 | 19.2 | 8 | 122.9 |
| 3 | 40.6 | 9 | 66.9 |
| 4 | 41.7 | 10 | 200.5 |
| 5 | 63.2 | 11 | 177.3 |
| 6 | 37.6 | 12 | 114.0 |

① $y_t$와 t사이의 관계를 그래프로 그려 보시오.

② 추세가 있는지를 Daniel의 검정으로 알아볼 수 있겠는가.( $\alpha$ =5%)

③ 추세가 있는지를 $\rho$ =0에 대한 검정으로 알아볼 수 있겠는가.

④ 최소제곱법을 사용하여 선형모형을 적합시키고 MSE, MAPE를 계산하시오.

**5.** 어느 제약회사의 지난 몇년(27 사분기)동안의 분기별 수입을 점산도로 나타 내보니 대략 선형추세의 형태로 나타남을 알게 되었다. 그리고 컴퓨터를 이용하여 $Y_1$, $Y_2$, $\cdots$ , $Y_{27}$에 대해 다음의 정보를 얻었다.

$$y_t = \text{분기별 총수입}, \quad t = 1, 2, \cdots, 27$$

$$\sum y = 7146, \quad \sum tY = 113{,}615, \quad SS_{yy} = 120{,}640$$

① 최소제곱법을 사용하여 수입에 대한 선형추세모형을 적합시켜 보시오.

② 오차항들이 독립이며 정규분포를 갖는다는 가정하에 추세성분의 유의성 여부에 대한 검정을 실시하시오.

③ ①에서 적합시킨 모델을 이용하여 t=28과 t=29에 대한 수입을 예측하시오.

④ $y_{28}$과 $y_{29}$에 대한 95% 예측구간을 설정하시오.

⑤ $y_{28}$과 $y_{29}$에 대한 90% 예측구간을 설정하시오.

**6.** 어느 안경점에서 지난 4년 6개월간의 안경에 대한 수요를 조사해 보니 다음과 같았다.

| 년도 | 분기 | t | $Y_t$ | 년도 | 분기 | t | $Y_t$ |
|---|---|---|---|---|---|---|---|
| 2006 | Ⅲ | 1 | 316 | | Ⅳ | 10 | 427 |
| | Ⅳ | 2 | 358 | 2009 | Ⅰ | 11 | 448 |
| 2007 | Ⅰ | 3 | 404 | | Ⅱ | 12 | 533 |
| | Ⅱ | 4 | 415 | | Ⅲ | 13 | 541 |
| | Ⅲ | 5 | 346 | | Ⅳ | 14 | 511 |
| | Ⅳ | 6 | 372 | 2010 | Ⅰ | 15 | 548 |
| 2008 | Ⅰ | 7 | 422 | | Ⅱ | 16 | 528 |
| | Ⅱ | 8 | 437 | | Ⅲ | 17 | 550 |
| | Ⅲ | 9 | 428 | | Ⅳ | 18 | 574 |

① 최소제곱법을 이용하여 선형추세모형을 적합시키고 이 모형을 이용하여 2011년 4/4분기 수요를 예측하시오.

② 오차항의 독립성과 정규분포성을 가정하고 2011년 $\beta$사분기에 대한 95% 예측구간을 설정하시오.

③ 2012년 $\beta$사분기에 대해 위 ②의 내용을 구해보고 두 구간의 넓이를 비교해 보시오. 또한 차이를 설명하시오.

**7.** 다음 자료는 지난 5년간 어느 아파트의 관리 유지비에 대한 분기별 자료이다.

| 분기 | $y_t$ | 분기 | $y_t$ | 분기 | $y_t$ |
|---|---|---|---|---|---|
| 1 | 27 | 8 | 63 | 15 | 128 |
| 2 | 39 | 9 | 73 | 16 | 147 |
| 3 | 41 | 10 | 92 | 17 | 155 |
| 4 | 50 | 11 | 94 | 18 | 158 |
| 5 | 44 | 12 | 102 | 19 | 164 |
| 6 | 47 | 13 | 123 | 20 | 187 |
| 7 | 58 | 14 | 119 | | |

① 최소제곱법을 이용하여 추세모형을 적합시키시오.

② 위의 ①에서 적합시킨 모형을 사용하여 $y_{24}$를 예측하시오.

**8.** 다음자료는 어떤 지역에서 컴퓨터 소프트웨어 팩케이지의 월별 판매 갯수이다. 다음 자료를 이용하여 다음 물음에 답하시오. 자료는 2005년 1월부터 2010년 12월까지의 판매 댓수이다.

| | | | | | | | | | | | |
|---|---|---|---|---|---|---|---|---|---|---|---|
| 2 | 2 | 4 | 12 | 0 | 81 | 58 | 59 | 25 | 22 | 87 | 35 |
| 22 | 23 | 10 | 6 | 7 | 31 | 132 | 21 | 48 | 56 | 87 | 48 |
| 69 | 97 | 155 | 96 | 62 | 100 | 61 | 101 | 79 | 72 | 49 | 112 |
| 104 | 216 | 115 | 215 | 178 | 233 | 239 | 217 | 196 | 228 | 164 | 151 |
| 194 | 152 | 114 | 144 | 151 | 205 | 292 | 180 | 213 | 220 | 193 | 235 |
| 317 | 305 | 298 | 315 | 231 | 361 | 353 | 256 | 257 | 340 | 438 | 442 |

① 이 자료의 그래프를 그리시오.

② 5년간 자료를 이용하여 단순과 이중지수평활에 의하여 향후 12개월을 예측하시오. 단, 초기값은 2005년 1월로 하고 평활상수는 0.2라고 가정한다.

③ 최적평활상수를 결정하시오.

제 05 장

# 계절변동에 의한 시계열 예측

## 5.1 계절변동의 특성

### 5.1.1 계절변동의 원인

시계열분석에 의하여 1년 주기의 계절변동이 있다는 것을 처음으로 인지한 사람은 제본스(W.S.Jevons)였다. 관측척도를 1년으로 잡을 때에 수요·공급·물가 등이 계절적으로 변동한다는 것은 상식적으로도 생각될 수 있는 일이나, 변동지수를 작성하여 연속적으로 비교한다면 일정한 리듬이 되풀이됨을 볼 수 있다. 계절변동을 일으키는 원인으로는 두 가지가 있다. 첫째는 자연의 영향이다. 온대나 한대지방에 있어서는 농산물·해산물 및 축산물의 공급은 기후의 영향을 강하게 받는다. 여행·스포츠·의복·연료 등의 수요도 계절에 따라 크게 변동한다. 건축·제재·운송·도로건설 등도 계절적인 산업이다. 이와 같이 자연조건이 재화·용역의 수요공급에 영향을 주어 경제활동에 변동을 일으킨다. 경제활동은 이러한 자연적 여건의 계절적 변화에 적응하면서 행해지는 것이다. 예를 들면 쌀 값은 가을과 겨울동안에 떨어졌다가 봄과 여름에 등귀하는 현상이 해마다 되풀이 되고 있음을 알 수 있다. 둘째는 사회제도의 작용이다. 민속상, 종교상의 의식이나 상관습·사회적 제도 등은 자연적 요인과 마찬가지로 계절변동을 일으키는 원인이 된다. 예를 들면 추석절이나 년말에 소매판매액이 증가하고 월말이나 연말에 유통자금이 활발한 것과 같은 것이 그것이다.

이러한 계절변동은 다음과 같은 성질을 가지고 있다. 첫째로 그것은 자연적 및 제도적 요인과 같은 경제외적 요인에 기인하는 것이므로 이것을 완전히 피할 길이 없다.

그러나 둘째로 그 원인이 명백하고 내용이 단순하며 기간이 짧으므로 이에 대한 경제의 적응은 자동적으로 이루어진다. 세째로 수요의 계절성이 강한 상품생산은 성수기에 대비하여 재고를 조절할 수도 있고 또 농산물 가격 유지정책과 같이 인위적으로 변동폭을 좁힐 수도 있다.

### 5.1.2 계절적 계열의 특성

어떤 시계열 $y_t(t=1,\ 2,\ \cdots)$의 평균값이 다음과 같이 시간이 경과함에 따라 변화한다면, 시계열 $y_t$는 일정한 계절성(가법적 혹은 승법적)을 갖는다고 한다.

가법적인 경우 : $E(y_t)=f(\beta_0,\ \beta_1,\cdots\ :\ t)\ +S_t \qquad t=1,\ 2,\ \cdots$

승법적인 경우 : $E(y_t)=f(\beta_0,\ \beta_1,\cdots\ :\ t)\cdots S_t \qquad t=\ 1,\ 2,\ \cdots$

여기서 $S_t=S_{t+L}=S_{t+2L}=\cdots$이며 가법적인 경우에는 $\sum_1^L S_t=0$이며 승법적인 경우에는 $\sum_1^L S_t=L$이다. $S_t$은 가법적이든 승법적이든간에 계절지수(seasonal indexes)라고 한다. $L$은 계절성의 길이(월별자료인 경우 $L=12$, 분기별 자료는 $L=4$)이다. 그리고 $f(\beta_0,\ \beta_1,\ \cdots\ ;\ t)$는 추세를 나타내는 함수이다.

일반적인 계절변동의 모형은 가법적인 모형과 승법적인 모형의 두 가지로 다음과 같이 나타낼 수 있다. 즉,

가법모형 : $y_t=T_t+S_t+\epsilon_t \qquad t=1,\ 2,\ \cdots\ ;\ \sum S_t=0$

승법모형 : $y_t=T_t\cdot S_t\cdot\epsilon_t \qquad t=1,\ 2,\ \cdots\ ;\ \sum S_t=L$

여기서 $\epsilon_t$는 가법모형인 경우에는 평균이 0, 승법모형인 경우에는 평균이 1인 확률적 정상계열(random stationary series)을 갖는다고 가정한다. 만일 시계열이 가법계절변동을 나타낸다면, 시계열의 계절진동(seasonal swing)의 크기는 추세에 의하여 결정되는 평균수준과는 독립이 된다. 시계열이 증가하거나 혹은 감소하던 간에 계절진동이 같은 경우의 가법계절진동을 나타낸 것이 <그림 5.1>이다.

시계열이 승법계절변동을 나타낸다면, 시계열의 계절진동의 크기는 추세에 의하여 결정되는 평균수준과는 비례적인 관계를 이룬다. 따라서 시계열의 평균수준이 증가하면 계절진동의 크기는 증가하게 되고 시계열의 평균수준이 감소하면 계절진동의 크기

는 또한 감소하게 된다. 계절진동의 크기는 시계열의 평균수준과 비례적인 관계를 나타낸 것이 <그림 5.2>이다.

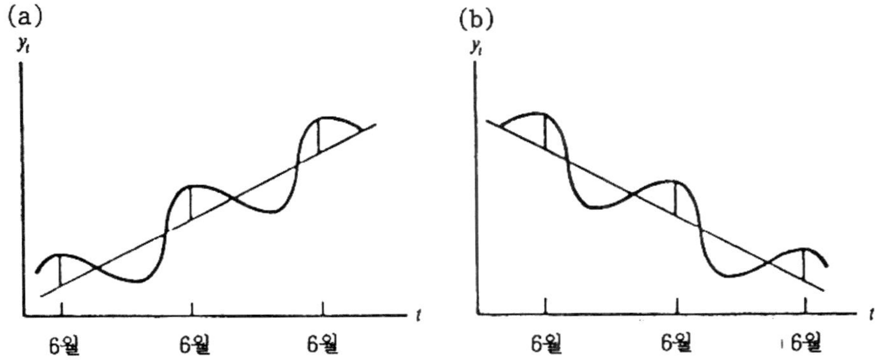


<그림 5.1> 가법계절 변동의 예

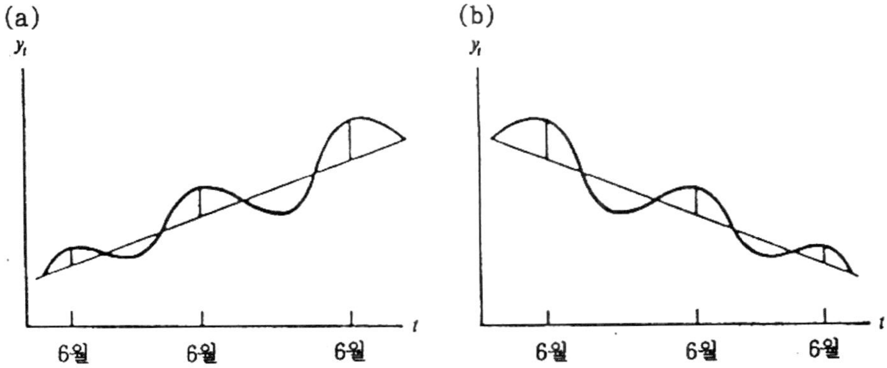


<그림 5.2> 승법적 계절변동의 예

## 5.2 계절변동 측정방법

### 5.2.1 이동평균비율법

계절효과를 측정하는 방법에 대하여 설명하기로 한다. 시계열의 계절적 패턴을 구하기 위하여 사용되는 방법이 이동평균비율법(ratio to moving average method)이다. 이 방법은 추세, 순환 그리고 불규칙성분을 시계열로부터 제거하고 계절변동을 분리하는 방법이다.

생산, 판매, 재고, 고용 그리고 소비지출과 같은 대부분의 경영과 경제시계열들은 계절변동을 포함하고 있다. 그러므로 이들 변수들의 미래값을 예측하기 위하여 이러한 자료를 사용하기 전에 우리는 각각의 시계열로부터 계절성분을 제거할 필요가 있다.

이 절에서는 다음과 같은 승법모형을 이용하여 계절변동을 측정하는 방법을 생각하여 보기로 한다.

$$y = T \cdot C \cdot S \cdot I$$

$k$기간의 이동평균은 $k$기간(예를 들면 주, 월, 분기, 연도)에 대한 각 $k$개의 연속적인 관측값의 평균으로 정의할 수 있다. 각 연속적인 이동평균을 계산하기 위하여 $k$개의 관측값으로부터 첫 번째 관측값은 빼고 나머지 $k-1$개의 관측값에 다음의 관측값을 더하면 다시 전체가 $k$개의 관측값이 되어 이동평균을 계산한다. 임의의 $k$기간에 대한 관측값의 평균은 이들 기간의 중심에 위치하게 된다. 예를 들면 시계열에 대한 3기간의 이동평균을 계산한다면 첫 번째에서 세 번째 기간의 관측값을 합계하고 이 합계를 3으로 나누고 이기간의 중간인 두 번째 기간의 위치에 이동평균이 있게 된다. 다음 이동평균을 계산하기 위하여 첫 번째 기간의 관측값은 제외하고, 네 번째 기간의 관측값을 포함한다. 이제 두 번째, 세 번째 그리고 네 번째 기간의 관측값을 합계하고 이 합계를 3으로 나누고 그 결과인 이동평균은 세 번째 기간의 위치에 있게 된다. 이 과정은 모든 3기간 이동평균을 계산할때까지 계속한다. 여기서 유의할 점은 3기간 이동평균을 계산할 때 첫 번째와 마지막 기간에 대한 이동평균이 없다는 점이다.

$k$기간 이동평균에 대해서 $k$가 홀수이면 (예를들어 3기간 이동평균, 5기간 이동평균) 각 이동평균은 그 기간중의 중간에 위치하게 된다. 그러나 $k$가 짝수이면 (예를들어 4기간 이동평균) 각 이동평균은 두 개의 중간기간의 중심에 위치하게 된다. 예를 들면 4기간 이동평균을 계산하기 위하여 첫 번째부터 네 번째 기간의 값을 합계하고 이 합계를 4로 나눈다. 이 평균을 두 번째와 세 번째의 중간에 위치하게 된다. 다음 이동평균은 세 번째와 네 번째 중간에 위치하게 된다. 4기간 이동평균을 계산한 후에 중심화 이동평균(centered moving average)을 계산한다. 그렇게 하기 위하여 첫 번째와 두 번째의 이동평균을 합계하고 이 합계를 2로 나누어 중심화 이동평균이 되며 이것을 첫 번째와 두 번째의 이동평균의 중간에 위치하게 한다. 그리고 특정 기간에 대한 원래의 시계열 자료를 중심화 이동평균으로 나눈 것을 이동평균비율법(ratio moving average method)이라 한다.

**예제 5-**

다음 자료는 대한 정유주식회사의 2005년부터 2010년까지의 분기별 매출액이다. 이 자료를 이용하여 분기별 이동평균, 중심화 이동평균 그리고 이동평균비율을 구하시오.

| 년 도 | 분 기 별(단위 : 100억원) | | | |
|---|---|---|---|---|
| | 1 | 2 | 3 | 4 |
| 2005 | 8.2 | 10.5 | 12.8 | 9.3 |
| 2006 | 9.1 | 11.4 | 13.2 | 9.8 |
| 2007 | 9.3 | 11.7 | 13.4 | 9.7 |
| 2008 | 9.5 | 12.1 | 13.9 | 9.9 |
| 2009 | 9.4 | 12.5 | 13.7 | 10.2 |
| 2010 | 9.9 | 12.8 | 14.2 | 10.7 |

**풀이** 다음과 같은 네 단계 절차에 의하여 분석하기로 한다.

① 1단계 : 분기별 이동합계를 계산한다.
분기별 이동합계를 구하기 위하여 우선 분기별 이동합계를 계산한다. 제 1분기에서 제 4분기까지의 매출액에 대한 합계(8.2+10.5+12.8+9.3=40.8)를 구하여 이 합계를 2분기와 3분기 사이의 중간에 위치하게 한다.(자료가 짝수이므로) 이와같은 방법으로 계속적으로 계산하여 정리한 것이 <표 5.1>의 분기별 이동합계이다.

② 2단계 : 분기별 이동평균을 계산한다.
1단계에서 구한 분기별 이동합계를 4로 나누면 이동평균이 되며 위치도 분기별 이동합계와 같다.

③ 3단계 : 중심화 이동평균을 계산한다.
2단계에서 계산한 이동평균이 짝수(4분기간)이므로 이동평균들이 각각의 분기에 위치하도록 하기 위하여 중심화 이동평균을 계산할 필요가 있다. 첫 번째의 중심화 이동평균을 구하기 위하여 첫 번째와 두 번째의 이동평균을 합계하고 이 합계를 2로 나누어 중심화 이동평균을 구하고 이 값을 첫 번째와 두 번째의 이동평균의 중간에 위치하게 한다. 따라서 이 중심화 이동평균은 1992년 3분기에 속하게 되면 이 값은 다음과 같다.

$$\text{첫번째 중심화 이동평균} = \frac{10.2000 + 10.4250}{2} = 10.3125$$

<표 5.1> 이동평균과 이동평균 비율

| 년도 | 분기별 | 매출액 | | 분기별 이동합계 | 분기별 이동평균 | | 중심화 이동평균 | 이동평균 비율 |
|---|---|---|---|---|---|---|---|---|
| 2005 | 1 | 8.2 | | | | | | |
| | 2 | 10.5 | | | | | | |
| | | | | 40.8 | 10.2000 | | | |
| | 3 | 12.8 | | | | | 10.3125 | 1.2412 |
| | | | | 41.7 | 10.4250 | | | |
| | 4 | 9.3 | | | | | 10.5375 | 0.8826 |
| | | | | 42.6 | 10.6500 | | | |
| 2006 | 1 | 9.1 | | | | | 10.7000 | 0.8505 |
| | | | | 43.0 | 10.7500 | | | |
| | 2 | 11.4 | | | | | 10.8125 | 1.0543 |
| | | | | 43.5 | 10.8750 | | | |
| | 3 | 13.2 | | | | | 10.9000 | 1.2110 |
| | | | | 43.7 | 10.9250 | | | |
| | 4 | 9.8 | | | | | 10.9625 | 0.8940 |
| | | | | 44.0 | 11.0000 | | | |
| 2007 | 1 | 9.3 | | | | | 11.0250 | 0.8435 |
| | | | | 44.2 | 11.0500 | | | |
| | 2 | 11.7 | | | | | 11.0375 | 1.0600 |
| | | | | 44.1 | 11.0250 | | | |
| | 3 | 13.4 | | | | | 11.0500 | 1.2127 |
| | | | | 44.3 | 11.0750 | | | |
| | 4 | 9.7 | | | | | 11.1250 | 0.8719 |
| | | | | 44.7 | 11.1750 | | | |
| 2008 | 1 | 9.5 | | | | | 11.2375 | 0.8454 |
| | | | | 45.2 | 11.3000 | | | |
| | 2 | 12.1 | | | | | 11.3250 | 1.0684 |
| | | | | 45.4 | 11.3500 | | | |
| | 3 | 13.9 | | | | | 11.3375 | 1.2260 |
| | | | | 45.3 | 11.3250 | | | |
| | 4 | 9.9 | | | | | 11.3750 | 0.8703 |
| | | | | 45.7 | 11.4250 | | | |
| 2009 | 1 | 9.4 | | | | | 11.4000 | 0.8246 |
| | | | | 45.5 | 11.3750 | | | |
| | 2 | 12.5 | | | | | 11.4125 | 1.0953 |
| | | | | 45.8 | 11.4500 | | | |
| | 3 | 13.7 | | | | | 11.5125 | 1.1900 |
| | | | | 46.3 | 11.5750 | | | |
| | 4 | 10.2 | | | | | 11.6125 | 0.8784 |
| | | | | 46.6 | 11.6500 | | | |
| 2010 | 1 | 9.9 | | | | | 11.7125 | 0.8453 |
| | | | | 47.1 | 11.7750 | | | |
| | 2 | 12.8 | | | | | 11.8375 | 1.0813 |
| | | | | 47.6 | 11.9000 | | | |
| | 3 | 14.2 | | | | | | |
| | 4 | 10.7 | | | | | | |

이와같은 방법으로 계속적으로 계산하여 정리한 것이 <표 5.1>의 중심화 이동평균이다. 중심화 이동평균을 계산함으로써 주어진 시계열로부터 계절과 불규칙효과를 제거하게 된다. 중심화 이동평균에 의하여 주어진 시계열은 단지 추세와 순환효과만을 포함한다.

위와 같은 과정은 PASW를 이용하면 간단히 도출할 수 있다. PASW의 메뉴에서 <변환(T)> ⇒ <시계열변수 생성(M)>을 선택한다.

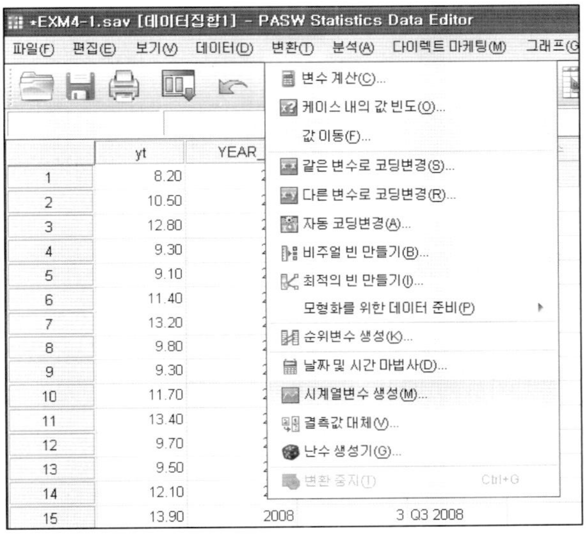

새변수에 시계열변수(yt)를 넣고, 이름 및 함수상자에서 <함수(F)>에 중심화된 이동평균을 선택한다.

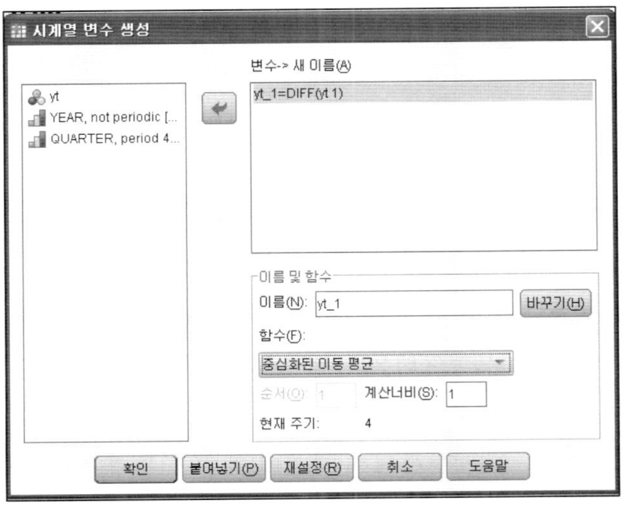

수행된 결과는 <표 5.1>과 같으며 이것을 그림으로 나타내면 다음과 같다.

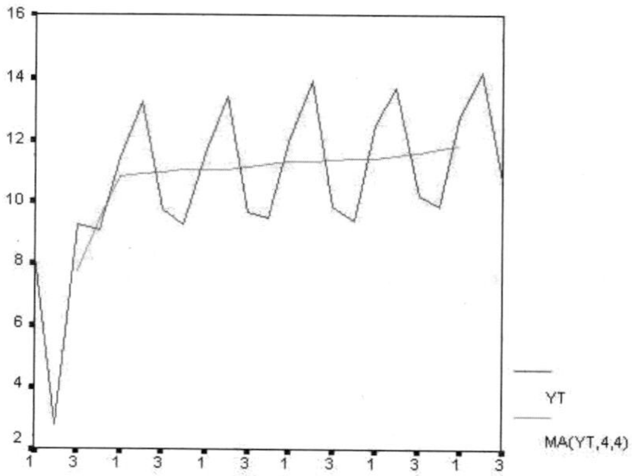


④ 4단계 : 이동평균비율을 계산한다.

이동평균비율은 원래의 시계열 자료를 중심화 이동평균으로 나눈값이다. <표 4.1>의 1분기와 2분기는 이에 대응되는 중심화 이동평균을 포함하고 있지 않기 때문에 이들 분기들에 대한 이동평균비율은 없다. 1992년의 3분기에는 매출액이 12.8(100억원)이며 중심화 이동평균은 10.3123(100억원)이다. 그러므로 3분기에 대한 이동평균비율은

$$\frac{12.8}{10.3125} = 1.2412$$

이다. 나머지도 이와같은 방법으로 구하여 정리한 것이 <표 5.1>의 이동평균비율이다.

## 5.2.2 계절지수

계절지수(seasonal indexes)는 계절에 따른 변동을 나타내는 지수로서 연도별 자료만 주어진 경우에는 계절변동을 파악할 수 없고 적어도 분기별, 월별, 주별 자료가 주어져야 파악될 수 있다.

[예제 5.1]에서 계산한 이동평균비율(계절·불규칙성분)로부터 불규칙성분을 제거하고자 한다. 이렇게 함으로써 계절지수를 구하는 것이다. 이 계절지수는 계절효과만 측정한다. 계절지수는 모든 연도의 동일한 분기에 대한 이동평균 비율의 조정된 평균이

다. 모든 연도의 동일한 분기에 대한 이동평균비율을 평균함으로써 각 연도의 동일한 분기에 대한 동일한 지수를 갖게 될 것이다. 이 계절지수를 계산함으로써 계절·불규칙 성분으로부터 불규칙효과를 제거하는 것이다.

**예제 5-2**

[예제 5.1]에서 계산한 <표 5.1>의 이동평균비율을 이용하여 계절지수를 구하시오

**풀이** 계절지수는 다음과 같은 3단계에 의해서 이동평균비율로부터 계산되어진다.

① 1단계 : 이동평균비율을 배열한다.
첫 번째 단계에서 모든 연도의 동일한 분기에 대한 <표 5.1>의 이동평균비율을 다음 <표 5.2>와 같이 배열한다. 모든 연도의 1/4분기에 대한 이동평균비율은 <표 5.2>의 1/4분기에 대한 열에 배열된다.

② 2단계 : 모든 연도의 동일한 분기에 대한 이동평균비율의 평균을 구한다.
이들 평균을 구하기 위하여 우선 모든 연도의 동일한 분기에 대한 모든 이동평균비율을 더해서 <표 5.2>의 각 분기별 합계에 기록한다. 그 다음에 이들 합계를 각 열의 개수로 나눈 것이 평균이 된다. 예를 들면 모든 연도의 1/4분기에 대한 이동평균비율의 합계는 $0.8505+0.8435+0.8454+0.8246+0.8453=4.2093$이다. 이 열은 5개의 이동평균비율이 있다. 그러므로 이 이동평균비율에 대한 평균은 1/4분기에 대한 이동평균비율의 평균$=4.2093/5=0.84186$이다. 같은 방법으로 2/4, 3/4, 4/4분기에 대한 값은 <표 5.2>에 계산되어 있다.

<표 5.2> 배열된 이동평균비율과 평균의 계산

| 년 도 | 분 기 | | | |
|---|---|---|---|---|
| | 1 | 2 | 3 | 4 |
| 2005 | – | – | 1.2412 | 0.8826 |
| 2006 | 0.8505 | 1.0543 | 1.2110 | 0.8940 |
| 2007 | 0.8435 | 1.0600 | 1.2127 | 0.8719 |
| 2008 | 0.8454 | 1.0684 | 1.2260 | 0.8703 |
| 2009 | 0.8246 | 1.0953 | 1.1900 | 0.8784 |
| 2010 | 0.8453 | 1.0813 | – | – |
| 합 계 | 4.2093 | 5.3593 | 6.0809 | 4.3972 |
| 평 균 | 0.84186 | 1.07186 | 1.21618 | 0.87944 |

③ 3단계 : 계절지수를 계산한다.

계절지수는 <표 5.2>에서 계산한 4분기들에 대한 평균이 된다. 그리고 <표 5.2>에서 계산한 네 개 평균들의 합계는 4가 되어야 한다. 그러나 반올림 오차 때문에 이 합계는 실제적으로 4가 되지 않는 경우가 있다. <표 5.2>로부터 이들 평균들의 합계는 $0.84186 + 1.07186 + 1.21618 + 0.87944 = 4.00934$이다.

4분기에 대한 계절지수들은 다음식을 이용하여 계산한다.

$$\text{한 기간에 대한 계절지수} = \frac{\text{해당되는 기간의 평균}}{\text{모든 기간에 대한 평균들의 합계}} \times \text{기간들의 수}$$

따라서 4분기에 대한 계절지수들은 다음과 같다.

$$1/4\text{분기의 계절지수} = \frac{0.84186}{4.00934} \times 4 = 0.83990$$
$$2/4\text{분기의 계절지수} = \frac{1.07186}{4.00934} \times 4 = 1.06936$$
$$3/4\text{분기의 계절지수} = \frac{1.21618}{4.00934} \times 4 = 1.21335$$
$$4/4\text{분기의 계절지수} = \frac{0.87944}{4.00934} \times 4 = 0.87739$$

<표 5.3> 계절지수의 계산

| 년 도 | 분 기 | | | | |
|---|---|---|---|---|---|
| | 1 | 2 | 3 | 4 | |
| 2005 | – | – | 1.2412 | 0.8826 | |
| 2006 | 0.8505 | 1.0543 | 1.2110 | 0.8940 | |
| 2007 | 0.8435 | 1.0600 | 1.2127 | 0.8719 | |
| 2008 | 0.8454 | 1.0684 | 1.2260 | 0.8703 | |
| 2009 | 0.8246 | 1.0953 | 1.1900 | 0.8784 | |
| 2010 | 0.8453 | 1.0813 | – | – | |
| 합 계 | 4.2093 | 5.3593 | 6.0809 | 4.3972 | |
| 평 균 | 0.84186 | 1.07186 | 1.21618 | 0.87944 | 합계 = 4.00934 |
| 계절지수 | 0.83990 | 1.06936 | 1.21335 | 0.87739 | 합계 = 4.00 |

이 계절지수들의 값이 <표 5.3>의 맨 아래행에 기록되어 있다. 분기에 대한 계절지수가 1.0보다 크면 이 분기는 원래의 시계열에 대해서 평균이상의 계절효과를 갖는다는 것을 의미한다. <표 5.3>에서 2분기와 3분기의 계절지수들은 각각 1.06936과 1.21335이다. 이 지수는 2분기 동안의 이 회사 매출액이 모든 분기들에 대한 평균보다 6.936% $[(1.06936 - 1.0) \times 100 = 6.936\%]$ 이상이라는 것을 의미한다. 또한 3분기 동안의 매출액은 모든 분기에 대한 평균보다 21.335%이상이라고 할 수 있다.

계절지수가 1.0보다 작으면 이 분기는 원래의 시계열보다 평균 이하의 계절효과를 갖는다는 것을 의미한다. 그러므로 1분기에 대한 계절지수가 0.8399라는 것은 모든 분기들에 대한 평균보다 16.01% $[(1-0.8399)\times 100 = 16.01\%]$ 이하라는 것을 의미한다.

### 5.2.3 계절조정자료

<표 5.3>에서 계산한 계절지수들을 이용하여 이 회사의 매출액에 대한 원래의 시계열을 조정할 수 있다. 따라서 계절조정함으로써 계절변동이 없는 새로운 시계열을 구하게 된다. 이러한 시계열을 비계절화 시계열(deseasonalized time serise) 혹은 계절조정자료(seasonally adjusted data)라고 부른다. 그리고 이 계열은 오로지 추세, 순환 그리고 불규칙성분만을 포함하고 있다. 어느 기간에 대한 계절조정자료는 다음식을 이용하여 구할 수 있다.

$$\text{어느 기간의 계절조정자료의 값} = \frac{\text{해당기간의 실제값}}{\text{해당기간의 계절지수}}$$

**예제 5-**

[예제 5.2]에서 구한 계절지수를 이용하여 이 회사의 매출액에 대한 계절조정자료의 시계열을 구하시오.

**풀이** <표 5.4> 세 번째 열은 실제값이며 네 번째 열은 계절지수이다. 그런데 여기에서 유의해야 할점은 계절지수의 값이 각 동일한 분기마다 같다는 점이다. 즉, 각 연도의 1/4분기에 대한 계절지수는 0.83990이다.

각 분기에 대한 계절조정자료의 값은 다음과 같이 구한다. 즉,

$$\text{어느 기간의 계절조정자료의 값} = \frac{\text{해당기간의 실제값}}{\text{해당기간의 계절지수}}$$

1992년의 1/4분기에 대한 계절조정자료의 값은

$$\frac{8.2}{0.8399} = 9.76$$

이다. 나머지 기간에 대한 계절조정자료의 값도 같은 방법으로 구한다.

<표 5.4> 계절조정자료

| 연도 | 분 기 | 실제값 (100억원) | 계절지수 | 계절조정자료 (100억원) |
|---|---|---|---|---|
| 2005 | 1 | 8.2 | 0.83990 | 9.76 |
| | 2 | 10.5 | 1.06936 | 9.82 |
| | 3 | 12.8 | 1.21335 | 10.55 |
| | 4 | 9.3 | 0.87739 | 10.60 |
| 2006 | 1 | 9.1 | 0.83990 | 10.83 |
| | 2 | 11.4 | 1.06936 | 10.66 |
| | 3 | 13.2 | 1.21335 | 10.88 |
| | 4 | 9.8 | 0.87739 | 11.17 |
| 2007 | 1 | 9.3 | 0.83990 | 11.07 |
| | 2 | 11.7 | 1.06936 | 10.94 |
| | 3 | 13.4 | 1.21335 | 11.04 |
| | 4 | 9.7 | 0.87739 | 11.06 |
| 2008 | 1 | 9.5 | 0.83990 | 11.31 |
| | 2 | 12.1 | 1.06936 | 11.32 |
| | 3 | 13.9 | 1.21335 | 11.46 |
| | 4 | 9.9 | 0.87739 | 11.28 |
| 2009 | 1 | 9.4 | 0.83990 | 11.19 |
| | 2 | 12.5 | 1.06936 | 11.69 |
| | 3 | 13.7 | 1.21335 | 11.29 |
| | 4 | 10.2 | 0.87739 | 11.63 |
| 2010 | 1 | 9.9 | 0.83990 | 11.79 |
| | 2 | 12.8 | 1.06936 | 11.97 |
| | 3 | 14.2 | 1.21335 | 11.70 |
| | 4 | 10.7 | 0.87739 | 12.20 |

## 5.3 계절성 존재에 대한 통계적 검정

### 5.3.1 크루스칼 월리스의 비모수검정

계절요인을 추정하기 위하여 계절 불규칙요인에 대한 계절요인의 존재에 대한 검정법으로 크루스칼 월리스(kruskal-wallis)의 비모수검정방법이 있다. 크루스칼 월리스의 검정방법은 표본에서 분산을 계산하지 않고 계절 불규칙요인을 크기의 순서에 따라 작은 것부터 큰 것으로 번호를 부여하여 이 순서를 검정한다. 만일 순서에 번호를 부여하여 합한 결과가 각 월(분기)마다 비슷하게 나타난다면 계절요인이 존재한다고 하기엔 무리일 것이다. 따라서 크루스칼 월리스의 비모수검정방법은 각 월(분기)마다 번호를 합계한 결과가 같으냐 같지 않느냐를 검정하여 계절성 존재여부를 판정하는 방법이다.

이 검정방법의 귀무가설($H_0$)은 순서의 합이 각 월(분기)마다 차이가 없다는 것이고 대립가설은 순서의 번호의 합계가 각 월(분기)마다 차이가 있다고 가정하여 검정한다. 크루스칼 월리스의 통계량을 $H$라 한다면 다음과 같이 나타낸다.

$$H = \frac{12}{n(n+1)}\left[\sum \frac{R_i^2}{n_i}\right] - 3(n+1)$$

$n_i = i$번째월(분기)의 관측값의 수

$n = \sum n_i =$ 시계열의 길이

$R_i = i$번째월(분기)의 순서의 합계

크루스칼 월리스의 통계량 $H$는 자유도 11(분기의 경우 3)인 $\chi^2-$분포를 하기 때문에 일정한 유의수준에서 $\chi^2$검정하는 것이다. 통계량 $H$가 자유도 11의 $\chi^2$값보다 크면 계절성이 있다는 대립가설이 채택하고 그 반대이면 각 월(분기)의 계절적인 차이가 없다고 판정한다.

**예제 5-4**

다음 자료는 냉온방기구를 생산하는 한국전자의 연도별, 분기별 매출액이다. 이 자료를 이용하여 가법모형과 승법모형에 대한 계절성의 존재여부를 가설 검정하시오.(단 $\alpha = 5\%$)

<표 5.5> 연도별 분기별 매출액 (단위:10만원)

| 년도 | 분기 | $t$ | $y_t$ | 년도 | 분기 | $t$ | $y_t$ |
|---|---|---|---|---|---|---|---|
| 2006 | I | 1 | 135.9 | 2009 | I | 13 | 175.7 |
| | II | 2 | 50.1 | | II | 14 | 90.7 |
| | III | 3 | 25.2 | | III | 15 | 50.4 |
| | IV | 4 | 93.1 | | IV | 16 | 114.1 |
| 2007 | I | 5 | 162.9 | | I | 17 | 178.4 |
| | II | 6 | 66.3 | 2010 | II | 18 | 93.0 |
| | III | 7 | 28.4 | | III | 19 | 43.3 |
| | IV | 8 | 128.1 | | IV | 20 | 116.6 |
| 2008 | I | 9 | 155.3 | | | | |
| | II | 10 | 78.5 | | | | |
| | III | 11 | 36.4 | | | | |
| | IV | 12 | 85.7 | | | | |

**풀이** 우선 분기별 자료에 대한 중심화 이동평균을 먼저 계산한다. 그리고 가법모형과 승법모형에 대한 특정계절의 계산과정을 설명하면 다음과 같다. 우선 가법모형인 경우는

$$\text{특정계절} = (\text{원자료의 값}) - (\text{추세} + \text{순환변동})$$
$$\hat{S}_t + \hat{I}_t = y_t - (\hat{T}_t + \hat{C}_t)$$

이다.

따라서 2006년 3/4분기와 4/4분기는 다음과 같이 계산된다.

2006년 3/4분기 : $\hat{S}_3 + \hat{I}_3 = y_3 - (\hat{T}_3 + \hat{C}_3) = 25.2 - 79.45 = -54.25$

4/4분기 : $\hat{S}_4 + \hat{I}_4 = y_4 - (\hat{T}_4 + \hat{C}_4) = 93.1 - 84.85 = 8.25$

또한 승법모형인 경우는

$$\hat{S}_t \cdot \hat{I}_t = \frac{y_t}{\hat{T}_t \cdot \hat{C}_t}$$

이므로 2006년 3/4분기와 4/4분기는 다음과 같이 계산되며 그 이외는 <표 5.4>에 계산되어 있다.

2006년 3/4분기 : $\hat{S}_3 \cdot \hat{I}_3 = \frac{y_3}{\hat{T}_3 \hat{C}_3} = \frac{25.2}{79.45} = 0.317$

4/4분기 : $\hat{S}_4 \cdot \hat{I}_4 = \frac{y_4}{\hat{T}_4 \hat{C}_4} = \frac{93.1}{84.85} = 1.097$

<표 5.6> 이동평균 필터를 이용한 특정계절 모형

| 년도 | 분기 | $t$ | $y_t$ | 중심화 이동평균 | 특정계절 | | | |
|---|---|---|---|---|---|---|---|---|
| | | | | | 가법모형 | 순위 | 승법모형 | 순위 |
| 2006 | Ⅲ | 3 | 25.2 | 79.45 | −54.25 | 4 | .317 | 2 |
| | Ⅳ | 4 | 93.1 | 84.85 | +8.25 | 11 | 1.097 | 11 |
| 2007 | Ⅰ | 5 | 162.9 | 87.28 | +75.62 | 15 | 1.867 | 16 |
| | Ⅱ | 6 | 66.3 | 92.05 | −25.7 | 5 | .720 | 5 |
| | Ⅲ | 7 | 28.4 | 95.47 | −67.07 | 1 | .297 | 1 |
| | Ⅳ | 8 | 128.1 | 96.05 | +32.05 | 12 | 1.334 | 12 |
| 2008 | Ⅰ | 9 | 155.3 | 98.58 | +56.72 | 13 | 1.575 | 13 |
| | Ⅱ | 10 | 78.5 | 94.28 | −15.78 | 6 | .833 | 6 |
| | Ⅲ | 11 | 36.4 | 91.53 | −55.13 | 3 | .398 | 3 |
| | Ⅳ | 12 | 85.7 | 95.60 | −9.90 | 9 | 8.96 | 9 |
| 2009 | Ⅰ | 13 | 175.7 | 98.88 | +76.82 | 16 | 1.777 | 15 |
| | Ⅱ | 14 | 90.7 | 104.18 | −13.48 | 8 | .871 | 8 |
| | Ⅲ | 15 | 50.4 | 108.06 | −57.66 | 2 | .466 | 4 |
| | Ⅳ | 16 | 114.1 | 108.69 | +5.41 | 10 | 1.050 | 10 |
| 2010 | Ⅰ | 17 | 178.4 | 108.09 | +70.31 | 14 | 1.651 | 14 |
| | Ⅱ | 18 | 93.0 | 107.51 | −14.51 | 7 | .865 | 7 |

이렇게 순위를 정한 후에 가법모형과 승법모형에 대한 크루스칼 월리스통계량을 다음과 같이 구한다. 우선 첫번째 계절(1/4분기)은 시점 $T$=5, 9, 13, 17이므로 가법모형에 대한 순위는 15, 13, 16과 14이며 따라서 $R_1$=15+13+16+14=58이다. 다른 계절도 마찬가지 방법으로 계속해서 구하면 다음과 같다.

| | 계절 | 순위 | $\sum R_i$ |
|---|---|---|---|
| 가법모형 | 1 | 15 13 16 14 | $15+13+16+14=58$ |
| | 2 | 5 6 8 7 | $5+6+8+7=26$ |
| | 3 | 4 1 3 2 | $4+1+3+2=10$ |
| | 4 | 11 12 9 10 | $11+12+9+10=42$ |
| 승법모형 | 1 | 16 13 15 14 | $16+13+15+14=58$ |
| | 2 | 5 6 8 7 | $5+6+8+7=26$ |
| | 3 | 2 1 3 4 | $2+1+3+4=10$ |
| | 4 | 11 12 9 10 | $11+12+9+10=42$ |

따라서 가설검정의 과정은 다음과 같다.

(1) 가설설정

$$H_0:\ S_1 = S_2 = S_3 = S_4 = 0(\text{가법모형인 경우})$$
$$H_0:\ S_1 = S_2 = S_3 = S_4 = 1(\text{승법모형인 경우})$$

VS

$$H_1:\ S_i \neq 0\ \ (\text{가법모형인 경우})$$
$$H_1:\ S_i \neq 1\ \ (\text{승법모형인 경우})$$

(2) 검정통계량의 계산

$$n_1 = n_2 = n_3 = n_4 = 4$$
$$n = 4+4+4+4 = 16$$
$$L-1 = 4-1 = 3$$
$$H = \frac{12}{16(16+1)}\left(\frac{58^2}{4} + \frac{26^2}{4} + \frac{10^2}{4} + \frac{42^2}{4}\right) - 3(16+1) = 14.12$$

(3) 의사결정규칙 : $(\alpha = 5\%,\ L-1=3)$

$H > \chi^2_{0.05}(3) = 7.81$ 이면 귀무가설을 기각한다.

(4) 결 론

$H = 14.12 > 7.81$ 이므로 귀무가설 $H_0$을 기각한다. 따라서 냉온방기구의 매출액에 대한 자료는 계절성이 존재한다고 볼 수 있다.

## 5.3.2 계절성 존재에 대한 모수적 검정

보다 복잡하지만 효과가 있는 계절성에 대한 모수적 검정방법은 회귀분석과 계절가변수(seasonal dummy variable)을 이용한 방법이다. 사실상 이 방법은 선형추세를 가법모형인 경우에는 $y_t$에, 혹은 승법모형인 경우에는 $\log y_t$에 최소제곱방법으로 적합시키고 그 다음에 계절가변수를 잔차에 적합시켜 모형을 적합하여 검정하게 된다. 따라서 다음과 같은 회귀분석모형을 이용한다.

가법모형인 경우 :

$$y_t = \underbrace{\beta_0 + \beta_1 t}_{T_t} + \underbrace{S_1 x_1 + S_2 x_2 + \cdots + S_L x_L}_{S_t} + \underbrace{\epsilon_t}_{I_t}$$

승법모형인 경우 :

$$y_t' = \log y_t = \beta_0' + \beta_1' t + S_1' x_1 + S_2' x_2 + \cdots + S_L' x_L + \epsilon_t'$$

$$y_t = \underbrace{\beta_0 (\beta_1)^t}_{T_t} \cdot \underbrace{S_1^{x_1} \cdot S_2^{x_2} \cdot \cdots \cdot S_L^{x_L}}_{S_t} \cdot \underbrace{\epsilon_t}_{I_t}$$

여기서 $\beta_0 = e^{\beta' 0}$, $\beta_1 = e^{\beta' 1}$, $\epsilon_t = e^{\epsilon' t}$, $S_i = e^{S' i}$, $i = 1, 2, \cdots, L$

그리고 가법모형인 경우 $\Sigma S_i = 0$이고 승법모형인 경우에는 $\Sigma S_i' = 0$이어야 하고 계절가변수인 $X_1$, $X_2$, $X_3$, $\cdots$, $X_L$은 다음과 같이 정의된다.

$$X_i = \begin{cases} 0 & i\text{번째 계절인 경우} \\ 1 & \text{기 타} \end{cases}$$

$(i = 1, 2, \cdots, L)$

검정과정을 이해하기 위해서 회귀분석의 기법을 이용하기로 한다. 즉 $y_t$의 총변동(total sum of squares; SST)은 회귀선에 의해 설명되는 변동(regression sum of squares; SSR)과 설명되지 않는 변동(error sum of squares; SSE)으로 나뉘어진다. 즉 SST=SSR+SSE이다. 그런데 계절성에 대한 검정의 주된 개념은 계절성분을 모형에 첨가하므로써 회귀선에 의해 설명되는 변동이 유의하게 증가하는 가를 보는 것이다. 따라서 5단계의 검정과정을 설명하면 다음과 같다.

『단계 1』

우선 선형추세와 L-1개의 계절가변수를 회귀모형에 적합시킨다. 회귀변동(SSR)과 잔차 변동(SSE)을 다음과 같이 정의한다.

SSR(추세+계절) = 추세와 계절모형에 의해 설명된 변동

SSE(추세+계절) = 추세와 계절모형에 의해 설명되지 않은 변동

『단계 2』

다음으로 자유도 $n-L-1$인 $t-$검정을 이용하여 선형추세계수($\beta_1$ 혹은 계절모형인 경우 $\beta_1'$)가 유의한지의 여부를 다음과 같이 검정한다.

(1) 가설설정(추세의 유의성에 대한 검정)

$$H_0:\ \beta_1 = 0\,(\text{혹은 } \beta_1' = 0)$$
$$H_1:\ \beta_1 \neq 0\ (\text{혹은 } \beta_1' \neq 0)$$

(2) 검정통계량

$$t = \frac{\hat{\beta}_1}{S_{\hat{\beta}_1}} \quad \left(\text{혹은 } t = \frac{\widehat{\beta_1}'}{S_{\widehat{\beta_1}'}}\right)$$

(3) 의사결정규칙

$|\,t\,| > t_{\alpha/2}$(자유도$= n-L-1$)이면 귀무가설 $H_0$을 기각한다.

(4) 결 론

귀무가설 $H_0$을 기각하면, 추세는 유의하다고 할 수 있다.

『단계 3』

추세가 유의하지 않다면 추세성분($\beta_1 t$ 혹은 $\beta_1' t$)을 제외하여 모형을 다시 적합시킨다. 즉 $L-1$개의 계절성분만을 이용한다. 즉,

SSR(계절성분만) = 계절성분만의 모형에 의해 설명된 변동

SSE(계절성분만) = 계절성분만의 모형에 의해 설명되지 않은 변동

이번에는 모형의 적합성을 검정하기 위하여 F-검정을 다음과 같이 검정한다.

(1) 가설설정

$$H_0: \ S_1 = S_2 = \cdots = S_{L-1} = 0 \quad (\text{ 혹은 } S_i^{''} = 0)$$
$$H_1: \ S_i \neq 0 \quad (\text{ 혹은 } S_i^{'} \neq 0)$$

(2) 검정통계량

$$F = \frac{MSR(\text{계절성분})}{MSE(\text{계절성분})}$$

$$MSR(\text{계절성분만}) = \frac{SSR(\text{계절성분만})}{L-1}$$

$$MSE(\text{계절성분만}) = \frac{SSE(\text{계절성분만})}{n-L}$$

(3) 의사결정규칙

$F > F_\alpha$ (자유도 = L-1, n-L)이면 귀무가설 $H_0$을 기각한다.

(4) 결론

귀무가설 $H_0$을 기각하면 신뢰수준$(1-\alpha)\times 100\%$에서 계절성이 존재하고 있다고 결론을 내릴 수 있다.

『단계 4』

계절가변수을 제외하고 선형추세만 $(\beta_0 + \ \beta_1 t$ 혹은 $\beta_0^{'} + \ \beta_1^{'} t)$을 가지고 회귀모형을 적합시킨다.

SSR(추세) = 선형추세만을 가진 모형에 의해서 설명된 변동

그리고 계절성분만을 가진 모형에 의해서 설명된 변동[SSR(계절성분만)]은 다음과 같이 나타낼 수 있다.

SSR(계절성분) = SSR(추세 + 계절) − SSR(추세)

『단계 5』

계절성에 대한 유의성의 검정은 다음과 같다.

$$F = \frac{MSR(\text{계절})}{MSE(\text{추세} + \text{계절})}$$

여기서 $$MSR(\text{계절}) = \frac{SSR(\text{계절})}{L-1}$$

$$MSE(\text{추세}+\text{계절}) = \frac{SSE(\text{추세}+\text{계절})}{n-L-1}$$

자유도는 $L-1, n-L-1$이다. 가설검정과정은 다음과 같다.

(1) 가설설정

$$H_0:\ S_1 = S_2 = \cdots = S_{L-1} = 0 \qquad (\text{혹은 } S_i'' = 0)$$

$$H_1:\ S_i \neq 0 \qquad (\text{혹은 } S_i' \neq 0)$$

(2) 검정통계량

$$F = \frac{MSR(\text{계절})}{MSE(\text{추세}+\text{계절})}$$

(3) 의사결정규칙

$F > F_\alpha$ (자유도 $= L-1,\ n-L-1$)이면 귀무가설 $H_0$을 기각한다.

(4) 결 론

귀무가설 $H_0$을 기각하면 신뢰수준$(1-\alpha)\times 100\%$에서 계절성이 존재하고 있다고 할 수 있다.

**예제 5-5**

[예제 5.2]의 냉온방기구의 매출액($y_t$)과 계절가변수 $x_1$, $x_2$, $x_3$을 이용하여 계절성의 존재여부를 최소제곱검정방법에 의해서 검정하시오. 단 이 모형은 가법모형을 가정한다.($\alpha = 5\%$)

**풀이** 『단계 1』 자료를 입력한 후에 회귀분석의 컴퓨터프로그램에 의한 결과를 요약한 것이 <그림 5.3>에 있다. 이 결과에 의하면 SSR과 SSE는 다음과 같다.

SSR(추세+계절) = 44,052.7 SSE(추세+계절) = 1,886.5

『단계 2』 추세의 유의성에 대한 검정과정을 SPSS로 분석하면 다음과 같다.

<표 5.7> 매출액과  계절가변수의 자료(가법모형)

| $t$ | $y_t$ | $x_1$ | $x_2$ | $x_3$ | $t$ | $y_t$ | $x_1$ | $x_2$ | $x_3$ |
|---|---|---|---|---|---|---|---|---|---|
| 1 | 135.9 | 1 | 0 | 0 | 11 | 36.4 | 0 | 0 | 1 |
| 2 | 50.1 | 0 | 1 | 0 | 12 | 85.7 | 0 | 0 | 0 |
| 3 | 25.2 | 0 | 0 | 1 | 13 | 175.7 | 1 | 0 | 0 |
| 4 | 93.1 | 0 | 0 | 0 | 14 | 90.7 | 0 | 1 | 0 |
| 5 | 162.9 | 1 | 0 | 0 | 15 | 50.4 | 0 | 0 | 1 |
| 6 | 66.3 | 0 | 1 | 0 | 16 | 114.1 | 0 | 0 | 0 |
| 7 | 28.4 | 0 | 0 | 1 | 17 | 178.4 | 1 | 0 | 0 |
| 8 | 128.1 | 0 | 0 | 0 | 18 | 93.0 | 0 | 1 | 0 |
| 9 | 155.3 | 1 | 0 | 0 | 19 | 43.3 | 0 | 0 | 1 |
| 10 | 78.5 | 0 | 1 | 0 | 20 | 116.6 | 0 | 0 | 0 |

메뉴의 <분석> ⇒ <회귀분석> ⇒ <선형>을 선택한다.

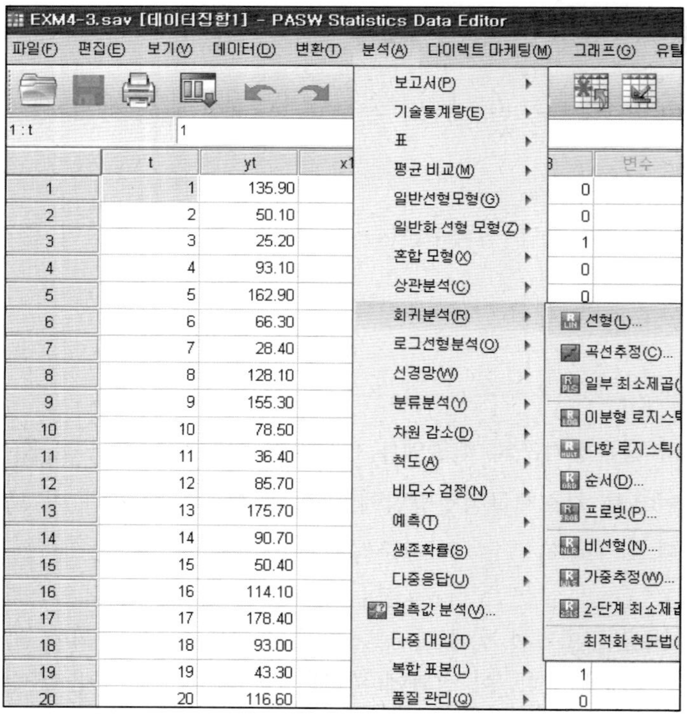

종속변수(D)에는 매출액(yt)값을 선택한 후 독립변수는 시점과 $x_1$, $x_2$, $x_3$를 선택한다.

**모형 요약**

| 모형 | R | R 제곱 | 수정된 R 제곱 | 추정값의 표준오차 |
|---|---|---|---|---|
| 1 | .979[a] | .959 | .948 | 11.21470 |

a. 예측값: (상수), x3, t, x2, x1

**분산분석[b]**

| 모형 | | 제곱합 | 자유도 | 평균 제곱 | F | 유의확률 |
|---|---|---|---|---|---|---|
| 1 | 회귀 모형 | 44052.665 | 4 | 11013.166 | 87.566 | .000[a] |
| | 잔차 | 1886.544 | 15 | 125.770 | | |
| | 합계 | 45939.209 | 19 | | | |

a. 예측값: (상수), x3, t, x2, x1

b. 종속변수: yt

**계수[a]**

| 모형 | | 비표준화 계수 | | 표준화 계수 | | |
|---|---|---|---|---|---|---|
| | | B | 표준오차 | 베타 | t | 유의확률 |
| 1 | (상수) | 85.080 | 7.311 | | 11.637 | .000 |
| | t | 1.870 | .443 | .225 | 4.218 | .001 |
| | x1 | 59.730 | 7.216 | .540 | 8.277 | .000 |
| | x2 | -28.060 | 7.148 | -.254 | -3.926 | .001 |
| | x3 | -68.910 | 7.107 | -.623 | -9.697 | .000 |

a. 종속변수: yt

<그림 5.3> 추세와 계절을 가진 가법모형에 대한 컴퓨터 출력 결과

위의 결과를 보아 다음과 같은 회귀선을 추정한다.

$$\hat{y_t} = 85.1 + 1.87t + 59.7x_1 - 28.1x_2 - 68.9x_3$$

(1) 가설설정

$$H_0 : \beta_1 = 0 \qquad \text{vs} \qquad H_1 : \beta_1 \neq 0$$

(2) 검정통계량

<그림 5.3>에 의하면 $t$=4.22이다.

(3) 의사결정규칙($\alpha = 5\%,\ df = n - L - 1 = 20 - 4 - 1 = 15$)

$|\, t \,| > t_{0.025} = 2.131$이면 귀무가설 $H_0$을 기각한다.

(4) 결 론

$t = 4.22 > 2.131$이므로 귀무가설 $H_0$을 기각한다. 따라서 냉온방기구의 매출액에 대한 자료는 추세가 있다고 할 수 있다. 그런데 추세성분이 유의하므로 최소제곱절차의 4단계로 바로 나아갈 수 있다.

**분산분석**[b]

| 모형 | | 제곱합 | 자유도 | 평균 제곱 | F | 유의확률 |
|---|---|---|---|---|---|---|
| 1 | 회귀 모형 | 723.117 | 1 | 723.117 | .288 | .598[a] |
| | 잔차 | 45216.092 | 18 | 2512.005 | | |
| | 합계 | 45939.209 | 19 | | | |

a. 예측값: (상수), t

b. 종속변수: yt

**계수**[a]

| 모형 | | 비표준화 계수 | | 표준화 계수 | t | 유의확률 |
|---|---|---|---|---|---|---|
| | | B | 표준오차 | 베타 | | |
| 1 | (상수) | 84.456 | 23.282 | | 3.627 | .002 |
| | t | 1.043 | 1.944 | .125 | .537 | .598 |

a. 종속변수: yt

위의 결과를 보아 다음과 같은 회귀선을 추정한다.

$$\hat{y_t} = 84.5 + 1.04t$$

『단계 4』

이제 <표 5.7>의 첫번째와 두번째 항의 자료를 이용하여 단순선형추세선을 적합시키기로 한다. 이의 결과가 <그림 5.4>에 요약되어 있다.

출력결과로부터 필요한 것은 SSR(추세)=723이다. 따라서 계절성분만의 SSR은 다음과 같다.

$$SSR(\text{계절}) = SSR(\text{추세 + 계절}) - SSR(\text{추세})$$

$$= 44{,}052.7 - 723 = 43{,}329.7$$

$$MSR(\text{계절}) = \frac{SSR(\text{계절})}{L-1} = \frac{43{,}329.7}{3} = 14{,}443.2$$

또한 $MSE$(추세+계절)은 <그림 5.3>의 자료로 부터 구할 수 있다.

$$MSE(\text{추세} + \text{계절}) = \frac{SSE(\text{추세} + \text{계절})}{n-L-1} = \frac{1{,}886.5}{20-4-1} = 25.8$$

마지막으로 F통계량은

$$F = \frac{MSR(\text{계절})}{MSE(\text{추세} + \text{계절})} = \frac{14443.2}{125.8} = 112.4$$

『단계 5』

계절성에 대한 $F$검정은 다음과 같이 계산된다.

① 가설설정

$H_0 : S_1 = S_2 = S_3 = 0$ vs $H_1 : S_i \neq 0$

② 검정통계량

$F = 112.4$

③ 의사결정규칙 : ($\alpha = 0.05$, 자유도$= L-1 = 3$, $n-L-1 = 15$)

$F > F_{0.05} = 3.29$이면 귀무가설 $H_0$을 기각한다.

④ 결 론

$F = 112.4 > 3.29$이므로 귀무가설은 기각한다. 따라서 신뢰수준 95%에서 냉온방기구의 매출액자료에 대해서 계절성이 존재한다고 결론내릴 수 있다.

**예제 5-6**

다음자료는 우리나라의 제조업에 대한 주당 수익율을 년도별, 분기별로 나타낸 것이다. 주당 수익율에 대한 모형이 승법모형을 한다고 가정하여 계절성 존재여부를 가설검정하시오. 단 $\alpha$는 5%이다.

<표 5.8> 연도별, 분기별 주당수익율

| 년도 | 분기 | $t$ | $y_t$ | 년도 | 분기 | $t$ | $y_t$ |
|---|---|---|---|---|---|---|---|
| 1994 | Ⅰ | 1 | 12.24 | 1997 | Ⅰ | 13 | 4.40 |
| | Ⅱ | 2 | 15.70 | | Ⅱ | 14 | 9.39 |
| | Ⅲ | 3 | 20.97 | | Ⅲ | 15 | 8.00 |
| | Ⅳ | 4 | 20.32 | | Ⅳ | 16 | 23.07 |
| 1995 | Ⅰ | 5 | 14.31 | 1998 | Ⅰ | 17 | 9.64 |
| | Ⅱ | 6 | 18.00 | | Ⅱ | 18 | 13.24 |
| | Ⅲ | 7 | 21.66 | | Ⅲ | 19 | 14.14 |
| | Ⅳ | 8 | 22.88 | | Ⅳ | 20 | 24.61 |
| 1996 | Ⅰ | 9 | 9.31 | 1999 | Ⅰ | 21 | 10.25 |
| | Ⅱ | 10 | 13.26 | | Ⅱ | 22 | 13.93 |
| | Ⅲ | 11 | 10.96 | | Ⅲ | 23 | 12.68 |
| | Ⅳ | 12 | 19.11 | | Ⅳ | 24 | 21.72 |

**풀이** 승법모형을 검정하기 위하여 우선 각 년도의 분기별 수익율에 대해서 로그를 취한 결과와 계절가변수를 취한 것을 <표 5.9>에 요약되어 있다.

<표 5.9> 주당수익율의 로그값과 계절가변수(승법모형)

| $t$ | $y_t'$ | $x_1$ | $x_2$ | $x_3$ | $t$ | $y_t'$ | $x_1$ | $x_2$ | $x_3$ | $t$ | $y_t'$ | $x_1$ | $x_2$ | $x_3$ |
|---|---|---|---|---|---|---|---|---|---|---|---|---|---|---|
| 1 | 2.505 | 1 | 0 | 0 | 9 | 2.231 | 1 | 0 | 0 | 17 | 2.266 | 1 | 0 | 0 |
| 2 | 2.754 | 0 | 1 | 0 | 10 | 2.585 | 0 | 1 | 0 | 18 | 2.583 | 0 | 1 | 0 |
| 3 | 3.043 | 0 | 0 | 1 | 11 | 2.394 | 0 | 0 | 1 | 19 | 2.649 | 0 | 0 | 1 |
| 4 | 3.012 | 0 | 0 | 0 | 12 | 2.950 | 0 | 0 | 0 | 20 | 3.203 | 0 | 0 | 0 |
| 5 | 2.661 | 1 | 0 | 0 | 13 | 1.482 | 1 | 0 | 0 | 21 | 2.327 | 1 | 0 | 0 |
| 6 | 2.890 | 0 | 1 | 0 | 14 | 2.240 | 0 | 1 | 0 | 22 | 2.634 | 0 | 1 | 0 |
| 7 | 3.075 | 0 | 0 | 1 | 15 | 2.079 | 0 | 0 | 1 | 23 | 2.540 | 0 | 0 | 1 |
| 8 | 3.130 | 0 | 0 | 0 | 16 | 3.139 | 0 | 0 | 0 | 24 | 3.078 | 0 | 0 | 0 |

또한 주당수익율과 계절가변수에 대한 PASW 회귀분석한 결과는 <그림 5.4>에 요약되어 있다.

**모형 요약**

| 모형 | R | R 제곱 | 수정된 R 제곱 | 추정값의 표준오차 |
|---|---|---|---|---|
| 1 | .770[a] | .594 | .508 | .291728 |

a. 예측값: (상수), x3, t, x2, x1

**분산분석[b]**

| 모형 | | 제곱합 | 자유도 | 평균 제곱 | F | 유의확률 |
|---|---|---|---|---|---|---|
| 1 | 회귀 모형 | 2.361 | 4 | .590 | 6.936 | .001[a] |
| | 잔차 | 1.617 | 19 | .085 | | |
| | 합계 | 3.978 | 23 | | | |

a. 예측값: (상수), x3, t, x2, x1

b. 종속변수: logyt

**계수[a]**

| 모형 | | 비표준화 계수 | | 표준화 계수 | t | 유의확률 |
|---|---|---|---|---|---|---|
| | | B | 표준오차 | 베타 | | |
| 1 | (상수) | 3.287 | .171 | | 19.276 | .000 |
| | t | -.014 | .009 | -.245 | -1.653 | .115 |
| | x1 | -.883 | .170 | -.939 | -5.182 | .000 |
| | x2 | -.500 | .169 | -.532 | -2.952 | .008 |
| | x3 | -.469 | .169 | -.499 | -2.782 | .012 |

a. 종속변수: logyt

<그림 5.4> 추세와 계절을 가진 승법모형에 대한 컴퓨터 출력결과

위 결과를 이용한 추정회귀선은 다음과 같다.

$$\hat{y_t} = 3.287 - 0.0144t - 0.883x_1 - 0.500x_2 - 0.469x_3$$

위의 추세성분($\beta_1'$)의 유의성을 검정하기로 한다.

① 가설설정

$$H_0:\ \beta_1' = 0 \qquad \text{vs} \qquad H_1:\ \beta_1' \neq 0$$

② 검정통계량

$t = -1.65$(<그림 5.4> 참조)

③ 의사결정규칙( $\alpha$=5%, 자유도=n-L-1=24-4-1=19)

$|\ t\ | > t_{0.025} = 2.093$이면 귀무가설 $H_0$을 기각한다.

④ 결 론

$t = |-1.65| < 2.093$이므로 귀무가설 $H_0$을 기각할 수 없다. 따라서 이 모형에는 추세성분이 포함되어 있다고 볼 수 없다. 이제 추세성분이 유의하지 않으므로 자료는 추세없이 모형을 다시 적합하여야 한다. 또한 계절가변수인 $X_1$, $X_2$와 $X_3$을 포함한다. 이러한 적합에 대한 컴퓨터 출력결과가 <그림 5.8>에 요약되어 있다.

컴퓨터의 출력결과에 의해서 $F$통계량은 직접 계산된다. 즉

$$F = \frac{MSR(\text{계절성분만})}{MSE(\text{계절성분만})} = \frac{0.710}{0.09248} = 7.677$$

마지막 단계로서 계절성의 유의성에 대한 F-검정은 다음과 같이 검정된다.

**모형 요약**

| 모형 | R | R 제곱 | 수정된 R 제곱 | 추정값의 표준오차 |
|---|---|---|---|---|
| 1 | .731[a] | .535 | .465 | .304100 |

a. 예측값: (상수), x3, x2, x1

**분산분석[b]**

| 모형 | | 제곱합 | 자유도 | 평균 제곱 | F | 유의확률 |
|---|---|---|---|---|---|---|
| 1 | 회귀 모형 | 2.129 | 3 | .710 | 7.673 | .001[a] |
| | 잔차 | 1.850 | 20 | .092 | | |
| | 합계 | 3.978 | 23 | | | |

a. 예측값: (상수), x3, x2, x1

b. 종속변수: logyt

**계수[a]**

| 모형 | | 비표준화 계수 | | 표준화 계수 | t | 유의확률 |
|---|---|---|---|---|---|---|
| | | B | 표준오차 | 베타 | | |
| 1 | (상수) | 3.085 | .124 | | 24.852 | .000 |
| | x1 | -.840 | .176 | -.893 | -4.784 | .000 |
| | x2 | -.471 | .176 | -.501 | -2.683 | .014 |
| | x3 | -.455 | .176 | -.484 | -2.591 | .017 |

a. 종속변수: logyt

<그림 5.5> 계절성분만을 가진 승법모형에 대한 컴퓨터 출력결과

위 결과를 이용한 추정회귀선은 다음과 같다.

$$\hat{Y} = 3.09 - .840x_1 - .471x_2 - .455x_3$$

① 가설설정

$$H_0 : S_1' = S_2' = S_3' = 0 \qquad \text{vs} \qquad H_1 : S_i' \neq 0$$

② 검정통계량

$$\text{F} = 7.684$$

③ 의사결정규칙($\alpha = 5\%$, 자유도$= L-1 = 3,\ n-L = 20$)

$F > F_{0.05} = 3.10$이면 귀무가설 $H_0$을 기각한다.

④ 결 론

$F = 7.648 > 3.10$이므로 귀무가설 $H_0$을 기각한다. 따라서 제조업의 주당수익율에 대한 계절성은 존재한다고 결론을 내릴 수 있다. ■

# 5.4 예측모형

## 5.4.1 추세성분을 갖는 단순평균방법에 의한 예측

단순평균방법은 선형추세(linear trend)을 갖는 가법모형으로 사용하기 위하여 쉽게 수정될 수 있다. 수평적 계절모형에 선형추세성분을 추가시키면 된다. 따라서 추세성분을 갖는 계절모형의 가법모형은 다음과 같다.

$$y_t = \beta_0 + \beta_1 t - S_t + \epsilon_t$$

이 모형을 추정하기 위하여 우선 i번째 계절에 대한 시계열 $y_t$의 평균은 다음과 같이 계산된다.

$$\bar{y}_i = \frac{i\text{번째 계절의 } \Sigma y_t}{m}, \qquad i = 1,2, \cdots ,L$$

계절조정하기 위해서는 추세선에 대한 기울기의 추정값이 필요하다. 이것은 시간척도인 첫번째 년도를 $t = 1$로, 두번째 년도를 $t = 2$, $\cdots$ 등등으로 년간 자료의 평균을 추세선에 적합시키므로써 구해진다. 계절영향은 이들 평균들에서 제거되므로 추세의 추정값에 영향을 주지 않게 된다. $\widehat{\beta_1^*}$를 상술한 내용에 의해서 구해진 기울기의 추정값이라고 하자.

그러면 $i$번째 계절에 대한 계절조정된 시계열 $y_t$의 평균($\bar{\bar{y}}_i$)은 다음과 같이 계산된다.

$$\bar{\bar{y}}_i = \bar{y}_i - \frac{(i-1)\widehat{\beta_1^*}}{L}, \qquad i = 1, 2, \cdots , L$$

그리고 계절조정된 평균은

$$\bar{\bar{y}} = \frac{\bar{\bar{y}}_1 + \bar{\bar{y}}_2 + \cdots + \bar{\bar{y}}_L}{L}$$

이다. 따라서 계절지수는 다음 식에서 구해진다.

$$\hat{S}_i = \bar{\bar{y}}_i - \bar{\bar{y}}, \qquad i = 1,2, \cdots , L$$

선형추세성분을 갖는 가법모형에 대한 예측모형은 다음과 같다.

$$\widehat{y_t} = \widehat{\beta_0} + \widehat{\beta_1} t + \widehat{S_t}$$

$$\widehat{S_t} = \widehat{S_i}$$

여기서 $\widehat{\beta_0}$와 $\widehat{\beta_1}$은 각각 상수와 기울기이다.

**예제 5-7**

다음 <표 5.10>의 자료를 이용하여 선형추세성분을 갖는 가법모형에 의한 가법 계절지수를 구하여 예측모형을 구하고 2011년 분기별 예측값을 구하시오.

<표 5.10> 가상적인 자료

| 년도 | 분기 | $t$ | $y_t$ | 년도 | 분기 | $t$ | $y_t$ | 년도 | 분기 | $t$ | $y_t$ |
|---|---|---|---|---|---|---|---|---|---|---|---|
| 2006 | 1 | 1 | 135.9 | 2007 | 4 | 8 | 128.1 | 2009 | 3 | 15 | 50.4 |
| | 2 | 2 | 50.1 | 2008 | 1 | 9 | 155.3 | | 4 | 16 | 114.1 |
| | 3 | 3 | 25.2 | | 2 | 10 | 78.5 | 2010 | 1 | 17 | 178.4 |
| | 4 | 4 | 93.1 | | 3 | 11 | 36.4 | | 2 | 18 | 93.0 |
| 2007 | 1 | 5 | 162.9 | | 4 | 12 | 85.7 | | 3 | 19 | 43.3 |
| | 2 | 6 | 66.3 | 2009 | 1 | 13 | 175.7 | | 4 | 20 | 116.6 |
| | 3 | 7 | 28.4 | | 2 | 14 | 90.7 | | | | |

**풀이** 추세성분이 있는 가상적인 자료를 단순평균방법에 적용하기 위하여 우선 년별 평균 $y_t^*$와 추세선의 기울기가 <표 5.11>에 계산되어 있다. 이 표에 의하면 통계적으로 유의한 기울기 $\widehat{\beta_t^*}$는 7.47이다. 또한 단순평균에 대한 계산결과가 <표 5.13>에 요약되어 있다. 따라서 계절지수는 다음과 같이 계산된다.

$$\hat{S_1} = \overline{\overline{y}}_1 - \overline{\overline{y}} = 161.64 - 92.60 = +69.04$$
$$\hat{S_2} = \overline{\overline{y}}_2 - \overline{\overline{y}} = 73.85 - 92.60 = -18.75$$
$$\hat{S_3} = \overline{\overline{y}}_3 - \overline{\overline{y}} = 33.00 - 92.60 = -59.60$$
$$\hat{S_4} = \overline{\overline{y}}_4 - \overline{\overline{y}} = 101.91 - 92.60 = +9.31$$

여기서 $\overline{\overline{y}}_i$는 i번째 계절의 평균이다.

<표 5.11> 년별 평균과 추세선적합의 컴퓨터 출력결과

| 년 도 | $t$ | $y_t^*$ |
|---|---|---|
| 2006 | 1 | 76.1 |
| 2007 | 2 | 96.4 |
| 2008 | 3 | 89.0 |
| 2009 | 4 | 107.7 |
| 2010 | 5 | 107.8 |

$$y_1^* = (135.9 + 50.1 + 25.2 + 93.1)/4 = 76.1$$

**모형 요약**

| 모형 | R | R 제곱 | 수정된 R 제곱 | 추정값의 표준오차 |
|---|---|---|---|---|
| 1 | .881[a] | .776 | .701 | 7.33692 |

a. 예측값: (상수), t

**분산분석[b]**

| 모형 | | 제곱합 | 자유도 | 평균 제곱 | F | 유의확률 |
|---|---|---|---|---|---|---|
| 1 | 회귀 모형 | 558.009 | 1 | 558.009 | 10.366 | .049[a] |
| | 잔차 | 161.491 | 3 | 53.830 | | |
| | 합계 | 719.500 | 4 | | | |

a. 예측값: (상수), t

b. 종속변수: yt_01

**계수[a]**

| 모형 | | 비표준화 계수 | | 표준화 계수 | t | 유의확률 |
|---|---|---|---|---|---|---|
| | | B | 표준오차 | 베타 | | |
| 1 | (상수) | 72.990 | 7.695 | | 9.485 | .002 |
| | t | 7.470 | 2.320 | .881 | 3.220 | .049 |

a. 종속변수: yt_01

추정 회귀선 $\hat{y_t} = 73.0 + 7.47t$

<표 5.12> 선형추세 성분을 갖는 가법모형에 대한 단순평균계산

| 년 도 | 분 기 | | | | 년별총계 | 년별평균 |
|---|---|---|---|---|---|---|
| | 1 | 2 | 3 | 4 | | |
| 2006 | 135.9 | 50.1 | 25.2 | 93.1 | 304.3 | 76.1 |
| 2007 | 162.9 | 66.3 | 28.4 | 128.1 | 385.7 | 96.4 |
| 2008 | 155.3 | 78.5 | 36.4 | 85.7 | 355.9 | 89.0 |
| 2009 | 175.7 | 90.7 | 50.4 | 114.1 | 430.9 | 107.7 |
| 2010 | 178.4 | 93.0 | 43.3 | 116.6 | 431.3 | 107.8 |
| 합계 | 808.2 | 378.6 | 183.7 | 537.6 | | |
| $\bar{y}_i$ | 161.64 | 75.72 | 36.74 | 107.52 | $\widehat{\beta_1^*} = 7.47$ | |
| 추세 | 0.00 | 1.87 | 3.74 | 5.61 | $\widehat{\beta_1^*}/4 = 1.87$ | |
| $\bar{\bar{y}}_i$ | 161.64 | 73.85 | 33.00 | 101.91 | | |
| $\bar{\bar{y}} = \frac{161.64 + 73.85 + 33.00 + 101.91}{4} = \frac{370.4}{4} = 92.60$ | | | | | | |

모형을 추정하기 위하여 계절지수는 원계열으로부터 계절변동을 제거하기 위하여 사용된다. 따라서 계절변동이 제거된 자료를 회귀분석한 결과가 <표 5.13>에 요약되었다.

<표 5.13> 계절조정된 $(y_t - \widehat{S_t})$ 자료에 대한 회귀분석

| 년 도 | 분 기 | | | |
|---|---|---|---|---|
| | 1 | 2 | 3 | 4 |
| 2006 | 66.86 | 68.85 | 84.80 | 83.79 |
| 2007 | 93.86 | 85.05 | 88.00 | 118.79 |
| 2008 | 86.26 | 97.25 | 96.00 | 76.39 |
| 2009 | 106.66 | 109.45 | 110.00 | 104.79 |
| 2010 | 109.36 | 111.75 | 102.90 | 107.29 |

**모형 요약**

| 모형 | R | R 제곱 | 수정된 R 제곱 | 추정값의 표준오차 |
|---|---|---|---|---|
| 1 | .743[a] | .552 | .527 | 10.23758 |

a. 예측값: (상수), t

**분산분석[b]**

| 모형 | | 제곱합 | 자유도 | 평균 제곱 | F | 유의확률 |
|---|---|---|---|---|---|---|
| 1 | 회귀 모형 | 2325.439 | 1 | 2325.439 | 22.188 | .000[a] |
| | 잔차 | 1886.544 | 18 | 104.808 | | |
| | 합계 | 4211.983 | 19 | | | |

a. 예측값: (상수), t

b. 종속변수: ytst

**계수[a]**

| 모형 | | 비표준화 계수 | | 표준화 계수 | | |
|---|---|---|---|---|---|---|
| | | B | 표준오차 | 베타 | t | 유의확률 |
| 1 | (상수) | 75.770 | 4.756 | | 15.933 | .000 |
| | t | 1.870 | .397 | .743 | 4.710 | .000 |

a. 종속변수: ytst

위의 결과를 가지고 회귀 추정식을 구하면 다음과 같다.

$$\widehat{Y} = 75.8 + 1.87t$$

따라서 추세성분을 갖는 가법계절예측모형은 <표 5.13>에 의하면 다음과 같다.

$$\begin{aligned} y_t &= \widehat{\beta_0} + \widehat{\beta_1}t + \widehat{S_t} \\ &= 75.77 + 1.87t + \widehat{S_t} \end{aligned}$$

원　　점 : 1995. 4/4분기
시간단위 : 분기

여기서 $\widehat{S_1} = 69.04$, $\widehat{S_2} = -18.75$, $\widehat{S_3} = -59.6$, $\widehat{S_4} = -9.31$

따라서 2000년 분기별 예측값은 다음과 같다.

$$\begin{aligned} &t = 21 \quad y_{21} = 75.77 + 1.87 \times 21 + 69.04 = 184.08 \\ &t = 22 \quad y_{22} = 75.77 + 1.87 \times 22 - 18.75 = 98.16 \\ &t = 23 \quad y_{23} = 75.77 + 1.87 \times 23 - 59.6 = 59.18 \\ &t = 24 \quad y_{24} = 75.77 + 1.87 \times 24 - 9.31 = 114.34 \end{aligned}$$

■

## 5.4.2 단순지수추세성분을 갖는 승법모형

단순지수추세(simple exponential trend)가 있는 계절모형에 대한 승법모형은 다음과 같다.

$$y_t = \beta_0(\beta_1)^t \cdot S_t \cdot \epsilon_t$$

여기서 $\sum S_t = L$이다. 그런데 이 모형에서 단순지수추세의 영향에 대한 계절평균을 수정할 단순한 방법이 없기 때문에 시계열 $y_t$에 로그값을 취한 $\log y_t = y_t'$을 이용하여 선형추세에 의한 단순평균방법으로 분석하게 된다. 수정된 모형은 다음과 같다.

$$y_t' = \log y_t = \beta_0' + \beta_1' t + S_t' + \epsilon_t'$$

따라서 단순지수추세을 갖는 승법모형에 대한 예측과정은 다음과 같은 단계에 따라서 이루어진다. $m$개년에 $L$개의 계절이 있고 연속적인 시계열 $y_t$가 $n$개가 있다고 가정한다.

『단계 1』: 시계열 $y_t$에 로그를 취한다. $y_t' = \log y_t$

『단계 2』: 년별 평균값을 회귀분석하여 기울기 $\widehat{\beta_1}^*$을 구한다.

『단계 3』: $i$번째 계절의 평균을 구하고 그 다음에 $\widehat{\beta_1}^* / 4$로써 계절평균을 조정한다. 따라서 가법계절지수는 다음과 같이 계산된다.

$$\widehat{S_i}' = \overline{\overline{y_i}}' - \overline{\overline{y}}'$$

『단계 4』: 3단계에서 구해진 계절지수를 이용하여 $y_t' - S_t'$을 계산하므로써 계절조정을 한다. 그 다음에 계절조정된 자료를 선형추세에 적합시켜서 $\widehat{T_t}' = \widehat{\beta_0}' + \widehat{\beta}_{t1}'$을 구한다. 따라서 가법예측모형은 다음과 같이 된다.

$$\widehat{y_t}' = \widehat{T_t}' + \widehat{S_t}' = \widehat{\beta_0}' + \widehat{\beta_1}' t + \widehat{S_t}'$$

일단 가법모형이 적합되었다면 위의 식으로 $y_t'$를 예측하게 된다. 그 다음에 $y_t'$을 원 시계열 $y_t$의 값으로 지수변환을 한다. 즉

$$\widehat{y_t} = e^{\widehat{y_t}'}$$

『단계 5』: 다음 식을 이용하여 원래의 모수값을 되찾는다. 즉

$$\widehat{\beta_0} = e^{\widehat{\beta}_0'} \quad \widehat{\beta_1} = e^{\widehat{\beta}_1'} \quad \widehat{S_i} = e^{\widehat{S}_i'} \qquad i = 1, 2, \cdots, L$$

$\widehat{S_i'}$의 합은 0이기 때문에 $S_i$의 곱은 1이 된다.그러나 $S_i$은 승법계절의 합이 $L$이라는 관례적인 제약($\sum \widehat{S} = L$)을 만족하지 못한다. 따라서 이러한 관례적인 지수로 변환하기 위하여 각각에 적당한 상수를 곱하고 그 영향을 $\beta_0$에 흡수시킨다. 상수는 $\overline{S} = (\sum \widehat{S_i}) / L$이다. 그리고 변환을 다음과 같이 한다.

$$\widehat{S_1} \rightarrow \frac{\widehat{S_1}}{\overline{S}}$$
$$\widehat{S_2} \rightarrow \frac{\widehat{S_2}}{\overline{S}}$$
$$\vdots$$
$$\widehat{S_L} \rightarrow \frac{\widehat{S_L}}{\overline{S}}$$
$$\widehat{\beta_0} \rightarrow \widehat{\beta_0} \cdot \overline{S}$$
$$\widehat{\beta_1} \rightarrow \widehat{\beta_1} \quad \text{(변화하지않음)}$$

따라서 예측모형은 다음과 같다.

$$\widehat{y_t} = \widehat{\beta_0}(\widehat{\beta_1})^t \cdot \widehat{S_t}$$

$$\widehat{S_t} = \widehat{S_i}$$

여기서 $\widehat{\beta_0}, \widehat{\beta_1}$과 $\widehat{S_i}$은 변환된 모수의 추정값이다.

**예제 5-8**

[예제 5.5]의 자료를 이용하여 단순지수추세에 의한 승법모형을 적합시키고 2000년 분기별 예측값을 구하시오.

**풀이** 각 단계별로 설명하기로 한다.

『단계 1』: <표 5.14>에서 보면 각 시계열 $y_t$에 대해서 로그값을 구한다.

$$y_1' = \log(135.9) = 4.912 \quad y_2' = \log(50.1) = 3.914 \text{ 등등}$$

『단계 2』: 년별 평균(4.417, 4.371, 4.363, 4.583, 4.561)을 선형추세에 적합시켜 기울기 $\widehat{\beta_1^*} = 0.104$을 구한다. (표 5.14 참조)

『단계 3』: <표 5.14>의 각 단순평균을 구하고 $\widehat{\beta_1^*} / 4 = 0.026$으로써 계절평균을 조

정하여 다음과 같이 가법계절지수를 구한다.

$$\widehat{S_1'} = \overline{\overline{y_1}}' - \overline{\overline{y}}' = 5.081 - 4.366 = +.715$$

$$\widehat{S_2'} = \overline{\overline{y_2}}' - \overline{\overline{y}}' = 4.276 - 4.366 = -.090$$

$$\widehat{S_3'} = \overline{\overline{y_3}}' - \overline{\overline{y}}' = 3.519 - 4.366 = -.847$$

$$\widehat{S_4'} = \overline{\overline{y_4}}' - \overline{\overline{y}}' = 4.589 - 4.366 = +.223$$

<표 5.14> 단순지수추세를 갖는 승법모형에 대한 단순평균계산 $(y_t' = \log y_t)$

| 년도 | 계절 | | | | 년별총계 | 년별평균 |
|---|---|---|---|---|---|---|
| | 1 | 2 | 3 | 4 | | |
| 2006 | 4.912 | 3.914 | 3.227 | 4.534 | 16.587 | 4.147 |
| 2007 | 5.093 | 4.194 | 3.346 | 4.853 | 17.486 | 4.371 |
| 2008 | 5.045 | 4.363 | 3.595 | 4.451 | 17.454 | 4.363 |
| 2009 | 5.169 | 4.508 | 3.920 | 4.737 | 18.334 | 4.583 |
| 2010 | 5.184 | 4.533 | 3.768 | 4.759 | 18.244 | 4.561 |
| 계 | 25.403 | 21.512 | 17.856 | 23.334 | | |
| $\overline{y_i}'$ | 5.081 | 4.302 | 3.571 | 4.667 | $\widehat{\beta_1} = .104$ | |
| 추세 | .000 | .026 | .052 | .078 | $\widehat{\beta_1^*}/4 = .026$ | |
| $\overline{\overline{y_i}}'$ | 5.081 | 4.276 | 3.519 | 4.589 | | |
| $\overline{\overline{y}}' = \dfrac{5.081 + 4.276 + 3.519 + 4.589}{4} = \dfrac{17.465}{4} = 4.366$ | | | | | | |

**모형 요약**

| 모형 | R | R 제곱 | 수정된 R 제곱 | 추정값의 표준오차 |
|---|---|---|---|---|
| 1 | .928[a] | .862 | .816 | .076035 |

a. 예측값: (상수), t

**분산분석[b]**

| 모형 | | 제곱합 | 자유도 | 평균 제곱 | F | 유의확률 |
|---|---|---|---|---|---|---|
| 1 | 회귀 모형 | .108 | 1 | .108 | 18.708 | .023[a] |
| | 잔차 | .017 | 3 | .006 | | |
| | 합계 | .126 | 4 | | | |

a. 예측값: (상수), t

b. 종속변수: mean

**계수[a]**

| 모형 | | 비표준화 계수 | | 표준화 계수 | t | 유의확률 |
|---|---|---|---|---|---|---|
| | | B | 표준오차 | 베타 | | |
| 1 | (상수) | 4.093 | .080 | | 51.325 | .000 |
| | t | .104 | .024 | .928 | 4.325 | .023 |

a. 종속변수: mean

위의 결과를 가지고 회귀선을 추정하면 다음과 같다.

$$\hat{y_t} = 4.09 + .104t$$

『단계 4』: 3단계에서 결정된 계절지수를 이용하여 다음과 같이 계절조정한다.

$$y_1' - \hat{s_1} = 4.912 - (+.715) = 4.197$$
$$y_2' - \hat{s_2} = 3.914 - (-.090) = 4.004$$
$$y_3' - \hat{s_3} = 3.227 - (-.847) = 4.074$$
$$y_4' - \hat{s_4} = 4.534 - (+.223) = 4.311$$
$$y_5' - \hat{s_5} = y_5' - \hat{s_1} = 5.093 - (+.715) = 4.378$$

그 다음에 계절조정된(표 5.15 참조) 자료를 이용하여 선형추세에 적합시킨 결과 다음 식이 구해진다.

$$\widehat{T_t'} = \widehat{\beta_0'} + \widehat{\beta_1'}t = 4.132 + 0.026t$$
$$\hat{y_t} = 4.132 + 0.026t + \widehat{S_t'}$$

원　　점: 2006.4/4분기
시간단위: 분기

$$\widehat{S_1'} = 0.715 \quad \widehat{S_2'} = -0.09 \quad \widehat{S_3'} = -0.847 \quad \widehat{S_4'} = 0.223$$

『단계 5』: 원래의 승법모형을 구하기 위하여 다음과 같이 지수변환을 한다.

$$\widehat{\beta_0} = e^{\widehat{\beta_0'}} = e^{4.132} = 62.30$$
$$\widehat{\beta_1} = e^{\widehat{\beta_1'}} = e^{1.026} = 1.026$$
$$\widehat{S_1} = e^{\widehat{S_1'}} = e^{+.715} = 2.044$$
$$\widehat{S_2} = e^{\widehat{S_2'}} = e^{-.090} = .914$$
$$\widehat{S_3} = e^{\widehat{S_3'}} = e^{-.847} = .429$$
$$\widehat{S_4} = e^{\widehat{S_4'}} = e^{+.223} = 1.249$$

여기서 유의해야할 점은 승법계절지수들이 [예제 5.5]에서 구해진 지수(1.746, 0.798, 0.356과 1.101)들과는 다른 점이다. 그 이유는 $\sum \widehat{S_i} = 4.0$이 아니고 $\widehat{S_i}$의 곱이 1.0으로 제한되었기 때문이다. 그리고 $\overline{S}$를 구하면 다음과 같다.

$$\overline{S} = \frac{\sum S_i}{L} = \frac{2.044 + 0.914 + 0.429 + 1.249}{4} = \frac{4.636}{4} = 1.159$$

그리고, $\sum S_i = 4$가 되도록 변환시키면, 다음과 같다.

$$S_1 \rightarrow \frac{S_1}{\overline{S}} = \frac{2.044}{1.159} = 1.764$$
$$S_2 \rightarrow \frac{S_2}{\overline{S}} = \frac{0.914}{1.159} = .789$$
$$S_3 \rightarrow \frac{S_3}{\overline{S}} = \frac{0.429}{1.159} = .370$$
$$S_4 \rightarrow \frac{S_4}{\overline{S}} = \frac{1.249}{1.159} = 1.078$$
$$\widehat{\beta_0} \rightarrow \widehat{\beta_0} \cdot \overline{S} = 62.30 \times 1.159 = 72.19$$
$$\widehat{\beta_1} \rightarrow \widehat{\beta_1} = 1.026$$

<표 5.15> 계절조정($y_t^{'} - S_t^{'}$)된 자료에 대한 회귀분석결과

| 년 도 | 분 기 | | | |
|---|---|---|---|---|
| | 1 | 2 | 3 | 4 |
| 2006 | 4.197 | 4.004 | 4.074 | 4.311 |
| 2007 | 4.378 | 4.284 | 4.193 | 4.630 |
| 2008 | 4.330 | 4.453 | 4.442 | 4.228 |
| 2009 | 4.454 | 4.598 | 4.767 | 4.514 |
| 2010 | 4.469 | 4.623 | 4.615 | 4.536 |

**모형 요약**

| 모형 | R | R 제곱 | 수정된 R 제곱 | 추정값의 표준오차 |
|---|---|---|---|---|
| 1 | .765[a] | .585 | .562 | .133224 |

a. 예측값: (상수), t

**분산분석[b]**

| 모형 | | 제곱합 | 자유도 | 평균 제곱 | F | 유의확률 |
|---|---|---|---|---|---|---|
| 1 | 회귀 모형 | .450 | 1 | .450 | 25.354 | .000[a] |
| | 잔차 | .319 | 18 | .018 | | |
| | 합계 | .769 | 19 | | | |

a. 예측값: (상수), t

b. 종속변수: ytst

**계수[a]**

| 모형 | | 비표준화 계수 | | 표준화 계수 | t | 유의확률 |
|---|---|---|---|---|---|---|
| | | B | 표준오차 | 베타 | | |
| 1 | (상수) | 4.132 | .062 | | 66.765 | .000 |
| | t | .026 | .005 | .765 | 5.035 | .000 |

a. 종속변수: ytst

위의 결과를 가지고 회귀선을 추정하면 다음과 같다.

$$\hat{y_t} = 4.13 + .0260t$$

따라서 승법모형에 대한 예측방정식은 다음과 같다.

$$\hat{y_t} = 72.19(1.026)^t \cdot \hat{S_t}$$

원　　점: 1994. 4/4
시간단위: 분기

$$\hat{S_1} = 1.764, \quad \hat{S_2} = 0.789, \quad \hat{S_3} = 0.37, \quad \hat{S_4} = 1.078$$

## 5.4.3 윈터스 방법

윈터스방법(Winter's method)은 선형추세와 승법계절변동을 갖는 시계열을 예측하기 위해서 사용되는 방법으로서 가장 좋은 지수평활방법이다. 이 방법은 예측할 모형이 다음과 같은 모형을 갖는다고 가정한다.

$$y_t = (\beta_0 + \beta_1 t\ )S_t + \epsilon_t$$

시점 $T-1$의 기간까지 모형에 대한 모수 $\beta_0$, $\beta_1$, $S_t$의 추정값을 알고 있다고 가정하자. 그리고 시점 $T$에서 구해지는 새로운 관측값을 $y_t$라 하고 이러한 새로운 관측값에 대해서 추정값을 수정하고자 한다. 이렇게 수정된 추정값을 $\beta_0(T)$, $\beta_1(T)$와 $\hat{S_t}$로 다음 식과 같이 나타내기로 한다.

$$\hat{\beta_0}(T) = \alpha \frac{y_t}{\hat{S_t}(T-L)} + 1 - \alpha[\hat{\beta_0}(T-1) + \hat{\beta_1}(T-1)]$$

$$\hat{\beta_1}(T) = \beta[\hat{\beta_0}(T) - \hat{\beta_0}(T-1)] + (1-\beta)\hat{\beta_1}(T-1)$$

$$\hat{S_T}(T) = \gamma \frac{y_t}{\hat{\beta_0}(T)} + (1-\gamma)\hat{S_T}(T-L)$$

여기서 $\hat{\beta_0}(T)$은 T시점에 대한 추세선의 절편 추정값이며 $y_t/\hat{S_t}(T-L)$은 현시점의 자료를 L시점 이전의 계절지수로 나눈 것으로 계절 영향을 제거한 것이고, $[\hat{\beta_0}(T-1) + \hat{\beta_1}(T-1)]$은 추세에 대한 수준을 수정한 것으로 추세의 변동영향을 포함시켜 수준을 갱신한다. 따라서 $\hat{\beta_0}(T)$는 현재시점의 계절영향이 제거된 자료에 추세영향을 추가한 추정값이다.

$\widehat{\beta_1}(T)$는 추세영향의 추정값을 갱신한 것으로 $[\widehat{\beta_0}(T)-\widehat{\beta_0}(T-1)]$ 는 현 시점에서 구해진 상수의 추정값과 이전의 시점에서 구해진 상수의 추정값과의 차이를 의미하며 $\widehat{\beta_1}(T-1)$은 마지막 시점의 추세값 $\widehat{\beta_1}(T-1)$을 결합하여 추세가 각각 새로운 시점의 증감형태를 나타내도록 해준다.

$\widehat{S_T}(T)$는 계절영향값으로 이동평균비율법에서 계절지수를 구하는 방법과 비슷하며 $y_t/\widehat{\beta_0}(T)$는 현재 관측값을 절편의 추정값으로 나눈 계절지수가 되며 L기간전에 계산된 현 계절요인의 추정값을 평활하므로써 수정된 추정값을 구해진다. 그리고 $\alpha,\beta$, 그리고 $\gamma$는 0과 1사이에 있는 평활상수들이다.

이와같이 $\widehat{\beta_0}(T)$, $\widehat{\beta_1}(T)$와 $\widehat{S_T}(T)$의 값이 구해지면 예측은 다음 식을 이용해서 구할 수 있다. 즉 $l$기간 앞선 예측값 $\widehat{y_{T+l}}$은 다음과 같다.

$$\widehat{y_{T+l}}(T)=[\widehat{\beta_0}(T)+\widehat{\beta_1}(T)l]\widehat{S_{T+l}}(T+l-L)$$

여기에서 유의해야 할점은 초기값을 추정하는 문제이다. 초기값을 정하는 방법으로는 승법분해법과 평활값계산에 의한 단순 방법이 있다 첫째는, 승법분해법으로 시계열에 추세, 계절, 불규칙변동이 포함되어 있을 경우 이를 분해하고 분해된 결과에서 이동평균비율(계절주기를 $L$로하여 이동평균한)을 계절지수로 하고 초기값으로 이용한다. 둘째는, 단순방법으로 $\widehat{\beta_0}(T)$의 초기값은 시계열의 첫 번째 관측값으로 $\widehat{\beta_1}(T)$의 초기값은 0으로 하고 $\widehat{S_T}(T)$는 각 시점에 모두 1로 설정하여 구하게 된다.

**예제 5-9**

우리나라의 5년간(2006년-2010년)의 실업률은 <표 5.16>과 같다. 이 자료를 이용하여 윈터스의 승법모형을 설정하고 2011년 월별 실업률을 예측하시오.

<표 5.16> 우리나라 5년간 실업률

| | 1 | 2 | 3 | 4 | 5 | 6 | 7 | 8 | 9 | 10 | 11 | 12 |
|---|---|---|---|---|---|---|---|---|---|---|---|---|
| 2006 | 3.7 | 4.1 | 3.9 | 3.5 | 3.2 | 3.4 | 3.4 | 3.4 | 3.2 | 3.3 | 3.2 | 3.3 |
| 2007 | 3.6 | 3.7 | 6.5 | 3.4 | 3.2 | 3.2 | 3.2 | 3.1 | 3.0 | 3.0 | 3.0 | 3.1 |
| 2008 | 3.3 | 3.5 | 3.4 | 3.2 | 3.0 | 3.1 | 3.1 | 3.1 | 3.0 | 3.0 | 3.1 | 3.3 |
| 2009 | 3.6 | 3.9 | 4.0 | 3.8 | 3.8 | 3.9 | 3.7 | 3.7 | 3.4 | 3.2 | 3.3 | 3.5 |
| 2010 | 5.0 | 4.9 | 4.1 | 3.8 | 3.2 | 3.5 | 3.7 | 3.3 | 3.4 | 3.3 | 3.0 | 3.5 |

**풀이** PASW에서 Winters의 지수평활방법은 <분석> ⇒ <예측> ⇒ <모형생성>을 선택한다.

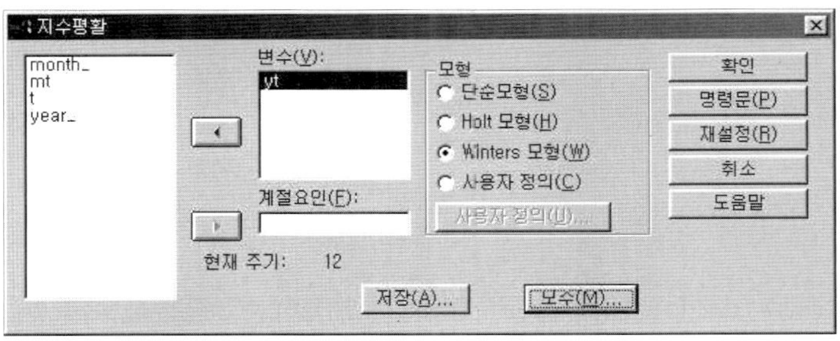


또한 모형 설정에서 <Winters 모형(W)>를 선택한후 <모수>대화상자를 열고 <일반(알파)>, <추세(감마)>, <계절(델타)>에서 격자검색을 택한다. 그리고 초기값은 <자동으로>를 선택하여 가장 작은 오차제곱합을 제공하는 평활상수를 선택하여 지수평활값을 구하게 된다.

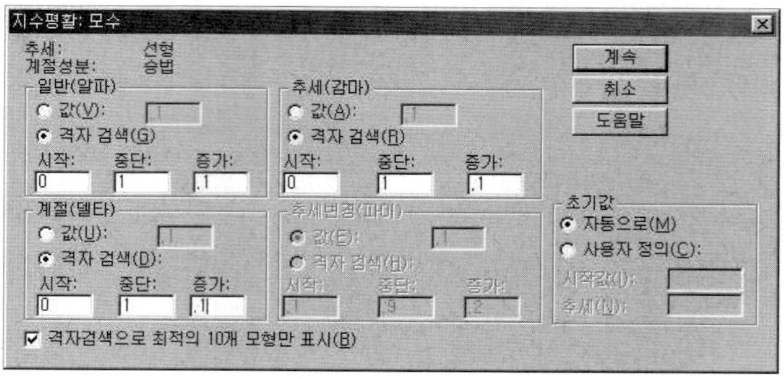


이와같이 계산된 결과는 다음과 같다.

```
Results of EXSMOOTH procedure for Variable YT
MODEL= WINTERS (Linear trend, multiplicative seasonality)       Period= 12

Seasonal indices:
       1     108.34901
       2     120.83100
       3     117.79115
       4     108.22754
       5      99.25109
       6      95.78494
       7      92.51827
       8      93.85945
       9      90.45599
      10      87.87999
      11      89.78573
      12      95.26583
♀

Results of EXSMOOTH procedure for Variable YT           (CONTINUED)
MODEL= WINTERS (Linear trend, multiplicative seasonality)       Period= 12

 Initial values:        Series              Trend
                       1.48437             .08872

DFE = 47.

The 10 smallest SSE's are:      Alpha         Gamma         Delta              SSE
                              .9000000      .6000000      .2000000          5.52664
                              1.000000      .4000000      .0000000          5.52790
                              1.000000      .4000000      .2000000          5.52790
                              1.000000      .4000000      .4000000          5.52790
                              1.000000      .4000000      .6000000          5.52790
                              1.000000      .4000000      .8000000          5.52790
                              1.000000      .4000000      1.000000          5.52790
                              .9000000      .6000000      .4000000          5.54874
                              .9000000      .6000000      .0000000          5.57933
                              .9000000      .6000000      .6000000          5.63202
```

위의 결과로 보아 가장 작은 SSE를 제공하는 평활상수의 값은 $\alpha=0.9$, $\gamma=0.6$, $\delta=0.2$임을 알 수가 있다. 또한 수준의 초기치는 1.48437, 추세의 초기치는 0.08872이며 각 월의 계절지수는

| | | | |
|---|---|---|---|
| 1월 : 108.34901 | 2월 : 120.83100 | 3월 : 117.79115 | 4월 : 108.22754 |
| 5월 : 99.25109 | 6월 : 95.78494 | 7월 : 81.51827 | 8월 : 93.85945 |
| 9월 : 90.45599 | 10월 : 87.87999 | 11월 : 89.78573 | 12월 : 95.26583 |

이다.

이 모형을 이용하여 2000년을 예측하면 다음과 같다.

| 월별 | 예측값 | 월별 | 예측값 |
|---|---|---|---|
| JAN 2000 | 5.36402 | JUL 2000 | 4.19659 |
| FEB 2000 | 5.85437 | AUG 2000 | 4.16594 |
| MAR 2000 | 5.62173 | SEP 2000 | 3.97118 |
| APR 2000 | 5.08596 | OCT 2000 | 3.80787 |
| MAY 2000 | 4.62712 | NOV 2000 | 3.83323 |
| JUN 2000 | 4.39954 | DEC 2000 | 4.00729 |

원 시계열 데이터와 예측값을 그림으로 나타내면 다음과 같다.

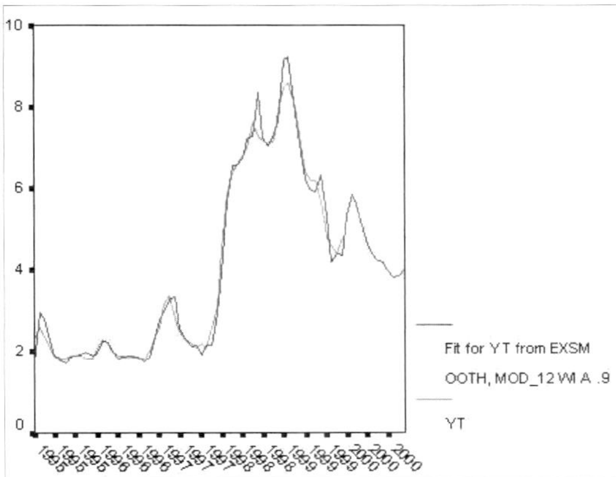

# 연습문제

**1.** 계절변동의 특징은 무엇인가?

**2.** 계절변동의 근본원인은 무엇인가?

**3.** 어느 옷가게의 분기별 매출액에 대한 승법계절모형이 다음 식과 같이 결정되었다고 하자.

$$\widehat{T}_t = 128.2(1.02)^t$$
$$\begin{cases} \text{원}\quad\text{점} : 2007\text{년 } 4/4\text{분기} \\ \text{시간단위} : \text{분기별} \end{cases}$$

① 2010년에 대한 매출액을 예측하시오.

② 이 가게의 2009년 매출액을 다음의 분기별 계절지수를 이용하여 적합시키시오.

$$\widehat{S}_1 = 112.3,\ \widehat{S}_2 = 162.1,\ \widehat{S}_3 = 135.4,\ \widehat{S}_4 = 171.6$$

**4.** 어느 회사의 생산품에 대한 분기별 주문량이 다음의 가법계절모형이 결정되었다고 하자.

$$\widehat{T}_t = 40 + 3t$$
$$\begin{cases} \text{원}\quad\text{점} : 2007\text{년 } 2/4\text{분기} \\ \text{시간단위} : \text{분기별} \end{cases}$$

$$\widehat{S}_1 = -8,\ \widehat{S}_2 = +3,\ \widehat{S}_3 = 18,\ \widehat{S}_4 = -13$$

① 2010년에 대한 주문량을 예측하시오.

② 이 회사의 2009년 주문량에 대한 각 분기별 주문량을 계절적으로 적합시키시오.

1/4=49,   2/4=74,   3/4=88,   4/4=55

**5.** 다음의 분기별 시계열자료는 이동평균필터를 이용하여 추세가 제거된 특정계절에 대한 순위자료들이다.

| | 1/4 | 2/4 | 3/4 | 4/4 |
|---|---|---|---|---|
| 2006 | 6 | 12 | 16 | 2 |
| 2007 | 8 | 10 | 19 | 9 |
| 2008 | 4 | 17 | 14 | 3 |
| 2009 | 1 | 15 | 18 | 5 |
| 2010 | 13 | 11 | 20 | 7 |

이들 자료는 5%수준에서 계절성이 존재하는지를 검정하시오.

**6.** 연습문제 5번의 특정계열순위에 대한 자기상관계수가 다음과 같다.

| j | 1 | 2 | 3 | 4 | 5 | 6 | 7 | 8 |
|---|---|---|---|---|---|---|---|---|
| $r_j$ | −.096 | −.358 | −.108 | .486 | −.005 | −.571 | −.013 | .332 |

유의수준 5%에서 계절성이 존재하는가를 검정하시오.

**7.** 다음의 시계열 자료에 대해 물음에 답하시오.

| | 1/4 | 2/4 | 3/4 | 4/4 |
|---|---|---|---|---|
| 2005 | 242 | 279 | 263 | 233 |
| 2006 | 241 | 253 | 254 | 249 |
| 2007 | 240 | 277 | 273 | 229 |
| 2008 | 232 | 276 | 271 | 236 |
| 2009 | 235 | 251 | 255 | 230 |
| 2010 | 223 | 278 | 243 | 248 |

① 추세가 없다는 가정하에 kruskal-wallis의 검정을 이용하여 계절성에 대한 검정을 하시오. $(\alpha = 0.05)$

② 계절가변수를 가진 최소제곱회귀방법을 이용하여 계절성에 대한 검정을 하시오. $(\alpha = 0.05)$

③ 추세가 없다는 가정하에 계절지수를 구하고 2010년 자료를 계절변동을 제거한 뒤에 다음을 이용하여 2011년을 예측하시오.

ⓐ 가법계절모형을 가진 단순평균에 의한 예측

ⓑ 승법계절모형을 가진 단순평균에 의한 예측

**8.** 연습문제 7번을 이용하여 다음 물음에 답하시오.

① 계절평균을 가진 비율이동평균방법을 이용하여 계절지수를 결정하고 또 2010년 자료에 대해 계절변동을 제거하시오.

② 추세가 없다고 가정하고 $\widehat{\beta_0} = \overline{Y}$를 이용하여 이 계열의 2011년에 대한 예측을 가법모형과 승법모형에 대해서 예측하시오.

③ 최소제곱법을 이용하여 정규화된 계절지수를 구하시오.

④ 2011년에 대한 예측을 가법모형과 승법모형을 이용하여 구하시오.

**9.** 다음 자료는 어느 공장에서 지난 5년간 사용한 전력량(1000 kwh)을 분기별로 나타낸 것이다. 이 자료는 분명하게 계절성이 있다.

| | 분 기 | | | |
|---|---|---|---|---|
| | I | II | III | IV |
| 2006 | 611 | 1042 | 460 | 1304 |
| 2007 | 578 | 976 | 489 | 1358 |
| 2008 | 585 | 932 | 473 | 1293 |
| 2009 | 633 | 1026 | 489 | 1390 |
| 2010 | 609 | 950 | 455 | 1342 |

① 자료에 나타나지 않은 계절성을 제거하기 위해 이동평균법을 사용하여 이 자료가 추세를 갖는지의 여부에 대해 알아보시오.

② 비율이동평균법과 계절평균을 이용하여 가법계절지수를 구하시오.

③ 비율이동평균법과 계절평균을 이용하여 승법계절지수를 구하시오.

**10.** 다음자료는 K공항을 이용한 분기별 여행자 수이다.

| | 분 기 (1000명) | | | |
|---|---|---|---|---|
| | I | II | III | IV |
| 2006 | 318 | 380 | 358 | 423 |
| 2007 | 379 | 394 | 412 | 439 |
| 2008 | 413 | 458 | 492 | 493 |
| 2009 | 461 | 468 | 529 | 575 |
| 2010 | 441 | 548 | 561 | 620 |

① 단순평균법을 이용하여 선형추세를 가진 가법계절모형을 적합시키고 2011년 1/4 ~ 4/4분기를 예측하시오.

② 단순평균법을 이용하여 선형추세를 가진 승법계절모형을 적합시키고 2011년 1/4 ~ 4/4분기를 예측하시오.

③ 계절평균을 가진 비율이동평균법을 이용하여 선형추세를 가진 승법모형을 적합시키시오.

④ 계절변동을 제거시킨뒤 최소제곱법에 의하여 적합시켜 2011년 1/4 ~ 4/4분기를 예측하시오.

**11.** 다음 자료는 A회사의 지난 6년동안 판매한 어느 상품의 판매량이다.

| | 2005 | 2006 | 2007 | 2008 | 2009 | 2010 |
|---|---|---|---|---|---|---|
| Jan | 620 | 771 | 782 | 894 | 999 | 1153 |
| Feb | 720 | 831 | 965 | 1128 | 1243 | 1267 |
| Mar | 809 | 901 | 968 | 1106 | 1303 | 1535 |
| Apr | 885 | 960 | 1156 | 1212 | 1360 | 1489 |
| May | 957 | 1150 | 1257 | 1318 | 1545 | 1697 |
| Jun | 1108 | 1298 | 1347 | 1520 | 1822 | 1984 |
| Jul | 1036 | 1269 | 1286 | 1426 | 1651 | 1777 |
| Aug | 1147 | 1227 | 1355 | 1502 | 1811 | 1725 |
| Sep | 853 | 955 | 1065 | 1251 | 1317 | 1439 |
| Oct | 838 | 968 | 1050 | 1168 | 1233 | 1412 |
| Nov | 842 | 882 | 1007 | 1049 | 1151 | 1337 |
| Dec | 651 | 769 | 872 | 1001 | 1152 | 1267 |

① 2008년 2006년의 월별 판매액을 가지고 윈터스방법의 초기평활값(2010년 12월)을 구하라.

② 평활상수 $\alpha = 0.1$, $\beta = 0.1$, $\gamma = 0.4$을 이용하여 2010년 1월부터 미래 1시점 판매량을 예측하시오.

③ 위의 ②번의 내용을 윈터스의 승법모형을 설정하고 2010년 1월부터 미래 1시점 판매량을 예측하시오.

**12.** 다음 자료는 K슈퍼마켓의 2003년부터 2010년 까지의 월별 판매액이다.

(단위:백만원)

| | 2003 | 2004 | 2005 | 2006 | 2007 | 2008 | 2009 | 2010 |
|---|---|---|---|---|---|---|---|---|
| 1 | 26.0 | 29.0 | 27.0 | 27.5 | 23.9 | 27.6 | 26.9 | 28.4 |
| 2 | 24.5 | 24.7 | 26.3 | 27.2 | 24.7 | 23.4 | 26.6 | 25.5 |
| 3 | 27.9 | 31.3 | 29.8 | 30.2 | 27.5 | 25.0 | 27.6 | 26.6 |
| 4 | 29.1 | 32.4 | 32.6 | 28.6 | 26.7 | 26.0 | 27.1 | 26.2 |
| 5 | 34.7 | 33.9 | 35.1 | 34.1 | 28.7 | 31.0 | 29.8 | 29.3 |
| 6 | 33.1 | 35.0 | 34.4 | 30.9 | 30.3 | 29.3 | 29.1 | 28.8 |
| 7 | 36.0 | 36.4 | 35.7 | 34.7 | 31.3 | 31.7 | 32.6 | 31.2 |
| 8 | 37.5 | 36.5 | 33.6 | 33.7 | 32.1 | 32.0 | 31.6 | 31.9 |
| 9 | 34.8 | 34.4 | 31.9 | 33.6 | 31.2 | 30.0 | 31.1 | 28.5 |
| 10 | 35.5 | 33.9 | 35.1 | 31.0 | 31.4 | 31.8 | 33.2 | 32.2 |
| 11 | 33.4 | 33.9 | 33.4 | 28.9 | 30.8 | 33.6 | 33.6 | 31.7 |
| 12 | 32.9 | 36.4 | 37.6 | 29.7 | 30.6 | 31.6 | 34.0 | 31.8 |

① 2003년부터 2010년까지의 자료를 이용하여 계절지수를 구하시오. 단, 비율변동평균법을 이용하시오.

제 06 장

# 순환변동에 의한 시계열 예측

## 6.1 순환변동의 특성

### 6.1.1 순환변동의 개념

시계열에서의 순환변동은 계절성이외의 요인들에 의해 나타난 추세와는 다른 장기변동으로 나타낼 수 있다. 일반적으로 순환은 수년간에 걸쳐서 나타난다. 그러나 본 장에서 설명할 방법은 시간구간이 보다 짧은 경우에 적용하고자 한다. 순환변동의 패턴은 추세와 계절변동과 같이 안정적이지 않기 때문에 모형화 하기는 어렵다. 순환의 상하 진동이 좀처럼 고정된 시간구간에 반복되지 않으며 그리고 변동의 진폭이 또한 다르게 나타난다. 일반적으로 순환변동은 주기나 진폭에 일정한 규칙성은 가지고 있지 않다. 경제성의 흐름이라든지 경영활동에는 많든 적든간에 경기변동의 영향을 받는 것이므로 경영관계에 있는 시계열의 대부분은 순환변동을 하게 된다. 따라서 경영관계에 있어서 순환변동은 상당히 중요한 의미를 갖고 있는 것이다.

그런데 경제가 일정한 주기를 갖고 순환적으로 변동한다는 것을 알게 된것은 전세기 후반 이후의 일이다. 즉 1860년에 쥬글라(C.Juglar)가 시계열 분석에 의하여 처음으로 경기순환의 현상을 발견한 것이다. 그 당시로 부터 현재에 이르기까지 왜 순환이 발생하는가에 대한 많은 설명이 있어 왔다. 이러한 순환에 대한 원인으로는 다음과 같은 것이 있다. 첫째는 자연의 영향이다. 은대나 한대지방에 있어서는 농업생산물, 해산물 및 축산물의 공급은 기후의 영향을 강하게 받는다. 둘째는 기술의 혁신과 신자원의 개발에 의하여 순환이 되고 있다고 본다. 세째는 전쟁을 원인으로 보고 있다. 이것은 전쟁을 위한 방대한 정부지출이 따르게 되고 전쟁 후에는 전시지출의 급격한 삭감으로 인한 재정리의 기간이 있기 때문이다. 네째는 인구의 이동과 소비자 기호의 변화 등을 들 수 있다.

### 6.1.2 순환적 계열의 특성

어떤 시계열 $y_t(t=1,\ 2,\ 3,\ \cdots)$의 평균값이 다음 식과 같이 시간이 경과함에 따라 변화한다면 시계열 $y_t$는 순환변동을 한다고 한다. 우선 가법모형인 경우는

$$E(y_t) = f(\beta_0,\ \beta_1,\ \cdots\ ;\ t) + S_t + C_t$$

이며, 승법모형인 경우는

$$E(y_t) = f(\beta_0,\ \beta_1,\ \cdots\ ;\ t) \cdot S_t \cdot C_t$$

이다. 여기서 $S_t$는 시점 $t$에서의 계절효과이며 $C_t$는 순환 성분이다. 그리고 $f(\beta_0,\ \beta_1,\ \cdots;\ t)$는 추세를 나타내는 함수이다.

<그림 6.1>은 추세와 계절변동을 제거하여 순환변동만을 나타낸 그림이다. 그림에서 보는 바와 같이 저점(trough)에서 다음 저점 까지를 1주기로 간주하고 저점에서 정점(peak)사이를 확장기(expansion phase), 정점에서 저점사이를 수축기(contraction phase)라고 부른다. 저점과 정점의 중간인 정상수준을 중심으로 확장기를 다시 회복기(revival phase)와 번영기(prosperity phase), 수축기는 후퇴기(recession phase)와 침체기(depression phase)로 구분할 수 있다.

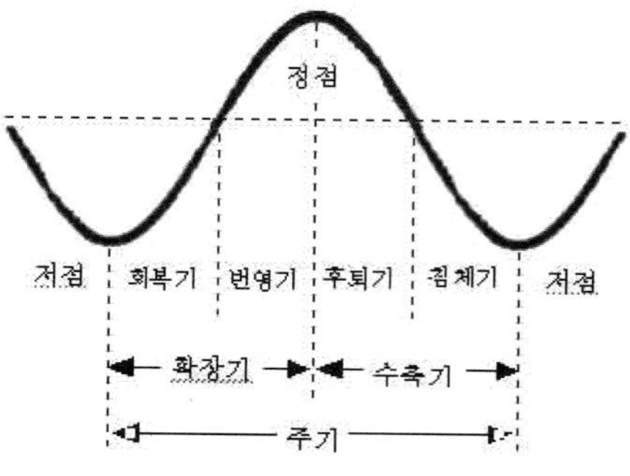


<그림 6.1> 순환의 국면

**예제 6-1**

다음 <표 6.1>의 자료는 15년간(1971-1985)의 미국 밀생산량이다. 이 자료를 이용하여 순환요인을 식별하시오 그리고 승법모형을 이용하여 1986년의 밀생산량을 예측하시오

<표 6.1> 년간미국의 밀생산량 (단위 :$10^6$부셀)

| 년도 | $t$ | $y_t$ | 년도 | $t$ | $y_t$ |
|---|---|---|---|---|---|
| 1971 | 1 | 1618 | 1979 | 9 | 2134 |
| 1972 | 2 | 1545 | 1980 | 10 | 2374 |
| 1973 | 3 | 1705 | 1981 | 11 | 2799 |
| 1974 | 4 | 1796 | 1982 | 12 | 2765 |
| 1975 | 5 | 2122 | 1983 | 13 | 2420 |
| 1976 | 6 | 2142 | 1984 | 14 | 2596 |
| 1977 | 7 | 2036 | 1985 | 15 | 2425 |
| 1978 | 8 | 1798 | | | |

**풀이** 이 자료는 연도별 자료이므로 계절성이 포함되어 있지 않지만 선형추세를 갖는다. 이 추세를 단순하게 다음과 같은 최소제곱모형에 의해서 추정할 수 있다.

$$T_t = \beta_0 + \beta_1 t$$

따라서 이 자료로 부터 추세방정식은 다음과 같이 추정된다.

$$\widehat{T_t} = 1523.1 + 78.57t$$

$$\begin{cases} \text{원 점 : 1970} \\ \text{시간단위 : 년도별} \end{cases}$$

다음으로 이 자료로 부터 추세를 제거하는 것(가법모형인 경우)은 다음과 같이 쓸 수 있다.

$$\widehat{y_t} - \widehat{T_t} = \widehat{C_t} + \epsilon_t$$

그리고 승법모형인 경우 추세가 제거된 계열은 각 관측값 $y_t$를 이것에 대응 되는 추정된 추세성분 $\widehat{T_t}$으로 나눔으로서 구해진다($y_t / \widehat{T_t} = \widehat{C_t}$). 추세가 제거된 계열과 이것의 자기 상관 함수가 <그림 6.2>에 그려져 있다. <그림 6.2(1)>에서 식별할 수 있는 순환적 패턴은 <그림 6.2(2)>의 자기상관함수의 계산 결과에 의해서 더욱 확실해졌다. 시차 3에서 자기 상관계수($r = -0.721$)가 크게 나타나게 된 의미는 추세가 제거된 계열이 매 3년마다 평균의 반대쪽으로 진동하고 있다는 것을 의미한다.

(1) 추세가 제거된 계열(승법모형)

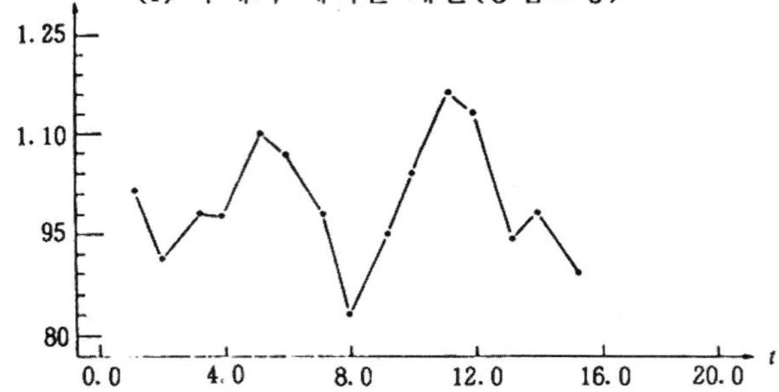


(2) 자기상관계수

| | |
|---|---|
| 1 | 0.327 |
| 2 | −0.267 |
| 3 | −0.722 |
| 4 | −0.373 |
| 5 | 0.243 |
| 6 | 0.428 |
| 7 | 0.208 |
| 8 | −0.132 |
| 9 | −0.220 |
| 10 | −0.153 |
| 11 | 0.069 |
| 12 | 0.030 |
| 13 | 0.072 |

<그림 6.2> 미국의 밀생산량에 대한 자기상관함수

이제 1986년($t=16$)에 대한 밀생산량을 예측하기 위해서는, 추세($T_{16}$)와 순환($C_{16}$)의 추정값이 필요하다. 그러므로 적합된 추세선으로 부터 1986년의 추정값은 다음과 같다.

$$\hat{T}_{16} = 1523.1 + 78.57(16) = 2780.22$$

순환변동 $C_{16}$을 추정하는데 있어서 다음 두가지가 필요하다. 즉, 첫째로 변화의 방향을 알아야 한다. 예를 들면 $C_{16}$가 $C_{15}$보다 큰가 아니면 작은가의 위치를 의미한다. 그리고 이 변화에 대한 크기를 추정해야 한다. <그림 6.5(1)>에서 보면 마지막 3개의 값은 전체 평균보다 아래에 있으며 $r_3$가 음의 값을 취하므로 $C_{16}$이 $C_{15}$보다 크리라고 결론을 내릴 수 있을 것이다. 변화의 크기에 대해서는 $C_t$에서 과거변화가 양쪽으로 0.1을 좀처럼 초과하지 않으므로 시점 16에서의 증가는 $0.00-0.10$의 범위에 있을 것이다. 이러한 범위 내에서 특정값을 구하기 위해서 우리는 이 계열에 대한 어떤 특별한 지식을 사용해야 한다. (즉, 제안된 곡물이 다른 나라에서도 생산하고 있는지, 혹은 농장을 규제하려는 입법을 취하려고 하는지 등등) 이번 예제에서는 순환지수 에서의 변화를 약 0.08로 추정되었다고 가정하자. 그러면

$$\widehat{C_{15}} = \frac{y_{15}}{\widehat{T_{15}}} = \frac{2425}{1523.1 + 78.57(15)} = \frac{2425}{2701.65} = 0.898$$

그리고 $C_{16}$의 추정값은

$$\hat{C}_{16} = \hat{C}_{15} + (\text{변화}) = 0.898 + 0.08 = 0.978$$

이다. 따라서 추세와 순환을 결합하여 1986년도에 대한 예측은

$$\hat{y}_{16} = \hat{T}_{16} \cdot \hat{C}_{16} \cdot \hat{\epsilon}_{16} = (2780.22)(0.978)(1) = 2719.06$$

이다. 여기서 우리가 유의해야 할 점은 승법모형에서 불규칙항 $\epsilon_{16}$을 1로($\epsilon_{16} = 1$) 하여 이용하고 있다는 점이다.

**예제 6-2**

<표 6.2>는 강한 계절 성분을 갖는 시계열로서 스키용품을 생산하는 한국스키의 4년간의 분기별 자료이다. 이 자료를 이용하여 시계열의 각 성분을 분해하고 2000년 1/4분기를 예측하시오 단, 승법모형을 가정한다.(자료명 : EXAM5-2.SAV)

<표 6.2> 분기별 시계열 자료

| 분기별 | | $t$ | $y_t$ | 분기별 | | $t$ | $y_t$ |
|---|---|---|---|---|---|---|---|
| 1989 | Ⅰ | 1 | 56 | 1998 | Ⅰ | 9 | 131 |
| | Ⅱ | 2 | 70 | | Ⅱ | 10 | 150 |
| | Ⅲ | 3 | 76 | | Ⅲ | 11 | 152 |
| | Ⅳ | 4 | 97 | | Ⅳ | 12 | 184 |
| 1990 | Ⅰ | 5 | 76 | 1999 | Ⅰ | 13 | 138 |
| | Ⅱ | 6 | 99 | | Ⅱ | 14 | 171 |
| | Ⅲ | 7 | 120 | | Ⅲ | 15 | 200 |
| | Ⅳ | 8 | 164 | | Ⅳ | 16 | 265 |

**풀이** 자료에서 보면 4/4분기에서 계절성이 있고 순환의 존재여부는 분명하지 않은 것 같다. 우선 순환을 조사하기 위하여 승법도형의 분해 절차에 따라 각 성분을 분해하면 다음과 같다.

□ 1단계 : 시계열의 계절주기가 4이므로 $M = 4$기간중심화이동평균을 구한다. 중심화 이동평균의 결과는 계절성과 불규칙 성분이 제거된 추세와 순환성분의 추정값이 얻어진다. 즉 , $MA_t = \widehat{T}_t \times \widehat{C}_t$이다.

□ 2단계 : 원 시계열을 1단계의 추세와 순환성분의 추정값으로 나누어 주면 계절성과 불규칙성의 추정값이 얻어진다. 즉, $\frac{y_t}{MA_t} = \hat{S}_t \times \hat{I}_t$를 구한다.

□ 3단계 : 2단계의 결과인 $\hat{S}_t \times \hat{I}_t$를 동일한 계절별로 평균하여 확률오차가 제거된 계절성분만을 추정한다. 이때 각 계절평균의 합이 계절주기 값인 4가 되지 않으면 계절조정이 필요하다.

계절평균의 합 : 3.96, 계절조정인자 : 4/3.96 = 1.01

계절조정인자를 각 계절평균에 곱하여 계절조절된 계절성분을 추출한다.

$MA_t = \hat{T}_t \times \hat{C}_t$와 $\hat{S}_t \times \hat{I}_t$ 그리고 계절조정된 계절성분을 도표로 나타내면 다음과 같다.

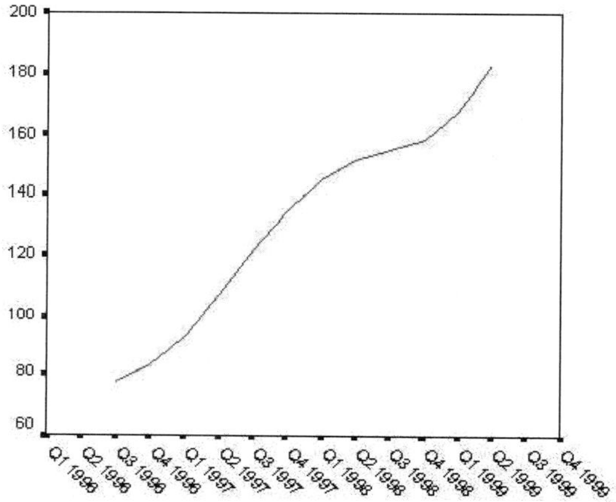


<그림 6.3> $MA_t = \hat{T}_t \times \hat{C}_t$의 그림

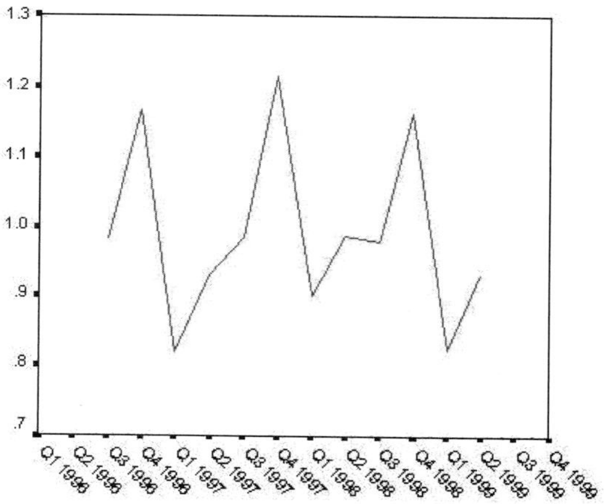


<그림 6.4> $\hat{S}_t \times \hat{I}_t$의 그림

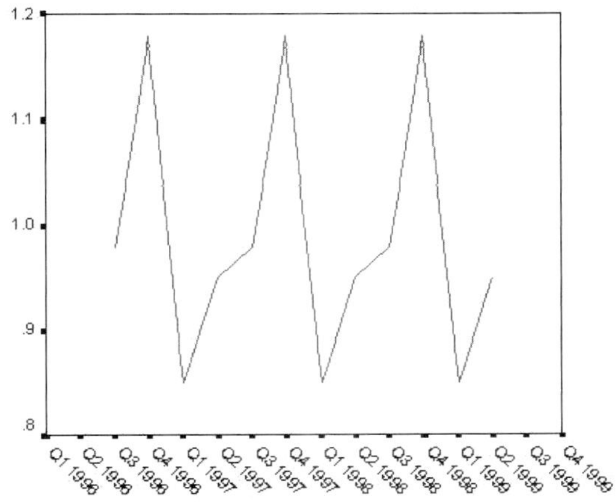


<그림 6.5> 계절조정된 $\widehat{S}_t$의 그림

1단계에서 3단계까지에서 구해진 성분들은 다음과 같다.

< $MA_t = \widehat{T}_t \times \widehat{C}_t$와 $\widehat{S}_t \times \widehat{I}_t$ 그리고 $\widehat{S}_t$ >

| $t$ | 스키용품 | $MA_t = \widehat{T}_t \times \widehat{C}_t$ | $\widehat{S}_t \times \widehat{I}_t$ | $\widehat{S}_t$ | 계절조정된 $\widehat{S}_t$ |
|---|---|---|---|---|---|
| 1 | 56.00 | – | – | – | – |
| 2 | 70.00 | – | – | – | – |
| 3 | 76.00 | 77.25 | .98 | .98 | .9898 |
| 4 | 97.00 | 83.38 | 1.16 | 1.18 | 1.1918 |
| 5 | 76.00 | 92.50 | .82 | .85 | .8585 |
| 6 | 99.00 | 106.38 | .93 | .95 | .9595 |
| 7 | 120.00 | 121.63 | .99 | .98 | .9898 |
| 8 | 164.00 | 134.88 | 1.22 | 1.18 | 1.1918 |
| 9 | 131.00 | 145.25 | .90 | .85 | .8585 |
| 10 | 150.00 | 151.75 | .99 | .95 | .9595 |
| 11 | 152.00 | 155.13 | .98 | .98 | .9898 |
| 12 | 184.00 | 158.63 | 1.16 | 1.18 | 1.1918 |
| 13 | 138.00 | 167.25 | .83 | .85 | .8585 |
| 14 | 171.00 | 183.38 | .93 | .95 | .9595 |
| 15 | 200.00 | – | – | – | – |
| 16 | 265.00 | – | – | – | – |

□ 4단계 : 1단계에서 얻어진 $MA_t$의 그림을 그려보고 적절한 추세형태를 식별한다. $MA_t$의 그림을 보면 선형으로 증가하는 추세형태를 보이고 있으므로 추세의 형태는 선형추세임을 알 수 있다.

□ 5단계 : 식별된 선형추세를 $MA_t$에서 추정한다. 즉, 선형추세모형은

$$\widehat{T_t} = \widehat{\beta_0} + \widehat{\beta_1} t$$

이고, 최소제곱법을 이용해서 $\widehat{\beta_0}$와 $\widehat{\beta_1}$을 추정한다. 즉,

$$\widehat{T_t} = 131.4508 + 4772\,t$$

이다. 추출된 $\widehat{T_t}$의 그림은 다음과 같다.

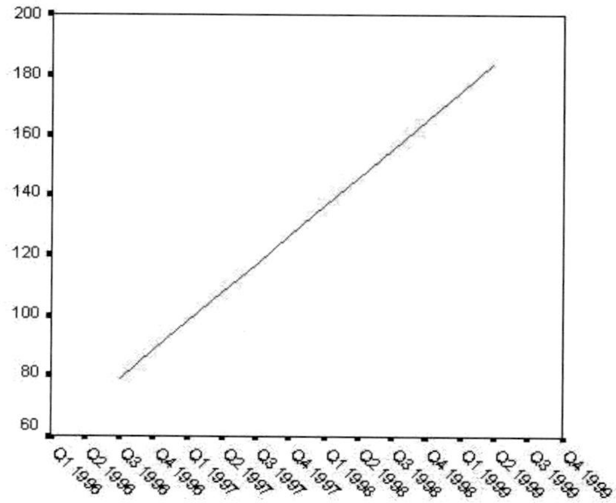


<그림 6.6> $\widehat{T_t}$의 그림

이제 추정된 추세성분으로 $MA_t$를 나누면 순환성분이 추정된다.

즉, $\dfrac{MA_t}{\widehat{T_t}} = \widehat{C_t}$이 된다. $\widehat{C_t}$의 그림은 다음과 같다.

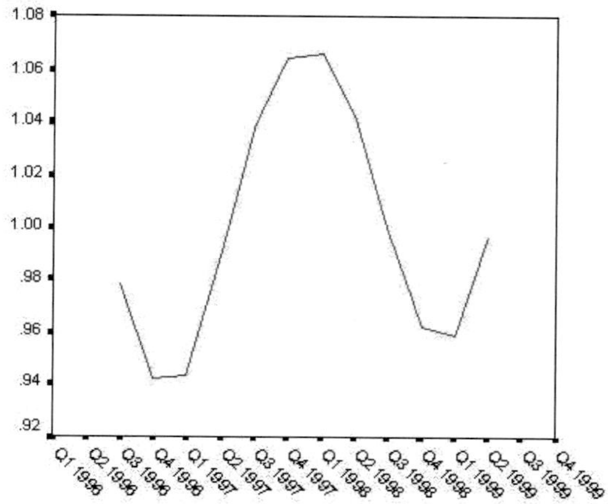


<그림 6.7> 순환변동의 그림

□ 6단계 : 추정된 추세, 계절 순환성분을 원 시계열 $y_t$에서 분리시키면 불규칙성분의 추정값인 $\hat{I}_t$이 얻어진다. 추정된 $\hat{I}_t$의 그래프는 다음과 같다.

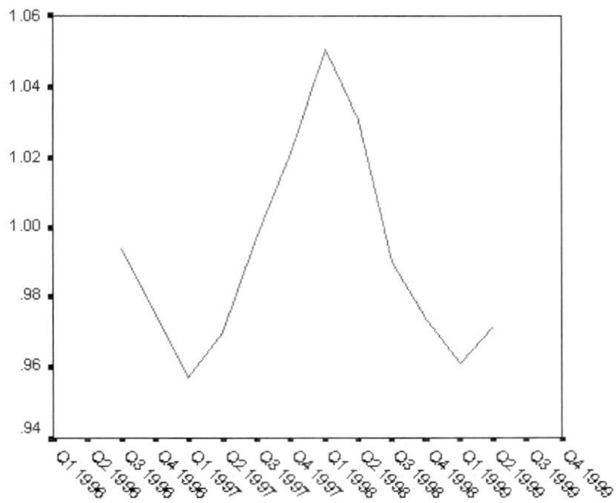


<그림 6.8> $\hat{I}_t$의 그림

최종적으로 분해된 시계열의 각 성분은 다음과 같다.

| $t$ | 스키용품 | $\hat{S}_t$ | $\hat{T}_t$ | $\hat{C}_t$ | $\hat{I}_t$ |
|---|---|---|---|---|---|
| 1 | 56.00 | – | – | – | – |
| 2 | 70.00 | – | – | – | – |
| 3 | 76.00 | .98 | 78.96 | .98 | 1.00 |
| 4 | 97.00 | 1.18 | 88.50 | .94 | .99 |
| 5 | 76.00 | .85 | 98.05 | .94 | .97 |
| 6 | 99.00 | .95 | 107.59 | .99 | .98 |
| 7 | 120.00 | .98 | 117.13 | 1.04 | 1.01 |
| 8 | 164.00 | 1.18 | 126.68 | 1.06 | 1.03 |
| 9 | 131.00 | .85 | 136.22 | 1.07 | 1.06 |
| 10 | 150.00 | .95 | 145.77 | 1.04 | 1.04 |
| 11 | 152.00 | .98 | 155.31 | 1.00 | 1.00 |
| 12 | 184.00 | 1.18 | 164.86 | .96 | .98 |
| 13 | 138.00 | .85 | 174.40 | .96 | .97 |
| 14 | 171.00 | .95 | 183.94 | 1.00 | .98 |
| 15 | 200.00 | – | – | – | – |
| 16 | 265.00 | – | – | – | – |

이제 다음시점 $y_{17}$을 예측 하기로 한다. 승법모형으로 부터

$$\widehat{y_{17}} = \widehat{T_{17}} \cdot \widehat{S_{17}} \cdot \widehat{C_{17}} \cdot \widehat{\epsilon_{17}}$$

각각의 구성성분을 구하면 된다. 우선 비율이동평균법으로 부터 추세와 계절변동의 추정값은 다음과 같다.

$$\widehat{T_{17}} = 131.4508 + 4.772(17) = 212.5548$$
$$\widehat{S_{17}} = \widehat{S_{13}} = \widehat{S_9} = \widehat{S_5} = \widehat{S_1} = 0.85$$

이제 <그림 6.7>에서 순환의 규칙성으로부터 $C_{17} \cdot \epsilon_{17}$의 추정값을 구하는 것은 어렵지 않다. 즉 $\widehat{C_{17}} \cdot \widehat{\epsilon_{17}} = 1.13$이다. 따라서 예측은

$$\widehat{Y_{17}} = 212.5748(0.85)(1.13) = 204.178$$

이다.

## 6.2 순환에 대한 통계적 검정

### 6.2.1 그림에 의한 방법

어떤 계열에서 순환을 보기 위해서는 우선 추세와 계절성의 영향을 제거해야 한다. 그림으로 순환에 대한 검정을 하기 위해서는 추세와 계절변동이 제거된 계열을 시점 t에 대해서 그림으로 나타낸다. 이 그림에서 어떤 규칙성이 있으면 순환이 있는 것으로 해석한다. 물론, 연도별 자료인 경우에는 계절성분이 추정되지 않으므로 간단하게 구할 수 있다.순환에 대한 검정을 하기 위한 일반적인 절차는 다음과 같다. 우선 연도별 자료인 경우에는

① 모형의 설정

가법모형 : $y_t = T_t + C_t + \epsilon_t$

승법모형 : $y_t = T_c \cdot C_t \cdot \epsilon_t$

② 추세성분의 추정, $\widehat{T_t}$

③ 시점 $t$에 대한 잔차를 그림으로 나타낸다.

가법모형의 잔차 = $y_t - \widehat{T_t}$

승법모형의 잔차 = $y_t \ / \ \widehat{T_t}$

이번에는 년도별 자료가 아닌 경우에는

① 모형의 설정

가법모형 : $y_t = T_c + S_t + C_t + \epsilon_t$

승법모형 : $y_t = T_t \cdot S_t \cdot C_t \cdot \epsilon_t$

② 추세성분($\widehat{T}_t$)과 계절성분 ($\widehat{S}_t$)의 추정

③ 시점 $t$에 대한 잔차를 그림으로 나타낸다.

가법모형의 잔차 $= y_t - \widehat{T}_t - \widehat{S}_t$

승법모형의 잔차 $= \dfrac{y_t}{\widehat{T}_t \cdot \widehat{S}_t}$

그리고 예측을 하는데 있어서 순환과 불규칙항을 이용할 때는 순환성분과 불규칙성분($C_t$와 $\epsilon_t$)의 중요성을 인식해야 한다. 즉 순환변동이 잡음(noise)을 억제시킨다면, 순환과 불규칙항은 예측을 하는데 있어서 유용하게 된다.

순환성분의 상대적 강도를 평가하는 방법중의 하나는 추세와 순환을 시계열내의 잡음과 비교하여 평가한다. 차수가 보다 큰 이동평균은 불규칙항을 평활시키므로 추세와 순환의 강도를 측정하는 방법은 추세와 순환이 불규칙항을 지배하기 시작한 최소길이이동평균(minimum-length moving average)을 구하는 것이다. 월별 자료인 경우에는 이러한 최소길이이동평균의 길이를 순환적 지배월(MCD ; months for cyclical dominance)이라고 하며 분기별 자료인 경우에는 순환적 지배분기(QCD;quarters for cyclical dominance)이라고 한다. 이러한 순환적 지배월과 순환적 지배분기에 대한 계산과정은 다음과 같다.

① 주어진 조건

$n$개의 관측값 $y_t$와 계절지수 $S_1$, $S_2$, $\cdots$ , $S_L$와 중심화이동평균 $MA_t$을 구한다.

② 백분율 변화의 계산

1, 2, 3, $\cdots$ 시간기간(time span)에 대한 추세-순환과 불규칙항에서 백분율 절대값의 변화에 대한 평균을 계산한다.

③ 모형의 설정

ⓐ 승법모형

$$T_t \cdot C_t = MA_t (MA_t \text{에서 백분율(\%) 변화의 계산})$$

$$S_t \cdot \epsilon_t = \frac{T_t \cdot C_t \cdot S_t \cdot \epsilon_t}{T_t \cdot C_t} = \frac{y_t}{MA_t}$$

$$\epsilon_t = \frac{S_t \cdot \epsilon_t}{S_t} = \frac{y_t}{S_t \cdot MA_t} (\epsilon_t \text{에서 백분율(\%) 변화의 계산})$$

ⓑ 가법모형

$$T_t + C_t = MA_t (MA_t \text{에서 백분율(\%) 변화의 계산})$$

$$S_t + \epsilon_t = T_t + C_t + S_t + \epsilon_t - (T_t + C_t) = y_t - MA_t$$

$$\epsilon_t = S_t + \epsilon_t - S_t = y_t - MA_T - St$$

$(\epsilon_t$ 에서 백분율(%) 변화의 계산)

④ MCD 혹은 QCD은 다음 식의 비(ratio)가 1보다 작은 가장 짧은 시간기간 (time span)이다.

$$\frac{\text{불규칙항의 백분율 절대값의 변화의 평균}}{\text{추세·순환의 백분율 절대값의 변화의 평균}}$$

⑤ 해석

MCD(QCD)의 값이 1인 경우에는 추세·순환이 강하게 나타난다는 것을 의미한다. 6이상의 MCD(QCD)는 순환변동이 매우 약하거나 혹은 존재하지 않은 것을 의미한다.

**예제 6-3**

예제 6.2의 자료를 이용하여 순환적 지배분기(QCD)을 계산하시오. 승법모형을 가정하고 예제 6.2에서 계산된 계절지수를 이용한다. 그리고 불규칙항과 1과 2분기 기간에 대한 추세·순환에서 백분율 변화를 계산한다. (표 6.3 참조)

**풀이** 표 6.3의 계산으로 부터 1분기 기간의 계산은

$$\frac{\text{불규칙의 } |\%| \text{ 변화의 평균}}{\text{추세·순환의 } |\%| \text{ 변화의 평균}} = \frac{2.04}{8.26} = 0.247$$

이며 2분기 기간의 계산은 3.39/17.23=0.197이다. 백분율 변화의 비가 1분기 기간에 대해서 1보다 작으므로 계산과정은 이점에서 중단되어지고 QCD는 1을 취한다. 2분기 기간에 대한 계산은 예제에서 주어진 문제로써 계산한 결과 0.197이다. QCD

의 값이 1이라는 것은 추세·순환이 불규칙 성분에 비교하여 매우 강하게 나타났다고 할 수 있다.

<표 6.5> QCD의 계산과정

| 시점 | $y_t$ | 중심화된 $MA_t$ | $S_t \cdot \epsilon_t$ | $S_t$ | $\epsilon_t$ |
|---|---|---|---|---|---|
| 1 | 56 | – | – | – | – |
| 2 | 70 | – | – | – | – |
| 3 | 76 | 77.250 | .984 | .993 | .991 |
| 4 | 97 | 83.375 | 1.163 | 1.191 | .977 |
| 5 | 76 | 92.500 | .822 | .857 | .959 |
| 6 | 99 | 106.375 | .931 | .959 | .970 |
| 7 | 120 | 121.625 | .987 | .993 | .994 |
| 8 | 164 | 134.875 | 1.216 | 1.191 | 1.021 |
| 9 | 131 | 145.250 | .902 | .857 | 1.052 |
| 10 | 150 | 151.750 | .988 | .959 | 1.031 |
| 11 | 152 | 156.125 | .980 | .993 | .987 |
| 12 | 184 | 158.625 | 1.160 | 1.191 | .974 |
| 13 | 138 | 167.250 | .825 | .857 | .963 |
| 14 | 171 | 183.375 | .933 | .959 | .972 |
| 15 | 200 | – | – | – | – |
| 16 | 265 | – | – | – | – |

<표 6.6 (계속)> 백분율 | % | 변화의 계산

| $T_t \cdot C_t$ | 1분기 \|%\|변화 | 2분기 \|%\|변화 | $\epsilon_t$ | 1분기 \|%\|변화 | 2분기 \|%\|변화 |
|---|---|---|---|---|---|
| 77.250 | – | – | .991 | | |
| 83.375 | 7.93 | – | .977 | 1.40 | |
| 92.500 | 10.95 | 19.74 | .959 | 1.86 | 3.23 |
| 106.375 | 15.00 | 27.59 | .970 | 1.22 | .65 |
| 121.625 | 14.34 | 31.49 | .994 | 2.38 | 3.64 |
| 134.875 | 10.89 | 26.79 | 1.021 | 2.75 | 5.20 |
| 145.250 | 7.69 | 19.43 | 1.052 | 3.08 | 5.92 |
| 151.750 | 4.48 | 12.51 | 1.031 | 2.06 | .96 |
| 155.125 | 2.22 | 6.80 | .987 | 4.27 | 6.24 |
| 158.625 | 2.26 | 4.53 | .974 | 1.30 | 5.51 |
| 167.250 | 5.44 | 7.82 | .963 | 1.15 | 2.43 |
| 183.375 | 9.64 | 15.60 | .972 | 1.00 | .16 |
| | 8.26 | 17.23 | | 2.04 | 3.39 |

### 6.2.2 순환에 대한 비모수검정(폰 노이만 순위비)

자기상관(순환)에 대한 검정은 폰 노이만비검정(Von Neumann ratio)의 비모수 검정방법를 이용하여 검정할 수 있다. 간단하게 설명하면, 이검정방법은 폰 노이만비을 자료의 순위에 적용하는 검정이다. 폰 노이만비를 M으로 표시하므로 순위을 이용한 검정방법은 RM으로 표시하기로 한다. RM의 해석은 모수적 검정방법과의 것과 비슷하다. 즉 RM의 값이 0에 가까운 것은 양의 자기상관을 의미하며 4에 가까운 경우에는 음의 자기상관을 갖는다고 한다. 이러한 폰 노이만비 검정방법의 과정은 다음과 같다.

① 가설설정

$H_0$ : 잔차는 독립이다.

$H_1$ : 잔차는 양의 자기상관을 갖는다.

② 검정통계량

$$= \frac{\sum_{t=1}^{n-1}(R_{t+1} - R_t)^2}{\sum_1^n (R_t - \overline{R})^2} = \frac{\sum_{t=1}^{n-1}(R_{t+1} - R_t)^2}{n(n^2-1)/12}$$

여기서 $R_t$은 $y_t$의 순위이다. $\sum(R_t - \overline{R})^2 = \sum R_t^2 - (\sum R_t)^2 / n$이므로 RM의 분모는 순위에 의하여 영향을 받지 않으며 항상 $n(n^2-1)/12$와 같다.

③ 의사결정규칙

$>_{\alpha}$이면 귀무가설 $H_0$을 기각한다. (표 6.7 참조)

④ 결 론

귀무가설 $H_0$가 기각되면 순환의 존재에 의하여 잔차에 양의 자기상관을 갖는다. 그러나 $H_0$가 기각되지 않으면 잔차는 독립이며 순환적 성분이 모형화할 수 없다는 결론을 내릴 수 있다.

<표 6.7> 폰 노이만 순위비검정에 대한 임계값

| $n$ | (단측검정) | | (양측검정) | | | $n$ | (단측검정) | | (양측검정) | | |
|---|---|---|---|---|---|---|---|---|---|---|---|
| | 0.005 | 0.01 | 0.025 | 0.05 | 0.1 | | 0.005 | 0.01 | 0.025 | 0.05 | 0.1 |
| 10 | .62 | .72 | .89 | 1.04 | 1.23 | 32 | 1.13 | 1.21 | 1.33 | 1.43 | 1.55 |
| 11 | .67 | .77 | .93 | 1.08 | 1.26 | 34 | 1.16 | 1.23 | 1.35 | 1.45 | 1.57 |
| 12 | .71 | .81 | .96 | 1.11 | 1.29 | 36 | 1.18 | 1.25 | 1.36 | 1.46 | 1.58 |
| 13 | .74 | .84 | 1.00 | 1.14 | 1.32 | 38 | 1.20 | 1.27 | 1.38 | 1.48 | 1.59 |
| 14 | .78 | .87 | 1.03 | 1.17 | 1.34 | 40 | 1.22 | 1.29 | 1.39 | 1.49 | 1.60 |
| 15 | .81 | .90 | 1.05 | 1.19 | 1.36 | 42 | 1.24 | 1.30 | 1.41 | 1.50 | 1.61 |
| 16 | .84 | .93 | 1.08 | 1.21 | 1.38 | 44 | 1.25 | 1.32 | 1.42 | 1.51 | 1.62 |
| 17 | .87 | .96 | 1.10 | 1.24 | 1.40 | 46 | 1.27 | 1.33 | 1.43 | 1.52 | 1.63 |
| 18 | .89 | .98 | 1.13 | 1.26 | 1.41 | 48 | 1.28 | 1.35 | 1.45 | 1.53 | 1.63 |
| 19 | .92 | 1.01 | 1.15 | 1.27 | 1.43 | 50 | 1.29 | 1.36 | 1.46 | 1.54 | 1.64 |
| 20 | .94 | 1.03 | 1.17 | 1.29 | 1.44 | 55 | 1.33 | 1.39 | 1.48 | 1.56 | 1.66 |
| 21 | .96 | 1.05 | 1.18 | 1.31 | 1.45 | 60 | 1.35 | 1.41 | 1.50 | 1.58 | 1.67 |
| 22 | .98 | 1.07 | 1.20 | 1.32 | 1.46 | 65 | 1.38 | 1.43 | 1.52 | 1.60 | 1.68 |
| 23 | 1.00 | 1.09 | 1.22 | 1.33 | 1.48 | 70 | 1.40 | 1.45 | 1.54 | 1.61 | 1.70 |
| 24 | 1.02 | 1.10 | 1.23 | 1.35 | 1.49 | 75 | 1.42 | 1.47 | 1.55 | 1.62 | 1.71 |
| 25 | 1.04 | 1.12 | 1.25 | 1.36 | 1.50 | 80 | 1.44 | 1.49 | 1.57 | 1.64 | 1.71 |
| 26 | 1.05 | 1.13 | 1.26 | 1.37 | 1.51 | 85 | 1.45 | 1.50 | 1.58 | 1.65 | 1.72 |
| 27 | 1.07 | 1.15 | 1.27 | 1.38 | 1.51 | 90 | 1.47 | 1.52 | 1.59 | 1.66 | 1.73 |
| 28 | 1.08 | 1.16 | 1.28 | 1.39 | 1.52 | 95 | 1.48 | 1.53 | 1.60 | 1.66 | 1.74 |
| 29 | 1.10 | 1.18 | 1.30 | 1.40 | 1.53 | 100 | 1.49 | 1.54 | 1.61 | 1.67 | 1.74 |
| 30 | 1.11 | 1.19 | 1.31 | 1.41 | 1.54 | | | | | | |

**예제 6-4**

예제 6.1의 밀생산량에 대한 자료를 이용하여 순환존재여부에 대한 폰 노이만 순위비 검정을 하시오. $\alpha = 10\%$, 가법모형을 가정한다.

**풀이** ① 가설설정

$H_0$ : 잔차는 독립이다. vs $H_1$ : 잔차는 양의 자기상관계수를 갖는다.

② 검정통계량의 계산

우선 원래의 자료에서 추세을 제거하고 이의 순위를 계산한 결과가 <표 6.5>에 있다. $n$이 15이므로 검정통계량은 다음과 같이 계산된다.

$$\sum_{1}^{14}(R_{t+1}-R_t)^2 = 404$$

$$\sum_{1}^{15}(R_t-\overline{R})^2 = \frac{n(n^2-1)}{12} = \frac{15(15^2-1)}{12} = 280$$

$$= \frac{404}{208} = 1.44$$

<표 6.8> 밀생산품의 잔차와순위 (가법모형)

| 시점 $t$ | 밀생산량 $y_t$ | 추세가제거된계열 $y_t - T_t$ | 순위 $R_t$ | $R_{t+1} - R_t$ |
|---|---|---|---|---|
| 1 | 1618 | 16.308 | 10 | −7 |
| 2 | 1545 | −135.260 | 3 | 3 |
| 3 | 1705 | −53.827 | 6 | 1 |
| 4 | 1796 | −41.395 | 7 | 6 |
| 5 | 2122 | 206.037 | 13 | −1 |
| 6 | 2142 | 147.469 | 12 | −4 |
| 7 | 2036 | −37.099 | 8 | −7 |
| 8 | 1798 | −353.667 | 1 | 4 |
| 9 | 2134 | −96.235 | 5 | 6 |
| 10 | 2374 | 65.198 | 11 | 4 |
| 11 | 1799 | 411.630 | 15 | −1 |
| 12 | 2765 | 299.062 | 14 | −10 |
| 13 | 2420 | −124.506 | 4 | 5 |
| 14 | 2596 | −27.074 | 9 | −7 |
| 15 | 2425 | −276.642 | 2 | − |
| | | | | 404 |

③ 의사결정규칙

$n$이 15이므로 유의수준 $\beta = 0.1$일 때의 임계값은 표 6.4로 부터 $0.1 = 1.36$이다. 따라서 $= 1.44 > R_{0.1} = 1.36$이다.

④ 결 론

귀무가설 $H_0$을 강력하게 기각하지 못하지만 예제 6.1의 분석결과와 연결하여 생각하면 잔차는 양의 자기상관을 갖고 있으며 순환적 작용은 존재한다고 결론을 내릴 수 있다.

### 6.2.3 순환에 대한 모수적 검정

자기상관함수와 폰 노이만비검정의 비모수적방법은 순환의 존재여부를 검정하는 도구들이다. 자기상관함수는 순환이 상당히 규칙적이고 주기의 징후를 보이는 경우에는 보다 유리한 점이 있다. 예를 들면, 매 3년마다 반복되는 순환은 (즉 정점에서 정점 혹은 저점에서 저점) 시차 3에서 통계적 유의한 자기상관계수를 갖게된다.

**예제 6-5**

예제 6.2의 분기별 자료에 대하여 순환의 존재여부에 대한 자기상관함수를 이용하여 검정하시오.(승법모형을 가정)

**풀이** 원자료로부터 추세와 계절변동을 제거한 잔차에 대한 자기상관함수는 표 6.6과 같다. 이 표에 의하면 $r_4 = -0.755$와 $r_8 = 0.484$이므로 잔차의 자기상관함수는 길이 8에서 순환의 징후를 보이고 있다. 시차 4의 계수는 5%수준( $|r_4| > 2/\sqrt{n} = 2/\sqrt{16} = 0.5$)에서 유의하다. $r_8$의 값은 유의하고 $r_4$와 관련하여 보면 8분기(2년)의 순환이 존재한다고 할 수 있다.

<표 6.9> 잔차에 대한 자기상관 함수(승법모형)

(1) 잔차

| $y_t / (T_t \cdot S_t)$ | | $y_t / (T_t \cdot S_t)$ | |
|---|---|---|---|
| $t$ | 잔차 | $t$ | 잔차 |
| 1 | 1.100 | 9 | 1.131 |
| 2 | 1.062 | 10 | 1.083 |
| 3 | .982 | 11 | .999 |
| 4 | .929 | 12 | .946 |
| 5 | .912 | 13 | .931 |
| 6 | .969 | 14 | .979 |
| 7 | 1.045 | 15 | 1.055 |
| 8 | 1.097 | 16 | 1.106 |

(2) 자기상관함수

```
Autocorrelations:   잔차

     Auto- Stand.
Lag  Corr.   Err. -1  -.75  -.5 -.25   0   .25  .5   .75   1   Box-Ljung  Prob.
                   +----+----+----+----+----+----+----+----+
  1   .617   .228            .         |********.***                7.311   .007
  2  -.072   .220            .        *|          .                 7.418   .024
  3  -.623   .212        ****.*******|          .                 16.009   .001
  4  -.755   .204     *******.*******|          .                 29.705   .000
  5  -.440   .195            *.*******|          .                 34.773   .000
  6   .065   .186              .       |*       .                  34.894   .000
  7   .429   .177              .       |******.**                  40.796   .000
  8   .484   .167              .       |******.***                 49.213   .000
  9   .252   .156               .      |*****.                     51.835   .000
 10  -.072   .144               .     *|     .                     52.085   .000
 11  -.258   .132                 *****|    .                      55.918   .000
 12  -.227   .118                 *****|    .                      59.630   .000
 13  -.065   .102                   . *|   .                       60.041   .000
 14   .079   .083                    . |**.                        60.943   .000

Plot Symbols:      Autocorrelations *     Two Standard Error Limits .

Total cases:  16     Computable first lags:  15
```

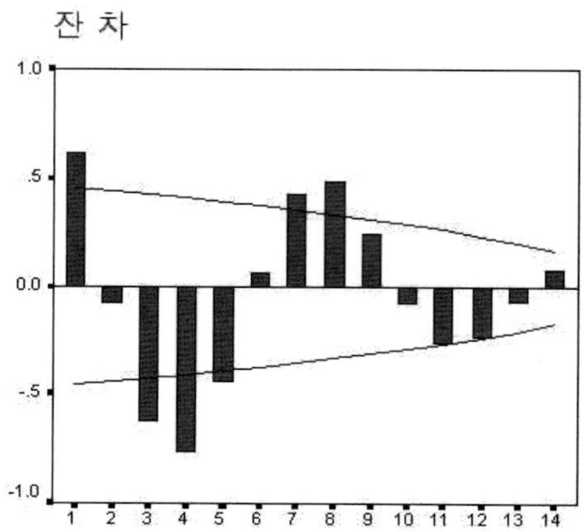


## 6.2.4 선행지표와 교차 상관함수

선행지표(Leading indicator)를 다룰 때 야기되는 두가지의 주요한 문제점이 다음과 같이 제기된다. 하나는 주어진 계열 $X_t$가 실제로 $y_t$를 선행하는가, 둘째는 얼마나 많은 주기를 $X_t$가 $y_t$을 선행하는가 하는 것이다. 이러한 문제를 해결할 수 있는 도구가 교차상관함수(CCF ; Cross-Correlation Function)이다.

교차상관함수는 두 개의 계열 $X_t$와 $y_t$가 상관관계가 있는데 까지를 나타낼 수 있다. 이것은 자기상관함수가 한 개의 계열을 나타내는 것과 같은 방법이다. 즉 각 정수 K(양이거나 혹은 음)에 대해서 교차상관함수는 $y_t$와 이동된 계열 $X_{t-k}$간의 상관관계를 추정한다. 교차상관함수의 계산은 자기상관함수의 계산방법과 비슷하다.

즉, $r_{xy}(k)$ = 시차 $k$의 표본교차상관계수

$$r_{xy}(k) = \frac{\sum_{1}^{n-k}(x_t - \bar{x})(y_{t+k} - \bar{y})^2}{\left[\sum_{1}^{n}(x_t - \bar{x})^2 \cdot \sum_{1}^{n}(y_t - \bar{y})^2\right]^{\frac{1}{2}}}$$

$$k = \cdots,\ -3, -2,\ -1,\ 0,\ 1,\ 2,\ 3,\ \cdots$$

그리고 $\rho_{xy}(k)$은 이론적인 교차상관계수를 나타낸다. 교차상관함수에서 계수를 검정하는 것은 경험법칙(rule of thumb)에 의하여 행해진다. 검정은 $r_{xy}(k)$의 근사적인 표준편차에 기인한다.

$$\sigma_{r_{xy}}(k) = \frac{1}{\sqrt{n - |k|}}$$

교차상관계수의 절대값이 2배의 표준편차를 초과하는 경우에는 근사적으로 5%수준에서 통계적으로 유의하다고 판단한다. 여기서 유의해야 할 것은 교차상관함수는 $x_t$와 $y_t$가 정상적이면 쉽게 해석할 수 있다는 점이다. 검정과정은 다음과 같이 요약할 수 있다.

① 가설설정

$$H_0 : \rho_{xy}(k) = 0 \qquad \text{vs} \qquad H_1 : \rho_{xy}(k) \neq 0$$

② 검정통계량

$r_{xy}(k)$ = 시차 $k$의 표본교차상관계수

③ 의사결정규칙 : $\alpha = 5\%$, $n$이 큰경우

$|r_{xy}(k)| > 2\frac{1}{\sqrt{n - |k|}}$ 이면 귀무가설 $H_0$을 기각한다.

④ 결 론

귀무가설 $H_0$을 기각되면 95% 신뢰수준하에 시차 $k$에서 교차상관관계가 있다고 결론을 내릴 수 있다.

그런데 $\rho_{xy}(k)$의 값이 0과 다른 경우를 검정할 때 우리는 $y_t$의 변동이 $k$주기 이

전($k \le 0$)이거나 혹은 $k$주기 이후($k > 0$)에 $x_t$의 변동과 관련되어 있다고 말 할 수 있다. 예를 들어 각각 크기가 20인 두 변수 $x_t$와 $y_t$에 대한 표본교차상관계수 $r_{xy}(3)$가 0.8이라고 하자. 그러면 시차 3에서 교차상관관계가 유의하다고 할 수 있다.($0.8 > 2/\sqrt{20-3} = 0.485$이므로) 따라서 $x_t$가 약 주기 3으로 $y_t$를 선행한다고 결론을 내릴 수 있다.

**예제 6-6**

다음자료는 미국의 1971년부터 1985년까지의 돼지생산량($y_t$)과 옥수수생산량($x_t$)이다. 이 자료를 이용하여 돼지생산량과 옥수수생산량과의 관계를 교차상관함수에 의하여 검정하시오.(자료명 : exm5-7.sav)

<표 6.10> 년도별 돼지생산량($y_t$)과 옥수수생산량($x_t$)

(단위: $y_t$=1000, $x_t = 10^6$부셀)

| 년도 | $t$ | 돼지생산량($y_t$) | 옥수수생산량($x_t$) |
|---|---|---|---|
| 1971 | 1 | 86,667 | 5,641.0 |
| 1972 | 2 | 78,759 | 5,573.0 |
| 1973 | 3 | 72,264 | 5,647.0 |
| 1974 | 4 | 77,071 | 4,663.6 |
| 1975 | 5 | 64,926 | 5,797.0 |
| 1976 | 6 | 70,454 | 6,266.4 |
| 1977 | 7 | 74,019 | 6,425.5 |
| 1978 | 8 | 74,139 | 7,086.7 |
| 1979 | 9 | 85,425 | 7,938.8 |
| 1980 | 10 | 91,882 | 6,644.8 |
| 1981 | 11 | 87,850 | 8,201.6 |
| 1982 | 12 | 79,328 | 8,235.1 |
| 1983 | 13 | 84,762 | 4,174.7 |
| 1984 | 14 | 82,478 | 7,656.2 |
| 1985 | 15 | 81,974 | 8,865.0 |

**풀이** 이 자료를 이용하여 교차상관계수를 계산한 결과가 <표 6.8>에 있다. <표 6.8>에서 보면 가장 큰 상관계수는 시차 1에서 구해진다. 즉, $r_{xy}(1) = 0.504$이다.

이 계수는 유의하다고 할 수 있으며 옥수수 생산량이 약 1년 정도를 돼지생산량 보다 앞선다고 할 수 있다.

<표 6.11> 교차상관계수의 계산

```
Cross Correlations:   XT
                      YT

     Cross Stand.
Lag  Corr.  Err. -1   -.75  -.5 -.25   0   .25  .5   .75   1
                  +----+----+----+----+----+----+----+----+
 -6  -.200  .333         .        ****|            .
 -5   .099  .316         .            |**          .
 -4  -.176  .302          .       ****|           .
 -3  -.352  .289          .    *******|           .
 -2   .091  .277           .          |**        .
 -1   .366  .267           .          |*******   .
  0   .252  .258            .         |*****    .
  1   .504  .267           .          |**********.
  2   .491  .277           .          |**********.
  3   .346  .289          .           |*******    .
  4   .276  .302          .           |******     .
  5   .014  .316         .            *            .
  6  -.150  .333         .         ***|            .

Plot Symbols:       Autocorrelations *     Two Standard Error Limits .
```

## 6.3 순환의 예측

어떤 계열에서의 순환성분을 예측한다는 것은 예측가가 직면하는 보다 어려운 일중의 한가지이다. 계열 $y_t$ 자체는 별문제로 하고 이용가능한 다른 정보가 없을때 우리는 순환이 한 시점 혹은 두 시점을 미래에 외삽하는 것을 인정할 정도로 충분히 규칙적이기를 단지 기대 할 수 있다. 자기 상관함수와 순환지배월(MCD)은 순환이 외삽(extrapolation)을 정당화 하도록 충분히 규칙적인지의 여부에 대한 징후를 보이게 될 것이다. 예를 들면 추세가 제거되고 계절변동이 제거된 계열의 자기상관함수가 임의적이라면 그리고 순환지배월(MCD)이 크다면 순환은 약하거나 혹은 존재하지 않는다. 이런 경우에는 순환 $C_t$ 의 다음 값을 정확하게 예측하기 위하여 시간을 소비할 이유가 없게 된다. 반면에 순환지배율이 작다면 (특히 1인 경우) 순환이 잡음에 비교하여 강력하게 나타나므로 이런 경우에는 순환을 예측할 보람이 있게 된다. 순환적 패턴이 강하게 나타날 때는 다음과 같은 절차에 의하여 예측하게 된다.

첫째는 변화의 방향이 분명하지 않다면, 예측으로서 현재의 순환·불규칙항을 단순히 사용한다. 만약 그렇지 않으면 순환에서의 다음 변동의 방향(+ 혹은 −)을 예측한다.

둘째는 지난 시점의 순환불규칙항에서 백분율 변화의 절대값 변화의 평균을 계산한다.

셋째는 현재의 순환·불규칙항을 이용함므로서 다음의 순환·불규칙항의 예측값을 얻어 순환변화의 평균을 더하거나 혹은 뺀다.

## 6.3.1 선행지표

어떤 시계열 $X_t$가 $k$시점 만큼 계열 $y_t$를 앞선 것을 알고 있다고 가정하자. 이것은 $y_t$의 변동은 $X_{t-k}$의 변동에 의하여 다소 영향을 받는다는 것을 의미한다. 두개의 시계열은 이미 추세와 계절변동이 제거된 것으로 가정함으로써, $X_{t-k}$로부터 $y_t$를 예측하기 위한 방정식을 구하기 위해서는 다음 식과 같이 회귀분석을 이용하게 된다.

$$\widehat{y_t} = \widehat{\beta_0} + \widehat{\beta_1} X_{t-k}$$

그 다음에 $Y_{t+1}$에 대한 예측은 위의 식에 $X_{t+1-k}$를 대체하므로써 다음 식과 같이 구해진다.

$$\widehat{y_{t+1}} = \widehat{\beta_0} + \widehat{\beta_1} X_{t+1-k}$$

**예제 6-7**

예제 6.6의 자료를 이용하여 1986년($t=16$)의 돼지생산량을 선행지표 예측방법에 의하여 예측하시오.

**풀이** 예제 6.7에서 옥수수생산량 $X_t$은 약 1년정도 돼지생산량 $y_t$를 앞선 것으로 교차상관함수에 의해서 분석된 바 있다. 따라서 [예제 6.7]의 자료를 이용하여 회귀분석한 결과는 다음과 같다.

$$\widehat{y_t} = 57518 + 3.34 X_{t-1}$$

그러므로 1986년에 대한 돼지생산량의 예측은

$$\widehat{y_{16}} = 57518 + 3.34 X_{15} = 57518 + 3.34(8865) = 87,092$$

이다.

## 6.3.2 발견적 지도방법

회귀분석 혹은 어떤 통계적 기법을 이용하지 않은 방법으로 발견적 지도방법(heuristic method)이 있다. 이 방법의 절차는 각계열($y_t$와 $x_t$)에 대한 과거의 시점과 시점간의 백분율 변화를 추정하고 $y_t$의 미래에 대한 백분율 변화를 예측하기 위하여 그들의 상대적인 크기를 이용한다. 이 방법에 대한 계산 과정은 다음과 같다.

① 계열 $y_t$와 $x_t$에 대한 추세와 계절변동을 제거한다. 여기서 $x_t$는 $k$시점 만큼 $y_t$를 선행한다.

② 양 계열의 시점과 시점간의 백분율 변화에 대한 절대값의 평균을 계산한다.

③ 시점 $t-1-k$로 부터 시점 $t-k$까지의 $x_t$에 대한 백분율 변화인 $\%\triangle x_{t-k}$을 구한다. 그다음에 예측방정식은 다음과 같다. 즉,

$$\widehat{y_{t+1}} = \left(1 + \frac{y_t\text{의 백분율 변화의 절대값의 평균}}{x_t\text{의 백분율 변화의 절대값의 평균}} \times \%\triangle x_{t-k}\right) \times y_t$$

**예제 6-7**

예제 6.6의 자료를 이용하여 1986년($t=16$)에 대한 예측을 발견적 지도방법에 의하여 구하시오.

**풀이** 표 6.10은 예제 5.7의 자료에 대한 시점과 시점간의 백분율 변화를 계산한 결과이다. 이 표에서 보면 돼지생산량과 옥수수생산량에 대한 백분율 변화의 절대값의 평균은 각각 19%와 7.2%이다. 그리고 옥수수생산량이 돼지생산량 보다 1년 선행하므로 $k$은 1이다. $t=16$이고 $t-k=16-1=15$이므로

$$\%\triangle x_{t-k} = \%\triangle x_{15} = \frac{x_{15}-x_{14}}{x_{14}} = \frac{8865-7656.2}{7656.2} = 0.16$$

따라서 시점 $t=16$(1986년)에 대한 예측은

$$\widehat{y_{16}} = \left(1 + \frac{7.2}{19} \times 0.16\right) \times 81974 = 86944$$

이다.

<표 6.12> 돼지와옥수수생산량에 대한 백분율변화

| 시점 | 돼 지 생산량 | %변화 | \|%변화\| | 옥수수 생산량 | %변화 | \|%변화\| |
|---|---|---|---|---|---|---|
| 1 | 86667 | | | 5641.0 | | |
| 2 | 78759 | −9.1% | 9.1% | 5573.0 | −1.2% | 1.2 |
| 3 | 72264 | −8.2 | 8.2 | 5647.0 | 1.3 | 1.3 |
| 4 | 77071 | 6.7 | 6.7 | 4663.6 | −17.4 | 17.4 |
| 5 | 64926 | −15.8 | 15.8 | 5797.0 | 24.3 | 24.3 |
| 6 | 70454 | 8.5 | 8.5 | 6266.5 | 8.1 | 8.1 |
| 7 | 74019 | 5.1 | 5.1 | 6425.5 | 2.5 | 2.5 |
| 8 | 74139 | 0.2 | 0.2 | 7086.7 | 10.3 | 10.3 |
| 9 | 85425 | 15.2 | 15.2 | 7938.8 | 12.0 | 12.0 |
| 10 | 91882 | 7.6 | 7.6 | 6644.8 | −16.3 | 16.3 |
| 11 | 87850 | −4.4 | 4.4 | 8201.6 | 23.4 | 23.4 |
| 12 | 79328 | −9.7 | 9.7 | 8235.1 | 0.4 | 0.4 |
| 13 | 84762 | 6.9 | 6.9 | 4174.7 | −49.3 | 49.3 |
| 14 | 82478 | −2.7 | 2.7 | 7656.2 | 83.4 | 83.4 |
| 15 | 81974 | −0.6 | 0.6 | 8865.0 | 15.8 | 15.8 |
| | | | 평균 7.2% | | | 평균 19.0% |

# 연습문제

**1.** 가법모형과 승법모형에서 측정되는 순환적 성분은 어떠한가?

**2.** 계절지수에서처럼 순환적 지수에서도 0이나 $L$이 첨가되도록 강요되는가?

**3.** 순환적 계열에 응용되는 비율이동평균법에 있어 추정시 어떤 요소가 이동평균 되는가?

**4.** 컴퓨터를 생산하는 어떤회사의 판매량과 재고량에 대한 월별 자료가 다음과 같다.

| 년도 | 월 | 판매량 | 재고량 | 년도 | 월 | 판매량 | 재고량 |
|---|---|---|---|---|---|---|---|
| 2009 | 1 | 100 | 83 | 2010 | 9 | 85 | 103 |
| | 2 | 122 | 84 | | 10 | 79 | 88 |
| | 3 | 136 | 104 | | 11 | 77 | 83 |
| | 4 | 150 | 123 | | 12 | 75 | 78 |
| | 5 | 141 | 134 | | 1 | 81 | 77 |
| | 6 | 130 | 152 | | 2 | 90 | 76 |
| | 7 | 105 | 143 | | 3 | 102 | 81 |
| | 8 | 90 | 129 | | 4 | 110 | 83 |

① 판매량과 시간사이의 그래프와 재고량과 시간간의 그래프를 함께 그리시오. 재고량과 판매량간의 시차는 얼마인가?

② 판매량과 재고량에 대한 교차상관함수를 구하시오.

③ 16개월 동안의 재고량에 대한 판매량의 비율을 구하시오.

제 07 장

# 확률과정모형의 기본개념들

## 7.1 확률과정

불규칙하게 변동하는 시계열모형을 해석하기 위해서는 확률의 개념을 도입하는 일이 많다. 특히 시점마다 얻어진 값을 확률변수의 실현값으로 간주해서, 그의 시계열을 만드는 확률적인 구조를 모형화시킨 것을 확률과정(stochastic process)이라 한다.

확률과정이란 시간 $t$와 표본점 $w$의 함수로 표시되는데, 시점 $t$에 있어서 측정값 $y(t)$는 확률변수의 실현값으로 간주된다. 즉 $y(t)$를 시간의 추이에 따라서 순서를 붙인 확률변수의 집합으로 간주하고 관측되는 자료는 확률과정의 실현값으로서 각 시점마다 확률법칙에 따라서 실현한 것으로 생각하는 것이다. 확률변수를 정의내리는 시점의 집합을 $T$라고 하면 확률과정은 시간의 파라메타 $t \in T$와 표본점 $w \in \Omega$에 대해서 $\{y(w, t) : t \in T, w \in \Omega\}$로 나타낸다.

이제 확률과정 $\{y(w, t) : t = 0, \pm 1, \pm 2, \cdots\}$으로부터 어떤 유한인 확률변수의 집합 $\{y_{t1}, y_{t2}, y_{t3}, \cdots, y_{tn}\}$을 생각해보자. $n$차원 분포함수는 다음 식과 같이 정의된다.

$$F(y_{t1}, y_{t2}, \cdots, y_{tn}) = P\{w: y(w,t_1) \le y_{t1}, \cdots, y(w,t_n) \le y_{tn}\}$$

일차원분포함수가 시점에 관계없이 불변이면 확률과정이 1차정상적(first order stationary)이라고 한다. 즉 어떤 정수들 $t_1, k$와 $t_1 + k$에 대해서 $F(y_{t_1}) = F(y_{t_1+k})$이 된다. 또한 어떤 정수들 $t_1,\ t_2,\ k, t_1 + k,\ t_2 + k$에 대해서 $F(y_{t_1}, y_{t_2}) = F(y_{t_1+k}, y_{t_2+k})$

이면 2차정상적이라고 한다. 일반적으로 임의의 정수 $k$와 임의의 시점들 $(t_1,\cdots,t_n)$에 대해 식 (6.1)이 성립하면 $n$차정상적이라고 한다.

$$F(y_{t_1},\cdots,y_{t_n})=F(y_{t_1+k},\cdots,y_{t_n+k}) \tag{7.1}$$

식 (7.1)이 임의의 정수 $n(n=1,2,\cdots)$에 대해 사실이면 확률과정은 엄격한 의미의 정상성(strictly stationarity)을 갖는다고 한다. 정상성의 정의는 확률변수열, 즉 확률과정 $\{y_t\}$에 대한 것이나 편의상 이 확률과정의 실현값(realization)인 시계열이 정상성을 갖는다고 한다. 주어진 확률과정$\{y_t : t=1,\pm 1,\pm 2,\cdots\}$에 대해서 확률과정의 평균함수는 식 (7.2)와 같이 정의된다.

$$\mu_t=E(y_t) \tag{7.2}$$

분산함수는

$$\sigma_t^2=E(y_t-\mu_t)^2 \tag{7.3}$$

이며 $y_{t1}$과 $y_{t2}$간의 공분산함수는

$$\gamma(t_1,t_2)=E(y_{t1}-\mu_{t1})(y_{t2}-\mu_{t2}) \tag{7.4}$$

이다. 따라서 $y_{t1}$과 $y_{t2}$간의 상관함수는

$$\rho(t_1,t_2)=\frac{\gamma(t_1,t_2)}{\sqrt{\sigma_{t1}^2}\sqrt{\sigma_{t2}^2}} \tag{7.5}$$

이다. 엄격한 의미의 정상확률과정에 대해서 분포함수는 모든 $t$에 대해서 같으므로 $E(|y_t|)<\infty$이면, 평균함수 $\mu_t=\mu$는 일정하다. 마찬가지로 $E(y_t^2)<\infty$이면 모든 $t$에 대해서 $\sigma_t^2=\sigma^2$는 일정하다. 더구나 임의의 정수 $t_1,t_2$와 $k$에 대해서 $F(y_{t1},\ y_{t2})$ $=F(y_{t1+k},\ y_{t2+k})$이므로 다음 공분산식이 성립된다.

$$\gamma(t_1,t_2)=\gamma(t_1+k,\ t_2+k)$$

그리고 상관함수는

$$\rho(t_1,t_2)=\rho(t_1+k,\ t_2+k)$$

이다.

여기서 $t_1=t-k$와 $t_2=t$ 라고 놓으면 공분산 함수와 상관함수는 다음식이 성립

된다.

$$\gamma(t_1,\ t_2) = \gamma(t-k,\ t) = \gamma(t\ , t+k) = \gamma_k \tag{7.6}$$

$$\rho(t_1,\ t_2) = \rho(t-k,\ t) = \rho(t\ , t+k) = \rho_k \tag{7.7}$$

따라서 유한인 1차적률, 2차적률을 갖는 엄격한 의미의 정상적 과정에 대해서, $y_t$와 $y_{t+k}$간의 공분산과 상관함수는 오로지 시차 $k$에만 의존한다는 것이다.

이상에서 설명한 내용을 요약하면 즉 시계열 $\{y_t\}$가 정상성을 갖으면 다음을 만족한다.

첫째 평균값 $E(y_t)$는 일정하다 즉 시점 $t$에 의존하지 않는다.

둘째 분산 $\sigma_t^2$도 시점 $t$에 의존하지 않는다.

셋째 $y_t$와 $y_{t+k}$간의 공분산과 상관함수는 단지 시차 (lag) $k$에 의존하지 실제 시점들인 $t$와 $t+k$에 의존하지 않는다.

이 세가지 조건을 만족하는 시계열은 넓은 의미로 정상적(stationary in wide sense)이라고 한다. 때때로 약하게 정상적(weakly stationary) 또는 이차정상적(second·order stationary)이라고도 한다.

## 7.2 자기공분산함수와 자기상관함수

7.1절에서 설명한 정상성의 정의로부터 임의의 $t$, $k$에 대해서

$$E(y_t) = \mu\ (\mu\text{는 상수}) \tag{7.8}$$

$$Cov(y_t,\ y_{t+k}) = E[(y_t - \mu)(y_{t+k} - \mu)] = \gamma_k$$

을 유추할 수 있으며, $\gamma_k$를 시차(time lag) $k$에서의 자기공분산(autocovariance)이라 정의한다. 그리고 두 관측값간의 자기공분산은 시간의 크기가 아니라, 시간을 분리하는 시차에만 종속된다는 것을 알 수 있다. 또한 식 (7.8)으로부터 두 관측값 $y_t$와 $y_{t+k}$간의 공분산은 시계열과정의 평균으로터 각 관측값과의 차이들의 곱의 기대값이라 할 수 있다.

이리하여 시간 $t$에서 평균보다 높은 관측값(평균보다 낮은 관측값)이 생성되고 또한 시차 $k$ 후에 역시 평균보다 높은 관측값(평균보다 낮은 관측값)이 생성되는 경향을 보이면 두 관측값 $y_t$와 $y_{t+k}$간의 자기공분산은 양(positive)의 수치를 갖는다. 마찬

가지 방법으로 설명하면 평균보다 높은 관측값(평균보다 낮은 관측값)에 이어 시차 $k$를 갖고서 평균보다 낮은 관측값(평균보다 높은 관측값)이 뒤따른다면, 자기공분산은 음(negative)임을 알 수 있다. 예를 들어 <그림 7.1>에서 $\gamma_1$은 양(positive)이 되리라는 것은 분명하다. 왜냐하면, 뒤이은 관측값들이 대부분 평균과같은 방향에 있기 때문이다. 또한, 시계열과정이 일단 평균을 지나면 잠시동안 머무르는 경향이 있기 때문에 $\gamma_2$, $\gamma_3$, $\gamma_4$도 역시 양이 될 것이다.

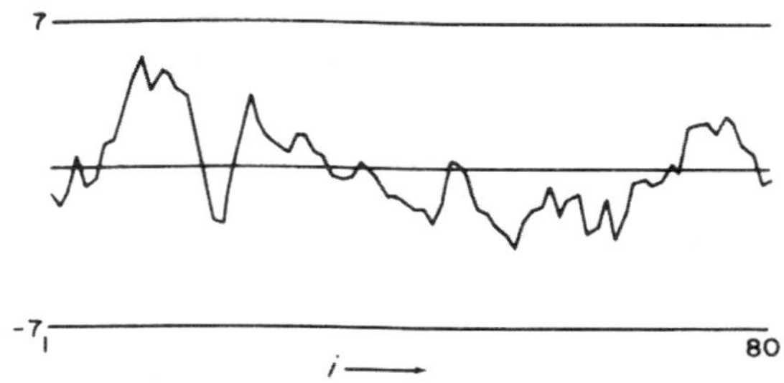


<그림 7.1> 정상시계열 ($y_t = 0.8y_{t-1} + a_t$)

그러나 <그림 7.2>에서는 시계열과정이 평균을 중심으로 빈번히 왕래하기 때문에 직관적으로 $\gamma_1$은 음이 됨을 알 수 있다. 즉 한 관측값이 평균보다 높으면(낮으면) 뒤이은 관측값은 대부분 평균보다 낮다(높다).

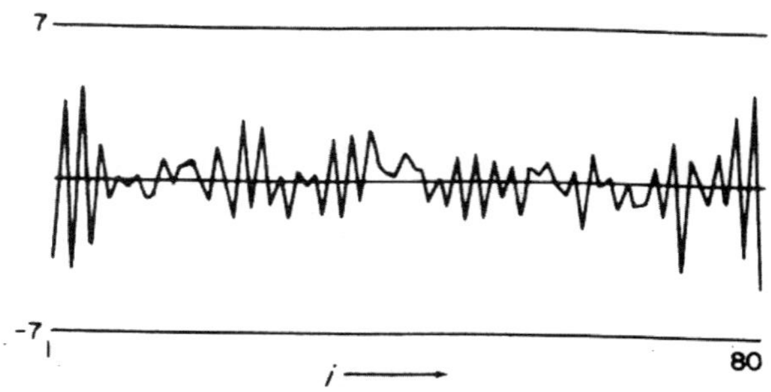


<그림 7.2> 정상시계열 ($y_t = -0.8y_{t-1} + a_t$)

따라서, 지금까지 설명한 자기공분산의 의미를 고려하면 시계열의 자기 공분산구조는 단기예측을 위한 시계열분석에서 매우 결정적인 역할을 함을 알 수 있다. 자기공분

산 $\gamma_k(k=1,\ 2,\ 3,\ \cdots)$가 시계열 형태를 결정한다는 사실은 정상확률과정(stationary random process)이 관측값의 시점에 관계없이 일반적으로 같은 양상을 보인다는 것을 암시한다. 즉 관측값$(y_{50},\cdots,\ y_{100})$는 관측값$(y_{500},\cdots,\ y_{550})$와 정확하게 일치하지는 않지만 일반적으로 비슷한 양상을 보일 것이라는 것이다.

정상 과정에서의 분산 $\sigma_y^2=\ \gamma_0$은 시점 $t$와 시점 $t+k$는 같으므로 유사하게 시차 $k$에서의 자기상관계수는 다음과 같다.

$$\rho_k=\frac{E[(y_t-\mu)(y_{t+k}-\mu)]}{\left(E[(y_t-\mu)^2]E[(y_{t+k}-\mu)^2]\right)^{\frac{1}{2}}}$$

$$=\frac{E[(y_t-\mu)(y_{t+k}-\mu)]}{\sigma_y^2}$$

따라서 시차 $k$에서의 자기상관계수는

$$\rho_k=\ \frac{\gamma_k}{\gamma_0} \tag{7.9}$$

이며 $\rho_0$은 1이다.

이러한 연속적인 시계열 관측값 사이의 자기상관은 시계열이 가지고 있는 추세계절순환 등의 기본패턴을 찾아내는데 중요한 역할을 할 뿐 아니라 시계열에 적합한 모형을 결정하는 데에도 중요한 역할을 한다.

자기공분산함수와 자기상관함수의 성질을 요약하면 다음과 같다.

① $\gamma_0=Var(y_t);\rho_0=1$

② $|\ \gamma_k\ |\ \le\gamma_0;\ |\ \rho_k\ |\ \le 1 \qquad k=1,2,3,\cdots$

③ $\gamma_k=\gamma_{-k}\ ,\ \rho_k=\rho_{-k} \qquad k=1,2,3,\ \cdots$

시차 $k$의 자기공분산계수 $\gamma_k$은 두 관측값 $y_t$와 $y_{t+k}$사이의 공분산을 측정한다는 것을 앞에서 설명한 바 있다. 시차 $k$에 대한 $\gamma_k$의 산포를 확률과정의 자기공분산함수(autocovariance function)$\{\gamma_k\}$라고 한다. 유사하게 시차 $k$의 함수로써 자기상관계수의 산포를 확률과정의 자기상관함수 "$\rho_k$"라고 한다. <그림 7.3>는 시계열의 두 관측값 사이의 상관관계가 어떻게 변화하고 있는가를 자기상관행렬의 대각집합(diagonal)으로 나타내고 있으며 또한 이것을 그래프로 나타낸 것이 자기상관함수(autocorrelation function)이다. 그리고, $\rho_k = \rho_{-k}$ 이므로 자기상관함수는 영(0)을 중심으로 반드시 대칭이며, 실제로 자기상관함수는 단지 양(+)의 값만을 그래프로 표시하게 된다. <그림 7.4>은 <그림 7.3>로부터 구해진 자기상관함수의 양(+)의 값만을 나타낸 것이다.

이러한 자기상관함수를 그래프로 나타낸 것을 상관도(correlogram)라고 한다.

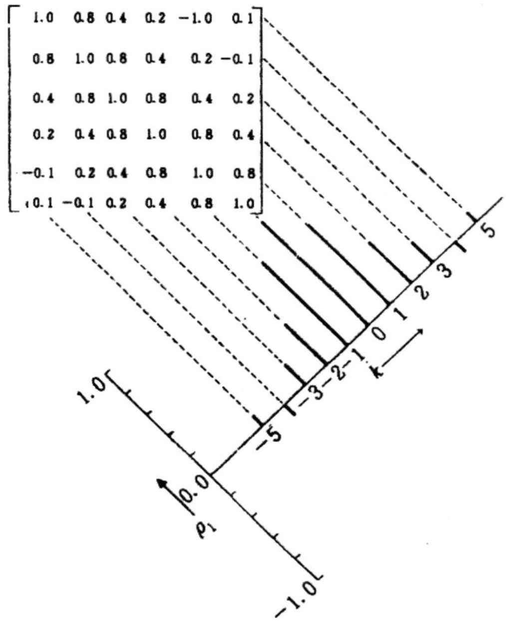


<그림 7.3> 자기상관행렬과 그 결과의 자기상관함수

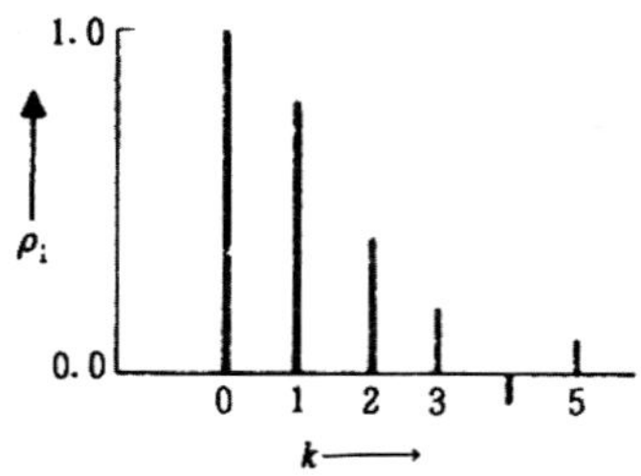


<그림 7.4> <그림 7.3>의 양의 값의 자기상관함수

### 7.2.1 자기상관함수의 추정

정상시계열 $\{y_t\}$가 주어졌을 때 평균 $\mu$와 자기공분산 $\gamma_k$는 다음과 같이 추정된다.

$$\hat{\mu} = \sum_{t=1}^{n} \frac{y_t}{n} = \overline{y}$$

$$\hat{\gamma_k} = \frac{1}{n} \sum_{t=1}^{n-k} (y_t - \overline{y})(y_{t+k} - \overline{y})$$

따라서 자기상관함수는 다음과 같이 추정하고 이를 표본자기상관함수(SACF : Sample Autocorrelation Funtion)라고 부른다.

$$\hat{\gamma_k} = \frac{\hat{\gamma_k}}{\hat{\gamma_0}} = \frac{\sum_{t=1}^{n-k} (y_t - \overline{y})(y_{t+k} - \overline{y})}{\sum_{t=1}^{n} (y_t - \overline{y})^2}$$

자기상관함수의 형태와 표본자기상관함수는 BOX-Jenkins방법으로 시계열을 분석하는데 있어서 매우 중요한 역할을 한다. 여기서 유의해야 할 점은 시차가 큰 표본자기상관함수 값 즉 $r_k$가 큰 경우의 $r_k$은 신뢰하기 힘들다는 점이다.

<표 7.1> 한국컴퓨터 주식회사의 년간매출액

| 기 간($t$) | 매 출 액(%) | 기 간($t$) | 매 출 액(%) |
|---|---|---|---|
| 2003 | 101 | 2007 | 97 |
| 2004 | 103 | 2008 | 100 |
| 2005 | 100 | 2009 | 102 |
| 2006 | 98 | 2010 | 99 |

<표 7.1>은 한국컴퓨터 주식회사의 2003년부터 2010년까지의 년간 매출액을 보여주고 있다. 이 자료를 이용한 결과 <표 7.2>와 <그림 7.5>와 같은 표본자기상관계수의 계산과 그림을 구할 수 있으며 이를 통해 시계열에 어떤 모형(자기회귀모형, 이동평균모형, 자기회귀누적이동평균모형)이 적합한가를 식별하는데 도움을 얻을 수 있다.

실질적으로 자기상관함수의 유용한 추정값을 얻기 위해 적어도 50개의 관측값이 필요하며, 추정한 자기상관함수 $r_k(k=1,\ 2,\ \cdots,\ k)$의 수효는 꽌측값의 갯수가 1/4 (즉$n/4$)보다 크지 않아야 한다.

<표 7.2> 표본자기상관함수의 계산과정

| 시차 | $t$ | $y_t$ | $y_t-\bar{y}$ | $y_{t+k}-\bar{y}$ | $(y_t-\bar{y})\cdot(y_{t+k}-\bar{y})$ | |
|---|---|---|---|---|---|---|
| $k=1$ | 1 | 101 | 1 | 3 | 3 | $\sum_{t=1}^{8}(y_t-\bar{y})^2=28$ |
| | 2 | 103 | 3 | 0 | 0 | $r_1=\frac{7}{28}=0.25$ |
| | 3 | 100 | 0 | −2 | 0 | |
| | 4 | 98 | −2 | −3 | 6 | |
| | 5 | 97 | −3 | 0 | 0 | |
| | 6 | 100 | 0 | 2 | 0 | |
| | 7 | 102 | 2 | −1 | −2 | |
| $k=2$ | 1 | 101 | 1 | 0 | 0 | $r_2=-\frac{12}{28}=-0.43$ |
| | 2 | 103 | 3 | −2 | 6 | |
| | 3 | 100 | 0 | −3 | 0 | |
| | 4 | 98 | −2 | 0 | 0 | |
| | 5 | 97 | −3 | 2 | −6 | |
| | 6 | 100 | 0 | −1 | 0 | |
| $k=3$ | 1 | 101 | 1 | −2 | −2 | $r_3=-\frac{12}{28}=-0.43$ |
| | 2 | 103 | 3 | −3 | −9 | |
| | 3 | 100 | 0 | 0 | 0 | |
| | 4 | 98 | −2 | 2 | −4 | |
| | 5 | 97 | −3 | −1 | 3 | |
| $k=4$ | 1 | 101 | 1 | −3 | −3 | $r_4=-\frac{1}{28}=-0.035$ |
| | 2 | 103 | 3 | 0 | 0 | |
| | 3 | 100 | 0 | 2 | 0 | |
| | 4 | 98 | −2 | −1 | 2 | |
| $k=5$ | 1 | 101 | 1 | 0 | 0 | $r_5=\frac{6}{28}=0.21$ |
| | 2 | 103 | 3 | 2 | 6 | |
| | 3 | 100 | 0 | −1 | 0 | |
| $k=6$ | 1 | 101 | 1 | 2 | 2 | $r_6=-\frac{1}{28}=-0.035$ |
| | 2 | 103 | 3 | −1 | −3 | |
| $k=7$ | 1 | 101 | 1 | −1 | −1 | $r_7=-\frac{1}{28}=-0.035$ |

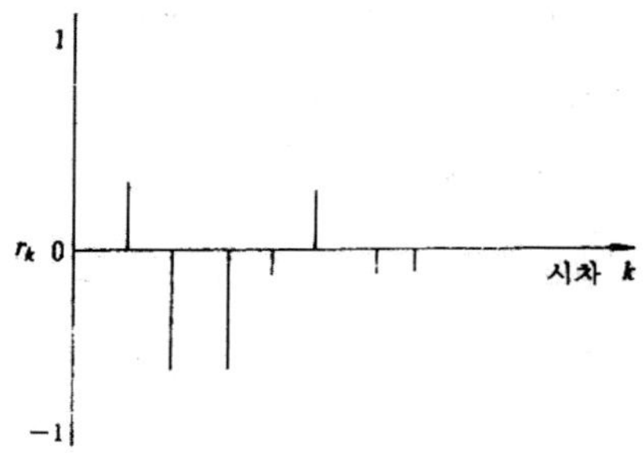


<그림 7.5> 표본자기 상관함수

**예제 7-1**

다음 50개의 가상적인 자료를 이용하여 다음을 구하여라.

| $t$ | | | | | | | | | | |
|---|---|---|---|---|---|---|---|---|---|---|
| 1 - 10 | 289 | 285 | 289 | 286 | 288 | 287 | 288 | 292 | 291 | 291 |
| 11 - 20 | 292 | 296 | 297 | 301 | 304 | 304 | 303 | 307 | 299 | 296 |
| 21 - 30 | 293 | 301 | 293 | 301 | 295 | 295 | 286 | 286 | 287 | 284 |
| 31 - 40 | 282 | 278 | 281 | 278 | 277 | 277 | 278 | 270 | 268 | 272 |
| 41 - 50 | 273 | 279 | 179 | 280 | 275 | 275 | 277 | 278 | 279 | 283 |

① 처음부터 8개의 값을 이용하여 $r_1$을 구하여라.

② 모든 자료를 이용하여 $r_1, \cdots, r_{12}$을 구하여라.

**풀이** ① $\bar{y} = (289 + 285 + \cdots + 292)/8 = 288$

$$\hat{\gamma}_0 = \frac{1}{8}(1 + 9 + 14 + 0 + 1 + 0 + 16) = 4$$

$$\hat{\gamma}_1 = \frac{1}{8}(-3 - 3 - 2 - 0 - 0 - 0 + 0) = -1$$

따라서 $\gamma_1 = \dfrac{\hat{\gamma}_1}{\hat{\gamma}_0} = \dfrac{-1}{4} = -0.25$이다.

②

| $k$ | 1 | 2 | 3 | 4 | 5 | 6 | 7 | 8 | 9 | 10 | 11 | 12 |
|---|---|---|---|---|---|---|---|---|---|---|---|---|
| $r_k$ | 0.84 | 0.73 | 0.61 | 0.54 | 0.47 | 0.46 | 0.38 | 0.29 | 0.17 | 0.05 | 0.04 | -0.01 |

## 7.2.2 자기상관함수의 검정

시계열에 대한 모형을 식별하기 위하여는 자기상관함수 $\rho_k$가 어떤 일정한 시차를 넘어서 영(0)이 되는지의 여부를 검정할 필요가 있다. 이러한 목적을 위해서 바트렛(M.S.Bartlett, 1946)에 의하여 유도된 표본자기상관함수 $r_k$의 분산은 다음과 같다.

$$Var(r_k) \cong \frac{1}{n}(1 + 2\sum_{i=1}^{q} r_i^2),\ k > q \tag{7.13}$$

이 때 시계열이 완전히 『random』하게 분포되었으면 모든 $i$에 대해서 $\rho_i = 0$이된다. 다른 말로 표현하면 모든 시차들에 대한 자기상관함수들은 유의하지 않다는 것이다. 그리고 시계열 자료의 수가 충분히 크면 식 (6.13)의 $Var(r_k)$은

$$Var(r_k) \cong \frac{1}{n} \tag{7.14}$$

이 된다.

그러므로 $r_k$의 표준오차는 표본크기의 제곱근, 즉

$$SE(r_k) = \frac{1}{\sqrt{n}} \tag{7.15}$$

이다.

여기서 $n$은 표본의 크기이며 $k$는 자기상관함수의 차수이다. 예를 들어 설명하기 위하여 예제 7.4의 자료를 이용하기로 한다. 시차가 1인 자기상관계수는 0.84이며 표본의 크기 $n = 50$이다 그러므로 시차 1에 대한 자기상관함수의 표준오차는

$$SE(r_1) = \frac{1}{\sqrt{n}} = \frac{1}{\sqrt{50}} = 0.141$$

이다.

이제 자기상관함수에 대한 통계적 유의성을 검정하기 위하여 다음과 같이 가설설정을 한다. 즉

$$H_0 : \rho = 0 \qquad \text{vs} \qquad H_1 : \rho \neq 0$$

그런데 표본의 크기가 상당히 클 때 표본자기상관함수는 평균이 $\rho$이고 분산이 $1/n$을 찾는 정규분포를 따른다고 알려져 있다. 그러므로 검정통계량은 다음과 같은 정규분포를 따른다.

$$Z = \frac{r - \rho}{SE(r)} = \frac{r}{\frac{1}{\sqrt{n}}} \tag{7.16}$$

예를 들어 설명하기 위하여 [예제 7.1]의 자료를 이용하여 가설검정하기로 하자. 즉 시차가 1인 자기상관계수가 0.84이고 $n = 50$이고 또한 표준오차가 0.141로 계산되었다. 따라서 $H_0 : \rho_1 = 0$에 대한 검정은 식 (7.16)에 의하여 다음과 같이 검정할 수 있다.

$$Z_0 = \frac{r_k}{\frac{1}{\sqrt{n}}} = \frac{0.84}{\frac{1}{\sqrt{50}}} = \frac{0.84}{0.141} = 5.96$$

각각의 검정통계량의 값은 유의수준 5%(Z=1.96)보다 크므로 자기상관계수가 통계적으로 유의하다고 할 수 있다.

일반적으로 $H_0 : \rho_k = 0 \ (k > 1)$인 귀무가설을 검정하고자 할 때 $|r_k| > 2SE(r_k)$이면 $r_k$는 유의하고 그렇지 않으면 유의하지 않다. 어떤 관측된 자료에 의해 구하여진 표본자기상관함수($r_k$)가 <그림 7.6>처럼 주어졌다면 $\pm 2SE(r_k)$를 나타내는 상하 점선밖으로 돌출한 $r_1$과 $r_2$는 유의하므로 귀무가설을 기각하게 된다.

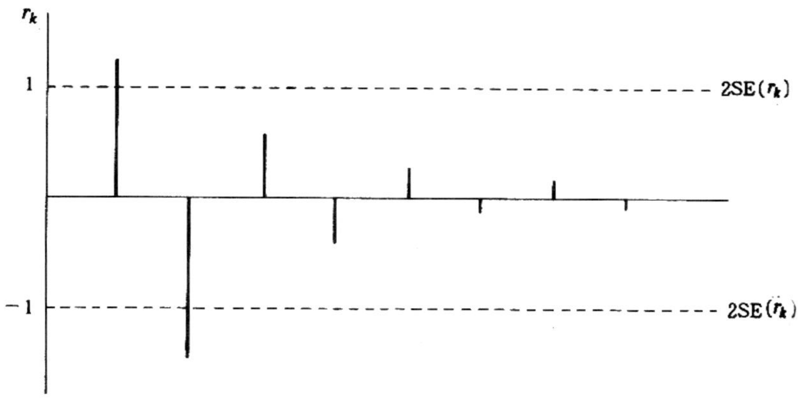


<그림 7.6> 표본자기 상관함수

**예제 7-2**

어떤 시계열의 200개의 관측값으로 부터 구해진 표본자기상관계수는 다음과 같다. 이 자료를 이용하여 유의수준 5%에서 $H_0 : \rho_1 = 0$을 검정하시오.

| $k$ | 1 | 2 | 3 | 4 | 5 | 6 | 7 | 8 | 9 | 10 |
|---|---|---|---|---|---|---|---|---|---|---|
| $r_k$ | −0.38 | −0.08 | 0.11 | −0.08 | 0.02 | 0.00 | 0.00 | 0.00 | 0.07 | −0.08 |

**풀이** 시차가 1인 표본자기상관계수가 -0.38이고 $n=200$이므로 표준오차는 $1/\sqrt{n}$ $=1/\sqrt{200}=0.07$이다. 그러므로 검정통계량은

$$Z_0 = \frac{r_k}{\frac{1}{\sqrt{n}}} = \frac{-0.38}{0.07} = 1-5.42$$

이다. 검정통계량의 값(-5.42)이 임계값(-1.96)보다 작으므로 귀무가설 $H_1 : \rho_1 = 0$을 기각하게 된다. 그러므로 시차가 1인 표본자기상관계수는 통계적으로 유의하다고 할 수 있다.

또한 다음 그림에 의하여 판정해도 같은 결과가 나온다. 그림에서 보는 것처럼 시차가 1인 경우에만 돌출되어 있는 것을 볼 수 있다.

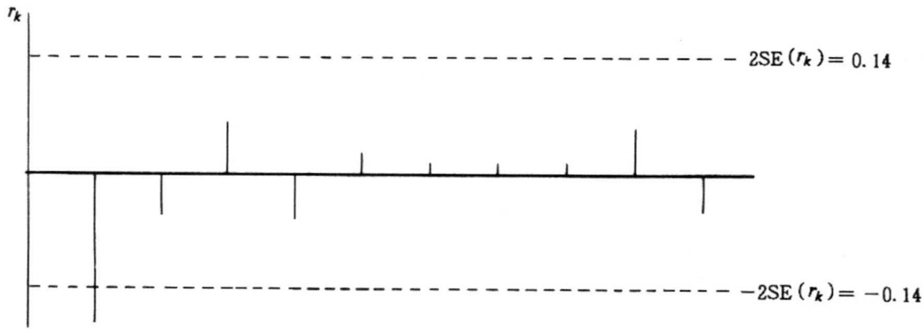


## 7.3 편자기상관함수

Box-Jenkines방법을 사용한 시계열분석에서 다른 중요한 함수중의 하나는 부분자기상관함수(partial autocorrelation function ; PACF)이다. 정상시계열 $\{y_t\}$의 시차 $k$의 부분자기상관계수는

$$y_t = \phi_{k1} y_{t-1} + \phi_{k2} y_{t-2} + \cdots + \phi_{kk} y_{t-k} + a_t \tag{7.17}$$

에서 $k$번째 회귀계수 $\phi_{kk}$를 의미하는데 이는 다음과 같이 표현할 수 있다. 즉

$$\varnothing_{kk} = corr(\ y_t\ , y_{t-k} \mid y_{t-1}\ , y_{t-2}\ ,\ \cdots\ , y_{t-k+1})$$

로서 $y_{t-1}$, $y_{t-2}$, $\cdots$ , $y_{t-k+1}$의 성분을 제거시킨 후 $y_t$와 $y_{t-k}$의 상관계수를 의미한다. 이때 $\{\varnothing_{kk},\ k\ =\ 0\ ,1\ ,\ 2\ ,\ \cdots\ \}$를 부분자기상관계수라 한다.

정상시계열 $\{y_t\}$에 대한 다음과 같은 율-워크(Yule-walker)방정식을 생각해 보자.

$$\begin{bmatrix} 1 & \rho_1 & \rho_2 & \cdots & \rho_{k-2} & \rho_{k-1} \\ \rho_1 & 1 & \rho_1 & \cdots & \rho_{k-3} & \rho_{k-2} \\ \vdots & \vdots & \vdots & \ddots & \vdots & \vdots \\ \rho_{k-1} & \rho_{k-2} & \rho_{k-3} & \cdots & \rho_1 & 1 \end{bmatrix} \begin{bmatrix} \phi_{k1} \\ \phi_{k2} \\ \vdots \\ \phi_{kk} \end{bmatrix} = \begin{bmatrix} \rho_1 \\ \rho_2 \\ \vdots \\ \rho_k \end{bmatrix} \tag{7.18}$$

여기서 $\rho_j$는 차수 $j$의 자기상관함수이고, $\varnothing_{kj}$는 $k$번째 차수의 자기회귀과정(autoregressive process)에 대한 $j$번째 부분자기상관계수이다. 따라서 부분자기상관계수 $\Phi_{kk}$를 『크레머』(cramer)법으로 구하면 다음과 같이 된다.

$$\frac{\begin{bmatrix} 1 & \rho_1 & \cdots & \rho_{k-2} & \rho_1 \\ \rho_1 & 1 & \cdots & \rho_{k-3} & \rho_2 \\ \vdots & \vdots & \ddots & \vdots & \vdots \\ \rho_{k-1} & \rho_{k-2} & \cdots & \rho_1 & \rho_k \end{bmatrix}}{\begin{bmatrix} 1 & \rho_1 & \cdots & \rho_{k-2} & \rho_{k-1} \\ \rho_1 & 1 & \cdots & \rho_{k-3} & \rho_{k-2} \\ \vdots & \vdots & \ddots & \vdots & \vdots \\ \rho_{k-1} & \rho_{k-2} & \cdots & \rho_1 & 1 \end{bmatrix}} \tag{7.19}$$

식 (7.19)을 간단히 쓰면 다음과 같다.

$$\Phi_{kk} = \frac{\mid P_k^* \mid}{\mid P_k \mid}, k > 1 \tag{7.20}$$

여기서 $P_k$는 $k \times k$인 자기상관행렬이고 $P_k^*$는 $P_k$의 마지막 열을 $(\rho_1, \rho_2, \cdots\ , \rho_k)'$로 대치한 행렬을 의미한다. 그리고 모든 대각원소가 1인 $P_k$행렬은 양정치행렬이므로 행렬식은 항상 비부의 값을 갖게 된다. 예를 들면 시차 $k$가 1, 2인 부분자기상관계수는

$$\varnothing_{11} = \rho_1$$

$$\varnothing_{22} = \frac{\begin{vmatrix} 1 & \rho_1 \\ \rho_1 & \rho_2 \end{vmatrix}}{\begin{vmatrix} 1 & \rho_1 \\ \rho_1 & 1 \end{vmatrix}} = \frac{\rho_2 - \rho_1^2}{1 - \rho_1^2}$$

이며 같은 방법으로 시차가 3인 $\varnothing_{33}$은

$$\varnothing_{33} = \frac{\begin{vmatrix} 1 & \rho_1 & \rho_1 \\ \rho_1 & 1 & \rho_2 \\ \rho_2 & \rho_2 & \rho_3 \end{vmatrix}}{\begin{vmatrix} 1 & \rho_1 & \rho_2 \\ \rho_1 & 1 & \rho_3 \\ \rho_2 & \rho_1 & 1 \end{vmatrix}} = \frac{\rho_3 - 2\rho_1\rho_2 - \rho_1^2\rho_3 + \rho_1\rho_2^2 + \rho_1^3}{1 - 2\rho_1^2 + 2\rho_1^2\rho_2 - \rho_2^2}$$

이다.

### 7.3.1 부분자기상관함수의 추정

부분자기상관계수 $\varnothing_{kk}$를 시계열 자료로부터 추정하는 방법은 다음과 같이 두 가지가 있다.

(방법 1)

식 (7.19)의 이론적 자기상관 $\rho_j$대신 이것의 추정값인 $r_j$을 대입시켜 표본부분자기상관계수 $\widehat{\varnothing_{kk}}$를 구한다. 그러나 $k$가 크면, 이 방법은 많은 행렬식을 계산해야 되므로 계산이 복잡하다.

(방법 2)

증가하는 차수에 대해서 계속적으로 자기회귀모형을 적합시킨후에 각 모형의 마지막 계수의 추정값을 표본부분자기상관계수(sample partialautocorrelation coefficient)이라 한다. 레빈선(N. Levinson, 1946)과 더빈(J.Durbin, 1960)에 의해 제안된 반복계산식을 이용하여 $\widehat{\varnothing_{kk}}$를 다음과 같이 추정한다. 즉,

$$\hat{\phi}_{kk} = \frac{r_k - \sum_{j=1}^{k-1} \hat{\phi}_{k-1,j} r_{k-j}}{1 - \sum_{j=1}^{k-1} \hat{\phi}_{k-1,j} r_j} \tag{7.21}$$

$$\hat{\phi}_{k,j} = \hat{\phi}_{k-1,\ j} - \hat{\phi}_{kk}\hat{\phi}_{k-1\ \ k-j} \qquad j = 1,\ 2,\ \cdots,\ k-1$$

**예제 7-3**

어떤 가상적인 자료에 의하여 다음 표와 같이 표본자기상관계수 $r_k$가 계산되어 있다. 이 자료를 이용하여 표본부분자기상관 $\widehat{\phi_{kk}}$을 반복계산식으로 추정하시오.

| $k$ | 1 | 2 | 3 | 4 | 5 | 6 | 7 | 8 | 9 | 10 |
|---|---|---|---|---|---|---|---|---|---|---|
| $r_k$ | 0.841 | 0.683 | 0.584 | 0.515 | 0.457 | 0.427 | 0.405 | 0.386 | 0.361 | 0.321 |
| $k$ | 11 | 12 | 13 | 14 | 15 | 16 | 17 | 18 | 19 | 20 |
| $r_k$ | 0.329 | 0.338 | 0.337 | 0.294 | 0.231 | 0.166 | 0.126 | 0.062 | 0.047 | 0.042 |

**풀이** $\widehat{\phi_{11}} = r_1 =$ 0.841로 부터 출발하여 다음을 계산할 수 있다.

$$\widehat{\phi_{22}} = \frac{r_2 - r_1^2}{1 - r_1^2} = \frac{0.683 - 0.841^2}{1 - 0.841^2} = -0.083$$

$$\widehat{\phi_{21}} = \widehat{\phi_{11}} - \widehat{\phi_{22}}\widehat{\phi_{11}} = 0.841 - (-0.083)(0.841) = 0.911$$

$$\widehat{\phi_{33}} = \frac{r_3 - \widehat{\phi_{21}} r_2 - \widehat{\phi_{22}} r_1}{1 - \widehat{\phi_{21}} r_1 - \widehat{\phi_{22}} r_2}$$
$$= \frac{0.584 - (0.911)(0.683) + (0.083)(0.841)}{1 - (0.911)(0.841) + (0.083)(0.083)} = 0.11$$

$$\widehat{\phi_{31}} = \widehat{\phi_{21}} - \widehat{\phi_{33}}\widehat{\phi_{22}} = 0.913$$

$$\widehat{\phi_{32}} = \widehat{\phi_{22}} - \widehat{\phi_{33}}\widehat{\phi_{21}} = -0.112$$

이와 같은 방법으로 $k = 20$까지의 결과가 다음표에 요약되어 있다.

| $k$ | 1 | 2 | 3 | 4 | 5 | 6 | 7 | 8 | 9 | 10 |
|---|---|---|---|---|---|---|---|---|---|---|
| $\widehat{\phi_{kk}}$ | 0.841 | −0.083 | 0.111 | 0.036 | 0.018 | 0.091 | 0.025 | 0.035 | 0.003 | −0.000 |
| $k$ | 11 | 12 | 13 | 14 | 15 | 16 | 17 | 18 | 19 | 20 |
| $\widehat{\phi_{kk}}$ | 0.168 | 0.001 | 0.027 | −0.110 | −0.080 | −0.057 | 0.007 | −0.152 | 0.122 | −0.07 |

그리고 표본부분자기상관함수에 대해서 그림으로 나타낸 것은 다음과 같다.

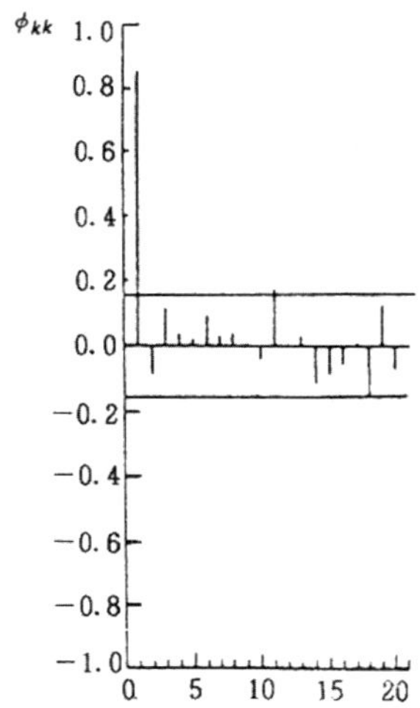


## 7.3.2 부분자기상관함수의 검정

표본부분자기상관함수의 분산은 시차 $k$가 p보다 클 경우 근사적으로

$$Var(\widehat{\phi_{kk}}) \cong \frac{1}{n} \qquad k > p$$

이며 서로 독립임을 크누이(M.H.Quenouile, 1949)가 증명하였다. 또한 표본의 크기 $n$이 상당히 클 때 표본부분자기상관함수(SPACF) $\widehat{\phi_{kk}}$는 점근적으로 정규분포를 따른다고 알려져 있다. 즉,

$$Z = \frac{\widehat{\phi_{kk}} - \phi_{kk}}{SE(\widehat{\phi_{kk}})} \tag{7.22}$$

여기서 $SE(\widehat{\phi_{kk}})$는 표본부분자기상관함수의 표준오차이며 $\frac{1}{\sqrt{n}}$이다.

$$SE(\widehat{\phi_{kk}}) = 1/\sqrt{n}$$

따라서

$$H_0 : \phi_{kk} = 0$$

라는 귀무가설을 검정하고자 할 때 $|\widehat{\phi_{kk}}| > 2/\sqrt{n}$이면 유의하고 그렇지 않으면 유의하지 않다.

**예제 7-4**

<표 7.3>은 대한화학공장에서 조사한 70주동안 생산된 주별(단위 : 천개) 제품 생산량 자료이다. 이 자료를 이용하여 부분자기상관계수의 유의성 검정을 하시오. 단, $\alpha = 5\%$이다.

<표 7.3> 어느 화학공장의 생산량자료

| | | | | | | | | |
|---|---|---|---|---|---|---|---|---|
| 47 | 64 | 23 | 71 | 38 | 64 | 55 | 41 | 59 |
| 48 | 71 | 35 | 57 | 40 | 58 | 44 | 80 | 55 |
| 37 | 74 | 51 | 57 | 50 | 60 | 45 | 57 | 50 |
| 46 | 35 | 59 | 50 | 71 | 56 | 74 | 50 | 58 |
| 45 | 54 | 36 | 54 | 48 | 55 | 46 | 57 | 50 |
| 62 | 44 | 64 | 43 | 52 | 38 | 59 | 55 | 41 |
| 53 | 49 | 34 | 35 | 54 | 45 | 68 | 38 | 50 |
| 60 | 39 | 59 | 40 | 57 | 54 | 23 | | |

**풀이** <표 7.4>는 <표 7.3>의 시계열 자료로부터 추정된 시차 15까지의 부분자기상관계수들이고, 이 값들에 의해 얻어진 표본 부분자기상관함수는 <그림 7.6>이다.

우선 시차가 1인 $\phi_{11}$를 검정하면 다음과 같다. 즉 가설설정은

$$H_0 : \phi_{11} = 0 \qquad \text{vs} \qquad H_1 : \phi_{11} \neq 0$$

<표 7.4> 위의 자료로부터 계산된 표본부분자기상관계수

| $k$ | $\widehat{\phi_{kk}}$ | $k$ | $\widehat{\phi_{kk}}$ | $k$ | $\widehat{\phi_{kk}}$ |
|---|---|---|---|---|---|
| 1 | −0.40 | 6 | −0.15 | 11 | 0.18 |
| 2 | 0.19 | 7 | 0.05 | 12 | −0.05 |
| 3 | 0.01 | 8 | 0.00 | 13 | 0.09 |
| 4 | −0.07 | 9 | −0.10 | 14 | 0.18 |
| 5 | −0.07 | 10 | 0.05 | 15 | 0.01 |

이고 표준오차는 $SE(\widehat{\phi_{11}}) = 1/\sqrt{n} = 1/\sqrt{70} = 0.12$이다 따라서 검정통계량은

$$Z_c = \frac{\widehat{\phi_{11}} - \phi_{11}}{SE(\widehat{\phi_{11}})} = \frac{-0.40 - 0.0}{0.12} = -3.33$$

이다. 따라서 $Z_c = -3.33 < Z_{0.025} = -1.96$이므로 귀무가설 $H_0$를 기각하여 시차가 1인 표본부분자기상관계수는 유의하다고 할 수 있다. 그외의 시차는 0이 됨을 <그림 7.7>을 이용하면 알 수 있다.

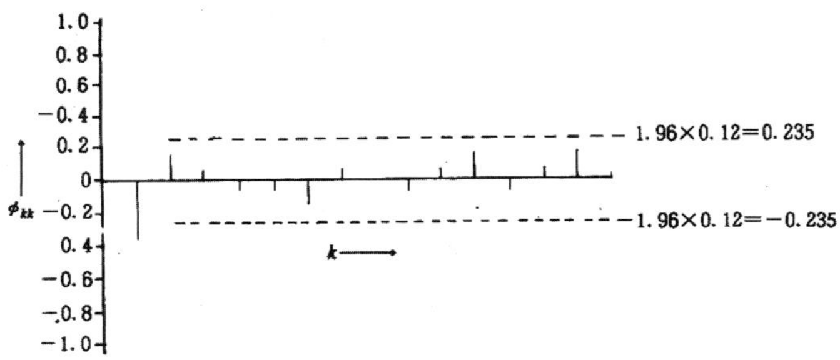


<그림 7.7> <표 7.4>의 표본부분자기상관함수

## 7.4 백색잡음과정

시계열분석에서 자주 사용되는 확률과정은 백색잡음과정(white noise process)이다. 백색잡음과정 $\{a_t\}$는 서로 독립이고 같은 분포를 갖으며 평균이 0인 확률변수이다. 따라서, 백색잡음과정은 엄격한 의미의 정상성을 갖는다. 백색잡음과정의 자기공분산 함수는

$$\gamma_k = \begin{cases} \sigma_a^2 & k=0 \\ 0 & k \neq 0 \end{cases}$$

이고, 자기상관함수는

$$\rho_k = \begin{cases} 1 & k=0 \\ 0 & k \neq 0 \end{cases}$$

이며, 부분자기상관함수는

$$\phi_{kk} = \begin{cases} 1 & k=0 \\ 0 & k \neq 0 \end{cases}$$

이다. 백색잡음과정의 자기상관함수와 부분자기상관함수의 상관도는 <그림 6.8>과 같다.

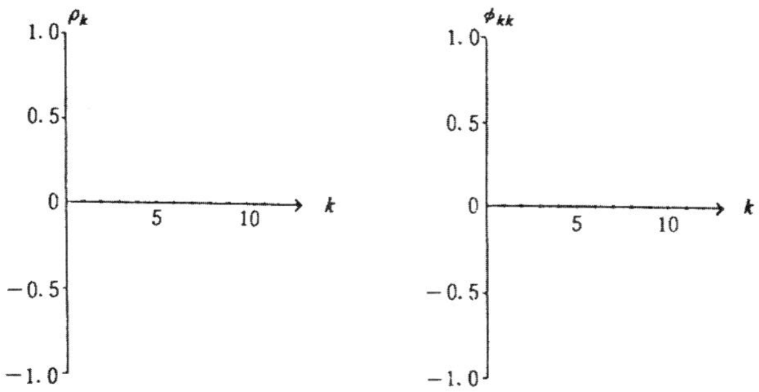


<그림 7.8> 자기상관함수와 부분자기상관함수

어떤 확률과정에 대해서도 정의에 의하여 $\rho_0 = \phi_{00} = 1$이므로 자기상관과 부분자기상관을 설명할 때 우리는 $k \neq 0$에 대한 $\rho_k$와 $\phi_{kk}$인 경우에만 적용된다. 백색잡음과정의 기본적인 현상은 이들의 자기상관함수와 부분자기상관함수가 동시에 0과 같다는 것이다. 백색잡음과정의 결합분포가 정규분포를 한다면 백색잡음과정은 가우스(Gaussian)분포를 한다. 이후에 특별한 설명이 없으면 $\{a_t\}$는 평균이 0인 가우스백색잡음과정이라고 간주하기로 한다.

이 확률과정에 백색잡음(white noise)이라는 수식어를 붙인데는 물리학적인 이유가 있다. 백색광을 프리즘(prism)에 통과시키면 무지개와 같은 스펙트럼(spectrum)이 나타나는 현상을 소리의 시그날(signal)에 적용시킨 것이 백색잡음과정이다.

### 예제 7-5

다음자료는 1990년 1월부터 1998년 4월까지의 의암댐에 대한 생물학적 산소요구량(BOD)을 1차차분($w_t = y_t - y_{t-1}$)한 자료이다. 이 자료를 이용하여 다음 물음에 답하시오(자료명 : exm7-5.sav)

| | 1990 | 1991 | 1992 | 1993 | 1994 | 1995 | 1996 | 1997 | 1998 |
|---|---|---|---|---|---|---|---|---|---|
| 01 | −1.37 | 2.14 | −.02 | −1.71 | .09 | −.73 | −.67 | −3.07 | −1.55 |
| 02 | −.06 | −1.31 | 2.05 | 1.72 | .46 | 1.59 | .69 | −.71 | −1.55 |
| 03 | −.41 | −.67 | −.32 | 2.03 | −1.79 | 1.45 | −.12 | −2.94 | −.34 |
| 04 | −.54 | −2.68 | −.48 | −1.83 | −4.11 | −1.67 | −2.11 | −2.58 | .39 |
| 05 | −2.78 | −2.29 | 1.04 | −.05 | 1.19 | 2.64 | 1.31 | .56 | |
| 06 | −2.65 | 1.52 | −1.47 | .60 | 2.11 | .72 | −.71 | 1.06 | |
| 07 | −.48 | 1.10 | −.01 | .04 | 1.60 | −1.00 | −1.36 | −.85 | |
| 08 | 2.45 | .88 | 1.59 | .61 | .61 | −.17 | −2.98 | .57 | |
| 09 | −.28 | .02 | −2.08 | .19 | −1.46 | 1.71 | 1.14 | 2.53 | |
| 10 | −.48 | −1.32 | −.42 | −.48 | −.68 | 1.56 | −.62 | .11 | |
| 11 | −.51 | 2.28 | −1.17 | 1.24 | 3.59 | −3.19 | −1.25 | 1.11 | |
| 12 | −1.74 | −.40 | −.47 | .10 | −1.01 | 2.56 | −1.30 | −2.00 | |

자기상관함수와 부분자기상관함수를 구하여 백색잡음모형의 자기상관함수와 부분 자기상관함수의 특성을 만족하는지의 여부를 설명하시오.

**풀이** ACF 및 PACF를 그리기 위해서 분석 → 예측 → 자기상관을 선택한다.

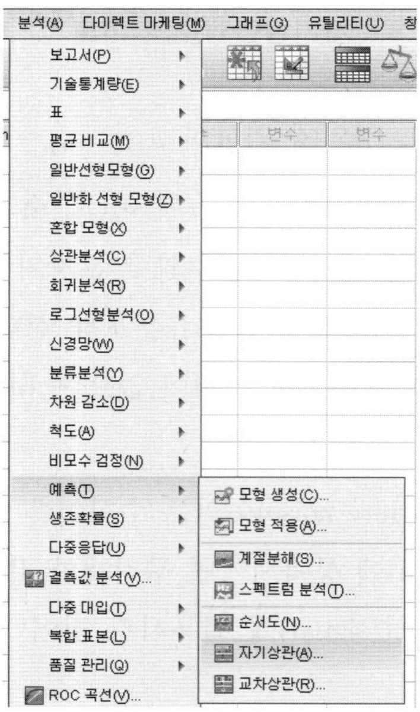

자기상관 도표창에서 변수(bod)를 선택한후 확인을 누른다.

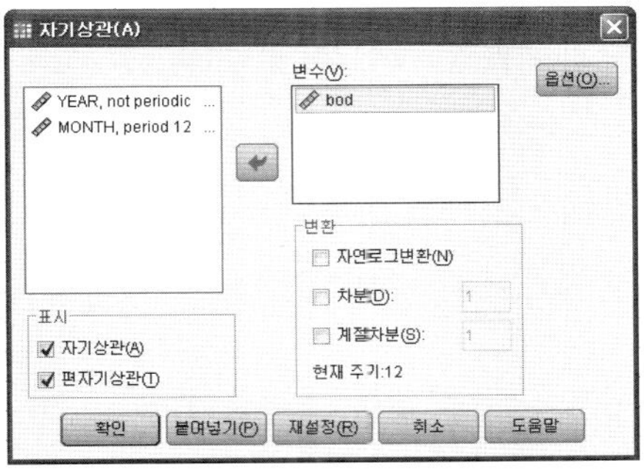


아래와 같은 ACF 및 PACF를 얻을 수 있다. 구해진 자기상관함수와 부분자기상관함수 모두 각 시차에서 신뢰한계내에 존재하고 있으므로 이 시계열을 백색잡음 모형을 따른다고 할 수 있다.

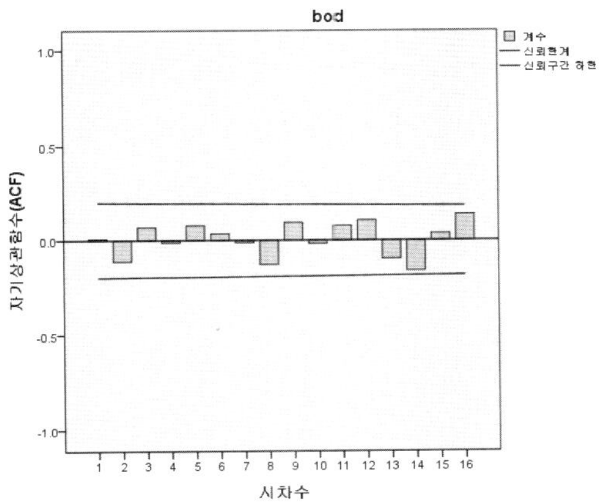


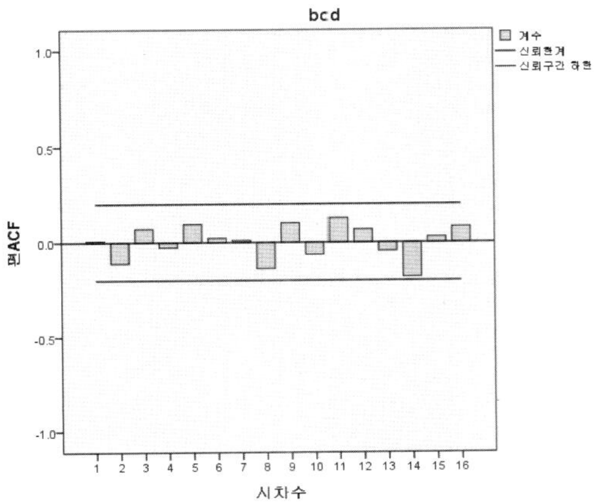

## 7.5 이산선형확률과정

율(G.U.Yule, 1927)은 자기상관을 가진 시계열$\{y_t\}$을 서로 독립인 확률변수들의 선형방정식에 의해 표현할 수 있음을 시사했고, 이 논리는 월드(H.Wold, 1938)가 모든 넓은 의미의 정상확률과정인$\{y_t\}$는 서로 독립인 확률변수들의 선형결합(linear combination)으로 표현될 수 있음을 밝힘으로서 증명되었다. 확률과정$\{y_t\}$의 선형결합표현은

$$y_t - \mu = a_t + \psi_1 a_{t-1} + \psi_2 a_{t-2} + \cdots = a_t + \sum_{j=1}^{\infty} \psi_j a_{t-j} \tag{7.20}$$
$$\text{단, } \psi_0 = 1 \quad E(y_t) = \mu$$

이다. 여기서 확률변수 $\{a_t; t = 0, \pm 1, \pm 2, \cdots\}$들은 평균 $E(a_t) = 0$, 분산 $Var(a_t) = \sigma_a^2$이고 공분산 $Cov(a_t, a_{t-k}) = 0$인 확률분포로부터 발생된 상관관계가 없는 확률변수들의 계열이다. 그리고, 이러한 성질을 가진 확률변수의 계열을 생성시키는 확률과정을 백색잡음과정(white noise process)이라 부르며 이확률변수들을 랜덤충격(random shock)이라고도 부른다. 관측값 $y_t$가 식 (7.23)의 형태로 표현되는 확률과정을 이산선형확률과정이라 정의한다. 이러한 이산선형확률과정이 정상적이기 위해서는 확률과정의 평균, 분산 및 공분산행렬이 존재해야 하고 또한 그것들은 시간 $t$에 대해서 독립이어야 한다. 즉,

$$\begin{aligned}
E(y_t) &= \mu \\
\gamma_0 &= Var(y_t) = E(y_t - \mu)^2 \\
&= E(a_t + \psi_1 a_{t-1} + \psi_2 a_{t-2} + \cdots)^2 \\
&= E(a_t^2) + \psi_1^2 E(a_{t-1}^2) + \psi_2^2 E(a_{t-2}^2) + \cdots \\
&= \sigma_a^2 \sum_{j=0}^{\infty} \psi_j^2
\end{aligned}$$

여기서 $i \neq j$에 대해서 $E(a_{t-1}, a_{t-j}) = 0$이다.

$$\begin{aligned}\gamma_k = & \ Cov(y_t, y_{t-k}) = E(y_t - \mu)(y_{t-k} - \mu) \\ = & \ E(a_t + \psi_1 a_{t-1} + \cdots + \psi_k a_{t-k} + \psi_{k+1} a_{t-k-1} + \cdots) \\ & \times (a_{t-k} + \psi_1 a_{t-k-1} + \cdots) \\ = & \ \sigma_a^2 (1\psi_k + \psi_1 \psi_{k+1} + \psi_2 \psi_{k+2} + \cdots) \\ = & \ \sigma_a^2 \sum_{j=0}^{\infty} \psi_j \psi_{j+k}\end{aligned} \tag{6.24}$$

이것은 다음의 관계를 의미하는데 자기상관함수는 식 (6.25)과 같다.

$$\rho_k = \frac{\sum_{j=0}^{\infty} \psi_j \psi_{j+k}}{\sum_{j=0}^{\infty} \psi_j^2} \tag{7.25}$$

분명하게, 식 (7.24)와 식 (7.25)의 자기공분산과 자기상관함수는 시차 $k$만의 함수임을 알 수 있다. 그러나 이들 식에는 무한의 합($\sum_{j}^{\infty} \cdot$)들을 포함하고 있으므로 정상적이기 위해서는 자기공분산함수 $\gamma_k$가 각 $k$에 대해서 유한하다는 것을 보여줄 필요가 있다. 즉,

$$|\gamma_k| = |E(y_t - \mu)(y_{t-k} - \mu)| \leqq [Var(y_t - \mu)\, Var(y_{t-k} - \mu)]^{1/2} = \sigma_a^2 \sum_{j=0}^{\infty} \psi_j^2$$

그러므로 $\sum_{j=0}^{\infty} \psi_j^2 < \infty$ 는 식 (7.23)의 확률과정이 정상적이기 위해서는 필요한 조건이다.

# 연습문제

1. 다음의 시계열 자료를 이용하여 물음에 답하시오.

| $t$ | 1 | 2 | 3 | 4 | 5 | 6 | 7 | 8 | 9 | 10 |
|---|---|---|---|---|---|---|---|---|---|---|
| $y_t$ | 10 | 13 | 15 | 16 | 20 | 21 | 19 | 24 | 23 | 25 |

① 1차에서 3차까지의 자기상관계수를 구하시오.

② ①에서 구한 세개의 자기상관계수에 대한 표준오차를 계산하시오.

③ ①에서 구한 자기상관계수를 이용하여 1차에서 3차까지의 부분자기상관계수를 구하시오.

④ 이들 부분자기상관계수에 대한 표준오차를 계산하시오.

⑤ 이들 부분자기상관계수에 대한 통계적 유의성을 검정하시오.

2. 다음 22년간의 A기업체의 생산품에 대한 원가비율의 자료를 이용하여 물음에 답하시오.

| 년도 | 원가비율 | 년도 | 원가비율 | 년도 | 원가비율 |
|---|---|---|---|---|---|
| 1989 | 5.80 | 1997 | 7.80 | 2005 | 9.02 |
| 1990 | 5.61 | 1998 | 8.45 | 2006 | 9.56 |
| 1991 | 5.89 | 1999 | 7.74 | 2007 | 10.78 |
| 1992 | 5.82 | 2000 | 7.60 | 2008 | 12.66 |
| 1993 | 5.81 | 2001 | 7.96 | 2009 | 14.70 |
| 1994 | 6.25 | 2002 | 8.92 | 2010 | 15.14 |
| 1995 | 6.46 | 2003 | 9.00 | | |
| 1996 | 6.97 | 2004 | 9.00 | | |

① 시계열 자료에 대한 1차에서 6차까지의 자기상관계수를 계산하시오.

② 자기상관계수에 대한 표준오차를 계산하시오.

③ 추정된 계수에 대한 통계적 유의성에 대해서 검정하시오.

④ ①에서 구한 자기상관계수를 이용하여 1차에서 6차까지의 부분자기상관계수를 계산하시오.

⑤ 이들 부분자기상관계수에 대한 표준오차를 계산하고 또한 이들 계수에대한 통계적 유의성을 검정하시오.

**3.** 표본의 크기가 80개인 자료로 부터 추정한 자기상관계수들이 다음과 같다고 하자.

| 시차 $k$ | 1 | 2 | 3 | 4 | 5 | 6 | 7 |
|---|---|---|---|---|---|---|---|
| $r_k$ | 0.51 | 0.30 | 0.25 | 0.15 | 0.10 | 0.06 | 0.05 |

① 이들 계수들의 각각에 대해서 표준오차를 계산하시오.

② 각 $r_k$에 대한 Z-통계량을 계산하고 유의성 검정을 하시오.

**4.** 표본의 크기가 60개인 자료로 부터 추정한 부분자기상관계수들은 다음과 같다.

| $k$ | 1 | 2 | 3 | 4 | 5 |
|---|---|---|---|---|---|
| $\widehat{\phi_{kk}}$ | −0.66 | −0.36 | −0.25 | 0.13 | 0.08 |

① 각 이들 계수들의 표준오차를 계산하시오.

② 각$\widehat{\phi_{kk}}$에 대한 근사적인 Z-통계량을 계산하고 유의성 검정을 하시오.

**5.** $y_t = u\sin(2\pi t) + v\cos(2\pi t)$이라고 하자. 여기서 $u$와 $v$는 각각 평균이 0이고 분산이 1인 독립확률변수이다.

① $y_t$는 엄격하게 정상적인가?

② $y_t$는 정상적인 공분산은?

**6.** 다음의 연도별 분기별자료를 이용하여 다음 물음에 답하시오.

① 1999년부터 2004년까지의 자료를 이용하여 1차에서 4차까지의 자기상관계수와 부분자기상관계수를 구하시오.

② 2006년부터 2010년까지의 자료를 이용하여 1차에서 12차까지의 자기상관계수와 부분자기상관계수를 구하시오.

| 분기 | 1999 | 2000 | 2001 | 2002 | 2003 | 2004 | 2005 | 2006 | 2007 | 2008 | 2009 | 2010 |
|---|---|---|---|---|---|---|---|---|---|---|---|---|
| 1/4 | 21.28 | 24.66 | 27.47 | 29.87 | 29.65 | 34.06 | 36.49 | 38.46 | 36.95 | 40.88 | 43.49 | 49.58 |
| 2/4 | 24.52 | 27.96 | 32.01 | 33.06 | 33.99 | 38.25 | 41.35 | 42.39 | 40.01 | 45.54 | 47.75 | 56.05 |
| 3/4 | 28.92 | 32.98 | 36.23 | 38.59 | 38.86 | 43.22 | 46.13 | 44.97 | 46.30 | 50.06 | 53.95 | 63.21 |
| 4/4 | 24.04 | 27.35 | 29.74 | 30.12 | 33.08 | 36.85 | 38.00 | 37.10 | 39.55 | 42.50 | 48.04 | 55.95 |

제 08 장

# 정상시계열모형

## 8.1 자기회귀모형

시계열의 현재값은 현재 관측값을 설명하여 주는 시계열의 이전값들과 설명하여 주지 못하는 부분 $a_t$의 선형결합으로 표시할 수 있다. 즉, 일반적으로 차수가 $p$인 자기회귀모형(autoregressive model : AR 모형)은 식 (8.1)과 같으며 이것은 $y_t$ 계열의 시차변수(lagged variables)를 회귀분석에 응용한 형태를 취한다. 즉 이 모형은 회귀방정식인 $y_t = \alpha + \beta_1 x_1 + \cdots + \beta_p x_p + \epsilon_t$와 같은 형태를 취하기 때문이다. 회귀방정식과의 차이점은 자기회귀모형의 독립변수들이 종속변수인 $y_t$와 시차가 각각 1, 2, …, $p$인 시차 변수 $x_1 = y_{t-1}, x_2 = y_{t-2}, \cdots, x_p = y_{t-p}$ 들로 이루어졌다는 것이다. 즉,

$$y_t = \emptyset_1 y_{t-1} + \emptyset_2 y_{t-2} + \cdots + \emptyset_p y_{t-p} + a_t \tag{8.1}$$

여기서 $y_t$는 종속변수, $y_{t-1}, y_{t-2}, y_{t-p}$들은 독립변수이며 $a_t$는 평균이 0이고 분산이 $\sigma_a^2$ 인 백색잡음이다.

그런데, 여기서 후향연산자(backward-shift operator)의 개념을 이용하기로 한다. 후향연산자는 $B^m$ 으로 정의하며 연산의 지수 $m$은 차수를 나타낸다. 후향연산자의 예를 보이면 다음과 같다.

$$(B^m)y_t = y_{t-m} \qquad (B^m)a_t = a_{t-m}$$
$$(B^5)y_t = y_{t-5} \qquad (B^5)a_t = a_{t-5}$$
$$(1 - B - B^2)y_t = y_t - y_{t-1} - y_{t-2} \qquad (1 - B^4)a_t = a_t - a_{t-4}$$

위의 후향연산자 표시방법을 이용하면 식 (7.1)은 다음과 같이 표시된다.

$$(1-\phi_1 B-\phi_2 B^2- \cdots -\phi_p B^p)y_t = a_t \qquad (8.2)$$
$$\phi(B)y_t = a_t$$

여기서 $\phi_p(B)=(1-\phi_1 B- \cdots -\phi_p B^p)$이다.

$\sum_{j=1}^{p} |\phi_j| < \infty$이므로 이 확률과정은 항상 가역적(invertible)이며 정상적이기 위해서는 $\phi_p(B)=0$의 근들이 단위원의 외부에 있어야 한다. 즉 $\phi_p(B)=0$의 근의 절대값이 1보다 커야한다.

### 8.1.1 일차자기회귀모형 [AR(1)모형]

#### 1) 정상성의 조건

일차자기회귀모형[first-order autoregressive model : AR(1)]은 다음과 같다.

$$y_t = \phi_1 y_{t-1} + a_t \qquad (8.3)$$

혹은,

$$(1-\phi_1 B)y_t = a_t$$

이 확률과정은 항상 가역적이다. 그리고 정상적이기 위해서는 $(1-\phi_1 B)$의 근은 단위원의 외부에 있어야 한다.

특히 이 모형의 $y_t$가 오직 바로 이전의 관측값에만 의존된다는 의미에서 마코브과정(Markov Process)이라고도 한다. 식 (8.3)의 $y_t=(1-\phi B)^{-1}a_t$에서 $(1-\phi B)^{-1}$를 전개시키면 다음과 같이 선형결합의 형태가 된다. 이 경우 $\phi_j$는 $\phi^j$가 된다.

$$\begin{aligned} y_t &= (1-\phi B)^{-1}a_t \\ &= (1+\phi B+\phi^2 B^2+ \cdots )a_t \\ &= a_t + \phi a_{t-1} + \phi^2 a_{t-2} + \cdots \end{aligned}$$

이러한 전개과정에서 $|\phi| < 1$이 성립되어야 하며 그렇지 않으면 가중값 $\phi_j$가 수렴하지 않게 된다. 즉 AR(1)과정의 정상성의 조건은 $|\phi| < 1$이 된다.

#### 2) 자기상관함수와 부분자기상관함수

AR(1)모형의 분산은

$$\begin{aligned} Var(y_t) &= Var(\phi_1 y_{t-1} + a_t) \\ &= \phi_1^2 Var(y_{t-1}) + Var(a_t) \end{aligned}$$

$$\sigma^2 = \phi_1^2 \sigma^2 + \sigma_a^2$$

$$\sigma^2 = \frac{\sigma_a^2}{1-\phi_1^2} = \gamma_0$$

이제 AR(1)모형의 자기상관함수(ACF)를 구해보기로 한다. 식 (8.3)의 양변에 $y_{t-k}$를 곱한 후 기대값을 취하면

$$E(y_t y_{t-k}) = \phi_1 E(y_{t-1} y_{t-k}) + E(a_t y_{t-k})$$

와 같이 되어 자기공분산을 다음과 같이 구할 수 있다.

$$\gamma_k = \phi_1 \gamma_{k-1} \qquad k \geq 1 \tag{8.4}$$

$\gamma_k$에 $k=$ 1,2,⋯를 대입하여 정리하면

$$\begin{aligned} \gamma_k &= \phi_1 \gamma_{k-1} = \phi_1^2 \gamma_{k-2} = \cdots = \phi_1^k \gamma_0 \\ &= \frac{\phi_1^k \sigma_a^2}{1-\phi_1^2} = \phi_1^k \gamma_0 \end{aligned}$$

따라서 자기상관함수는

$$\rho_k = \phi_1 \rho_{k-1} = \phi_1^k \qquad k \geq 1 \tag{8.5}$$

여기서 $\rho_0 = 1$이다. 그러므로 $|\phi_1| < 1$이고 확률과정이 정상적일 때 자기상관함수는 $\phi_1$의 부호에 따라서 지수적으로 감소하게 된다. $0 < \phi_1 < 1$이면 모든 자기상관계수는 양의 값을 갖고 지수적으로 감소한다. 그리고 $-1 < \phi_1 < 0$이면 자기상관함수는 상하로(음과 양)로 진동하면서 감소하는 것을 알 수 있다.

AR(1)과정에 대한 부분자기상관함수는 크레머(Cramer)공식에 의하여 다음과 같이 된다.

$$\phi_{kk} = \begin{cases} \phi_{11} = \rho_1 = \phi_1 & k = 1 \\ 0 & k \geq 2 \end{cases} \tag{8.6}$$

그러므로 부분자기상관함수는 시차가 1인 경우에만 $\phi_1$의 값을 갖고 나머지 시차에서는 0의 값을 갖는 절단형태를 띠고 있음을 알 수 있다.

**예제 8-1**

다음은 1990년부터 1994년 12월까지 치즈소비량을 나타내는 데이터이다. 이 자료에 의해서 구한 AR(1) 모형은 $y_t = 0.56y_{t-1} + a_t$ 이다. 이 모형에 대한 자기상관함수와 부분자기상관함수의 그래프를 구하시오(자료명 : exm8-1.sav)

| | 1990년 | 1991년 | 1992년 | 1993년 | 1994년 |
|---|---|---|---|---|---|
| 1월 | 4.4 | −5.1 | −2.9 | 4.5 | 11.7 |
| 2월 | 5.8 | −4.9 | 1.5 | 6.1 | 5.8 |
| 3월 | 6.7 | 0.1 | 5.7 | 6.7 | 11.5 |
| 4월 | 7.1 | 4.1 | 5 | 6.1 | 11.7 |
| 5월 | 5.7 | 3.8 | −5.4 | 6.0 | 5 |
| 6월 | 4.1 | 9.9 | 6.8 | 8.6 | 10 |
| 7월 | 4.6 | 0 | 7.1 | −2.1 | 8.9 |
| 8월 | 4.3 | 6.5 | 4.1 | 7.6 | 7.1 |
| 9월 | 2 | 5.6 | 5.5 | 10.9 | 8.3 |
| 10월 | 2.2 | 4.1 | 5.1 | 10.6 | 10.2 |
| 11월 | 3.6 | 2.7 | −5.4 | 14.5 | 13.3 |
| 12월 | −2.2 | −2.9 | 5.6 | 17.4 | 6.2 |

**풀이**

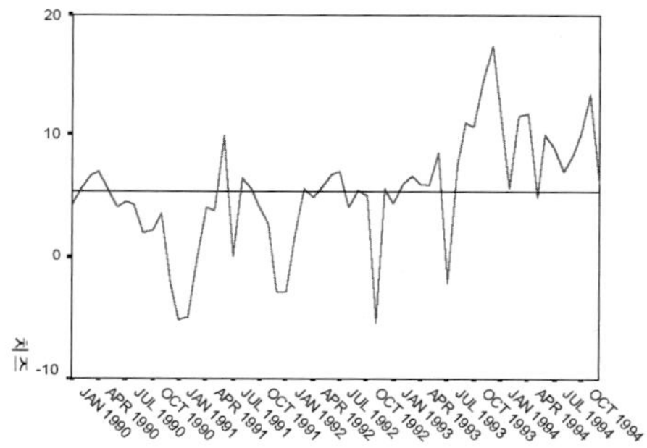


<그림 8.1> 시계열 도표(원자료)

시계열 도표로 확인한 결과 관측된 시계열은 시간이 흐름에 따라 추세가 존재하지 않음을 알 수 있다. 결국 정상시계열임을 알 수 있다. 따라서 이 모형에 대한 자기상관함수와 부분자기상관함수의 그래프는 <그림 8.2>와 같다.

이 모형의 ø값이 양수이므로 인접한 관측값들이 유사한 부호를 가지며 또한 ø = 0.56으로 현재 시계열 값이 바로 전 시점의 시계열 값에 영향을 받는 정도(자기상관함수)가 작지 않으므로 시계열 값의 변화정도가 심하지 않고 부드러움을 알 수 있다. 또한 자기상관함수는 시차가 증가함에 따라 지수적으로 감소하는 모습을 보이고 부분자기상관함수는 시차 1에서만 양으로 유의한 값을 가지며 나머지 시차에서는 신뢰한계내에 들어와 시차 1이후에 절단되는 모습을 보이고 있다.

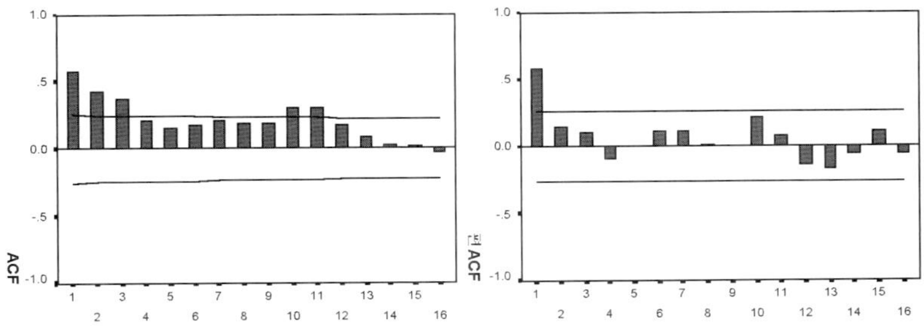


<그림 8.2> ACF 및 PACF

**예제 8-2**

다음은 1995년부터 1999년 12월까지의 월별 건축허가 면적에 대한 자료이다. 이 자료에 의해서 구한 AR(1)모형은 $y_t = -0.43y_{t-1} + a_t$이다. 이 모형에 대한 자기상관함수와 부분자기상관함수의 그래프를 구하고 설명하시오(자료명 : exm8-2.sav).

| 연도 | 건축허가면적 | 연도 | 건축허가면적 | 연도 | 건축허가면적 |
|---|---|---|---|---|---|
| 1995 | 2550 | 1996 | 9958 | 1998 | 7425 |
| 1995 | 3923 | 1996 | 9629 | 1998 | 5665 |
| 1995 | 9169 | 1996 | 9235 | 1998 | 4362 |
| 1995 | 4582 | 1996 | 5321 | 1998 | 7562 |
| 1995 | 5532 | 1997 | 7607 | 1998 | 5791 |
| 1995 | 10256 | 1997 | 8125 | 1998 | 8823 |
| 1995 | 11023 | 1997 | 10327 | 1998 | 7493 |
| 1995 | 8108 | 1997 | 12469 | 1998 | 13150 |
| 1995 | 6344 | 1997 | 10806 | 1999 | 8211 |
| 1995 | 11245 | 1997 | 9944 | 1999 | 8820 |
| 1995 | 5327 | 1997 | 13251 | 1999 | 11885 |
| 1995 | 8023 | 1997 | 7569 | 1999 | 10012 |
| 1996 | 5903 | 1997 | 8918 | 1999 | 10619 |
| 1996 | 6865 | 1997 | 6002 | 1999 | 10274 |
| 1996 | 10442 | 1997 | 4693 | 1999 | 9808 |
| 1996 | 11189 | 1997 | 5473 | 1999 | 9930 |
| 1996 | 12574 | 1998 | 9695 | 1999 | 10275 |
| 1996 | 9857 | 1998 | 6642 | 1999 | 13452 |
| 1996 | 10934 | 1998 | 5678 | 1999 | 10839 |
| 1996 | 11671 | 1998 | 7966 | 1999 | 12527 |

**풀이** 시계열 도표로 확인된 시계열 자료는 약간의 추세가 있다. 따라서 이 자료에 대해서 $\log(y_t)$를 취하고 1차 차분한 자료를 이용해서 자기상관함수와 부분자기상관함수의 그래프를 나타내면 <그림 8.4>와 같다.

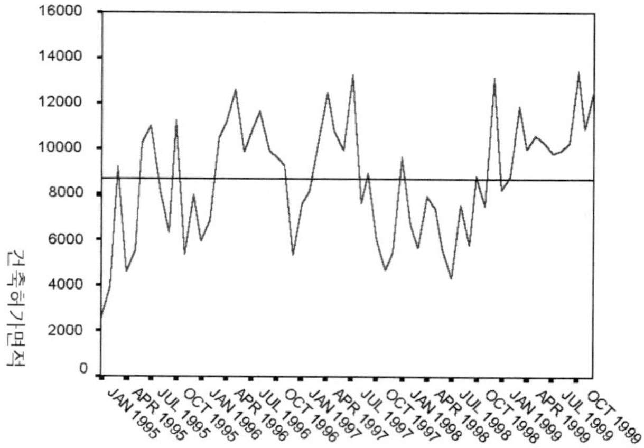


<그림 8.3> 시계열 도표(원자료)

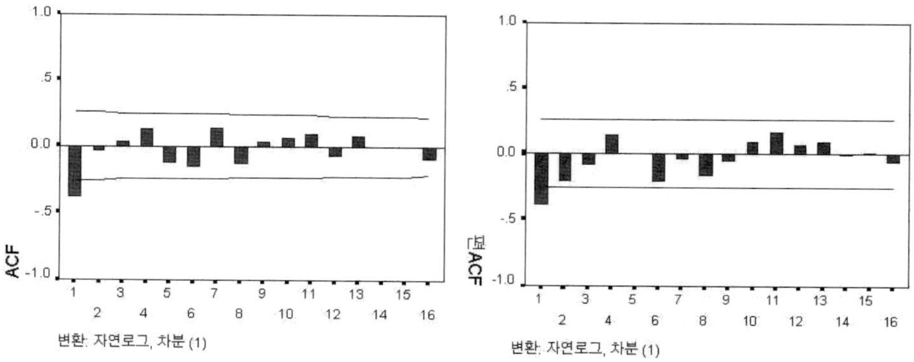


<그림 8.4> ACF 및 PACF

이 모형의 $y_t = -0.43y_{t-1} + a_t$에서 ø값이 음수이므로 인접한 관측값들이 유사한 부호를 가지며 현재 시계열 값이 바로 전 시점의 시계열 값에 영향을 받은 정도(자기상관함수)가 작으므로 시계열의 변화정도가 심하지 않고 부드러움을 알 수가 있다. 또한 자기상관함수는 시차가 증가함에 따라 지수적으로 감소하는 모습을 보이고 있으며 또한 부분자기상관함수도 시차 1에서만 은의 값을 가지며 나머지 시차에서는 신뢰한계내에 들어와 시차 1이후에 절단되는 모습을 보이고 있음을 알 수 있다.

## 8.1.2 이차자기회귀모형 [AR(2)모형]

### 1) 정상성의 조건

이차자기회귀 AR(2)모형은

$$y_t = \phi_1 y_{t-1} + \phi_2 y_{t-2} + a_t \tag{8.7}$$

이며 이 식은 후향연산자 B를 사용하여 나타내면 다음과 같이 된다.

$$(1-\phi_1 B - \phi_2 B^2)\ y_t = a_t \tag{8.8}$$

혹은

$$y_t = (1-\phi_1 B - \phi_2 B^2)^{-1} a_t$$

이제 AR(2)과정의 정상성의 조건을 알아보기 위하여 $\phi(B) = 1-\phi_1 B - \phi_2 B^2 = 0$의 근들을 $B_1$과 $B_2$라 하자. 그러면 $B_1$과 $B_2$는 다음식과 같이 얻어진다. 즉

$$B_1 = \frac{-\phi_1 + \sqrt{\phi_1^2 + 4\phi_2}}{2\phi_2}$$
$$B_2 = \frac{-\phi_1 - \sqrt{\phi_1^2 + 4\phi_2}}{2\phi_2}$$

이 두근의 절대값이 모두 1보다 커야 한다. 이러한 조건하에서 두 근의 관계를 정리하면 AR(2)모형의 정상성 조건을 다음과 같이 얻을 수 있다. 즉

$$\begin{aligned} &\phi_2 + \phi_1 < 1 \\ &\phi_2 - \phi_1 < 1 \\ &-1 < \phi_2 < 1 \end{aligned} \tag{8.9}$$

**예제 8-3**

$\phi_1 = 0.08, \phi_2 = -0.15, (1-0.8B+0.15B^2) = (1-0.5B)(1-0.3B) = 0$의 해는 $\frac{1}{B_1} = \frac{1}{0.5} = 2, \frac{1}{B_2} = \frac{1}{0.3} = \frac{10}{3}$이며, 이것은 절대값에서 1보다 크므로 이 과정은 정상적이라고 할 수 있다.

**예제 8-4**

$\phi_1 = 1.5$, $\phi_2 = -0.5$, 특성방정식 $(1-1.5B+0.5B^2)=(1-B)(1-0.5B)=0$은 $B=1$에서 한 개의 근을 갖기 때문에 이 과정은 정상적이라고 할 수 없다.

**예제 8-5**

$\phi_1 = 1, \phi_2 = -0.5$, 특성방정식 $1-B+0.5B^2=0$의 해는 다음과 같이 허근을 갖는다. 즉, $\frac{1}{B_1}=1+i$, $\frac{1}{B_2}=1-i$ 이런 경우에는 $\left|\frac{1}{B_1}\right| = \left|\frac{1}{B_2}\right| = \sqrt{2}$이므로 이 과정은 정상적이다.

### 2) 자기상관함수와 부분자기상관함수

정상성에 대한 조건이 만족되면 AR(2)과정의 공분산과 자기상관함수를 다음과 같이 구할 수 있다.

우선 식 (8.7)의 양변에 $y_{t-k}$를 곱하고 기대값을 취하면 다음과 같다.

$$E(y_t y_{t-k}) = \phi_1 E(y_{t-1} y_{t-k}) + \phi_2 E(y_{t-2} y_{t-k}) + E(a_t y_{t-k})$$

혹은,

$$\gamma_k = \phi_1 \gamma_{k-1} + \phi_2 \gamma_{k-2} + E(a_t y_{t-k}) \tag{8.10}$$

그런데 $y_{t-k}$은 단지 $a_{t-k}, a_{t-k-1}, \cdots$에만 의존되므로

$$E(a_t y_{t-k}) = \begin{cases} \sigma^2 & k=0 \\ 0 & k=1,2,\cdots \end{cases}$$

이다. 따라서 식 (8.10)은 다음과 같이 된다.

$$\gamma_0 = \phi_1 \gamma_{-1} + \phi_2 \gamma_{-2} + \sigma^2 = \phi_1 \gamma_1 + \phi_2 \gamma_2 + \sigma^2, \qquad k=0 \tag{8.11}$$

$$\gamma_k = \phi_1 \gamma_{k-1} + \phi_2 \gamma_{k-2}, \qquad k>0$$

그리고 식 (7.11)을 $\gamma_0$로 나누어 주면 다음과 같은 자기상관함수가 구해진다.

$$\rho_k = \phi_1 \rho_{k-1} + \phi_2 \rho_{k-2} \qquad k = 1, 2, \cdots \tag{8.12}$$

혹은

$$(1 - \phi_1 B - \phi_2 B^2)\rho_k = 0$$

이다. 식 (8.12)에 $k = 1, 2$의 값을 대입하여 얻은 방정식

$$\begin{cases} \rho_1 = \phi_1 + \phi_2 \rho_2 \\ \rho_2 = \phi_1 \rho_1 + \phi_2 \end{cases} \tag{8.13}$$

을 AR(2)과정의 율-워커(Yule-Walker)방정식이라 한다. 이러한 율-워커방정식을 $\phi_1, \phi_2$에 대하여 정리하면

$$\phi_1 = \frac{\rho_1(1-\rho_2)}{1-\rho_2^2}, \qquad \phi_2 = \frac{\rho_2(1-\rho_1^2)}{1-\rho_1^2} \tag{8.14}$$

이 된다.

이제 율-워커방정식을 이용하여 AR(2)모형의 자기상관함수를 구하면 다음과 같다.

$$\rho_1 = \frac{\phi_1}{1-\phi_2}, \quad \rho_2 = \frac{\phi_1^2}{1-\phi_2} + \phi_2 \tag{8.15}$$

이외의 차수에 대해서는 식 (8.12)을 이용하여 $\rho_k$를 구할 수 있다. 식 (8.11)의 첫번째식은 $\gamma_0(1 - \phi_1\rho_1 - \phi_2\rho_2) = \sigma^2$으로 쓸 수 있다. 따라서, $\rho_1$과 $\rho_2$을 대체하므로써 $y_t$에 대한 분산은 다음과 같다.

$$\gamma_0 = \frac{1-\phi_2}{1+\phi_2}\frac{\sigma^2}{(1-\phi_2)^2 - \phi_1^2} = \frac{1-\phi_2}{1+\phi_2}\frac{\sigma^2}{(1-\phi_2-\phi_1)(1-\phi_2+\phi_1)} \tag{8.16}$$

식 (8.16)의 $\gamma_0$는 분산으로 양의 값을 갖는다. 따라서 분자인 $(1-\phi_2) > 0$이며 분모인 $(1+\phi_2) > 0$는 $\phi_2 > -1$이며 또한 $1 - \phi_2 - \phi_1 > 0$이며 $1 - \phi_2 + \phi_1 > 0$이어야 한다. 그러므로 $\phi_1 + \phi_2 < 1$, $\phi_2 - \phi_1 < 1$이 된다.

만약 $y_t$가 정상적이라면 그땐 $0 < \gamma_0 < \infty$이며 식 (7.16)는 앞에서 설명한 정상적 조건을 만족시킴에 틀림없다.

이제 AR(2)과정의 부분자기상관함수(PACF)에 대해서 설명하기로 하자.

AR(2)과정에 대해서 $k \geq 1$인 경우에

$$\rho_k = \phi_1 \rho_{k-1} + \phi_2 \rho_{k-2}$$

라는 사실은 전술한 바와 같다. 따라서 크레머공식으로 부터 1차, 2차, 그리고 3차에 대한 부분자기상관함수를 구하면 다음과 같다. 즉

$$\phi_{11} = \rho_1 = \frac{\phi_1}{1-\phi_2}$$

$$\phi_{22} = \frac{\begin{vmatrix} 1 & \rho_1 \\ \rho_1 & \rho_2 \end{vmatrix}}{\begin{vmatrix} 1 & \rho_1 \\ \rho_1 & 1 \end{vmatrix}} = \frac{\rho_2 - \rho_1^2}{1-\rho_1^2}$$

$$= \frac{\left(\dfrac{\phi_1^2 + \phi_2 - \phi_2^2}{1-\phi_2}\right) - \left(\dfrac{\phi_1}{1-\phi_2}\right)^2}{1-(\dfrac{\phi_1}{1-\phi_2})^2} = \phi_2$$

$$\phi_{33} = \frac{\begin{vmatrix} 1 & \rho_1 & \rho_1 \\ \rho_1 & 1 & \rho_2 \\ \rho_2 & \rho_1 & \rho_3 \end{vmatrix}}{\begin{vmatrix} 1 & \rho_1 & \rho_2 \\ \rho_1 & 1 & \rho_1 \\ \rho_2 & \rho_1 & 1 \end{vmatrix}} = \frac{\begin{vmatrix} 1 & \rho_1 & \phi_1 + \phi_2\rho_1 \\ \rho_1 & 1 & \phi_1\rho_1 + \phi_2 \\ \rho_2 & \rho_1 & \phi_1\rho_2 + \phi_2\rho_1 \end{vmatrix}}{\begin{vmatrix} 1 & \rho_1 & \rho_2 \\ \rho_1 & 1 & \rho_1 \\ \rho_2 & \rho_1 & 1 \end{vmatrix}} = 0$$

위에서 계산된 결과를 보면 $k \ge 3$에 대해서 $\phi_{kk} = 0$임을 알 수 있다. 즉 2차 자기회귀과정의 부분자기 상관함수들은 시차가 1에서 2까지는 0이 아닌 값을 가지지만 시차 3이 차수 2보다 큰 경우에는 0이 된다. 그러므로 AR(2)과정의 부분자기상관함수는 시차 2이후에 절단된다.

**예제 8-6**

다음은 1990년 9월부터 2000년 7월까지의 우리나라 해상운송(출하)량 자료이다. 이 자료에 의해서 구한 AR(2) 모형은 $y_t = 0.012 - 0.59y_{t-1} - 0.41y_{t-2} + a_t$이다. 이 모형에 대한 자기상관함수와 부분자기상관함수의 그래프를 구하시오. (자료명 : Exm8-6.sav).

| 시점 | | 출하량 | 시점 | | 출하량 | 시점 | | 출하량 | 시점 | | 출하량 |
|---|---|---|---|---|---|---|---|---|---|---|---|
| 1990 | 09 | 9143636 | 1993 | 03 | 14391342 | 1995 | 09 | 16232354 | 1998 | 03 | 23431983 |
| | 10 | 9782907 | | 04 | 12923116 | | 10 | 19099213 | | 04 | 22845370 |
| | 11 | 6582992 | | 05 | 13233459 | | 11 | 18706486 | | 05 | 22934456 |
| | 12 | 10083758 | | 06 | 13466288 | | 12 | 19088094 | | 06 | 20309524 |
| 1991 | 01 | 10590676 | | 07 | 13875731 | 1996 | 01 | 18809587 | | 07 | 20983299 |
| | 02 | 8979485 | | 08 | 14404797 | | 02 | 16309715 | | 08 | 20127768 |
| | 03 | 10565369 | | 09 | 14979986 | | 03 | 19443239 | | 09 | 20212766 |
| | 04 | 10439017 | | 10 | 13409539 | | 04 | 19267068 | | 10 | 20891438 |
| | 05 | 10523714 | | 11 | 15693064 | | 05 | 21147426 | | 11 | 22173646 |
| | 06 | 10240766 | | 12 | 15932298 | | 06 | 17874403 | | 12 | 23766936 |
| | 07 | 10337110 | 1994 | 01 | 16328505 | | 07 | 19870409 | 1999 | 01 | 19310325 |
| | 08 | 10712700 | | 02 | 13898992 | | 08 | 18948486 | | 02 | 17424585 |
| | 09 | 10308544 | | 03 | 17001856 | | 09 | 20602535 | | 03 | 22850941 |
| | 10 | 11476667 | | 04 | 15900467 | | 10 | 20618471 | | 04 | 22477473 |
| | 11 | 11537140 | | 05 | 15349158 | | 11 | 20931322 | | 05 | 21820908 |
| | 12 | 11819374 | | 06 | 14600853 | | 12 | 23877133 | | 06 | 23352597 |
| 1992 | 01 | 12067459 | | 07 | 15978166 | 1997 | 01 | 19940800 | | 07 | 23150064 |
| | 02 | 10586037 | | 08 | 14968829 | | 02 | 18673788 | | 08 | 22337033 |
| | 03 | 12534270 | | 09 | 15591445 | | 03 | 22276538 | | 09 | 20515012 |
| | 04 | 12206253 | | 10 | 17264777 | | 04 | 22916860 | | 10 | 26191217 |
| | 05 | 11665339 | | 11 | 17122105 | | 05 | 20941052 | | 11 | 24762481 |
| | 06 | 12521922 | | 12 | 18402352 | | 06 | 20199578 | | 12 | 24535343 |
| | 07 | 11771371 | 1995 | 01 | 17275504 | | 07 | 22382589 | 2000 | 01 | 22461914 |
| | 08 | 11703927 | | 02 | 17656908 | | 08 | 21799709 | | 02 | 20719947 |
| | 09 | 10922222 | | 03 | 18926410 | | 09 | 21602746 | | 03 | 23431686 |
| | 10 | 13360812 | | 04 | 18012455 | | 10 | 23010916 | | 04 | 23531837 |
| | 11 | 13558398 | | 05 | 18110800 | | 11 | 22958668 | | 05 | 24826695 |
| | 12 | 14548513 | | 06 | 17446721 | | 12 | 22705071 | | 06 | 24048709 |
| 1993 | 01 | 12217376 | | 07 | 17843682 | 1998 | 01 | 18179881 | | 07 | 47287433 |
| | 02 | 11948264 | | 08 | 17572523 | | 02 | 20029760 | | | |

**풀이** 시계열 자료에 의하면 시간이 지남에 따라 추세가 뚜렷하게 나타나고 있음을 알 수 있다. 따라서 이 자료에 대해서 $\log(y_t)$를 위하고 1차 차분한 자료를 이용해서 자기상관함수와 부분자기상관함수의 그래프를 나타내면 <그림 8.6>과 같다.

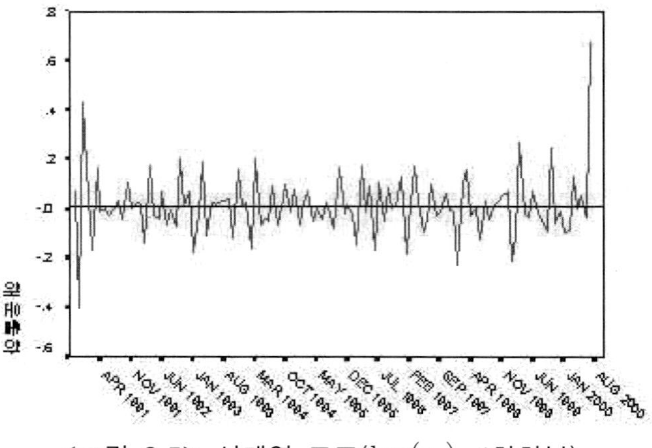

<그림 8.5> 시계열 도표($\log(y_t)$, 1차차분)

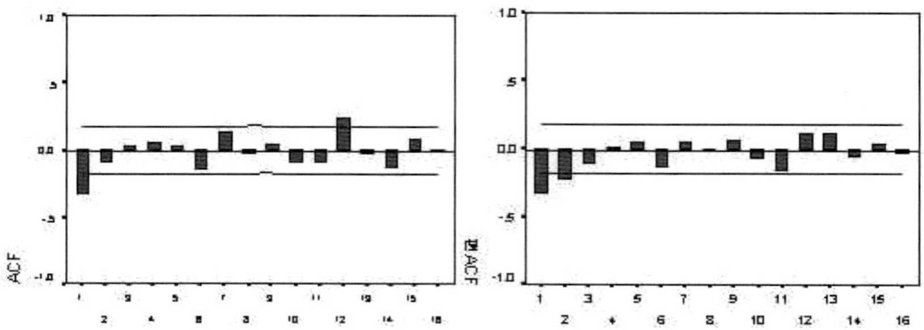

<그림 8.6> ACF 및 PACF

이 모형의 $y_t = 0.01 - 0.59y_{t-1} - 0.41y_{t-2} + a_t$에서 모수 $\varnothing$값이 음수이므로 인접 시차의 시계열 값이 상이하고 변화가 약간 있으며 자기상관함수는 부호를 달리하며 감소하고 있고 부분자기상관함수는 역시 시차 2까지 음수로 통계적으로 유의한 값을 가지며 그 이후에는 신뢰한계내에 들어오는 절단된 형태를 보이고 있음을 알 수 있다.

## 8.1.3 $p$–차 자기회귀모형 [AR(P)모형]

### 1) 정상성의 조건

$p$차의 일반적인 자기회귀모형은 다음과 같이 쓸 수 있다.

$$y_t - \varnothing_1 y_{t-1} - \cdots - \varnothing_p y_{t-p} = a_t$$

혹은

$$(1-\varnothing_1 B- \cdots -\varnothing_p B^p)y_t = a_t \tag{8.17}$$

$$\varnothing(B)y_t = a_t$$

AR(p)모형이 정상성조건을 만족하려면 특성방정식

$$\varnothing(B) = 1-\varnothing_1 B-\varnothing_2 B^2- \cdots -\varnothing_p B^p = 0$$

의 모든 근의 절대값이 1보다 커야한다.

### 2) 자기상관함수와 부분자기상관함수

이 모형이 정상성을 만족한다고 가정하면 AR(P)모형의 자기공분산함수는 다음과 같이 구해진다.

$$\gamma_0 = \varnothing_1\gamma_1 + \varnothing_2\gamma_2 + \cdots + \varnothing_p\gamma_p + \sigma^2$$

$$\gamma_0 = \frac{\sigma^2}{1-\varnothing_1\rho_1-\varnothing_2\rho_2- \cdots -\varnothing_p\rho_p}$$

또한

$$\gamma_k = \varnothing_1\gamma_{k-1} + \varnothing_2\gamma_{k-2} + \cdots + \varnothing_p\gamma_{k-p}, \qquad k \geq 1$$

가 되므로 자기상관함수는 다음 식과 같이 된다.

$$\rho_k = \frac{\gamma_k}{\gamma_0} = \varnothing_1\rho_{k-1} + \varnothing_2\rho_{k-2} + \cdots + \varnothing_p\rho_{k-p} \tag{8.18}$$

이 때 식 (8.18)에서 우리들은 다음과 같은 p개의 방정식들을 『율-워커』 방정식(Yule- Walker equations)이라고 한다.

$$\begin{aligned} k &= 1: \rho_1 = \varnothing_1 + \rho_1\varnothing_2 + \cdots + \rho_{p-1}\varnothing_p \\ k &= 2: \rho_2 = \rho_1\varnothing_1 + \varnothing_2 + \cdots + \rho_{p-2}\varnothing_p \\ &\vdots \\ k &= p: \rho_p = \rho_{p-1}\varnothing_1 + \rho_{p-2}\varnothing_2 + \cdots + \varnothing_p \end{aligned}$$

이 방정식을 행렬로 나타내면 다음과 같다.

$$\boldsymbol{\rho} = \boldsymbol{P}\boldsymbol{\varnothing} \tag{8.19}$$

여기서 $\boldsymbol{\rho}= (\rho_1,\rho_2,\cdots,\rho_p)'$, $\boldsymbol{\varnothing}= (\varnothing_1,\varnothing_2,\cdots,\varnothing_p)'$,

$$P = \begin{vmatrix} 1 & \rho_1 & \rho_2 & \cdots & \rho_{p-1} \\ \rho_1 & 1 & \rho_1 & \cdots & \rho_{p-2} \\ \vdots & \vdots & \vdots & \ddots & \vdots \\ \rho_{p-1} & \rho_{p-2} & \rho_{p-3} & \cdots & 1 \end{vmatrix}$$

식 (8.19)를 AR(p)의 계수인 $\boldsymbol{\phi}$에 대한 식으로 나타내면

$$\boldsymbol{\phi} = P^{-1}\boldsymbol{\rho} \tag{8.20}$$

가 되어 이론적 자기상관계수의 추정값인 표본자기상관계수$(r_1, r_2, \cdots, r_p)$를 이 식에 대입시키면 $\phi_1, \phi_2, \cdots, \phi_p$의 적률추정값 (moment estimate)

$$\hat{\boldsymbol{\phi}} = P^{-1}\boldsymbol{r} \tag{8.21}$$

을 구할 수 있다.

이제 $p$차 자기회귀과정의 부분자기상관함수에 대하여 설명하기로 한다. 부분자기상관함수(partial autocorrelation function)은 AR($p$)과정이 무한한 범위의 자기상관함수를 포함하고 있는 사실을 이용함으로써 자기상관의 $p$개의 비부함수(non-negative function)들에 의하여 설명할 수 있다. 이때, AR($k$)의 $j$번째 자기상관계수를 $\phi_{kj}$로 표시하면, 마지막 계수인$\phi_{kk}$를 부분자기상관함수라 한다. 시차 $k$의 부분자기상관이란 AR($k$)모형의 $k$번째 회귀계수를 의미한다. 즉, AR($k$)모형

$$y_t = \phi_{k1}y_{t-1} + \phi_{k2}y_{t-2} + \cdots + \phi_{kk}y_{t-k} + a_t \tag{8.22}$$

에서 $k$번째 회귀 계수인 $\phi_{kk}$가 시계열 $y_t$와 $y_{t-k}$(시차 $k$)사이의 부분자기상관계수가 된다. 식 (8.18)에서 나타난것과 같이 $y_t$와 $y_{t-k}$사이의 자기상관계수인 $\rho_k$는 상당부분이 제 3의 변수들인 $y_{t-1}, y_{t-2}, \cdots, y_{t-k+1}$과의 자기상관을 반영하고 있으므로 , $y_t$와 $y_{t-k}$사이 만의 자기상관을 도출하려면, 이들 부분자기상관을 이용하여야 한다. 그러므로 부분자기상관이란 시계열중 제3의 변수들을 제거시킨후 구한 $y_t$와 $y_{t-k}$만의 자기상관을 의미하며 $\phi_{kk}$, $k = 1,\ 2,\ \cdots,\ p$로 표기한다. 일반적으로 부분자기상관 $\phi_{kk}$를 계산하기 위해서는 식 (8.18)의 율-위커(Yule-Walker)방정식을 식 (8.22)의 표기에 알맞도록 다음과 같이 변형시켜 구한다.

$$\begin{bmatrix} \rho_1 \\ \rho_2 \\ \vdots \\ \rho_k \end{bmatrix} = \begin{bmatrix} 1 & \rho_1 & \cdots & \rho_{k-1} \\ \rho_1 & 1 & \cdots & \rho_{k-2} \\ \vdots & \vdots & \ddots & \vdots \\ \rho_{k-1} & \rho_{k-2} & \cdots & 1 \end{bmatrix} \begin{bmatrix} \phi_{k1} \\ \phi_{k2} \\ \vdots \\ \phi_{kk} \end{bmatrix} \tag{8.23}$$

식 (8.23)으로 부터 부분자기상관함수$\varnothing_{kk}$를 『크레머』(Cramer)법으로 구하면 다음과 같다.

$$\varnothing_{kk} = \frac{\begin{vmatrix} 1 & \rho_1 & \cdots & \rho_{k-2} & \rho_1 \\ \rho_1 & 1 & \cdots & \rho_{k-3} & \rho_2 \\ \vdots & \vdots & \ddots & \vdots & \vdots \\ \rho_{k-1} & \rho_{k-2} & \cdots & \rho_1 & \rho_k \end{vmatrix}}{\begin{vmatrix} 1 & \rho_1 & \cdots & \rho_{k-2} & \rho_{k-1} \\ \rho_1 & 1 & \cdots & \rho_{k-3} & \rho_{k-2} \\ \vdots & \vdots & \ddots & \vdots & \vdots \\ \rho_{k-1} & \rho_{k-2} & \cdots & \rho_1 & 1 \end{vmatrix}} \tag{8.24}$$

따라서 부분자기상관함수(PACF)란 부분자기상관계수 $\varnothing_{kk}$를 시차 $k$의 함수 형태로 나타낸 것이다.

$$AR(1): \varnothing_{11} = \rho_1 = \varnothing, \qquad k>1 \text{ 일때는 } \varnothing_{kk}=0$$

$$AR(2): \varnothing_{11} = \rho_1,\ \varnothing_{22} = \frac{\rho_2-\rho_1^2}{1-\rho_1^2}, \qquad k>2 \text{ 일때는 } \varnothing_{kk}=0$$

$$AR(p): \varnothing_{11} = \rho_1,\ \varnothing_{22} = \frac{\rho_2-\rho_1^2}{1-\rho_1^2},$$
$$\varnothing_{33} \neq 0, \cdots, \varnothing_{PP} \neq 0, \qquad k>p \text{ 일때는 } \varnothing_{kk}=0$$

위에서 본 바와 같이 자기회귀과정의 차수($p$)보다 큰 시차를 가진 시계열 사이의 부분자기상관은 0임을 알 수 있다. AR($p$)과정의 이러한 자기상관함수의 형태와 병행하여 사용하면, AR과정의 차수를 쉽게 결정할 수 있다. 일반적으로 AR($p$)과정에서의 자기상관함수와 부분자기상관함수의 특성을 요약하면 다음과 같다.

첫째 AR($p$)과정의 자기상관함수는 시차가 $k$가 증가함에 따라 지수적으로 혹은 『사인』(sine)곡선의 형태로 지수적으로 감소한다.

둘째 AR($p$)과정의 부분자기상관함수는 시차 $k$가 차수 $p$보다 크면 0이 된다.

## 8.2 이동평균모형

자기회귀모형과 다른 형태의 정상확률모형은 슬럿츠키(E.Slutzky)가 제안한 이동평균모형(moving average model ; MA)이 있다. 이 모형 역시 월드(H.Wold)의 선형결합모형인 식 (8.23)의 특수한 형태이다. 월드의 모형인 식 (8.23)에서 $q$개의 확률변수

$a_{t-j}$ 만을 선택하여 그들의 가중값인 $\psi_j$를 $-\theta_j$로 표시함으로써 구한 식 (8.25)(단, $\mu=0$로 가정)을 차수가 $q$인 이동평균모형이라 부르고 MA($q$)로 표기한다. 즉

$$\begin{aligned} y_t &= a_t - \theta_1 a_{t-1} - \cdots - \theta_q a_{t-q} \qquad (8.25) \\ &= (1 - \theta_1 B - \cdots - \theta_q B^q) a_t \\ &= \theta(B) a_t \end{aligned}$$

여기서 $a_t$는 $t$시점의 확률오차이며 $a_{t-1}, a_{t-2}, \cdots, a_{t-q}$들은 전시점들의 확률오차를 나타낸다. $\theta(B) = 1 - \theta_1 B - \cdots - \theta_q B^q$이다.

$1 + \theta_1^2 + \cdots + \theta_q^2 < \infty$ 이기 때문에, 유한한 이동평균과정은 항상 정상적이다. 그러므로 AR과정에서와는 달리 유한차수의 MA과정에 대해서는 정상성 조건을 논의할 필요가 없다. 그리고 $\theta(B)=0$의 근들이 단위원밖에 존재하면 이러한 이동평균과정은 가역적(invertible)이라고 한다.

### 8.2.1 일차이동평균모형 [MA(1)모형]

차수가 1인 이동평균 과정은 식 (8.25)에 의해서 다음과 같이 된다.

$$\begin{aligned} y_t &= a_t - \theta_1 a_{t-1} \\ &= (1 - \theta_1 B) a_t \end{aligned}$$

그리고 평균과 분산은

$$\begin{aligned} E(y_t) &= 0 \\ VAR(y_t) &= \gamma_0 = E(a_t - \theta_1 a_{t-1})^2 \\ &= \sigma^2 (1 + \theta_1^2) \end{aligned}$$

이며 시차 1에서의 자기공분산은

$$\begin{aligned} \gamma_1 &= E[(a_t - \theta_1 a_{t-1})(a_{t-1} - \theta_1 a_{t-2})] = -\sigma^2 \theta_1 \\ \gamma_k &= E[(a_t - \theta_1 a_{t-1})(a_{t-k} - \theta_1 a_{t-k-1})] = 0 \qquad k > 1 \end{aligned}$$

이다. 따라서 자기상관함수는

$$\rho_1 = \frac{\gamma_1}{\gamma_0} = \frac{-\theta_1}{1+\theta_1^2} \tag{8.26}$$

$$\rho_k = 0 \qquad k > 1$$

이다.MA(1)과정의 중요한 성질은 자기상관함수가 오직 시차 1에서만 돌출성(spike)을 갖는다는 것이다. 이것은 한단계 떨어진 관측값들은 상관관계가 있다는 의미이지만 두 단계이상 떨어진 관측값들은 상관관계가 없다는 의미이다. 또한 식 (8.26) $1+\theta_1^2$ 은 항상 유계(bounded)이기 때문에 MA(1)과정은 항상 정상적이다. 그러나 확률과정이 가역적이기 위해서는 $(1-\theta_1 B)=0$의 근이 단위원 외부에 존재해야 한다. $B=1/\theta_1$이기 때문에 MA(1)과정이 가역적이기 위해서는 $|\theta_1| < 1$이어야 한다. 따라서 이동평균모수에 대해서 $|\theta| < 1$라는 제약조건을 드어야 한다. 이와 같은 제약을 가역성조건(invertibility condition)이라 부른다.

여기서 가역성이란 이동평균과정이 자기회귀과정으로 가역될 수 있다는 것을 의미한다. 즉 MA(1)모형은 $(1-\theta B)^{-1} y_t = a_t$로 나타 낼 수 있고$(1-\theta B)^{-1} = 1+\theta B+\theta^2 B^2 + \cdots$로 전개됨으로 다음과 같은 $AR(\infty)$모형으로 나타 낼 수 있다.

$$y_t = \pi_1 y_{t-1} + \pi_2 y_{t-2} + \cdots + a_t$$

여기서 가중값 $\pi_j$은 수렴한다. 즉 $\sum |\pi_j| < \infty$이다. 그러므로 MA(1)모형은 자기회귀과정의 가중값 $\pi_j$가 $-\theta^j$로 표기되는 무한 차수의 자기회귀모형과 동일한 형태가 된다. 여기서 만약 MA(1)모형의 가역성( $\theta| < 1$)이 성립하면 자기회귀과정의 가중값 $\pi_j = -\theta^j$도 수렴되므로 $AR(\infty)$모형도 정상성이 만족된다. 또 MA(1)모형을 AR(∞) 모형으로 해석하면 과거의 관측값들은 시차가 증가함에 따라 현재의 관측값에 미치는 영향이 지수적으로 감소하는 모형임을 알 수 있다.

일차이동평균 과정[MA(1)]의 부분자기상관함수는 식 (7.26)의 자기상관함수가 $\rho_1 = \frac{-\theta}{1+\theta^2}$이고 $k$가 1보다 클때는 $\rho_k = 0$이므로 부분자기상관함수의 정의로부터 다음과 같이 된다.

$$\varnothing_{11} = \rho_1 = \frac{-\theta_1}{1+\theta_1^2} = \frac{-\theta_1(1-\theta_1^2)}{1-\theta_1^4}$$

$$\varnothing_{22} = -\frac{\rho_1^2}{1-\rho_1^2} = \frac{-\theta_1^2}{1+\theta_1^2+\theta_1^4} = \frac{-\theta_1^2(1-\theta_1^2)}{1-\theta_1^6}$$

$$\varnothing_{33} = \frac{\rho_1^3}{1-2\rho_1^2} = \frac{-\theta_1^3}{1+\theta_1^2+\theta_1^4+\theta_1^6} = \frac{-\theta_1^3(1-\theta_1^2)}{(1-\theta_1^8)}$$

일반적으로

$$\varnothing_{kk} = \frac{-\theta_1^k(1-\theta_1^2)}{1-\theta_1^{2(k+1)}} \qquad k > 0 \tag{8.27}$$

따라서 MA(1)모형의 PACF는 시차가 증가함에 따라 지수적으로 혹은 싸인곡선형태로 감소되는 경향을 나타낸다.

**예제 8-7**

다음과 같은 MA(1)모형에 대해서

$$y_t = (1-0.4B)a_t$$

① 이 과정은 가역성이 있는가? 있다면 AR형태로 나타내어라.

② 이 모형의 ACF와 PACF를 구하시오.

**풀이** ① $y_t = (1-0.4B)a_t$에서 $\theta = 0.4$가 된다. $|\theta| < 1$이 성립되므로 가역성이 있다. 또한

$$a_t = [1+(0.4)B+(0.4)^2B^2+\cdots]y_t$$
$$= y_t + 0.4y_{t-1} + 0.16y_{t-2} + \cdots$$

혹은

$$y_t = -0.4y_{t-1} - 0.16y_{t-2} - \cdots + a_t$$

② ACF는

$$\rho_k = \begin{cases} \dfrac{-0.4}{1+(0.4)^2} = -0.345 & k=1 \\ 0 & k>1 \end{cases}$$

$$\rho_0 = 1$$

이며 PACF는

$$\phi_{11} = \rho_1 = -0.345$$
$$\phi_{22} = \frac{-(0.4)^2(1-(0.4)^2)}{1-(0.4)^6} = -0.135$$

이다.

**예제 8-8**

다음과 같은 MA(1)모형에 대해서

$$y_t = (1 - 2.5B)a_t$$

① 이 과정은 가역성이 있는지를 검토하시오.

② 이 모형의 ACF와 PACF를 구하시오.

**풀이** ① $y_t = (1-2.5B)a_t$에서 $\theta = 2.5$가 되어 $|\theta| < 1$의 조건이 성립되지 않으므로 가역성이 만족되지 못한다.

② ACF는

$$\rho_k = \begin{cases} \dfrac{-2.5}{1+(2.5)^2} = -0.345 & k=1 \\ 0 & k>1 \end{cases}$$

$$\rho_0 = 1$$

이며 PACF는

$$\phi_{11} = \rho_1 = -0.345$$
$$\phi_{22} = \frac{-(2.5)^2(1-(2.5)^2)}{1-(2.5)^6} = -0.135$$

이다.

**예제 8-9**

다음은 1982년부터 1994년까지의 분기별 실업률을 나타내는 자료이다. 이 자료에 의해서 구한 MA(1) 모형은 $y_t = a_t - 0.39a_{t-1}$이다. 이 모형에 대한 자기상관함수와 부분자기상관함수의 그래프를 구하시오(자료명 : exm7-9.sav).

| | 1982 | 1983 | 1984 | 1985 | 1986 | 1987 | 1988 | 1989 | 1990 | 1991 | 1992 | 1993 | 1994 |
|---|---|---|---|---|---|---|---|---|---|---|---|---|---|
| 1/4 | 5.9 | 6.4 | 7.1 | 5.2 | 3.2 | 8.6 | 7.5 | 4.2 | 5.1 | 8.0 | 8.1 | 3.0 | 4.3 |
| 2/4 | 6.4 | 6.0 | 2.8 | 4.1 | 7.1 | 9.0 | 8.6 | 5.0 | 4.0 | 9.3 | 6.8 | 5.2 | 4.5 |
| 3/4 | 7.7 | 5.9 | 4.9 | 4.1 | 7.6 | 8.6 | 3.6 | 4.4 | 8.0 | 7.2 | 7.2 | 4.3 | 5.0 |
| 4/4 | 7.1 | 6.5 | 4.2 | 4.0 | 9.7 | 7.5 | 5.2 | 4.8 | 7.0 | 8.7 | 8.4 | 5.3 | 3.9 |

**풀이** 시계열 자료에 대한 인접시차에서 시계열 값의 변화가 심하게 나타나므로 정상성을 갖기 위해서 1차 차분한 경과는 계절성(분기)이 있어 보이지만 고르게 나타나고 있다. 이 자료의 자기상관함수와 부분자기상관함수의 그래프를 나타내면 <그림 7.8>과 같다.

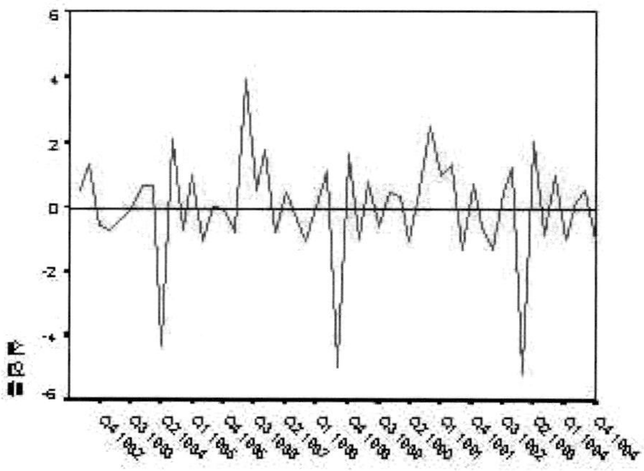

<그림 8.7> 시계열 도표(1차차분)

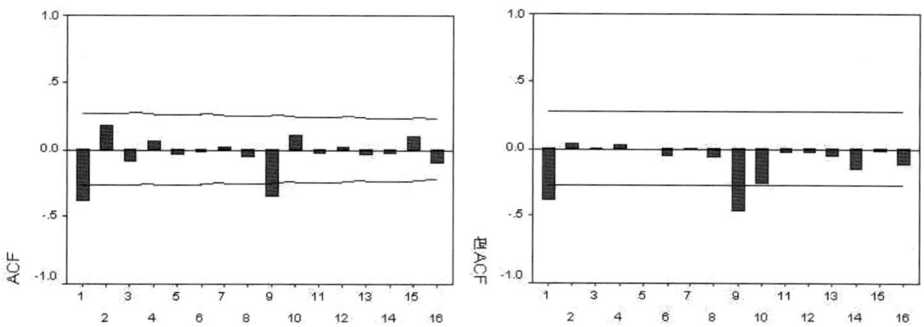

<그림 8.8> ACF 및 PACF

우선 자기상관함수는 시차 1에서 유의한 값을 보이고 그 이후 시차에서는 신뢰한

계내에 들어오는 절단된 모습을 보이고 있으며 부분자기상관함수는 시차가 커짐에 따라 싸인곡선 모양으로 감소하는 모습을 보이고 있다. 이와같이 MA(1)모형의 특징은 자기상관함수가 시차 1이후 절단되며 부분자기상관함수는 시차가 커짐에 따라 감소한다는 것을 의미한다.

## 8.2.2 이차이동평균모형 [MA(2)모형

차수가 2인 이동평균과정은 식 (8.25)에 의해서 다음과 같이 된다.

$$\begin{aligned} y_t &= {}_t - \theta_1 a_{t-1} - \theta_2 a_{t-2} \\ &= (1 - \theta_1 B - \theta_2 B^2) a_t \end{aligned}$$

여기서 $\mu = 0$ 으로 가정한다. 그리고 평균과 분산은

$$\begin{aligned} &E(y_t) = 0 \\ &Var(y_t) = \gamma_0 = (1 + \theta_1^2 + \theta_2^2)\sigma_a^2 \end{aligned}$$

이며, 시차 1, 2에서의 자기공분산은

$$\begin{aligned} &\gamma_1 = (-\theta_1 + \theta_1\theta_2)\sigma_a^2 \\ &\gamma_2 = -\theta_2\sigma_a^2 \\ &\gamma_k = 0 \qquad\qquad k > 2 \end{aligned}$$

이다. 따라서, 자기상관함수는 다음과 같이 된다.

$$\rho_k = \frac{\gamma_k}{\gamma_0} = \begin{cases} \rho_1 = \dfrac{-\theta_1 + \theta_1\theta_2}{1 + \theta_1^2 + \theta_2^2} & k = 1 \\ \rho_2 = \dfrac{-\theta_2}{1 + \theta_1^2 + \theta_2^2} & k = 2 \\ \rho_k = 0 & k \geqq 3 \end{cases} \tag{8.28}$$

이 모형은 두 단계이상 떨어진 관측값은 상관관계가 없다는 것을 의미한다.

MA(2)과정의 부분자기상관함수는 식 (8.28)으로부터 $k \geq 3$에 대한 $\rho_k = 0$이라는 사실을 이용하므로써 다음 식을 구할 수 있다.

$$\phi_{11} = \rho_1 \qquad k=1 \qquad (8.29)$$

$$\phi_{22} = \frac{\rho_2 - \rho_1^2}{1-\rho_1^2} \qquad k=2$$

$$\phi_{33} = \frac{\rho_1^3 - \rho_1\rho_2(2-\rho_2)}{1-\rho_2^2 - 2\rho_1^2(1-\rho_2)} \qquad k=3$$

MA(2)모형의 부분자기상관함수는 $\theta_1$과 $\theta_2$의 부호와 크기에 따라 지수적으로 감소하거나 혹은 소멸하는 싸인(sine)함수의 형태를 나타낸다. 특히 유의해야 할 점은 MA(1)모형의 PACF는 AR(1)모형의 ACF의 형태와 MA(2)모형의 PACF는 AR(2)모형의 ACF의 형태와 같다는 점이며 반대로 MA(1)모형의 ACF는 AR(1)모형의 PACF의 형태와 같고 MA(2)모형의ACF는 AR(2)모형의 PACF와 같다는 점이다. 이러한 성질을 AR과정과 MA과정의 쌍대성(duality)이라 한다.

**예제 8-10**

다음 자료는 2002년부터 2006년까지 중간재 출하지수를 나타낸 것이다. 이 자료를 이용하여 구한 모형이 $y_t = 11.98 + 0.86a_{t-1} + 0.31a_{t-2}$이다. 이 모형에 대한 자기상관함수와 부분자기상관함수의 그래프를 구하고 설명하시오 (자료명 : exm8-10.sav).

| | 2002년 | 2003년 | 2004년 | 2005년 | 2006년 |
|---|---|---|---|---|---|
| 1월 | 8.3 | 7.9 | 16.7 | 13.3 | 10.5 |
| 2월 | 8.8 | 10.2 | 7.6 | 14.6 | 9.8 |
| 3월 | 9.5 | 13.6 | 5.8 | 4.1 | 9.6 |
| 4월 | 9.7 | 13.4 | 5.6 | 4.8 | 9.5 |
| 5월 | 12 | 13.8 | 7.4 | 6.3 | 8.6 |
| 6월 | 19 | 14.9 | 13.8 | 10.3 | 9.7 |
| 7월 | 18.8 | 14.1 | 15.7 | 11.2 | 12.8 |
| 8월 | 16.5 | 14.6 | 17.3 | 10.3 | 13.4 |
| 9월 | 19.3 | 13.5 | 15.2 | 8.9 | 12.6 |
| 10월 | 14.6 | 11.6 | 14.1 | 7.5 | 14.4 |
| 11월 | 7.3 | 12.6 | 14.8 | 9.5 | 15.6 |
| 12월 | 8.7 | 17.9 | 15.6 | 10.8 | 18 |

풀이 이 자료에 대한 시계열 그래프를 보면 어떤 특별한 추세가 보이지 않는다. 따라서 자기상관함수와 부분자기상관함수의 그래프를 구해보면 <그림 7.10>과 같다.

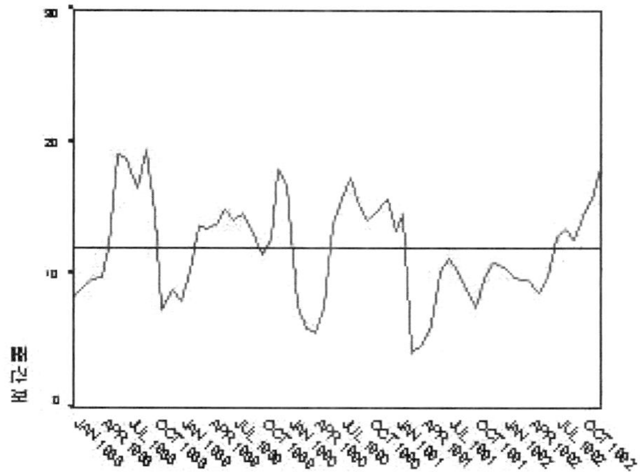

<그림 8.9> 시계열 도표(원자료)

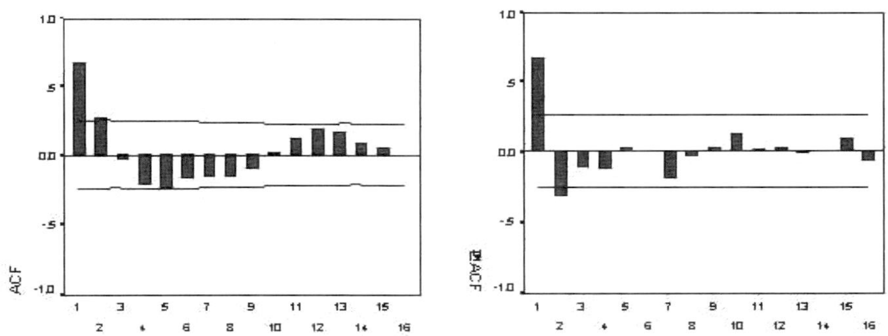

<그림 8.10> ACF 및 PACF

이 모형에서 $\theta_1$과 $\theta_2$의 부호가 음수이므로 MA(2)모형은 양으로 바뀌고 자기상관함수는 시차 2까지 유의한 값을 보이며 그 이후의 시차에서는 신뢰한계에 들어오는 절단형태를 보이고 있으며 부분자기상관함수는 시차가 증가함에 따라 지수적으로 감소하는 모습을 보이고 있음을 알 수 있다.

### 8.2.3 q차 이동평균모형 [MA($q$)모형]

MA($q$)과정은 앞에서 설명한 것 처럼 다음과 같다.

$$y_t = a_t - \theta_1 a_{t-1} - \cdots - \theta_q a_{t-q}$$

혹은

$$y_t = (1 - \theta_1 B - \cdots - \theta_q B^q) a_t = \theta(B) a_t$$

이러한 일반적인 MA(q)과정에 대한 분산은

$$\gamma_0 = \sigma_a^2 \sum_{j=0}^{q} \theta_j^2 = (1 + \theta_1^2 + \theta_2^2 + \cdots + \theta_q^2)\sigma_a^2$$

이다. 여기서 $\theta_0 = 1$이다. 그리고 자기공분산함수는

$$\gamma_k = \begin{cases} \sigma_a^2(-\theta_k + \theta_1\theta_{k-1} + \cdots + \theta_{q-k}\theta_q), & k = 1, 2, \cdots, q \\ & 0, \\ k > q \end{cases}$$

이며 따라서 자기상관함수는 다음과 같이 된다.

$$\rho_k = \begin{cases} \dfrac{-\theta_k + \theta_1\theta_{k+1} + \cdots + \theta_{q-k}\theta_q}{1 + \theta_1^2 + \cdots + \theta_q^2}, & k = 1, 2, \cdots, q \\ 0, & k > q \end{cases}$$

자기상관함수로부터 도출된 이동평균과정의 특이한 성질은 자기상관함수가 시차 $q$ 이후에 소멸된다는 점이다. 즉 MA($q$)과정을 따르는 시계열에서 시차가 $q$보다 큰 두 시계열 관측값 $y_t$와 $y_{t-k}(K > q)$사이의 자기상관은 없다는 것이다.

그러나 부분자기상관함수는 무한한 범위로 점점 작아진다. 일반적으로 부분자기상관함수는 $\theta(B)$의 실근에 대해서 지수적으로 완만하게 감소되며 또한 $\theta(B)$의 복소수근에 대해서 싸인곡선으로 감소하게 된다.

일반적으로 부분자기상관함수는다음식에 의해서 계산된다.

$$\phi_{kk} = \frac{-\phi^k(1 - \phi^2)}{1 - \phi^{2(k+1)}} \qquad k > 0 \tag{8.30}$$

이상에서 설명한 이동평균과정의 특징을 요약하면 첫째로 이동평균과정의 자기상관함수는 시차 $q$이후에 소멸된다. 둘째로 이동평균과정의 부분자기상관함수는 지수

곡선 또는, 싸인(sine)곡선 형태를 그리며 시차 $k$의 증가에 따라 급속히 감소한다는 점이다. 따라서, 이동평균과정의 자기상관함수와 부분자기상관함수의 특징은 시계열 자료에 적합한 이동평균모형을 식별해 내는데 이용된다. 특히, 자기상관함수가 시차 $q$이후에 소멸하므로 이 사실은 이동평균모형의 차수($q=1,\ 2,\ \cdots$ )결정에 큰 역할을 한다.

## 8.3 자기회귀이동평균모형

일반적으로 측정된 시계열이 자기회귀모형이나 이동평균모형의 요소를 동시에 가지고 있는 경우 순수한 AR모형이나 MA모형으로만 설명하려면 각 모형의 차수 $p$와 $q$가 커질 수 있다. 이와같이 추정해야 할 모수의 개수가 많아지면 일반적으로 추정의 효율성이 떨어지고 해석도 쉽지 않으므로 적합한 모형을 선택하는 기준의 하나로 모형에 포함되는 모수의 개수가 가장 작은 모형을 선택하는 방법이 있다. 이를 모수절약의 원칙(principle of parsimony)이라고 한다. 이처럼 자기회귀모형과 이동평균모형을 결합하여 만들어진 보다 일반화된 시계열모형을 자기회귀이동평균모형(Autoregressive moving average : ARMA)이라한다.

자기회귀모형의 차수가 $p$이고 이동평균모형의 차수가 $q$인 ARMA($p$, $q$)모형은

$$y_t = \phi_1 y_{t-1} + \phi_2 y_{t-2} + \cdots + \phi_p y_{t-p} + a_t - \theta_1 a_{t-1} - \theta_2 a_{t-2} - \cdots - \theta_q a_{t-q}$$

혹은

$$(1-\phi_1 B - \phi_2 B^2 - \cdots + \phi_p B^p) y_t = (1-\theta_1 B - \theta_2 B^2 - \cdots - \theta_q B^q) a_t \tag{7.31}$$

$$\phi(B) y_t = \theta(B) a_t$$

이다. 여기서 $a_t$는 평균이 0, 분산이 $\sigma_a^2$인 백색잡음과정이며$\phi(B) = 1-\phi_1 B - \phi_2 B^2 - \cdots - \phi_p B^p$과 $\theta(B) = 1-\theta_1 B - \theta_2 B^2 - \cdots - \theta_q B^q$는 AR과 MA의 연산자들이다. 이 모형은 시계열($y_t$)이 과거의 시계열 관측값 및 확률오차들에 의해 영향을 받는다는 것을 나타낸다.

ARMA($p$, $q$)모형의 정상성조건은 특성방정식

$$\phi(B) = 1-\phi_1 B - \phi_2 B^2 - \cdots - \phi_p B^p = 0$$

의 근들이 모두 1보다 커야하며 이는 AR($p$)모형의 정상성조건과 같다. 또한 가역성조

건은 특성방정식

$$\theta(B) = 1 - \theta_1 B - \theta_2 B^2 - \cdots - \theta_q B^q = 0$$

의 근들이 모두 1보다 커야하며 이것은 MA(q)모형의 가역성조건과 같다.

## 8.3.1 ARMA(1,1)모형

가장 단순한 혼합모형인 다음과 같은 ARMA(1,1)모형을 생각하여 보자.

$$y_t = \phi y_{t-1} + a_t - \theta a_{t-1}$$

$$(1 - \phi B) y_t = (1 - \theta B) a_t$$

우선 ARMA(1,1)모형의 정상성조건은 구하기 위해서 이 모형을 MA(∞)모형으로 변환하면 다음과 같다.

$$\begin{aligned} y_t &= \phi(\phi y_{t-2} + a_{t-1} - \theta a_{t-2}) + a_t - \theta a_{t-1} \\ &= \phi^2 y_{t-2} + a_t + (\phi - \theta) a_{t-1} - \phi\theta a_{t-2} \\ &= \phi^3 y_{t-3} + a_t + (\phi - \theta) a_{t-1} + \phi(\phi - \theta) a_{t-2} - \phi^2 \theta a_{t-3} \\ &\vdots \\ &= a_t + (\phi - \theta) a_{t-1} + \phi(\phi - \theta) a_{t-2} + \phi^2 (\phi - \theta) a_{t-3} + \cdots \end{aligned}$$

따라서 이 식이 정상성을 가지려면 일반선형모형의 정상성조건으로부터

$$\phi^k \sum_{j=0}^{\infty} \phi^{2j} (\phi - \theta) < \infty$$

을 만족해야 하는데 이것은 $|\phi| < 1$일 때 만족되므로 정상성조건은 $|\phi| < 1$이다.

또한 ARMA(1,1)모형의 가역성조건을 구하기 위해서 이모형을 AR(∞)모형으로 변환하면 다음과 같다.

$$\begin{aligned} y_t &= \phi y_{t-1} + a_t - \theta a_{t-1} \\ &= \phi y_{t-1} + a_t - \theta(y_{t-1} - \phi y_{t-2} + \theta a_{t-2}) \\ &\vdots \\ &= (\phi - \theta) y_{t-1} + \theta(\phi - \theta) y_{t-2} + \theta^2 (\phi - \theta) y_{t-3} + \cdots + a_t \end{aligned}$$

이고 이 모형의 가역성조건은 계수의 합 $\sum_{j=1}^{\infty}\theta^{j-1}(\varnothing-\theta)<\infty$ 을 만족시키는 수렴조건인 $|\theta|<1$이다.

그리고, ARMA(1,1)모형의 자기공분산함수는

$$\begin{aligned}\gamma_k &= E(y_t y_{t-k}) \\ &= \varnothing E(y_{t-1}y_{t-k}) + E(a_t y_{t-k}) - \theta E(a_{t-1}y_{t-k}) \\ &= \varnothing\gamma_{k-1} + E(a_t y_{t-k}) - \theta E(a_{t-1}y_{t-k})\end{aligned}$$

이고 여기서

$$\begin{aligned}&E(a_t y_{t-k}) = 0, \qquad k \geqq 1 \\ &E(a_{t-1} y_{t-k}) = 0, \qquad k \geqq 2 \\ &E(a_t y_t) = E(a_{t-1}y_{t-1}) = \sigma_a^2 \\ &E(a_{t-1}y_t) = (\varnothing-\theta)\sigma_a^2\end{aligned}$$

를 이용하여 정리하면

$$\gamma_k = \begin{cases}\varnothing\gamma_1 + \sigma_a^2 - \theta(\varnothing-\theta)\sigma_a^2, & k=0 \\ \varnothing\gamma_0 - \theta\sigma_a^2, & k=1 \\ \varnothing^{k-1}\gamma_1, & k \geqq 2\end{cases}$$

이고, 이로부터

$$\gamma_k = \begin{cases}\dfrac{(1+\theta^2-2\varnothing\theta)\sigma_a^2}{1-\varnothing^2}, & k=0 \\ \dfrac{(\varnothing-\theta)(1-\varnothing\theta)\sigma_a^2}{1-\varnothing^2}, & k=1 \\ \varnothing^{k-1}\gamma_1, & k \geqq 2\end{cases}$$

으로 구해지고, $\gamma_k/\gamma_0$로 자기상관함수를 구하면

$$\rho_k = \begin{cases}1, & k=0 \\ \dfrac{(\varnothing-\theta)(1-\varnothing\theta)}{1+\theta^2-2\varnothing\theta}, & k=1 \\ \varnothing^{k-1}\rho_1, & k \geqq 2\end{cases}$$

이다.

자기상관함수의 형태는 AR(1)모형과 MA(1)모형의 자기상관함수를 결합한 형태로 시차 1의 자기상관함수에는 MA(1)모형의 모수 $\theta$가 포함되어 있지만 시차 2부터는 AR(1)모형과 같이 지수적으로 감소하는형태를 보이고 있다.

또한 부분자기상관함수는 단 하나의 초기값 $\varnothing_{11} = \rho_1$을 가지고 있다. 이어 따라서 이것은 순수한 MA(1)모형의 부분자기상관함수와 같은 형태를 갖는다. 즉, 부분자기상관함수의 형태와 같이 지수적으로 감소하거나 부호가 바뀌면서 감소하는 보습을 보인다. 이와같이 ARMA모형의 자기상관함수와 부분자기상관함수는 서로 상반되는 형태를 보이는 AR모형과 MA모형의 자기상관함수와 부분자기상관함수가 결합되어 있어 특정 시차에서 절단되는 모습없이 감소하는 형태만 보인다. 따라서 ARMA모형의 차수결정을 위해서 자기상관함수와 부분자기상관함수의 형태만을 이용할 때는 주의를 해야한다.

**예제 8-11**

다음은 1995년부터 1999년 12월까지 연필 소비량을 나타내는 데이터이다. 이 자료를 이용하여 구한 모형이 $y_t = -0.0032 - 0.3566a_{t-1}$이다. 이 모형에 대한 자기상관함수와 부분자기상관함수의 그래프를 구하고 설명하시오(자료명 : exm8-11.sav)

| | 1995년 | 1996년 | 1997년 | 1998년 | 1999년 |
|---|---|---|---|---|---|
| 1월 | 123.0 | 120.7 | 119.4 | 111.5 | 106.7 |
| 2월 | 123.9 | 120.8 | 119.6 | 111.8 | 106.9 |
| 3월 | 123.9 | 119.8 | 118.5 | 111.8 | 107.3 |
| 4월 | 121.9 | 119.2 | 118.0 | 111.3 | 106.8 |
| 5월 | 120.8 | 118.7 | 118.2 | 110.8 | 106.1 |
| 6월 | 120.8 | 119.1 | 118.8 | 111.2 | 105.9 |
| 7월 | 119.9 | 120.3 | 118.9 | 111.1 | 105.9 |
| 8월 | 120.1 | 120.3 | 119.6 | 111.1 | 105.1 |
| 9월 | 120.8 | 120.2 | 119.3 | 110.3 | 104.6 |
| 10월 | 120.0 | 119.8 | 120.1 | 109.5 | 104 |
| 11월 | 119.6 | 119.4 | 118 | 108.5 | 103.3 |
| 12월 | 120.1 | 119.5 | 115.1 | 107.7 | 101.9 |

**풀이** 관측된 시계열은 비정상 시계열이고, 모형식별에 앞서 변환을 통해서 정상시계열로 변환해야 한다. 변환은 분산안정화를 위해 로그변환을 수행하고, 확률적 추세를 제거하기 위하여 1차차분을 수행한후 자기상관함수와 부분자기상관함수의 그래프를 구해보면 <그림 8.12>와 같다.

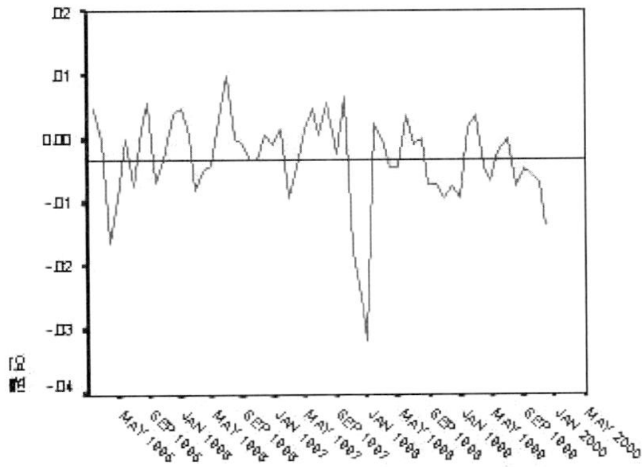

<그림 8.11> 시계열도표(대수변환, 1차차분)

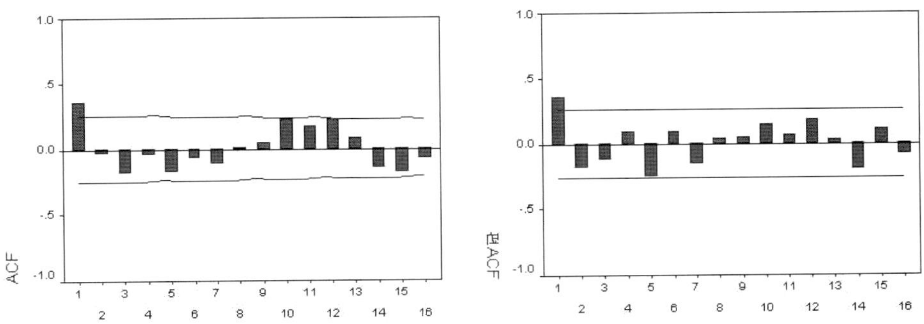


<그림 8.12> ACF 및 PACF

시계열도표는 변환된 시계열이 시간의 흐름에 따라 일정한 평균을 유지하고 있으며 분산도 안정적이 되었음을 보여주며 자기상관함수 역시 완만하게 감소하는 모습이 아니므로 대수변환과 1차차분을 통해서 비정상시계열이 정상시계열이 되었음을 알 수 있다. 자기상관함수는 시차 1에서만 유의한 값을 보이고 있으며 나머지 시차에서는 신뢰한계내에 들어오는 절단된 모습을 보이며 감소하고 있으며 부분자기상관함수는 시차 1에서만 유의하고 그 이후 시차에서는 절단된 모습을 보이며 지수적으로 감소하는 모습을 보이고 있다.

**예제 8-12**

다음은 1995년부터 2000년 9월까지 경상수지를 나타내는 데이터이다. 이 자료를 이용하여 구한 모형이 $y_t = -0.5718y_{t-1}$이다. 이 모형에 대한 자기상관함수와 부분자기상관함수의 그래프를 구하고 설명하시오(자료명 : exm8-12.sav)

| 월 | 1995 | 1996 | 1997 | 1998 | 1999 | 2000 |
|---|---|---|---|---|---|---|
| 01 | 93.30 | 97.60 | 95.50 | 83.40 | 69.20 | 85.40 |
| 02 | 97.60 | 98.60 | 94.80 | 80.50 | 69.10 | 85.50 |
| 03 | 99.30 | 97.20 | 90.00 | 77.30 | 69.70 | 84.90 |
| 04 | 100.20 | 98.20 | 89.90 | 74.90 | 70.30 | 84.50 |
| 05 | 100.10 | 97.70 | 90.00 | 75.50 | 70.90 | 83.80 |
| 06 | 99.50 | 96.40 | 88.70 | 74.60 | 71.40 | 84.70 |
| 07 | 98.10 | 94.80 | 88.50 | 73.00 | 72.50 | 85.90 |
| 08 | 98.00 | 93.30 | 88.60 | 71.00 | 76.20 | 85.90 |
| 09 | 98.30 | 92.60 | 88.50 | 70.60 | 78.90 | 86.30 |
| 10 | 100.20 | 94.60 | 88.00 | 72.50 | 80.40 | |
| 11 | 99.30 | 94.50 | 89.60 | 72.50 | 81.80 | |
| 12 | 99.70 | 95.50 | 87.00 | 79.00 | 83.40 | |

**풀이** 대수변환과 1차차분에서 정상성을 띄지만 만족하는 모형의 추정을 위해서 2차차분한 데이터를 사용하여 자기상관함수와 부분자기상관함수의 그래프를 구해보면 <그림 8.14>와 같다.

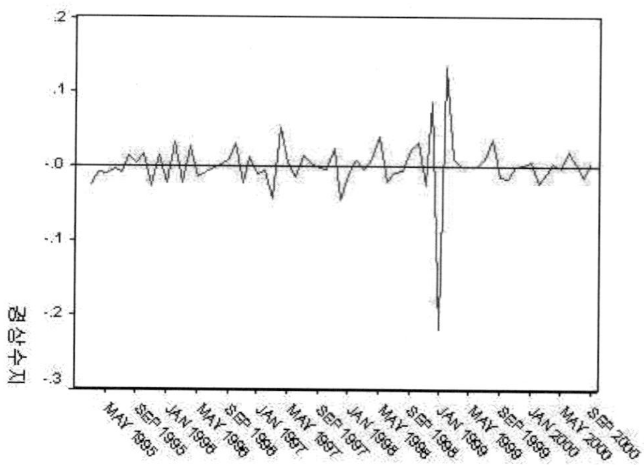


<그림 8.13> 시계열도표(대수변환 및 2차차분)

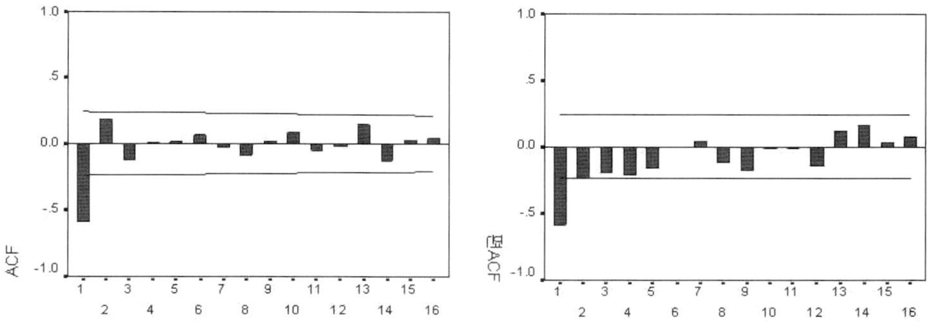


<그림 8.14> ACF 및 PACF

시계열 도표는 변환된 시계열이 시간의 흐름에 따라 일정한 평균을 유지하고 있으며 분산도 안정적이 되었음을 보여주며 자기상관함수 멱시 완만하게 감소하는 모습이 아니므로 차분을 통해서 비정상 시계열이 정상시계열로 변환 되었음을 알 수 있다.

## 8.3.2 자기회귀이동평균 [ARMA(p,q)모형]

ARMA모형의 자기상관함수는 전술한 AR모형에서 사용했던 방법으로 유도할 수 있다. 즉 식 (8.31)의 양변에 $y_{t-k}$를 곱하고 기대값을 취하면 차분방정식을 만족하는 자기공분산함수를 다음과 같이 구할 수 있다.

$$\gamma_k = \varnothing_1 \gamma_{k-1} + \cdots + \varnothing_p \gamma_{k-p} + \gamma_{ya}(k) - \theta_1 \gamma_{ya}(k-1) - \cdots - \theta_q \gamma_{ya}(k-q) \qquad (8.32)$$

여기서 $\gamma_{ya}(k) = E[y_{t-k} a_t]$이며 이는 y와 a간의 교차공분산함수(cross covariance function)이다. $y_{t-k}$는 시점 $t-k$까지 발생된 확률오차에만 의존되므로 이것은 다음을 따른다. 즉,

$$\gamma_{ya}(k) = 0 \qquad k > 0$$

$$\gamma_{ya}(k) \neq 0 \qquad k \leq 0$$

따라서 식 (8.32)는 다음과 같이 된다.

$$\gamma_k = \varnothing_1 \gamma_{k-1} + \varnothing_2 \gamma_{k-2} + \cdots + \varnothing_p \gamma_{k-p} \qquad k \geq q+1$$

그러므로 자기상관함수는

$$\rho_k = \varnothing_1\rho_{k-1} + \varnothing_2\rho_{k-2} + \cdots + \varnothing_p\rho_{k-p} \qquad k \ge q+1 \tag{8.33}$$

$$\varnothing(B)\rho_k = 0 \qquad k \ge q+1$$

이다. 이것은 ARMA($p$, $q$)과정의 자기상관함수형태가 $(q-p)$후의 시차($k > q-p$)에서 AR($p$)의 자기상관함수형태와 같은 지수곡선 또는 싸인(sine)곡선형태를 가지며 감소함을 나타낸다. 그러나 $(q-p)$이전 시차의 자기상관함수($q-p+1$개의 초기값)인 $\rho_0, \rho_1, \cdots, \rho_{q-p}$ 들은 일반적인 변화형태를 따르지 않는다.

이제 ARMA(p,q)과정의 부분자기상관함수에 대하여 살펴보기로 한다. ARMA($p$, $q$)과정이 가진 부분자기상관함수를 구하면 시차($p-q$)후 즉, $k > p-q$에서의 부분자기상관함수는 MA($q$)과정의 부분자기상관함수와 비슷한 형태를 가지나 $(p-q)$이전 시차의 부분자기상관함수인 $\varnothing_{11}$, $\varnothing_{22}, \cdots$ , $\varnothing_{p-q,p-q}$들은 특별한 『패턴』을 갖지 않는다. 따라서 ARMA($p$, $q$)과정은 AR($p$)와MA($q$)과정과는 달리 자기상관함수와 부분자기상관함수가 시차 $k$가 커짐에 따라 각각 감소하는 형태를 갖는다.

일반적으로 많이 이용죄는 ARMA모형의 자기상관함수의 형태는

① ARMA(1, 2)모형 : $q-p+1=2$ ; 초기값 $\rho_0$, $\rho_1$ ; 시차 $k \ge 2$에 대해서 지수적으로 감소하는 형태를 보인다.

② ARMA(2, 1)모형 : $q-p+1=0$ ; 초기값이 없음 ; 시차 $k \ge 0$에 대해서 지수적으로 또는 싸인곡선으로 감소하는 형태를 보인다.

③ ARMA(2, 2)모형 : $q-p+1=1$ ; 초기값 $\rho_0$ ; 시차 $k \ge 1$에 대해서 지수적으로 또는 싸인곡선으로 감소하는 형태를 보인다.

부분자기상관함수는 시차 $k > p-1$에 대해서 MA($q$)모형의 부분자기상관함수와 비슷한 형태를 보이지만, 시차 $k \le p-q$에서 부분자기상관함수는 일정한 형태가 없이 변한다. ARMA($p$, $q$)모형의 모형식별함수인 자기상관함수와 부분자기상관함수의 형태를 요약하면 다음과 같다.

① 시차 $k > q-p$에서 자기상관함수는 자기회귀모형의 자기상관함수의 형태인 지수적으로 감소하는 모습을 보인다.

② 시차 $k > p-q$에서 부분자기상관함수는 이동평균모형의 부분자기상관함수의 형태인 지수적으로 감소하거나 부호를 바꾸며 감소하는 모습을 보인다.

③ 결국 자기상관함수와 부분자기상관함수는 시차 $k$가 커짐에 따라 각각 감소하는 형태를 보인다.

일반적으로 자기상관함수와 부분자기상관함수를 이용한 시계열 모형의 차수결정은 혼합시계열모형 ARMA(p,q)의 경우에는 자기상관함수와 부분자기상관함수가 모두 감소하는 성질만 가지므로 차수결정의 기준으로 이용하기 어려운점도 있다.

이러한 혼합시계열 모형의 차수결정을 위한 아카이케 정보판단기준(AIC), 베이지안 정보판단기준(BIC), 자기회귀변동 판단기준함수(CAT)등 여러 가지 방법들이 연구되어 있다.

올바른 차수결정을 위해서는 자기상관함수와 부분자기상관함수를 이용하여 잠정적인 시계열 모형을 여러개 설정한 후 이용가능한 여러 가지 차수결정 방법을 통해서 가장 최적의 모형을 선택하는 것이 바람직하다고 볼 수 있다.

## 8.4 비정상확률과정과 ARIMA모형

### 8.4.1 정상시계열을 얻기 위한 차분계산과 변환

정상과정은 시계열 $y_t$들의 평균과 분산 및 자기공분산이 시간의 변화에 영향을 받지 않는다는 것을 의미한다. 그러나 대부분의 시계열들은 이러한 정상성조건을 만족하지는 않는다. 특히, 우리가 경험하는 대다수의 경제나 경영현상은 시간의 흐름에 따라 평균과 분산이 증감하는 비정상성을 나타내는 경우가 많다. 이런 경우에는 적절한 변수변환을 통하여 시계열을 정상화시킴으로써 시계열분석을 하게 된다. 비정상적인

시계열은 특성방정식 $\theta(B)=0$의 근이 단위원상이나 그 내부에 존재하는 경우이다. 우선 근이 단위원 내부에 존재하는 경우에는 $y_t$가 무한대로 급속히 증가하는 폭발적 비정상성을 나타내므로 고려대상에서 제외한다. 그리고, 근이 단위원 상에 존재하는 경우에는 그 비정상적인 시계열을 동질성(homogeneity)이라는 개념으로 특징지울 수 있다.

동질성이란 시계열의 관측값들이 특정수준에서 자유로이 이탈하여 변화하지만 부분 부분들은 본질적으로 동일한 형태로 움직이는 성질을 말한다. 즉, 시계열 $y_t$가 확률적 추세(random trend)를 가졌을 때 이 계열은 동질적인 비정상성을 가졌다고 한다.

이 성질은 한 계열을 여러 부분으로 구분하였을 때 각 부분이 수준이나 추세는 서

로 다르지만 비슷한 형태를 하고 있는 시계열일 경우를 나타내는 것이다. 이와 같이 각 부분의 수준 및 추세가 서로 다른 시계열을 비정상 평균을 가진 시계열이라 부른다.

이와같이 시계열 $y_t$가 비정상 시계열이라면 정상시계열모형을 바로 적용할 수 없으며 사전에 정상시계열로 변환시켜야 한다. 이러한 변환방법을 차분(difference)과 분산안정화변환(variance stabilizing transformation)이 있다.

첫째로 분산안정화변환은 비정상시계열에 대하여 $\ln y_t$, $\sqrt{y_t}$, BOX-COX변환 $(y_t^\lambda - 1)/\lambda$, 멱급수(power)변환과 같은 변수변환을 통해 시점에 관계없이 분산이 동일한 시계열을 얻을 수 있다. 이러한 분산안정화변환은 양의 값을 갖는 시계열에만 적용되며 다른 어떤 변환에 앞서 가장 우선적으로 실시하는 것이 바람직하다고 볼 수 있다.

둘째로 차분방법은 시간의 흐름에 따라 추세의 형태가 변화하는 확률적추세를 갖는 비정상시계열을 연속적으로 차분하여 평균이 일정한 정상시계열을 얻는 방법이다.

일반적으로 원계열 $y_t$의 연속적인 차분을 차분연산자(difference operator)인 $\nabla = (1-B)$를 사용하면 각 차수의 차분은 다음과 같이 표시된다.

$$(1\text{차 차분}): \Delta y_t = (1-B)y_t = y_t - y_{t-1}$$

$$(2\text{차 차분}): \Delta^2 y_t = (1-B)^2 y_t = y_t - 2y_{t-1} + y_{t-2}$$

$$\vdots \qquad \vdots$$

$$(d\text{차 차분}): \Delta^d y_t = (1-B)^d y_t = \sum_{k=0}^{d} \binom{d}{k} (-B)^k y_t$$

여기서 원계열 $y_t$를 적절히 차분시켜 얻은 새로운 계열을 $\omega_t$로 표시하면 다음과 같다.

$$\omega_t = (1-B)^d y_t$$

여기서, $\omega_t$는 추세요인이 제거된 정상시계열이다. 사실 정상계열의 선형조합은 역시 정상적임을 알 수 있다. 따라서, 정상계열의 추가적인 차분도 또한 정상적인 시계열이 된다.

그리고 종종 커다란 계절적 주기현상이 있는 경우가 있는데 이 경우에는

$$\omega_t = (1-B^s)^{dl} y_t$$

와 같이 계절주기 $s$로서 차분계산을 할 필요가 있다. 여기서 이은 계절적 차분의 차수이다.

**예제 8-13**

다음자료는 1958년 2/4분기부터 1989년 4/4분기의 비농가 소득에 대한 성장률을 나타낸 것이다. 이 자료를 이용하여 1차차분과 2차차분을 구하여 정상성여부를 판정하고 각 차분에 대한 자기상관함수를 그래프로 나타내시오(자료명 : exm8-13.sav)

| | | | | | | | |
|---|---|---|---|---|---|---|---|
| . | .50 | 2.65 | .97 | 2.40 | .16 | .47 | 1.55 |
| 4.12 | −.59 | 2.06 | 2.17 | 4.10 | 2.31 | 1.33 | 1.57 |
| .00 | 1.03 | 1.40 | 2.39 | 1.23 | .36 | .36 | .24 |
| −.12 | .96 | 1.91 | 2.11 | 1.15 | 2.38 | 1.77 | 1.96 |
| −1.07 | 3.78 | 1.35 | 2.05 | .50 | 1.20 | .79 | .69 |
| −.10 | 2.04 | 2.10 | 2.34 | 1.64 | 2.70 | .96 | 1.65 |
| .43 | .42 | 1.86 | .25 | .08 | 1.16 | 1.23 | .57 |
| 1.04 | 1.59 | 1.25 | 1.55 | .68 | .98 | 1.42 | 1.62 |
| 2.83 | .99 | 1.75 | 1.72 | 2.30 | 2.05 | 2.85 | 2.83 |
| 2.14 | 2.76 | 2.62 | 2.95 | −.17 | 1.05 | 2.35 | 1.12 |
| 2.85 | 1.90 | 1.51 | 1.59 | .15 | 2.39 | 2.05 | 1.45 |
| 1.70 | 2.90 | 1.72 | 1.64 | .55 | 3.39 | 1.52 | 1.98 |
| 2.47 | 3.74 | 3.90 | 2.84 | 1.00 | 2.62 | 2.74 | 2.96 |
| 2.39 | 2.51 | 1.84 | 3.42 | 2.62 | 3.02 | 2.76 | 2.16 |
| 2.32 | 2.59 | 3.24 | 3.38 | 1.55 | 2.93 | 3.10 | 2.35 |

**풀이** <그림 8.15>의 (1)은 비농가 소득에 대한 성장률의 원자료를 나타낸 그림이다. 이 그림에 보는 것처럼 수준에서 비정상성을 보이고 있음을 알 수 있다. 그러나, <그림 8.15>의 (2)는 1차차분 $\omega_2 = y_2 - y_1$, $\omega_3 = y_3 - y_2$, $\cdots$ $\omega_n = y_n - y_{n-1}$을 나타낸 것으로 정상적인 것으로 보인다. <그림 8.15>의 (3)은 2차차분 $\nabla^2 y_t (\omega_t = y_t - 2y_{t-1} + y_{t-2}$ ; $\omega_3 = y_3 - 2y_2 + y_1$, $\omega_4 = y_4 - 2y_3 + y_2$, $\cdots$ $\omega_n = y_n - 2y_{n-1} + y_{n-2})$을 나타낸 것으로 이것 역시 정상적임을 볼 수 있다.

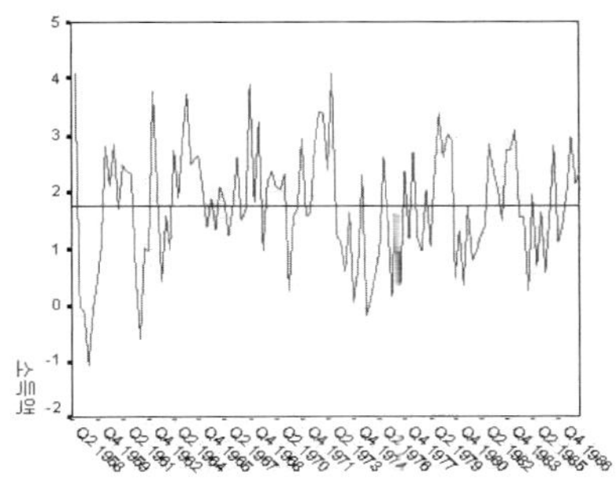

<그림 8.15 (1)> 원자료

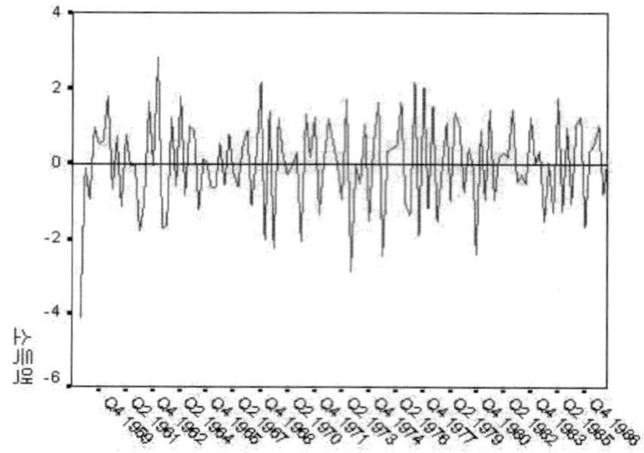

<그림 8.15 (2)> 1차차분

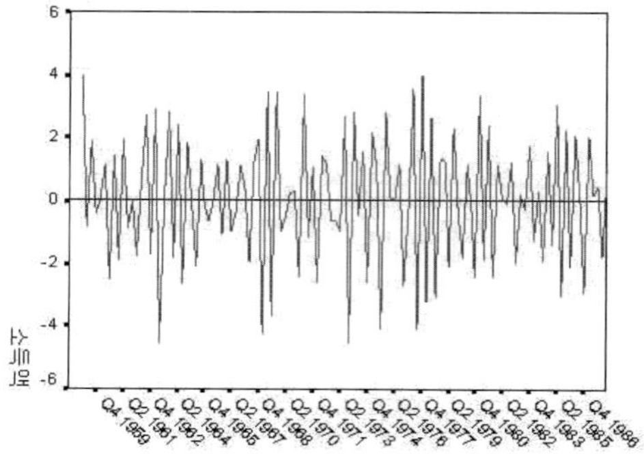

<그림 8.15 (3)> 2차차분

<그림 8.16>의 (1)은 [예제 8.13]의 성장률 자료에 대한 표본자기상관함수를 나타낸 것이다. 그림에서 보는 바와 같이 표본자기상관함수가 급속하게 감소하지 않으므로 이 계열에 대해서 1차차분이 필요하게 된다. 따라서 1차차분한 결과가 그림 8.16의 (2)이다. 여기서 보면 표본자기상관함수가 급속하게 감소함을 볼 수 있으며 2차차분(그림 8.16의 (3))한 결과도 마찬가지 이다.

그러므로 이 계열에 대해서는 1차차분한 결과를 이용하게 된다.

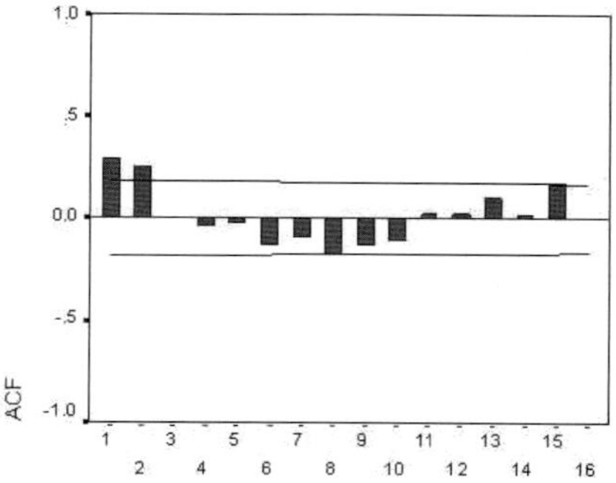

<그림 8.16 (1)> 원자료

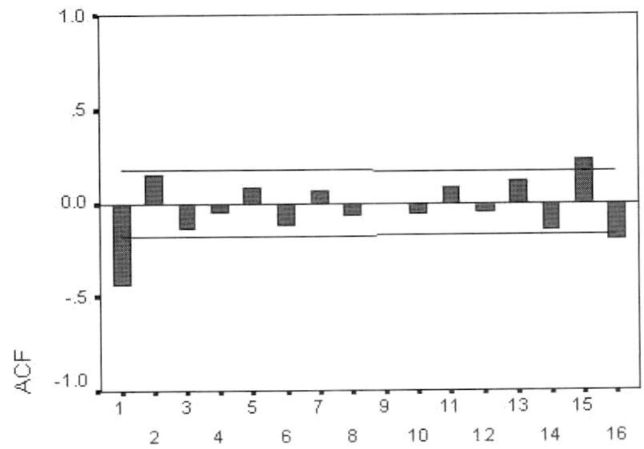

<그림 8.16 (2 > 1차차분

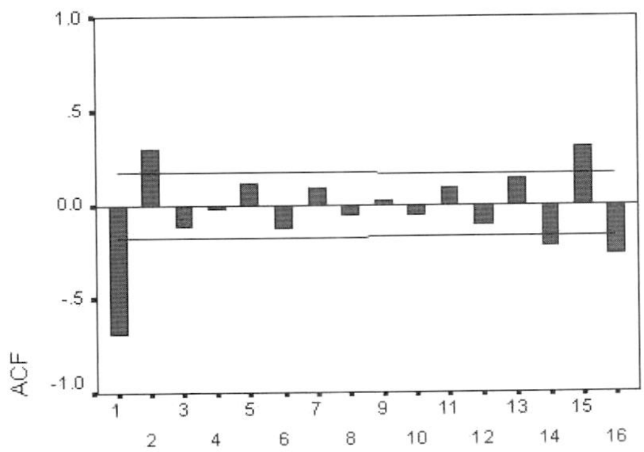

<그림 8.16 (3)> 2차차분

## 8.4.2 자기회귀누적이동평균 (ARIMA)모형

비정상적인 시계열 $y_t$를 적절히 차분시켜 얻은 새로운 계열을 $w_t$라 표시하면 $w_t = \bigtriangledown^d y_t = (1-B)^d y_t$는 추세요인이 제거된 정상시계열이며 이것은 정상확률과정인 ARMA 과정을 따르게 된다. 그러므로, ARMA모형과 차분연산기법을 합한 다음의 식과 같은 모형을 자기회귀누적이동평균 모형(autoregressive integrated moving average model), ARIMA(p,d,q)모형이라 부른다.

$$\phi_p(B)\omega_t = \theta_0 + \theta_q(B)a_t \tag{8.34}$$

$$\phi_p(B)(1-B)^d y_t = \theta_0 + \theta_q(B)a_t$$

여기서 $\omega_t = (1-B)^d y_t$이며 $\theta_0$는 추세모수(trend parameter)라 부른다. 또한 $\varnothing_p(B) = 1 - \varnothing_1 B - \varnothing_2 B^2 - \cdots - \varnothing_p B^p, \theta_q(B) = 1 - \theta_1 B - \theta_2 B^2 - \cdots - \theta_q B^q$이다.

그리고 대부분의 비정상 시계열은 낮은 차수( $p \le 2, d \le 2, q \le 2$)를 가진 ARIMA 모형으로 설명될 수 있다. 추세모수인 $\theta_0$는 보통 0의 값을 갖는다. 원계열 $y_t$와 추세 요인이 제거된 정상계열 $\omega_t$의 관계식은 1차차분($d=1$)인 경우

$$\nabla y_t = (1-B)y_t = \omega_t$$
$$y_t = \left(\frac{1}{1-B}\right)\omega_t = \sum_{k=-\infty}^{t} \omega_k$$

가 되어 $y_t$가 $w_t$의 누적의 형태로 표시되므로 ARIMA모형 형태를 가진 식 (7.34)을 ARIMA모형이라 부른다. 여기서 약자 I는 원계열 $y_t$가 $\omega_t$의 누적(integrated)으로 표시됨을 의미한다.

### 1) 확률보행모형

식 (8.34)에서 p=0, d=1 그리고 q=0이면 다음 식과 같이 잘 알려진 확률보행모형(random walk model)을 얻게 된다. 즉,

$$(1-B)y_t = a_t$$

혹은

$$y_t = y_{t-1} + a_t$$

이 모형은 주식가격의 형태를 나타내는데 널리 이용되고 있다. 확률보행모형에 있어서 시점 $t$에 대한 $y$의 값은 시점$(t-1)$의 값과 확률충격(random shock)을 합한 것과 같다.

확률보행모형은 $\varnothing \to 1$을 갖는 AR(1)과정 $(1-\varnothing B)y_t = a_t$의 극한과정임을 유의해야 한다. AR(1)과정의 자기상관함수는 $\rho_k = \varnothing^k$이기 때문에 $\varnothing \to 1$이므로, 확률보행모형의 현상은 원계열$\{y_t\}$의 표본자기상관함수가 돌출점들이 크게 줄어들지 않은 특성을 갖고 있으며 그리고 차분된 계열 $\{(1-B)y_t\}$에 대한 자기상관함수는 영(0) 근처의 값을 갖게 된다.

다음으로 영이 아닌 상수항을 갖는 식 (8.34)을 고려해 보기로 하자.

$$(1-B)y_t = \theta_0 + a_t$$

혹은

$$y_t = y_{t-1} + \theta_0 + a_t \tag{8.35}$$

시점 $k$에 관해, 연속적으로 대체함으로써 다음 식을 구할 수 있다.

$$\begin{aligned} y_t &= y_{t-1} + \theta_0 + a_t \\ &= y_{t-2} + 2\theta_0 + a_t + a_{t-1} \\ &\vdots \\ &= y_k + (t-k)\theta_0 + \sum_{j=k+1}^{t} a_j, \qquad t > k \end{aligned} \tag{8.36}$$

따라서 $y_t$는 기울기 혹은 추세 $\theta_0$을 갖는 결정적 추세(deterministic trend)을 포함하고 있다. 보다 일반적으로, $d$차차분된 계열 $\{(1-B)^d y_t\}$를 포함하고 있는 모형에 대해서, 식 (8.34)의 $\theta_0$는 결정적 추세, 즉 $\alpha_0 + \alpha_1 t + \cdots + \alpha_d t^d$의 $t^d$에 대한 계수 $\alpha_d$에 대응됨을 알 수 있다. 이러한 이유때문에 $d > 0$일 때 $\theta_0$는 결정적 추세항이라고 한다. $t$가 큰 경우에, 이 항은 계열들이 결정적 형태를 따르도록 할 수 있다. 그러므로 일반적으로 $d > 0$일 때 자료 혹은 문제의 성질로 부터 결정적 성분이 실제로 필요하다는 것이 분명하지 않은 경우에는 $\theta_0 = 0$임을 우리는 가정한다.

그리고 $\theta_0 \neq 0$을 갖는 식 (8.35)의 과정은 보통 추세를 갖는 확률보행모형이라고 한다. 식 (8.36)에 의해서 주어진 $y_{t-1}$, $y_{t-2}$, $y_{t-3}$, $\cdots$에 대해서 시점 $t$에 대한 $y_t$의 평균수준은

$$\mu_t = y_{t-1} + \theta_0$$

이며 이것은 시점 $t-1$의 확률적 추세와 결정적 성분에 의해서 영향을 받는다. 그리고 $\theta_0 = 0$일 때 단지 확률적 추세만을 갖는 모형을 갖게 된다.

**예제 8-14**

다음 자료는 1961년 8월 17일부터 1962년 11월 2일까지의 IBM보통주의 일별종가이다. 시계열 그래프와 자기상관함수그래프를 통해서 비정상시계열의 특성을 파악하고 이 시계열을 차분하여 정상시계열로 변환한후 시계열도표와 자기상관함수, 부분자기상관함수 도표를 이용하여 모형을 설정하시오 (자료명 exm8-14.sav)

| | | | | | | | | | | | | | | | |
|---|---|---|---|---|---|---|---|---|---|---|---|---|---|---|---|
| 460 | 457 | 452 | 459 | 462 | 459 | 463 | 479 | 493 | 490 | 492 | 498 | 499 | 497 | 496 | 490 |
| 489 | 478 | 487 | 491 | 487 | 482 | 479 | 478 | 479 | 477 | 479 | 475 | 479 | 476 | 476 | 478 |
| 479 | 477 | 476 | 475 | 475 | 473 | 474 | 474 | 474 | 465 | 466 | 467 | 471 | 471 | 467 | 473 |
| 481 | 488 | 490 | 489 | 489 | 485 | 491 | 492 | 494 | 499 | 498 | 500 | 497 | 494 | 495 | 500 |
| 504 | 513 | 511 | 514 | 510 | 509 | 515 | 519 | 523 | 519 | 523 | 531 | 547 | 551 | 547 | 541 |
| 545 | 549 | 545 | 549 | 547 | 543 | 540 | 539 | 532 | 517 | 527 | 540 | 542 | 538 | 541 | 541 |
| 547 | 553 | 559 | 557 | 557 | 560 | 571 | 571 | 569 | 575 | 580 | 584 | 585 | 590 | 599 | 603 |
| 599 | 596 | 585 | 587 | 585 | 581 | 583 | 592 | 592 | 596 | 596 | 595 | 598 | 598 | 595 | 595 |
| 592 | 588 | 582 | 576 | 578 | 589 | 585 | 580 | 579 | 584 | 581 | 581 | 577 | 577 | 578 | 580 |
| 586 | 583 | 581 | 576 | 571 | 575 | 575 | 573 | 577 | 582 | 584 | 579 | 572 | 577 | 571 | 560 |
| 549 | 556 | 557 | 563 | 564 | 567 | 561 | 559 | 553 | 553 | 553 | 547 | 550 | 544 | 541 | 532 |
| 525 | 542 | 555 | 558 | 551 | 551 | 552 | 553 | 557 | 557 | 548 | 547 | 545 | 545 | 539 | 539 |
| 535 | 537 | 535 | 536 | 537 | 543 | 548 | 546 | 547 | 548 | 549 | 553 | 553 | 552 | 551 | 550 |
| 553 | 554 | 551 | 551 | 545 | 547 | 547 | 537 | 539 | 538 | 533 | 525 | 513 | 510 | 521 | 521 |
| 521 | 523 | 516 | 511 | 518 | 517 | 520 | 519 | 519 | 519 | 518 | 513 | 499 | 485 | 454 | 462 |
| 473 | 482 | 486 | 475 | 459 | 451 | 453 | 446 | 455 | 452 | 457 | 449 | 450 | 435 | 415 | 398 |
| 399 | 361 | 383 | 393 | 385 | 360 | 364 | 365 | 370 | 374 | 359 | 335 | 323 | 306 | 333 | 330 |
| 336 | 328 | 316 | 320 | 332 | 320 | 333 | 344 | 339 | 350 | 351 | 350 | 345 | 350 | 359 | 375 |
| 379 | 376 | 382 | 370 | 365 | 367 | 372 | 373 | 363 | 371 | 369 | 376 | 387 | 387 | 376 | 385 |
| 385 | 380 | 373 | 382 | 377 | 376 | 379 | 386 | 387 | 386 | 389 | 394 | 393 | 409 | 411 | 409 |
| 408 | 393 | 391 | 388 | 396 | 387 | 383 | 388 | 382 | 384 | 382 | 383 | 383 | 388 | 395 | 392 |
| 386 | 383 | 377 | 364 | 369 | 355 | 350 | 353 | 340 | 350 | 349 | 358 | 360 | 360 | 366 | 359 |
| 356 | 355 | 367 | 357 | 361 | 355 | 348 | 343 | 330 | 340 | 339 | 331 | 345 | 352 | 346 | 352 |
| 357 | | | | | | | | | | | | | | | |

**풀이** ① 원 시계열 그래프

시계열 자료에서 시계열이 시간이 지남에 따라 하향하는 확률추세를 보이고 있으므로 비정상 시계열임을 알 수 있다. 따라서 정상시계열로 변환하기 위해서 차분을 해야한다.

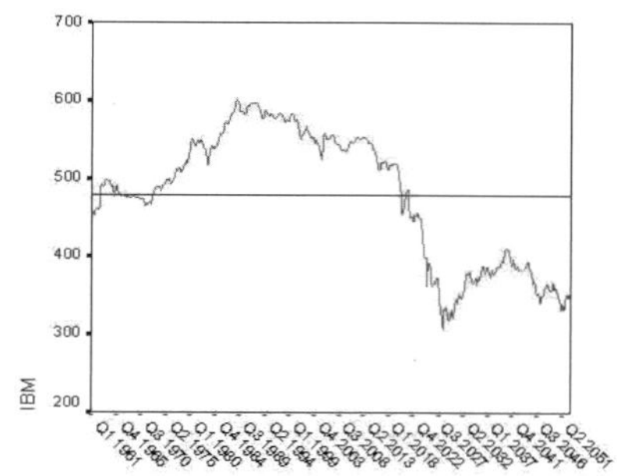


<그림 8.17> 시계열 도표 (원자료)

② 원 시계열의 자기상관함수 도표

원시계열의 자기상관함수도표를 보면 전 시차에 걸쳐 자기상관함수값이 완만하게 감소함을 알 수 있으며 이것은 시계열이 비정상임을 나타내는 것이다.

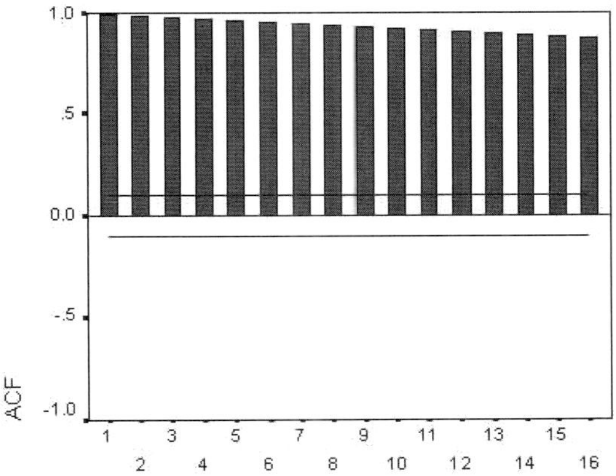


<그림 8.18> ACF(원자료)

③ 1차차분 시계열 도표

1차 차분한 시계열 도표는 시계열의 평균이 일정한 정상시계열로 변환되었음을 알 수 있다.

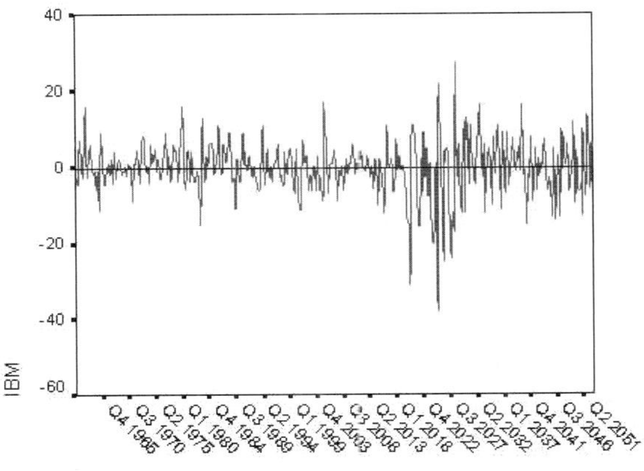


<그림 8.19> 시계열도표(1차 차분)

④ 차분후의 자기상관함수와 부분자기상관함수

1차차분하여 정상된 시계열에 대하여 자기상관함수와 부분자기상관함수의 그래프를 통해서 시계열 모형을 설정하게 된다. 자기상관함수와 부분자기상관함수로 부터는 시나브로 형태를 발견 할 수가 없다. 특히 자기상관함수와 부분자기상관함수는 시차 1이후에 절단형태를 보인다. 따라서 이 시계열 자료는 백색잡음과정으로 식별할 수 있고 원래의 시계열 자료는 ARIMA(0,1,0)과정으로 식별할 수 있다. 즉, 이 시계열 자료를 확률 보행과정으로 식별할 수 있다. 이를 식으로 표현하면 다음과 같다. 시계열 $y_t$에 대하여 1차 차분한 시계열은

$$\omega_t = (1-B)y_t = y_t - By_t = y_t - y_{t-1}$$

이고 정상화된 $\omega_t$의 모형이 백색잡음모형이므로

$$\omega_t = a_t$$

$$(y_t - y_{t-1}) = a_t$$

$$y_t = y_{t-1} + a_t$$

으로 표현할 수 있고 이는 결국 확률보행과정의 모형식이 된다.

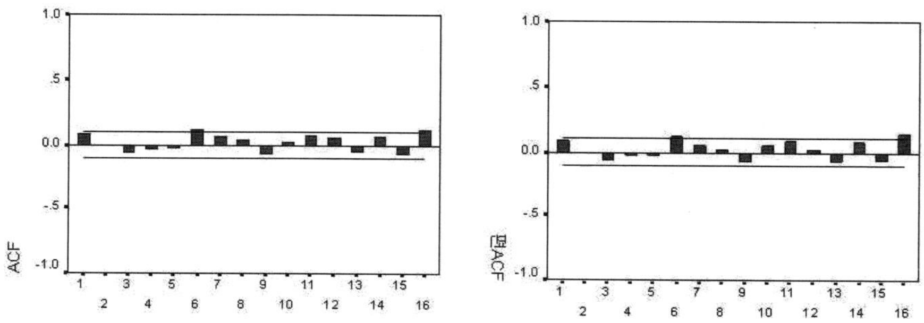


<그림 8.20> 1차 차분후의 ACF 및 PACF

## 2) ARIMA(0,1,1)모형 혹은 IMA(1,1)모형

식 (8.34)에서 $p=0,\ d=1$ 그리고 $q=1$일 때 다음 식과 같은 모형을 만들 수 있다.

$$(1-B)y_t = (1-\theta B)a_t \qquad (8.37)$$

혹은

$$y_t = y_{t-1} + a_t - \theta a_{t-1}$$

여기서 $-1 < \theta < 1$이다. IMA(1, 1)모형은 일차차분한 후에 정상적 MA(1)모형으로 축소된다. 확률보행모형은 $\theta = 0$을 갖는 IMA(1, 1)모형의 특별한 경우이다. 따라서 IMA(1,1)모형의 기본적인 현상은 원계열의 표본자기상관함수가 소멸된다는 사실과 그리고 일차 차분된 계열의 표본자기상관함수는 일차의 이동평균현상의 형태를 나타

내는 특성을 갖는다.

그런데 $-1 < \theta < 1$에 대해서 다음과 같은 관계가 성립된다. 즉

$$
\begin{aligned}
\frac{(1-B)}{(1-\theta B)} &= (1-B)(1+\theta B+\theta^2 B^2+ \cdots ) \qquad (8.38)\\
&= 1+\theta B+\theta^2 B^2+ \cdots - B-\theta B^2- \cdots \\
&= 1-(1-\theta)B-(1-\theta)\theta B^2-(1-\theta)\theta^2 B^3- \cdots \\
&= 1-\alpha B-\alpha(1-\alpha)B^2-\alpha(1-\alpha)^2 B^3- \cdots
\end{aligned}
$$

여기서 $\alpha = 1-\theta$이다. 그러므로 식 (8.37)에 식 (8.38)의 결과를 대입하여 정리하면 다음식과 같다.

$$y_t = \alpha \sum_{j=1}^{\infty}(1-\alpha)^{j-1} y_{t-j} + a_t \qquad (8.39)$$

식 (8.39)은 자기회귀모형식과 같으며 그리고 회귀분석의 결과로 부터 $y_t$의 최적 예측값 $\hat{y}_t$은 다음과 같이 된다.

$$\hat{y}_t = \alpha \sum_{j=1}^{\infty}(1-\alpha)^{j-1} y_{t-j} \qquad (8.40)$$

다른 말로 표현하면, 시점 $t$에 대한 $y_t$의 최적예측은 과거의 값들($y_{t-1}, y_{t-2}, \cdots$ )의 가중이동평균값으로 지수적으로 감소한다.

더구나 식 (8.40)은 다음 식과 같이 전개된다.

$$
\begin{aligned}
\hat{y}_{t+1} &= \alpha \sum_{j=1}^{\infty}(1-\alpha)^{j-1} y_{t+1-j} \\
&= \alpha y_t + (1-\alpha)\alpha \sum_{j=2}^{\infty}(1-\alpha)^{j-2} y_{t+1-j} \\
&= \alpha y_t + (1-\alpha)\alpha \sum_{j=1}^{\infty}(1-\alpha)^{j-1} y_{t-j} \\
&= \alpha y_t + (1-\alpha)\hat{y}_t
\end{aligned}
$$

이 식의 의미는 다음 시점에 대한 $y$의 새로운 예측값은 이용가능한 관측값($y_t$)과 최근의 예측값($\hat{y}_t$)과의 가중평균과 같다는 것이다. 계수 $\alpha$는 지수평활법에서 평활상수라 한다. 따라서 일반적인 ARIMA($p$, $d$, $q$)모형은 특별한 경우로써 많은 평활방법을 포함하고 있다.

**예제 8-**

다음은 1972년 1월부터 1990년 11월까지의 한국월별 종합지수를 나타낸 시계열 자료이다. 시계열도표와 자기상관함수를 이용하여 시계열의 특성을 파악하고 이 시계열을 차분하여 정상시계열로 변환한 후 모형을 설정하시오(자료명 : exm8-15.sav)

| | 1972 | 1973 | 1974 | 1975 | 1976 | 1977 | 1978 | 1979 | 1980 | 1981 | 1982 | 1983 | 1984 | 1985 | 1986 | 1987 | 1988 | 1989 | 1990 |
|---|---|---|---|---|---|---|---|---|---|---|---|---|---|---|---|---|---|---|---|
| 01 | 24.4 | 51.4 | 68.0 | 69.6 | 91.5 | 98.4 | 132.9 | 122.0 | 101.7 | 103.1 | 125.9 | 119.9 | 118.6 | 140.0 | 157.5 | 289.1 | 579.5 | 884.2 | 898.0 |
| 02 | 25.7 | 55.8 | 77.3 | 76.2 | 95.1 | 104.1 | 137.3 | 121.8 | 104.4 | 104.4 | 125.5 | 121.4 | 129.8 | 135.7 | 168.8 | 320.5 | 644.4 | 902.2 | 867.2 |
| 03 | 27.5 | 60.3 | 78.1 | 76.4 | 96.0 | 105.8 | 137.2 | 118.9 | 104.3 | 105.0 | 129.1 | 120.6 | 129.1 | 134.3 | 187.8 | 365.9 | 624.9 | 965.9 | 845.5 |
| 04 | 29.2 | 62.0 | 72.9 | 74.9 | 97.7 | 104.2 | 141.6 | 122.5 | 112.4 | 112.3 | 123.1 | 125.2 | 133.2 | 136.1 | 206.0 | 368.7 | 643.5 | 959.1 | 785.5 |
| 05 | 30.0 | 67.1 | 72.8 | 75.8 | 96.7 | 105.0 | 146.0 | 117.6 | 114.9 | 121.8 | 114.2 | 128.0 | 131.7 | 133.2 | 209.6 | 384.0 | 673.3 | 936.9 | 771.7 |
| 06 | 32.9 | 73.8 | 72.2 | 75.9 | 97.9 | 109.0 | 150.0 | 115.1 | 113.3 | 137.2 | 117.5 | 123.9 | 133.5 | 137.4 | 239.3 | 387.3 | 711.0 | 900.8 | 766.7 |
| 07 | 36.4 | 86.1 | 69.2 | 79.4 | 102.0 | 110.4 | 151.7 | 109.2 | 111.3 | 154.9 | 121.2 | 122.9 | 133.2 | 135.8 | 260.2 | 454.0 | 696.8 | 886.6 | 698.2 |
| 08 | 41.7 | 88.1 | 69.8 | 82.5 | 99.2 | 113.4 | 153.1 | 118.1 | 111.1 | 145.4 | 124.1 | 122.1 | 135.1 | 136.5 | 268.2 | 484.0 | 693.4 | 922.4 | 637.4 |
| 09 | 44.5 | 84.3 | 68.3 | 84.8 | 99.2 | 119.8 | 147.3 | 126.2 | 111.6 | 141.6 | 118.0 | 119.0 | 134.7 | 136.3 | 262.0 | 481.5 | 675.1 | 951.6 | 602.2 |
| 10 | 48.5 | 80.7 | 63.9 | 87.9 | 97.1 | 126.2 | 144.6 | 126.1 | 108.8 | 132.1 | 118.9 | 118.2 | 132.2 | 140.2 | 243.6 | 509.4 | 713.4 | 913.0 | 682.8 |
| 11 | 57.1 | 78.1 | 64.5 | 87.1 | 100.8 | 129.8 | 138.6 | 126.1 | 105.3 | 128.1 | 122.2 | 119.8 | 132.9 | 145.3 | 257.0 | 477.5 | 778.2 | 898.7 | 696.4 |
| 12 | 53.8 | 71.9 | 68.5 | 87.6 | 101.4 | 134.4 | 144.1 | 123.1 | 105.9 | 129.8 | 124.7 | 119.5 | 138.3 | 156.4 | 273.3 | 489.0 | 884.3 | 901.8 | |

**풀이** ① 원 시계열의 도표

원시계열의 도표와 자기상관함수를 보면 시계열이 상승하는 확률적추세를보이고 있음을 알 수 있다. 여기서 자료를 대수변환하여 정상시계열로 변환하기 위해서 차분이 필요하며 2차차분한 시계열이 정상시계열로 변환되었음을 알 수 있다.

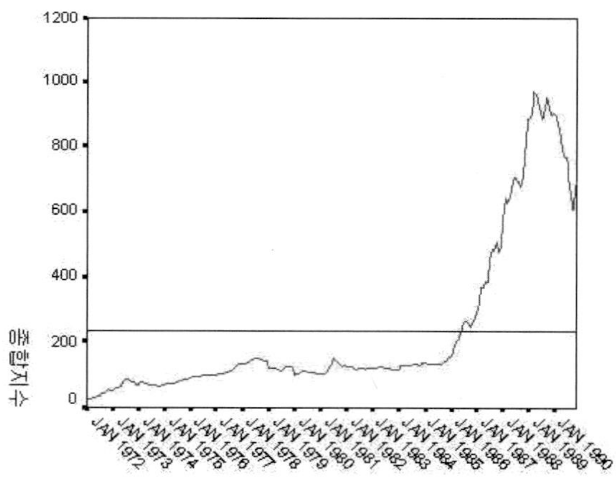


<그림 8.21> 시계열 도표(원자료)

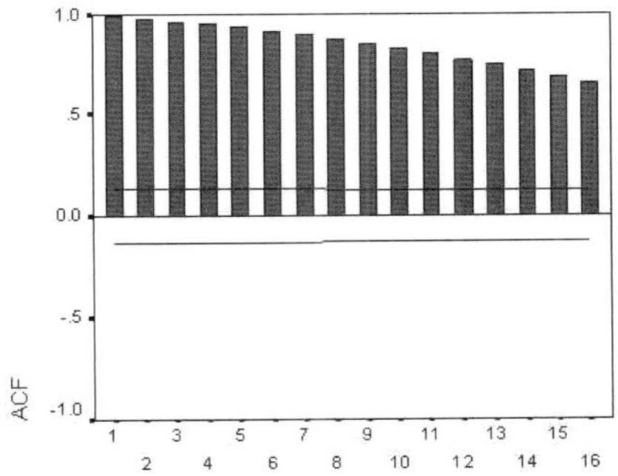


<그림 8.22> ACF(원자료)

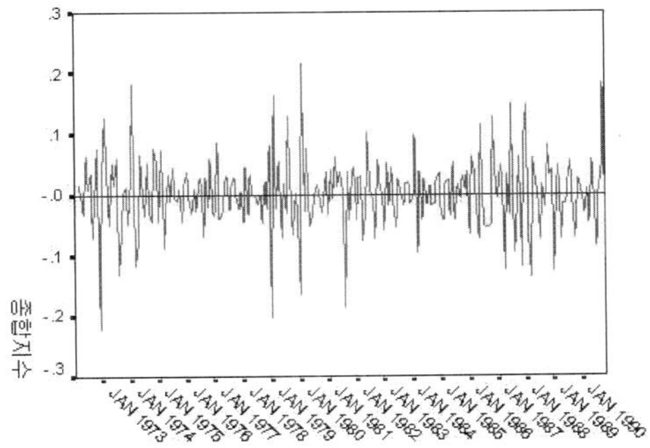

<그림 8.23> 시계열도표(대수변환, 2차차분)

② 차분된 자기상관함수와 부분자기상관함수 도표

2차차분을 이용하여 정상화된 시계열의 자기상관함수는 시차가 커짐에 따라 지수적으로 감소하고 부분자기상관함수는 시차 2에서 유의한 값을 보이며 그 이후의 시차에서는 신뢰한계내에 들어오는 절단된 형태를 보이고 있다. 따라서 이것은 AR(1)모형이 자기상관함수와 부분자기상관함수의 형태와 같음을 볼 수 있다.

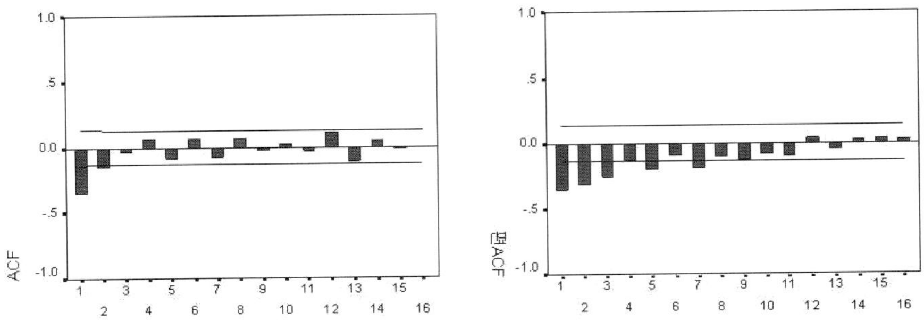

<그림 8.24> ACF 및 PACF(대수변환 2차차분)

### 3) ARIMA(1,1,0) 혹은 AR(1,1)모형

비정상 시계열을 1차차분하여 정상시계열로 변환후 설정된 모형이 AR(1)인 경우, ARIMA(p,d,q)모형에서 $p=1$, $d=1$, $q=0$인 모형이 되는 것이다. 이모형은

$$(1-\phi B)(1-B)y_t = a_t$$

$$y_t = y_{t-1} + \phi y_{t-1} - \phi y_{t-2} + a_t$$

이다. 여기서 AR(1,1)모형의 자기상관함수와 부분자기상관함수의 형태를 보면 원 시계열의 자기상관함수의 경우에는 지수적으로 감소하지 않고 전 시차에 걸쳐 완만하게 감소하게 된다. 그리고 차분을 하여 정상시계열로 변환후의 자기상관함수는 지수적으로 감소하는 모습을 보이며 부분자기상관함수는 시차 1에서 유의한 값을 갖게되며 그 이후의 시차에는 신뢰한계 내에 들어오는 절단된 모습을 보이게 된다.

**예제 8-16**

다음은 서울 남부대리점의 월별 자동차 판매현황을 1995년부터 1999년까지의 자료를 나타낸 것이다. 시계열 도표와 자기상관함수도표를 통해서 비정상 시계열의 특성을 파악하고 이 시계열을 차분하여 정상시계열로 변환한후 시계열 그래프와 자기상관함수, 부분자기상관함수를 이용하여 모형을 설정하시오(자료명 : exm8-16.sav)

| | 1995년 | 1996년 | 1997년 | 1998년 | 1999년 |
|---|---|---|---|---|---|
| 1월 | 97 | 144 | 145 | 102 | 162 |
| 2월 | 114 | 171 | 101 | 105 | 147 |
| 3월 | 106 | 121 | 159 | 103 | 153 |
| 4월 | 100 | 112 | 123 | 102 | 143 |
| 5월 | 102 | 142 | 142 | 110 | 162 |
| 6월 | 124 | 124 | 121 | 140 | 124 |
| 7월 | 108 | 152 | 160 | 128 | 117 |
| 8월 | 104 | 125 | 125 | 160 | 132 |
| 9월 | 110 | 124 | 132 | 162 | 156 |
| 10월 | 142 | 140 | 124 | 144 | 161 |
| 11월 | 110 | 114 | 124 | 157 | 142 |
| 12월 | 138 | 109 | 121 | 135 | 153 |

**풀이** ① 원시계열의 그래프

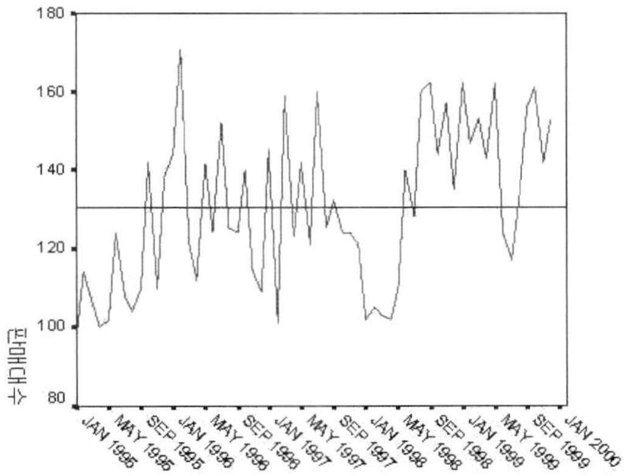


<그림 8.25> 시계열 도표(원자료)

② 원 시계열의 자기상관도표

원시계열의 도표와 자기상관함수를 이용해서 보면 시계열이 시간이 지남에 따라 약간 상승하는 추세를 보이고 있음을 알 수 있다. 따라서 차분을 통해서 비정상시계열을 정상시계열로 변환한후 모형을 설정해야 한다.

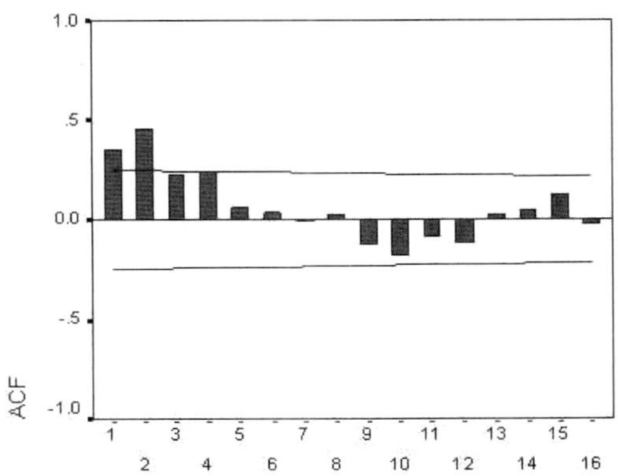


<그림 8.26> 원 시계열 ACF

③ 1차차분한 시계열 도표

1차차분함으로써 비정상 시계열 자료가 정상시계열을 나타내고 있음을 알 수 있다.

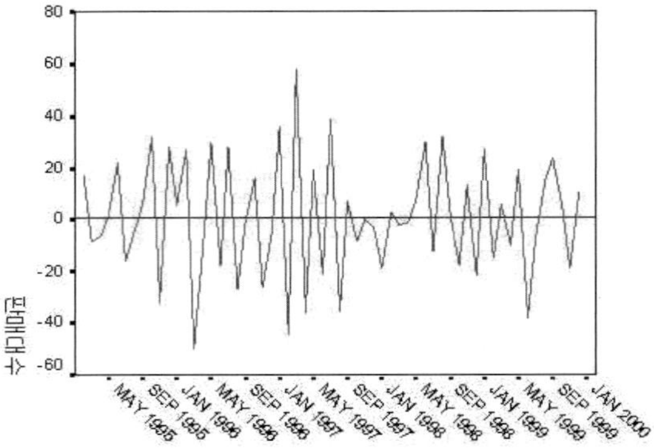

<그림 8.27> 시계열 도표(1차 차분)

④ 1차 차분 시계열의 자기상관함수와 부분자기상관함수

1차 차분하여 정상시계열로 변환하여 자기상관함수와 부분자기상관함수를 보면 자기상관함수는 시차 1에서 유의하고 나머지 시차에서는 신뢰한계내에 존재하는 절단된 형태를 보이고 있다. 또한 부분자기상관함수는 시차 1에서 유의하고 나머지 시차에서는 신뢰한계내에 존재하는 절단된 형태로 볼 수도 있다. 시차 1로부터 지수적으로 감소하는 형태로 볼 수 있다. 여기서 유의할 점은 이 모형은 ARIMA(0,1,1)과 ARIMA(1,1,1)로 설정할 수도 있다. 이 두 모형중 하나를 선택할 때는 제 8장에서 설명하는 식별통계량 AIC(와 SBC값등을 구하여 작은 값을 갖는 모형을 최종적으로 선택하게 된다. 이 모형은 ARIMA(0,1,1)형태를 나타낸다고 볼 수 있다.

<그림 8.28> ACF 및 PACF(1차 차분)

### 4) ARIMA($p,d,a$)모형

일반적으로 ARIMA($p,d,a$)모형의 $p$, $d$, $q$의 차수는 2를 넘지 않는 것이 보통이다. 따라서 가장 많이 이용되고 있는 ARIMA($p,d,a$)모형의 형태는 다음과 같다.

① ARIMA(1,1,1) :

$$(1-\phi B)(1-B)y_t = (1-\theta B)a_t$$

$$y_t = y_{t-1} + \phi y_{t-1} - \phi y_{t-2} + a_t - \theta a_{t-1}$$

② ARIMA(1,1,2) :

$$(1-\phi B)(1-B)y_t = (1-\theta_1 B - \theta_2 B^2)a_t$$

$$y_t = y_{t-1} + \phi y_{t-1} - \phi y_{t-2} + a_t - \theta_1 a_{t-1} - \theta_2 a_{t-2}$$

③ ARIMA(2,1,1)

$$(1-\phi_1 B - \phi_2 B^2)y_t (1-B)y_t = (1-\theta B)a_t$$

$$y_t = y_{t-1} + \phi_1 y_{t-1} - \phi_1 y_{t-2} + \phi_2 y_{t-2} - \phi_2 y_{t-3} + a_t - \theta a_{t-1}$$

④ ARIMA(2,1,2)

$$(1-\phi_1 B - \phi_2 B^2)y_t (1-B)y_t = (1-\theta_1 B - \theta_2 B^2)a_t$$

$$y_t = y_{t-1} + \phi_1 y_{t-1} - \phi_1 y_{t-2} + \phi_2 y_{t-2} - \phi_2 y_{t-3} + a_t - \theta_1 a_{t-1} - \theta_2 a_{t-2}$$

# 연습문제

**1.** 다음 모형의 각각에 대해서 $k=0,1,2,3,4$와 5에 대한 자기상관함수와 부분자기상관함수를 구하고 그림으로 나타내시오.

① $y_t - 0.5y_{t-1} = a_t$　　② $y_t - 0.98y_{t-1} = a_t$

③ $y_t - 1.3y_{t-1} + 0.4y_{t-2} = a_t$　　④ $y_t - 1.2y_{t-1} + 0.8y_{t-2} = a_t$

**2.** 다음과 같은 AR(2)모형에 대해서 생각해 보자.

(i) $y_t - 0.6y_{t-1} - 0.3y_{t-2} = a_t$　　(ii) $y_t - 0.8y_{t-1} + 0.5y_{t-2} = a_t$

① $\rho_k$에 대한 일반적인 식을 구하시오.

② $k=0,1,2,\cdots,10$에 대한 $\rho_k$를 그림으로 나타내시오.

③ $\sigma_a^2 = 1$를 가정하여 $\sigma_y^2$를 계산하시오.

**3.** 모집단의 자료로부터 추정된 시계열은 다음과 같다.

$$y_t = 0.3a_{t-1} + a_t \qquad y_t = 0.8a_{t-1} + a_t \quad ,$$
$$y_t = -0.3a_{t-1} + a_t \qquad y_t = -0.8a_{t-1} + a_t$$

① 위의 각모형에 대해서 1차에서 6차까지의 자기상관계수를 생성시키시오. 그리고 이들의 각 상관도(correlogram)를 그리시오.

② 이들의 계수를 이용하여 1차에서 5차까지의 부분자기상관계수를 계산하시오.

**4.** 다음의 표본자료로부터 추정된 모형은 다음과 같다.

| 표본의 크기 | 모형 | 표본의 크기 | 모형 |
|---|---|---|---|
| n=50<br>n=60<br>n=35 | $y_t = -0.2y_{t-1}$<br>$y_t = -0.6y_{t-1}$<br>$y_t = 0.4y_{t-1}$ | n=45<br>n=48<br>n=52 | $y_t = 0.7y_{t-1}$<br>$y_t = 2 + 0.35y_t$<br>$y_t = 4 - 0.52y_t$ |

① 각 모형에 대한 1차에서 5차까지의 자기상관계수를 계산하여 그림으로 나타내시오.

② 이들의 자기상관계수에 대한 표준오차를 계산하시오.

③ ①을 이용하여 1차에서 4차까지의 부분자기상관계수를 계산하시오.

④ 부분자기상관계수에 대한 표준오차를 계산하시오.

**5.** 모집단의 자료로부터 추정한 자기회귀이동평균과정은 다음과 같다.

| 모형 |
|---|
| $y_t = 0.3y_{t-1} + 0.6a_{t-1} + a_t$ |
| $y_t = 0.6y_{t-1} - 0.3a_{t-1} + a_t$ |
| $y_t = -0.4y_{t-1} - 0.2a_{t-1} + a_t$ |
| $y_t = 8.2 - 0.2y_{t-1} - 0.4a_{t-1} + a_t$ |
| $y_t = 3.7 - 0.5y_{t-1} + 0.2a_{t-1} + a_t$ |

① 위의 모형의 각각에 대한 1차에서 10차까지의 자기상관계수를 구하시오.

② 위의 상관계수를 이용하여 각 모형에 대한 1차에서 5차까지의 부분자기상관계수를 계산하시오. 또한 이들 각각의 부분자기상관함수를 그리시오.

**6.** 표본의 자료로부터 추정한 시계열모형은 다음과 같다.

| 표본의 크기 | 모형 |
|---|---|
| n=65 | $\hat{y}_t = 21.33 + 0.38y_{t-1} + 0.15y_{t-2}$ |
| n=35 | $\hat{y}_t = -0.27y_{t-1} - 0.18y_{t-2}$ |
| n=85 | $\hat{y}_t = 12.13 + 0.45y_{t-1} - 0.25y_{t-2}$ |
| n=70 | $\hat{y}_t = 11.73 - 0.68y_{t-1} + 0.32y_{t-2}$ |

① 위의 모형 각각에 대한 1차에서 8차까지의 자기상관계수를 구하시오.

② 위의 상관계수에 대한 표준오차를 구하시오.

③ ①의 결과를 이용하여 1차에서 5차까지의 부분자기상관계수를 추정하시오.

④ 부분자기상관의 표준오차를 추정하시오.

**7.** ① 다음의 MA(1)과정을 AR식으로 나타내시오.

$$y_t = a_t - 0.4a_{t-1}$$

② 다음의 AR(2)과정을 MA식으로 나타내시오.

$$y_t = 0.2y_{t-1} + 0.4y_{t-2} + a_t$$

**8.** 다음과 같은 모형들에 대해서 물음에 답하시오.

(i) $(1-B)y_t = (1-1.5B)a_t$

(ii) $(1-0.8B)y_t = (1-0.5B)a_t$

(iii) $(1-1.1B+0.8B^2)y_t = (1-1.7B+0.72B^2)a_t$

(iv) $(1-0.6B)y_t = (1-1.2B+0.2B^2)a_t$

① 각 모형들이 정상적 혹은 가역적인지의 여부를 판별하시오.

② MA식으로 모형을 나타내시오.

③ AR식으로 모형을 나타내시오.

**9.** 다음과 같은 과정들에 대해서 물음에 답하시오.

(i) $(1-0.6B)y_t = (1-0.9B)a_t$

(ii) $(1-1.4B+0.6B^2)y_t = (1-0.8B)a_t$

① 자기상관함수 $\rho_k$를 구하시오.

② $k=1, 2, 3$에 대해서 부분자기상관함수를 구하시오.

③ 자기공분산생성함수를 구하시오.

제 09 장

# 모형의 식별

## 9.1 박스-젠킨스(Box-Jenkins)모형의 개념

시계열분석에서 자기회귀이동평균 모형(ARMA model)을 선택하는 방법으로는 식별(Identification), 추정(Estimation) 그리고 검진(Diagnostic Checking)을 한 주기(cycle)로 하는 박스-젠킨스(Box-Jenkins)방법이 일반적으로 사용되고 있다. 식별이란 자기회귀(AR)부분의 찻수와 이동평균(MA)부분의 찻수를 정하는 것이고 추정은 자기회귀부분의 계수들과 이동평균부분의 계수들의 최우추정량을 구하는 것이며 검진은 식별과 추정에 의하여 선택된 모형이 주어진 자료에 잘 맞는지를 결정하는 것이다. 만일 선택한 모형이 자료와 잘 부합되지 않으면 우리는 원래의 문제로 돌아가 식별, 추정 그리고 검진의 삼단계를 적절한 모형이 선택될 때까지 반복한다. 이와 같은 과정을 그림으로 나타내면 <그림 9.1>과 같다.

<그림 9.1>과 같은 절차에 따라 시계열을 분석하기 위해서 일반적으로 유의해야 할 점은 다음과 같다.

첫째로 시계열자료에 적합한 모형은 최소 모수의 원리(principles of parsimony)에 따라 도출하여야 한다. 도출된 모형이 불필요하게 복잡하면, 이 모형에 포함된 모수의 수가 많아지므로 모수추정에 따르는 오차가 커지게 되어 예측을 정확하게 할 수 없다.

둘째로 분석에 필요한 시계열 관측값의 갯수는 적어도 50개 이상이어야 정확한 예측을 할 수 있다. 관측값이 50개 미만인 경우는 분석자의 과거 시계열에 대한 경험 및 정보를 분석에 포함시켜 예비적인 모형을 구하여 예측하게 된다.

세째로 박스-젠킨스의 삼단계 방법은 검진의 단계에서 모형이 타당하지 않았다고 판정되었을 경우에 식별, 추정, 그리고 검진의 한 주기에서 얻은 모든 정보(통계량)가 무용해지는 단점이 있다.

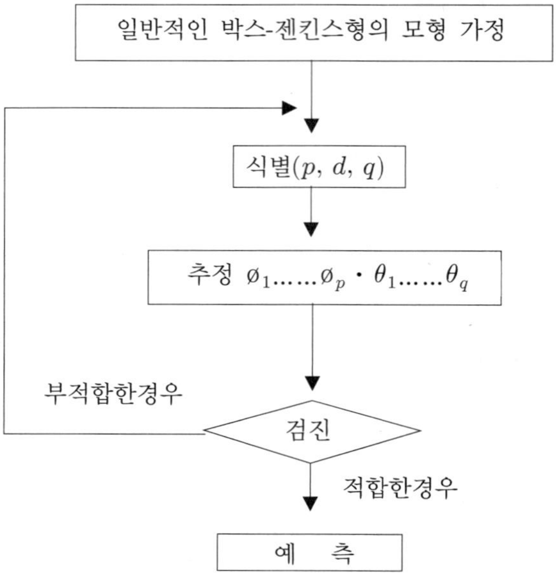


<그림 9.1> 박스-젠킨스 방법의 기본체계

## 9.2 모형의 식별과정

모형의 식별(model identification)이란 시계열 자료에 의하여 시계열에 적합한 잠정적인 자기회귀누적이동평균모형(ARIMA model)을 찾아내는 단계를 의미하며 다음과 같은 절차에 의하여 이루어진다.

### 9.2.1 분산안정화변환

시계열의 산포도를 조사하여 시계열의 분산이 시점의 변화에 따라 변하면 변수변환을 하여 분산을 안정시키게 된다. 이때, 이용되는 변환방법으로는 $\sqrt{y}$, $log(y)$와 $1/y$ 등이 있는데 $\sqrt{y}$는 분산이 매우 급속하게 변하지 않은 때 사용한다. $\log(y)$는 보다 급속하게 변하는 경우에 사용하며 $1/y$는 분산이 폭발적으로 변하는 경우에 이용된다. 특히 경제적인 자료인 경우에는 대수변환(logarithmic transformation ; log(y))을 가장 많이 이용한다. 만약 대수변환에 의해서 분산이 안정되지 않으면 박스와 콕스(Box와 Cox, 1964)의 변환 $(y^{\lambda}-1)/\lambda$을 사용하여 시계열의 분산을 정상화시킨다.

### 9.2.2 적절한 차분차수의 결정

박스-젠킨스방법에서 자기상관함수와 부분자기상관함수는 정상계열에 적용할 때만 의미가 있다. 만약 원자료의 자기상관함수가 0으로 급속하게 감소하면, 이 계열은 이미 정상적인 계열인 것으로 되어 바로 자기상관함수와 부분자기상관함수의 분석을 수행할 수 있다. 그렇지 않은 경우에는 추세를 제거하는 일이 필요하게 된다. 추세를 제거하는 것은 자기상관함수가 급속하게 소멸될 때까지 반복적으로 계열을 차분하므로써 이루어진다. 차분화(differencing)은 차분된 계열내의 변동을 증가시키므로 반복의 수(차분차수)는 가능한 한 작아야 한다. (일반적으로 $d=0,\ 1,\ 2$)

### 9.2.3 자기상관함수의 검정

박스-젠킨스분석에서 자기상관계수가 0이 아니라는 것을 정확하게 아는 것은 중요한 일이다. 이것은 ARIMA모형의 이동평균부분의 찻수를 결정하는데 도움이 되기 때문이다. 찻수 $q$의 이동평균과정에 대한 검정방법을 개발한 것은 바아틀레트(M.S.Bartlett, 1946)였다 이 검정방법은 표본자기상관계수 $r_k$의 표준편차는 근사적으로 다음식에 따른다는 사실에 입각하고 있다. 즉

$$\sigma_{r_k} = \frac{1}{\sqrt{n}}(1+2\cdot\sum_{1}^{q} r_i^2)^{\frac{1}{2}} \qquad k > q \tag{9.1}$$

여기서 유의해야 할 점은 표본의 크기 $n$이 큰 경우에는 $r_k$는 근사적으로 정규분포를 하기 때문에 $|r_k|$이 $2\sigma_{r_k}$를 초과할 때마다 귀무가설 $H_0$를 기각하므로써 귀무가설 $H_0: \rho_k = 0$(근사적으로 5% 수준에서)을 검정할 수 있다.

일반적으로 자기상관에 대한 바아틀레트(Bartlett)검정의 절차는 다음과 같다.

① 가설설정

$$H_0: \rho_{k=0} \qquad \text{vs} \qquad H_1: \rho_k \neq 0$$

② 검정통계량

$r_k$ = 시차 $k$의 표본자기상관계수

③ 의사결정규칙($\alpha = 5\%$, $n$이 큰 경우)

$$|r_k| > \frac{2}{\sqrt{n}}\left[1 + 2\cdot\sum_{1}^{k-1} r_j^2\right]^{\frac{1}{2}}$$ 이면 귀무가설 $H_0$을 기각한다.

④ 결 론

귀무가설 $H_0$가 기각되면 시차 $k$에서 자기상관은 신뢰수준 95%에서 0이 아니라고 결론을 내릴 수 있다.

**예제 9-1**

64개의 관측값이 다음과 같은 표본자기상관계수들을 갖고 있다고 가정한다. 유의수준 5%하에서 자기상관에 대한 바아틀레르 검정을 하시오.

| $k$ | 1 | 2 | 3 | 4 | 5 | 6 | 7 |
|---|---|---|---|---|---|---|---|
| $r_k$ | 0.91 | 0.79 | 0.15 | 0.35 | −0.12 | 0.20 | −0.09 |

**풀이** ① 가설설정 : $H_0 : \rho_k = 0$, vs $H_1 : \rho_k \neq 0$

② 검정통계량 : $r_3 = 0.15$

③ 의사결정규칙 : 바아틀레트검정을 이용하므로써, 연속적인 임계값(critical value : CV)은 다음과 같이 계산된다.

$$k = 1 : CV = \frac{2}{\sqrt{64}} = 0.25$$

$$k = 2 : CV = \frac{2}{\sqrt{64}}\left[1 + 2(r_1^2)\right]^{\frac{1}{2}} = 0.25\left[1 + 2(0.91)^2\right]^{\frac{1}{2}} = 0.407$$

$$k = 3 : CV = \frac{2}{\sqrt{64}}\left[1 + 2(r_1^2 + r_2^2)\right]^{\frac{1}{2}}$$

$$= .25\left[1 + 2(0.91)^2 + 2(0.79)^2\right]^{\frac{1}{2}} = 0.494$$

$$k = 4 : CV = \frac{2}{\sqrt{64}}\left[1 + 2(r_1^2 + r_2^2 + r_3^2)\right]^{\frac{1}{2}}$$

$$= .25\left[1 + 2(0.91)^2 + 2(0.79)^2 + 2(0.15)^2\right]^{\frac{1}{2}} = 0.499$$

④ 결 론

$r_3 = 0.15 < CV(3) = 0.494$이므로 자기상관함수의 시차는 2에서 절단된 모습을 보이므로 이 모형은 MA(2)모형의 특성을 갖고 있다고 볼 수 있다.

## 9.2.4 부분자기상관함수의 검정

부분자기상관함수는 ARIMA모형의 자기회귀(AR)부분에 대한 찻수 $p$를 결정하는데 사용된다. 자기상관계수들을 검정할 때 사용되었던 경험에 의한 경험방법이 부분자기상관함수의 검정에 이용된다. 즉, $\phi_{kk}$가 0과 같게 된다면 $\hat{\phi}_{kk}$는 근사적으로 $1/\sqrt{n}$ ($n$ = 계열의 길이)의 표준편차를 갖은 정규분포에 따르게 될 것이다. 따라서 $|\hat{\phi}_{kk}|$ 가 $2/\sqrt{n}$ 을 초과할 때, $\phi_{kk}$는 0이 아니라고 결론을 내릴 것이다. 이와 같은 부분자기상관함수에 대한 검정과정은 다음과 같다.

① 가설설정

$$H_0 : \phi_{kk} = 0 \qquad \text{vs} \qquad H_1 : \phi_{kk} \neq 0$$

② $\hat{\phi}_{kk}$=시차 $k$의 부분자기상관계수의 추정값

③ 의사결정규칙( $\alpha$ =5%, n이 큰 경우)

$$|\hat{\phi}_{kk}| > \frac{2}{\sqrt{n}}$$ 이면 귀무가설 $H_0$을 기각한다.

④ 결 론

귀무가설 $H_0$을 기각되면, 시차 $k$의 부분자기상관계수는 신뢰수준 95%에서 0이 아니라고 결론을 내린다.

## 9.2.5 ARMA모형의 찻수(p와 q)결정

박스와 젠킨스는 7장에서 이론적으로 도출된 자기회귀모형, 이동평균 모형 및 자기회귀이동평균모형의 자기상관함수와 부분자기상관함수가 찻수 $p$ 또는, $q$의 값에 따라 독특한 형태를 가짐을 이용하여 시계열자료로부터 추정된 표본자기상관함수와 표본부분자기상관함수의 형태로 부터 이 자료에 적합한 ARMA모형의 찻수 $p$, $q$를 구한다. 따라서, 지금까지 설명한 각 ARMA모형의 자기상관함수와 부분자기상관함수의 형태를 요약하면 <표 9.1>과 같다.

<표 9.1> ARMA모형의 자기상관함수와 부분자기상관함수

| 모형 | | 자기상관함수 $\rho_k$ | 부분자기상관함수 $\phi_{kk}$ |
|---|---|---|---|
| AR(1) | (0, d, 1) | 지수감소함수 | $\phi_{kk} = 0, \quad k > 1$ |
| AR(2) | (2, d, 0) | 지수감소함수 혹은 점차적으로 진폭이 줄어드는 싸인곡선을 보인다. | $\phi_{kk} = 0, \quad k > 2$ |
| AR(p) | (p, d, 0) | 지수감소함수 혹은 점차적으로 진폭이 줄어드는 싸인곡선을 보인다. | $\phi_{kk} = 0, \quad k > p$ |
| MA(1) | (0, d, 1) | $\rho_{k=0}, \quad k > 1$ | 지수감소함수 |
| MA(2) | (0, d, 2) | $\rho_{k=0}, \quad k > 2$ | 지수감소함수 또는 점차적으로 진폭이 줄어드는 싸인곡선의 양상으로 나타난다. |
| MA(q) | (0, d, q) | $\rho_{k=0}, \quad k > q$ | 지수감소함수 또는 점차적으로 진폭이 줄어드는 싸인곡선의 양상으로 나타난다. |
| ARMA(1,1) | (1, d, 1) | 시차 $k=1$에서부터 지수감소함수 | 시차 $k=1$에서부터 지수감소함수 |
| ARMA $(p, q)$ | (p, d, q) | 시차 $q-p$이후부터 지수감소함수 또는 감소싸인곡선을 보인다. | 시차 $p-q$이후부터 지수감소함수 또는 감소싸인곡선을 보인다. |

**예제 9-2**

비트전산은 컴퓨터, 프린터와 기타 다른 컴퓨터주변기기를 판매하는 중간규모의 소매상이다. <표 9.2>는 비트전산에서 1998년 1월부터 2009년 6월까지의 주당 판매갯수를 나타낸 자료이다. 이 자료를 이용하여 ARIMA모형에 대한 식별을 하시오.(자료명 : exm9-2.sav)

<표 9.2> 컴퓨터관련제품에 대한 주당 판매갯수(1988.1–1989.6)

| 주당판매갯수 | | 주당판매갯수 | | 주당판매갯수 | | 주당판매갯수 | | 주당판매갯수 | | 주당판매갯수 | |
|---|---|---|---|---|---|---|---|---|---|---|---|
| $t$ | $y_t$ | $t$ | $y_t$ | $t$ | $y_t$ | $t$ | $y_t$ | $t$ | $y_t$ | $t$ | $y_t$ |
| 1 | 105 | 14 | 87 | 27 | 99 | 40 | 91 | 53 | 99 | 66 | 105 |
| 2 | 85 | 15 | 90 | 28 | 86 | 41 | 101 | 54 | 100 | 67 | 113 |
| 3 | 106 | 16 | 92 | 29 | 84 | 42 | 92 | 55 | 116 | 68 | 114 |
| 4 | 88 | 17 | 92 | 30 | 90 | 43 | 107 | 56 | 93 | 69 | 95 |
| 5 | 96 | 18 | 90 | 31 | 92 | 44 | 92 | 57 | 107 | 70 | 108 |
| 6 | 97 | 19 | 93 | 32 | 94 | 45 | 107 | 58 | 100 | 71 | 104 |
| 7 | 99 | 20 | 93 | 33 | 90 | 46 | 103 | 59 | 96 | 72 | 96 |
| 8 | 93 | 21 | 93 | 34 | 98 | 47 | 114 | 60 | 114 | 73 | 97 |
| 9 | 86 | 22 | 92 | 35 | 100 | 48 | 97 | 61 | 92 | 74 | 96 |
| 10 | 107 | 23 | 90 | 36 | 91 | 49 | 112 | 62 | 119 | 75 | 98 |
| 11 | 92 | 24 | 99 | 37 | 99 | 50 | 112 | 63 | 94 | 76 | 98 |
| 12 | 92 | 25 | 84 | 38 | 91 | 51 | 96 | 64 | 113 | 77 | 98 |
| 13 | 93 | 26 | 80 | 39 | 102 | 52 | 117 | 65 | 112 | 78 | 99 |

**풀이** 이 자료에 대한 적합한 ARIMA모형을 식별하기 위하여 우선, 그림 9.2(1)의 표본자기상관함수를 조사한다. 자기상관함수가 빠르게 소멸되므로 이 자료는 정상적인 것으로 보이며 따라서 차분이 필요없게 된다. 자기상관함수와 부분자기상관함수를 함께 조사하여 보면, 순수한 AR 혹은 MA모형의 특징이 보이지 않은 것 같다. 더불어, $r_1(=0.139)$이 $r_2(=0.553)$에 비하여 작고, 그리고 $\widehat{\phi_{11}}(0.139)$은$\widehat{\phi_{22}}(=0.544)$보다 작다. $r_1$을 무시하면 자기상관함수는 시차 1 이후에 감소하는 것을 볼 수 있는 반면에 부분자기상관함수는 시차 3 이후에 감소하거나 혹은, 처음부터 점차적으로 진폭이 줄어드는 싸인곡선의 형태를 보여주는 것 같다. 이러한 형태를 보이는 것으로 보아서 혼합된 모형 즉 ARMA모형인 것으로 보이며, 찻수 $p$와 $q$는 서로 다르게 나타난 것으로 보인다. 즉, ARIMA(1,0,2)모형으로 식별된다.

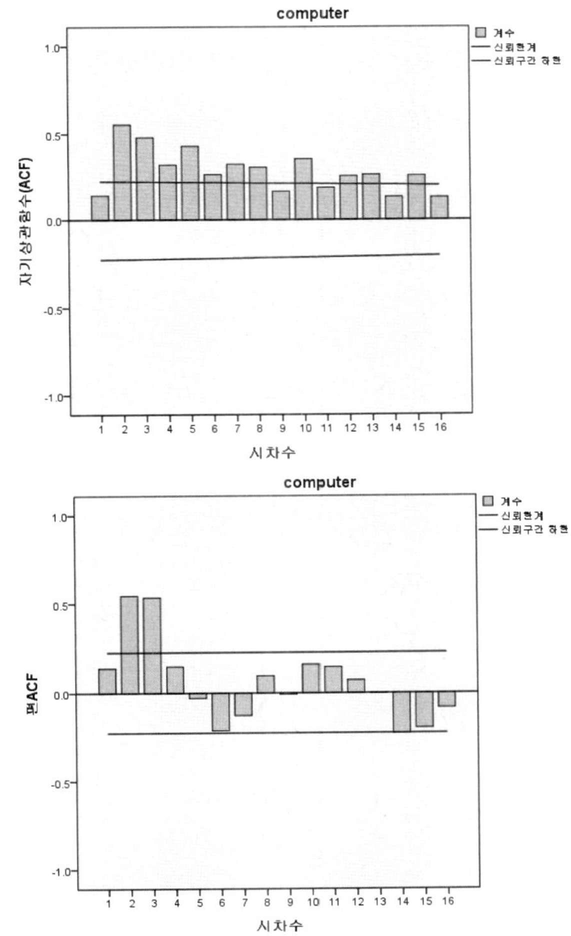


<그림 9.2> 비트전산의 판매갯수에 대한 자기상관함수와 부분자기상관함수

## 9.3 역자기상관함수

역자기상관함수(inverse autocorrelation function)는 시계열분석에서 오래전부터 사용해 오던 기법 중의 하나였으나 『클리블랜드』(Cleveland, 1972)가 역자기상관함수를 사용해서 ARMA모형을 식별할 것을 제안한 이후로 널리 사용되게 되었다.

우리가 다루고자 하는 ARMA($p$, $q$)모형은 다음과 같다.

$$\varnothing_p(B)(y_t - \mu) = \theta_q(B)a_t \tag{9.2}$$

여기서 $\varnothing_p(B) = (1 - \varnothing_1(B) - \cdots - \varnothing_p B^p)$은 정상자기회귀연산자(stationary autoregressive operator)이며 $\theta_q(B) = (1 - \theta_1(B) - \cdots - \theta_q B^p)$은 가역이동평균연산자(invertible moving average operator)이다. 그리고 $a_t$은 평균은 영이고 일정한 분산 $\sigma_a^2$을 갖는 백색오차계열이다. 식 (9.2)를 이동평균식으로 나타내면 다음과 같다.

$$(y_t - \mu) = \frac{\theta_q(B)}{\varnothing_p(B)} a_t = \psi(B)a_t \tag{9.3}$$

여기서 $\psi(B) = \dfrac{\theta_q(B)}{\varnothing_p(B)}$이다. 이 모형에 대한 자기공분산 생성함수는 다음과 같다.

$$\gamma(B) = \sum_{k=-\infty}^{\infty} \gamma_k B^k = \sigma_a^2 \psi(B)\psi(B^{-1}) \tag{9.4}$$

$$= \sigma_a^2 \frac{\theta_q(B)\theta_q(B^{-1})}{\varnothing_p(B)\varnothing_p(B^{-1})}$$

모든 $|B| < 1$에 대한 $|\gamma(B)| > 0$임을 가정하면 역자기공분산생선함수는 다음과 같이 된다.

$$\gamma^{(I)}(B) = \frac{1}{\gamma(B)} = \sum_{k=-\infty}^{\infty} \gamma_k^{(I)} B^k \tag{9.5}$$

$$= \frac{1}{\sigma^2} \cdot \frac{\varnothing_p(B)\varnothing_p(B^{-1})}{\theta_q(B)\theta_q(B^{-1})}$$

분명히 $\varnothing_p(B)$와 $\theta_q(B)$에 대한 가정으로 부터 식 (8.5)의 계수 $\{\gamma_k^{(I)}\}$은 양정치(positive definite)가 되고 제곱합산열(square summable sequence)은 원점에 대해서 대칭이다. 그러므로 이들은 확률과정에 대한 본래의 자기공분산이다. 식 (9.2)에 주어진 모형에 대해서, 자기공분산생성함수인 $\gamma_k^{(I)}$을 갖는 확률과정을 역확률과정(inverse stochastic process)이라 한다. 그러므로 $\gamma^{(I)}(B)$을 $y_t$의 역자기공분산생성함수라고 한다. 따라서 $y_t$에 대한 역자기상관함수는 다음과 같다.

$$\rho^{(I)}(B) = \frac{\gamma^{(I)}(B)}{\gamma_0^{(I)}} \tag{9.6}$$

따라서 시차가 $k$인 역자기상관함수는 다음식과 같이 정의된다.

$$\rho_k^{(I)} = \frac{\gamma_k^{(I)}}{\gamma_0^{(I)}} \tag{9.7}$$

식 (9.4)와 식 (8.5)로 부터 $y_t$가 ARMA($q$, $p$)과정이라면 역과정(inverse process)은 ARMA($q$, $p$)과정이 될 것이다. 정의에 의해서 시계열 자료가 AR(p)모형에서 발생되었다면 역자기상관함수는 MA($p$)모형의 자기상관함수와 같으므로 시차($p+1$) 이후에서 절단형태를 보인다. 반면에 시계열자료가 MA($q$)모형이나 ARMA($q$, $p$)모형에서 발생되었다면 역자기상관함수는 시나브로형태를 보일 것이다. 즉 역자기상관함수의 형태는 부분자기상관함수의 형태와 같다. 따라서 『클리블랜드』방법에서 역자기상관함수는 『박스-젠킨스』방법의 부분자기상관함수와 같은 역할을 한다.

AR($p$)과정에 대해서, 역자기상관함수는 다음식과 주어진 것을 쉽게 알 수 있다. 즉

$$\rho_k^{(I)} = \begin{cases} \dfrac{-\emptyset_k + \emptyset_1\emptyset_{k+1} + \cdots + \emptyset_{p-k}\emptyset_p}{1+\emptyset_1^2 + \cdots + \emptyset_p^2}, & k=1,2,\cdots,p \\ 0, & k>p \end{cases} \tag{9.8}$$

충분히 큰 시차 $p$를 갖는 AR($p$)모형에 대해서 표본역자기상관$\hat{\rho}_k^{(I)}$을 구하는 한 방법은 AR모수들에 이들의 추정값으로 대체하는 것이다. 즉

$$\hat{\rho}_k^{(I)} = \begin{cases} \dfrac{-\hat{\emptyset}_k + \hat{\emptyset}_1\hat{\emptyset}_{k+1} + \cdots + \hat{\emptyset}_{p-k}\hat{\emptyset}_p}{1+\hat{\emptyset}_1^2 + \cdots + \hat{\emptyset}_p^2}, & k=1,2,\ \cdots\ ,p \\ 0, & k>p \end{cases} \tag{9.9}$$

모수의 추정은 다음 장에서 설명하기로 한다. 백색오차과정의 귀무가설하에서 $\hat{\rho}_k^{(I)}$에 대한 표준오차는 다음과 같다.

$$S_{\hat{\rho}_k^{(I)}} = \sqrt{\frac{1}{n}} \tag{9.10}$$

따라서 우리는 표본역자기상관에 대한 유의성을 평가하기 위해서는 $\pm 2/\sqrt{n}$ 을 이용한다. 지금까지 설명한 자기상관함수들의 성질을 정리하면 다음과 같다.

| | AR($p$)과정 | MA($q$)과정 | ARMA($p$, $q$)과정 |
|---|---|---|---|
| 자기상관함수 | 시나브로형태 | 시차(q+1)에서 절단형태 | 시나브로형태 |
| 부분자기상관함수 | 시차(p+1)에서 절단형태 | 시나브로형태 | 시나브로형태 |
| 역자기상관함수 | 시차(p+1)에서 절단형태 | 시나브로형태 | 시나브로형태 |

**예제 9-3**

<표 9.3>의 자료는 1749년부터 1924년까지 관측된 태양의 흑점수를 기록한 시계열자료이다. 이 자료를 이용하여 ARIMA($p,d,q$)모형을 식별하시오 그리고 이 시계열자료를 그림으로 나타낸 것이 <그림 9.3>이다. (자료명 : exm9-3.sav) <그림 9.4>의 시계열 도표로 부터 이 자료는 정상성을 나타내고 있음을 알 수 있다.

**풀이**

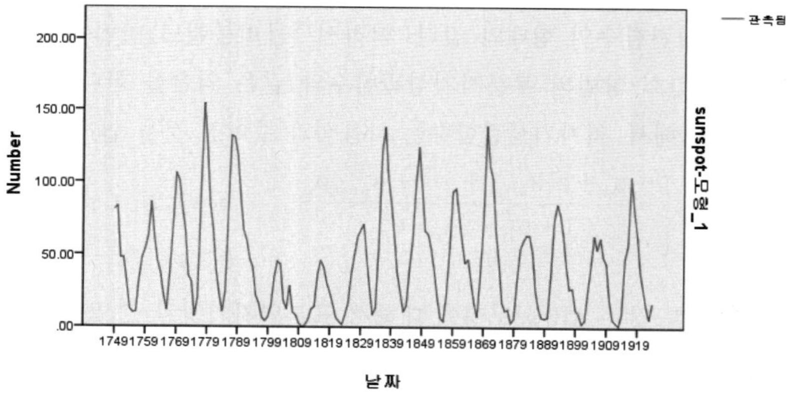


<그림 9.3> 흑점수(sunspot)에 대한 시계열 산포도

SPSS프로그램에는 역자기상관함수가 지원되지 않기 때문에 SAS프로그램을 이용하기로 한다. 따라서 이 시계열자료를 식별하기 위하여 SAS프로그램을 수행한 결과가 <그림 9.3>이다. 이 그림의 표본자기상관함수는 싸인(sine)곡선모양을 띄면서 감소하는 형태를 보이고 있으며 표본역자기상관함수는 시차 2이후에서 절단형태를 나타낸 반면에 표본부분자기상관함수는 시차 3 이후에서 절단형태를 보이고 있다. 따라서 이 시계열자료는 AR(2)과정으로 식별된다.

<표 9.3> 태양의 흑점수

| 연도 | 태양의 흑점수 | 연도 | 태양의 흑점수 | 연도 | 태양의 흑점수 | 연도 | 태양의 흑점수 |
|---|---|---|---|---|---|---|---|
| 1749 | 80.9 | 1793 | 46.9 | 1837 | 138.3 | 1881 | 54.3 |
| 1750 | 83.4 | 1794 | 41.0 | 1838 | 103.2 | 1882 | 59.7 |
| 1751 | 47.7 | 1795 | 21.3 | 1839 | 85.8 | 1883 | 63.7 |
| 1752 | 47.8 | 1796 | 16.0 | 1840 | 63.2 | 1884 | 63.5 |
| 1753 | 30.7 | 1797 | 6.4 | 1841 | 36.8 | 1885 | 52.2 |
| 1754 | 12.2 | 1798 | 4.1 | 1842 | 24.2 | 1886 | 25.4 |
| 1755 | 9.6 | 1799 | 6.8 | 1843 | 10.7 | 1887 | 13.1 |
| 1756 | 10.2 | 1800 | 14.5 | 1844 | 15.0 | 1888 | 6.8 |
| 1757 | 32.4 | 1801 | 34.0 | 1845 | 40.1 | 1889 | 6.3 |
| 1758 | 47.6 | 1802 | 45.0 | 1846 | 61.5 | 1890 | 7.1 |
| 1759 | 54.0 | 1803 | 43.1 | 1847 | 98.5 | 1891 | 35.6 |
| 1760 | 62.9 | 1804 | 17.5 | 1848 | 124.3 | 1892 | 73.0 |
| 1761 | 85.9 | 1805 | 12.2 | 1849 | 95.9 | 1893 | 84.9 |
| 1762 | 61.2 | 1806 | 28.1 | 1850 | 66.5 | 1894 | 78.0 |
| 1763 | 45.1 | 1807 | 10.1 | 1851 | 64.5 | 1895 | 64.0 |
| 1764 | 36.4 | 1808 | 8.1 | 1852 | 54.2 | 1896 | 41.8 |
| 1765 | 20.9 | 1809 | 2.5 | 1853 | 39.0 | 1897 | 26.2 |
| 1766 | 11.4 | 1810 | 0.0 | 1854 | 20.6 | 1898 | 26.7 |
| 1767 | 37.8 | 1811 | 1.4 | 1855 | 6.7 | 1899 | 12.1 |
| 1768 | 69.8 | 1812 | 5.0 | 1856 | 4.3 | 1900 | 9.5 |
| 1769 | 106.1 | 1813 | 12.2 | 1857 | 22.8 | 1901 | 2.7 |
| 1770 | 100.8 | 1814 | 13.9 | 1858 | 54.8 | 1902 | 5.0 |
| 1771 | 81.6 | 1815 | 35.4 | 1859 | 93.8 | 1903 | 24.4 |
| 1772 | 66.5 | 1816 | 45.8 | 1860 | 95.7 | 1904 | 42.0 |
| 1773 | 34.8 | 1817 | 41.1 | 1861 | 77.2 | 1905 | 63.5 |
| 1774 | 30.6 | 1818 | 30.4 | 1862 | 59.1 | 1906 | 53.8 |
| 1775 | 7.0 | 1819 | 23.9 | 1863 | 44.0 | 1907 | 62.0 |
| 1776 | 19.8 | 1820 | 15.7 | 1864 | 47.0 | 1908 | 48.5 |
| 1777 | 92.5 | 1821 | 6.6 | 1865 | 30.5 | 1909 | 43.9 |
| 1778 | 154.4 | 1822 | 4.0 | 1866 | 16.3 | 1910 | 18.6 |
| 1779 | 125.9 | 1823 | 1.8 | 1867 | 7.3 | 1911 | 5.7 |
| 1780 | 84.8 | 1824 | 8.5 | 1868 | 37.3 | 1912 | 3.6 |
| 1781 | 68.1 | 1825 | 16.6 | 1869 | 73.9 | 1913 | 1.4 |
| 1782 | 38.5 | 1826 | 36.3 | 1870 | 139.1 | 1914 | 9.6 |
| 1783 | 22.8 | 1827 | 49.7 | 1871 | 111.2 | 1915 | 47.4 |
| 1784 | 10.2 | 1828 | 62.5 | 1872 | 101.8 | 1916 | 57.1 |
| 1785 | 24.1 | 1829 | 67.0 | 1873 | 66.3 | 1917 | 103.9 |
| 1786 | 82.9 | 1830 | 71.0 | 1874 | 44.7 | 1918 | 80.6 |
| 1787 | 132.0 | 1831 | 47.8 | 1875 | 17.1 | 1919 | 63.6 |
| 1788 | 130.9 | 1832 | 27.5 | 1876 | 11.3 | 1920 | 37.6 |
| 1789 | 118.1 | 1833 | 8.5 | 1877 | 12.3 | 1921 | 26.1 |
| 1790 | 89.9 | 1834 | 13.2 | 1878 | 3.4 | 1922 | 14.2 |
| 1791 | 66.6 | 1835 | 56.9 | 1879 | 6.0 | 1923 | 5.8 |
| 1792 | 60.0 | 1836 | 121.5 | 1880 | 32.3 | 1924 | 16.7 |

```
libname sundata 'a:₩data' ;
data sundata2 ;
   set sundata.sunspots ;
run ;

title1 'Indentification of Sunspot Data' ;
proc arima data=sundata2 ;
   identify var=sunspot nlag=12 ;
run ;
```

<그림 9.4> 흑점자료의 식별(SAS program 및 output)

```
                         Indentification of Sunspot Data

                                ARIMA Procedure
                         Name of variable = SUNSPOT.
                         Mean of working series = 44.76477
                         Standard deviation     =  34.6711
                         Number of observations =      176

                                Autocorrelations
Lag Covariance Correlation -1 9 8 7 6 5 4 3 2 1 0 1 2 3 4 5 6 7 8 9 1
  0   1202.085    1.00000  |                    |********************|
  1    970.977    0.80774  |                  . |****************    |
  2    515.922    0.42919  |                .   |*********           |
  3  37.137477    0.03089  |                .   |*  .                |
  4   -314.000   -0.26121  |               *****|   .                |
  5   -478.910   -0.39840  |            ********|   .                |
  6   -429.524   -0.35732  |             *******|   .                |
  7   -209.175   -0.17401  |               . ***|   .                |
  8    116.452    0.09687  |               .    |**  .               |
  9    412.805    0.34341  |               .    |*******             |
 10    588.708    0.48974  |               .    |***********         |
 11    600.712    0.49972  |               .    |***********         |
 12    449.758    0.37415  |              .     |*******             |
                           "." marks two standard errors

                         Indentification of Sunspot Data
                                ARIMA Procedure
                           Inverse Autocorrelations
           Lag Correlation -1 9 8 7 6 5 4 3 2 1 0 1 2 3 4 5 6 7 8 9 1
             1    -0.65933  |       *************|  .                 |
             2     0.14599  |                  . |***                 |
             3     0.08873  |                  . |**.                 |
             4    -0.10906  |                 .**|  .                 |
             5     0.11424  |                  . |**.                 |
             6    -0.14085  |                 ***|  .                 |
             7     0.15963  |                  . |***                 |
             8    -0.10428  |                 .**|  .                 |
             9    -0.00323  |                  . |  .                 |
            10     0.05637  |                  . |* .                 |
            11    -0.05548  |                  . *|  .                |
            12     0.01322  |                  . |  .                 |

                         Indentification of Sunspot Data
                                ARIMA Procedure
                           Partial Autocorrelations
           Lag Correlation -1 9 8 7 6 5 4 3 2 1 0 1 2 3 4 5 6 7 8 9 1
             1     0.80774  |                  . |****************    |
             2    -0.64239  |       *************|  .                 |
             3    -0.09600  |                 .**|  .                 |
             4    -0.00842  |                  . |  .                 |
             5    -0.04306  |                  . *|  .                |
             6     0.13828  |                  . |***                 |
             7     0.11446  |                  . |**.                 |
             8     0.21267  |                  . |****                |
             9     0.03459  |                  . |* .                 |
            10     0.09610  |                  . |**.                 |
            11     0.06715  |                  . |* .                 |
            12    -0.03794  |                  . *|  .                |

                         Indentification of Sunspot Data
                                ARIMA Procedure
                      Autocorrelation Check for White Noise
        To   Chi                           Autocorrelations
       Lag  Square DF  Prob
         6  215.17  6  0.000  0.808  0.429  0.031 -0.261 -0.398 -0.357
        12  364.08 12  0.000 -0.174  0.097  0.343  0.490  0.500  0.374
```

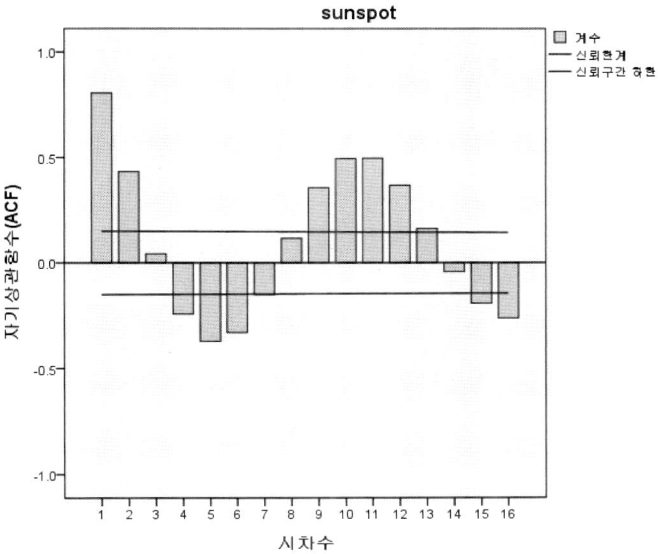
sunspot
계수
신뢰한계
신뢰구간 하한
1.0
0.5
0.0
-0.5
-1.0
자기상관함수(ACF)
1 2 3 4 5 6 7 8 9 10 11 12 13 14 15 16
시차수

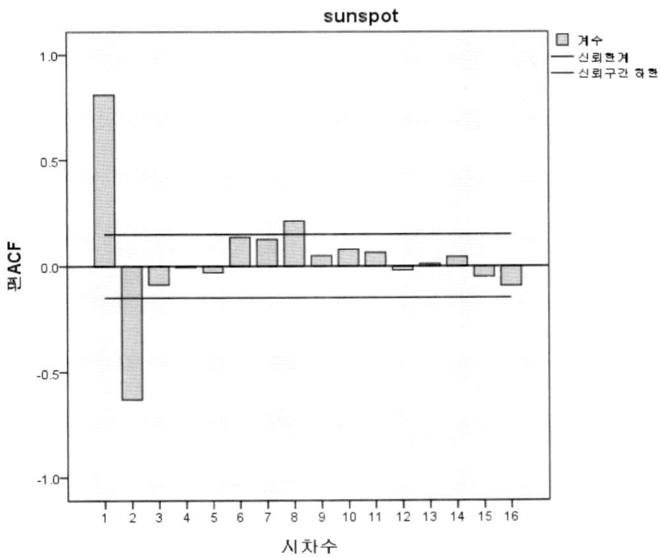
sunspot
계수
신뢰한계
신뢰구간 하한
1.0
0.5
0.0
-0.5
-1.0
편ACF
1 2 3 4 5 6 7 8 9 10 11 12 13 14 15 16
시차수

**예제 9-4**

<표 9.4>의 자료는 1821년부터 1936년까지 캐나다의 북서지방에서 잡힌 스라소니(Lynx)의 수를 기록한 시계열자료이다. 이 자료를 이용하여 ARIMA$(p,d,q)$모형을 식별하시오. 그리고 이 시계열자료를 그림으로 나타낸 것이 <그림 9.6>이다.(자료명 exm9-4.sav)

**풀이**

<표 9.4> 스라소니(Lynx)의 수

| 연도 | 스라소니 | 연도 | 스라소니 | 연도 | 스라소니 |
|---|---|---|---|---|---|
| 1821 | 269 | 1861 | 236 | 1901 | 758 |
| 1822 | 321 | 1862 | 245 | 1902 | 1307 |
| 1823 | 585 | 1863 | 552 | 1903 | 3465 |
| 1824 | 871 | 1864 | 1623 | 1904 | 1991 |
| 1825 | 1475 | 1865 | 3311 | 1905 | 6313 |
| 1826 | 2821 | 1866 | 6721 | 1906 | 3794 |
| 1827 | 3928 | 1867 | 4254 | 1907 | 1836 |
| 1828 | 5943 | 1868 | 687 | 1908 | 345 |
| 1829 | 4950 | 1869 | 255 | 1909 | 382 |
| 1830 | 2577 | 1870 | 473 | 1910 | 808 |
| 1831 | 523 | 1871 | 358 | 1911 | 1388 |
| 1832 | 98 | 1872 | 784 | 1912 | 2713 |
| 1833 | 184 | 1873 | 1594 | 1913 | 3800 |
| 1834 | 279 | 1874 | 1676 | 1914 | 3091 |
| 1835 | 409 | 1875 | 2251 | 1915 | 2985 |
| 1836 | 2285 | 1876 | 1426 | 1916 | 3790 |
| 1837 | 2685 | 1877 | 756 | 1917 | 674 |
| 1838 | 3409 | 1878 | 299 | 1918 | 81 |
| 1839 | 1824 | 1879 | 201 | 1919 | 80 |
| 1840 | 409 | 1880 | 229 | 1920 | 108 |
| 1841 | 151 | 1881 | 469 | 1921 | 229 |
| 1842 | 45 | 1882 | 736 | 1922 | 399 |
| 1843 | 68 | 1883 | 2042 | 1923 | 1132 |
| 1844 | 213 | 1884 | 2811 | 1924 | 2432 |
| 1845 | 546 | 1885 | 4431 | 1925 | 3574 |
| 1846 | 1033 | 1886 | 2511 | 1926 | 2935 |
| 1847 | 2129 | 1887 | 389 | 1927 | 1537 |
| 1848 | 2536 | 1888 | 73 | 1928 | 529 |
| 1849 | 957 | 1889 | 39 | 1929 | 485 |
| 1850 | 361 | 1890 | 49 | 1930 | 662 |
| 1851 | 377 | 1891 | 59 | 1931 | 1000 |
| 1852 | 225 | 1892 | 188 | 1932 | 1590 |
| 1853 | 360 | 1893 | 377 | 1933 | 1657 |
| 1854 | 731 | 1894 | 1292 | 1934 | 3396 |
| 1855 | 1638 | 1895 | 4031 | 1935 | 409 |
| 1856 | 2725 | 1896 | 3495 | 1936 | 2285 |
| 1857 | 2871 | 1897 | 587 | | |
| 1858 | 2119 | 1898 | 105 | | |
| 1859 | 684 | 1899 | 153 | | |
| 1960 | 299 | 1900 | 387 | | |

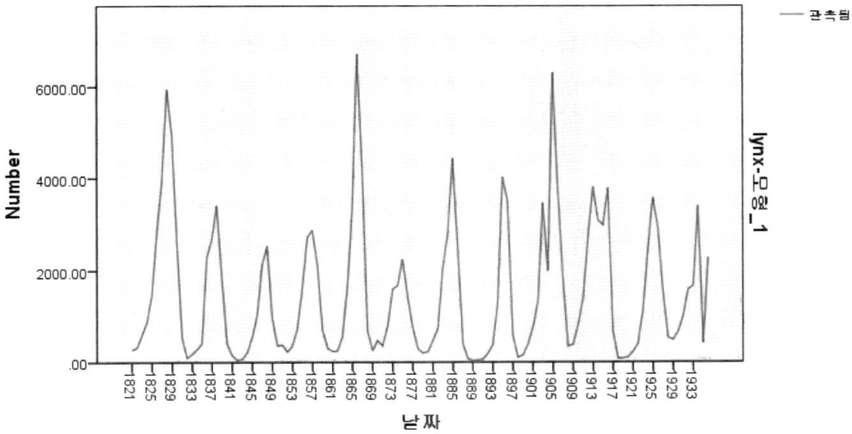


<그림 9.5> 스라소니의 수

<그림 9.5>의 시계열산포도로 부터 이 자료는 정상성을 나타내고 있음을 알 수 있다. 따라서 이 시계열자료를 식별하기 위하여 SAS프로그램을 수행한 결과가 그림 8.7이다. 이 그림의 표본자기상관함수는 싸인곡선모양을 띄면서 감소하는 형태를 보이고 있어 AR과정으로 식별할 수 있다. 그리고 표본역자기상관함수와 부분자기상관함수는 시차 3 이후에서 절단형태를 보이고 있으므로 이 스라소니자료를 AR(2)과정으로 식별된다.

```
libname lynxdata 'a:₩data' ;
data lynx2 ;
     set lynxdata.lynx_n ;
run ;

title1 'Identification of Lynx Data from 1821 to 1936' ;
proc arima data=lynx2 ;
    identify var=lynx nlag=12 ;
run ;
```

<그림 9.6> 스라소니의 식별(SAS program 및 Output)

```
              Identification of Lynx Data from 1821 to 1936
                             ARIMA Procedure
                   Name of variable = LYNX.
                   Mean of working series = 1534.647
                   Standard deviation     = 1570.285
                   Number of observations =      116

                             Autocorrelations
Lag Covariance Correlation -1 9 8 7 6 5 4 3 2 1 0 1 2 3 4 5 6 7 8 9 1
  0    2465796    1.00000  |                    |********************|
  1    1716016    0.69593  |                .   |**************      |
  2     526337    0.21346  |               .    |****.               |
  3    -455007   -0.18453  |               .****|    .               |
  4   -1056259   -0.42836  |           *********|    .               |
  5   -1225146   -0.49686  |          **********|     .              |
  6    -976217   -0.39590  |            ********|     .              |
  7    -359843   -0.14593  |             .   ***|      .             |
  8     528091    0.21417  |             .      |****  .             |
  9    1213289    0.49205  |             .      |**********          |
 10    1248016    0.50613  |             .      |**********          |
 11     698586    0.28331  |            .       |****** .            |
 12 -61462.557   -0.02493  |            .       |       .            |
                           "." marks two standard errors

              Identification of Lynx Data from 1821 to 1936
                             ARIMA Procedure
                          Inverse Autocorrelations
          Lag Correlation -1 9 8 7 6 5 4 3 2 1 0 1 2 3 4 5 6 7 8 9 1
            1    -0.61652  |        ************|   .                |
            2     0.21436  |                .   |****                |
            3    -0.05910  |                .  *|   .                |
            4     0.00996  |                .   |   .                |
            5     0.03687  |                .   |*  .                |
            6    -0.06358  |                .  *|   .                |
            7     0.10261  |                .   |** .                |
            8    -0.00356  |                .   |   .                |
            9    -0.07787  |                . **|   .                |
           10     0.00607  |                .   |   .                |
           11    -0.00598  |                .   |   .                |
           12     0.02738  |                .   |*  .                |

              Identification of Lynx Data from 1821 to 1936
                             ARIMA Procedure
                          Partial Autocorrelations
          Lag Correlation -1 9 8 7 6 5 4 3 2 1 0 1 2 3 4 5 6 7 8 9 1
            1     0.69593  |                .   |**************      |
            2    -0.52524  |         ***********|   .                |
            3    -0.12204  |                . **|   .                |
            4    -0.20369  |                ****|   .                |
            5    -0.12400  |                . **|   .                |
            6    -0.04862  |                .  *|   .                |
            7     0.09786  |                .   |** .                |
            8     0.27825  |                .   |******              |
            9     0.10518  |                .   |** .                |
           10    -0.08008  |                . **|   .                |
           11    -0.08548  |                . **|   .                |
           12    -0.05483  |                .  *|   .                |

              Identification of Lynx Data from 1821 to 1936
                             ARIMA Procedure
                    Autocorrelation Check for White Noise
 To   Chi                            Autocorrelations
Lag  Square DF   Prob
  6  139.61  6  0.000  0.696  0.213 -0.185 -0.428 -0.497 -0.396
 12  222.70 12  0.000 -0.146  0.214  0.492  0.506  0.283 -0.025
```

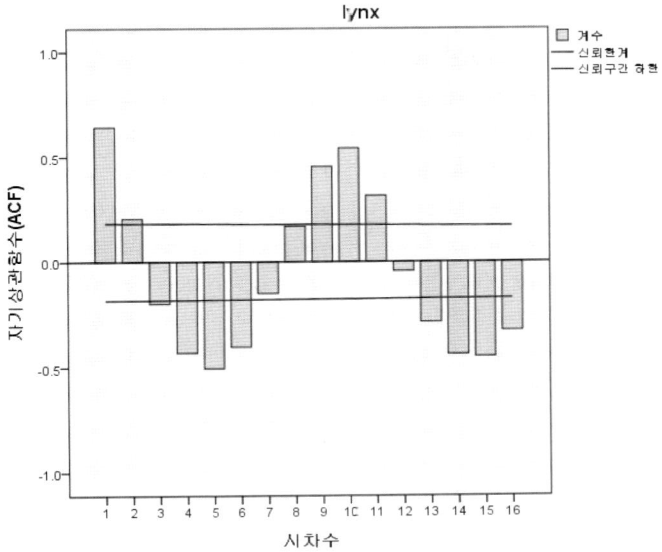
lynx
계수
신뢰한계
신뢰구간 하한
자기상관함수(ACF)
1.0
0.5
0.0
-0.5
-1.0
1 2 3 4 5 6 7 8 9 10 11 12 13 14 15 16
시차수

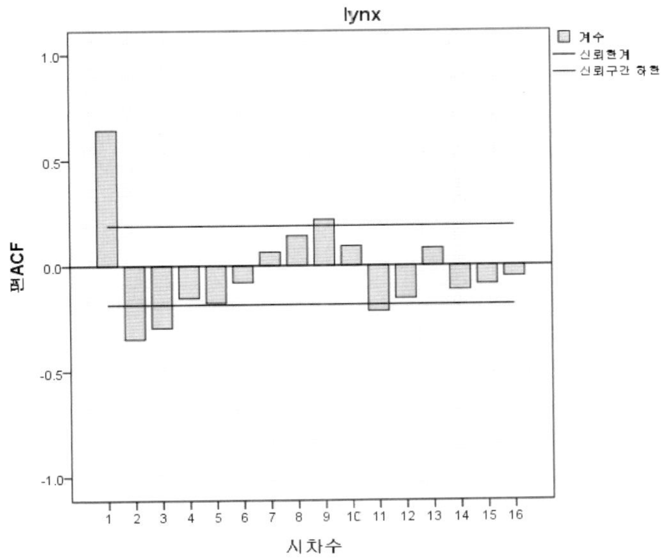
lynx
계수
신뢰한계
신뢰구간 하한
편ACF
1.0
0.5
0.0
-0.5
-1.0
1 2 3 4 5 6 7 8 9 10 11 12 13 14 15 16
시차수

## 예제 9-5

<표 9.5>의 자료는 1972년 1월부터 1990년 11월까지의 한국의 월별종합지수를 기록한 시계열자료이다.시계열 모형을 식별하시오

<표 9.5> 한국의 종합주가지수

| 년도 | 월별데이터 | | | | | | | | | | | |
|---|---|---|---|---|---|---|---|---|---|---|---|---|
| 1972 | 24.4 | 25.7 | 27.5 | 29.2 | 30.0 | 32.9 | 36.4 | 41.7 | 44.5 | 48.5 | 57.1 | 53.8 |
| 1973 | 51.4 | 55.8 | 60.3 | 62.0 | 67.1 | 73.8 | 86.1 | 88.1 | 84.3 | 80.7 | 78.1 | 71.9 |
| 1974 | 68.0 | 77.3 | 78.1 | 72.9 | 72.8 | 72.2 | 69.2 | 69.8 | 68.3 | 63.9 | 64.5 | 68.5 |
| 1975 | 69.6 | 76.2 | 76.4 | 74.9 | 75.8 | 75.9 | 79.4 | 82.5 | 84.8 | 87.9 | 87.1 | 87.6 |
| 1976 | 91.5 | 95.1 | 96.0 | 97.7 | 96.7 | 97.9 | 102.0 | 99.2 | 99.2 | 97.1 | 100.8 | 101.4 |
| 1977 | 98.4 | 104.1 | 105.8 | 104.2 | 105.0 | 109.0 | 110.4 | 113.4 | 119.8 | 126.2 | 129.8 | 134.4 |
| 1978 | 132.9 | 137.3 | 137.2 | 141.6 | 146.0 | 150.0 | 151.7 | 153.1 | 147.3 | 144.6 | 138.6 | 144.1 |
| 1979 | 122.0 | 121.8 | 118.9 | 122.5 | 117.6 | 115.1 | 109.2 | 118.1 | 126.2 | 126.1 | 126.1 | 123.1 |
| 1980 | 101.7 | 104.4 | 104.3 | 112.4 | 114.9 | 113.3 | 111.3 | 111.1 | 111.6 | 108.8 | 105.3 | 105.9 |
| 1981 | 103.1 | 104.4 | 105.0 | 112.3 | 121.8 | 137.2 | 154.9 | 145.4 | 141.6 | 132.1 | 128.1 | 129.8 |
| 1982 | 125.9 | 125.5 | 129.1 | 123.1 | 114.2 | 117.5 | 121.2 | 124.1 | 118.0 | 118.9 | 122.2 | 124.7 |
| 1983 | 119.9 | 121.4 | 120.6 | 125.2 | 128.0 | 123.9 | 122.9 | 122.1 | 119.0 | 118.2 | 119.8 | 119.5 |
| 1984 | 118.6 | 129.8 | 129.1 | 133.2 | 131.7 | 133.5 | 133.2 | 135.1 | 134.7 | 132.2 | 132.9 | 138.3 |
| 1985 | 140.0 | 135.7 | 134.3 | 136.1 | 133.2 | 137.4 | 135.8 | 136.5 | 136.3 | 140.2 | 145.3 | 156.4 |
| 1986 | 157.5 | 168.8 | 187.8 | 206.0 | 209.6 | 239.3 | 260.2 | 268.2 | 262.0 | 243.6 | 257.0 | 273.3 |
| 1987 | 289.1 | 320.5 | 365.9 | 368.7 | 384.0 | 387.3 | 454.0 | 484.0 | 481.5 | 509.4 | 477.5 | 489.0 |
| 1988 | 579.5 | 644.4 | 624.9 | 643.5 | 673.3 | 711.0 | 696.8 | 693.4 | 675.1 | 713.4 | 778.2 | 884.3 |
| 1989 | 884.2 | 902.2 | 965.9 | 959.1 | 936.9 | 900.8 | 886.6 | 922.4 | 951.6 | 913.0 | 898.7 | 901.8 |
| 1990 | 898.0 | 867.2 | 845.5 | 785.5 | 771.7 | 766.7 | 698.2 | 637.4 | 602.2 | 682.8 | 696.4 | |

**풀이**

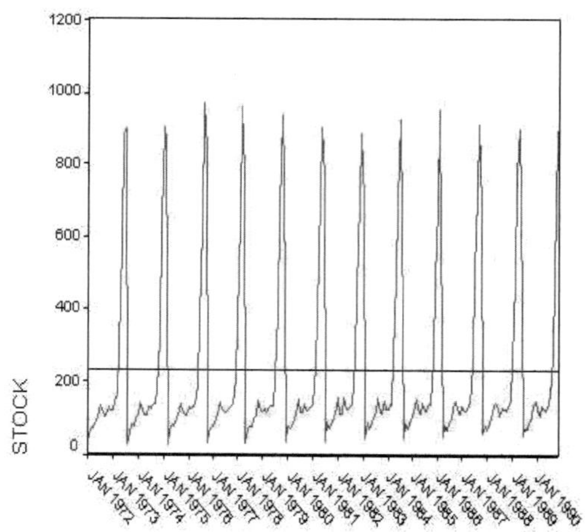


<그림 9.7> 한국의 종합주가지수

```
libname stockdat 'a:₩data' ;

data stockdat.stockd ;
   infile 'a:₩data₩stock.dat' ;
   input stock @@ ;
   year = intnx('Month', '01dec71'd, _n_) ;
   format year monyy5. ;
   lnstock = log(stock) ;
run ;

title1 'Identification of Stock Market' ;
proc arima data=stockdat.stockd ;
   identify var=lnstock nlag=12 ;
run ;

proc arima data=stockdat.stockd ;
    identify var = lnstock(1) nlag=12 ;
run ;

proc plot data=stockdat.stockd ;
   plot lnstock*year ;
run ;

data stocka ;
    set stockdat.stockd ;
    difstock = dif(lnstock) ;
run ;

proc plot data=stocka ;
    plot difstock*year ;
run ;
```

<그림 9.8> 시계열자료 LNSTOCK의 식별(SAS program 및 Output)

```
                         Identification of Stock Market
                                ARIMA Procedure
                         Name of variable = LNSTOCK.
                         Mean of working series = 5.039785
                         Standard deviation     =  0.84456
                         Number of observations =      227

                                    Autocorrelations
Lag Covariance Correlation -1 9 8 7 6 5 4 3 2 1 0 1 2 3 4 5 6 7 8 9 1
  0   0.713282    1.00000  |                    |********************|
  1   0.699254    0.98033  |                  . |********************|
  2   0.684694    0.95992  |                 .  |******************* |
  3   0.671005    0.94073  |                .   |******************* |
  4   0.656961    0.92104  |               .    |******************  |
  5   0.641993    0.90006  |              .     |******************  |
  6   0.626797    0.87875  |              .     |******************  |
  7   0.611885    0.85784  |             .      |*****************   |
  8   0.597587    0.83780  |            .       |*****************   |
  9   0.582772    0.81703  |            .       |****************    |
 10   0.567974    0.79628  |            .       |****************    |
 11   0.553755    0.77635  |           .        |****************    |
 12   0.538528    0.75500  |           .        |***************     |
                           "." marks two standard errors
```

```
                         Identification of Stock Market
                                ARIMA Procedure
                            Inverse Autocorrelations
 Lag Correlation -1 9 8 7 6 5 4 3 2 1 0 1 2 3 4 5 6 7 8 9 1
   1    -0.52446 |           **********|   .                 |
   2     0.04427 |                   . |*  .                 |
   3    -0.01009 |                   . |   .                 |
   4    -0.02188 |                   . |   .                 |
   5     0.00574 |                   . |   .                 |
   6    -0.00245 |                   . |   .                 |
   7     0.02877 |                   . |*  .                 |
   8    -0.02713 |                   .*|   .                 |
   9    -0.00282 |                   . |   .                 |
  10     0.03844 |                   . |*  .                 |
  11    -0.05259 |                   .*|   .                 |
  12     0.02433 |                   . |   .                 |

                         Identification of Stock Market
                                ARIMA Procedure
                            Partial Autocorrelations
 Lag Correlation -1 9 8 7 6 5 4 3 2 1 0 1 2 3 4 5 6 7 8 9 1
   1     0.98033 |                   . |********************|
   2    -0.02905 |                   .*|   .                 |
   3     0.02129 |                   . |   .                 |
   4    -0.02388 |                   . |   .                 |
   5    -0.04209 |                   .*|   .                 |
   6    -0.01884 |                   . |   .                 |
   7    -0.00263 |                   . |   .                 |
   8     0.01088 |                   . |   .                 |
   9    -0.02860 |                   .*|   .                 |
  10    -0.00850 |                   . |   .                 |
  11     0.00714 |                   . |   .                 |
  12    -0.04942 |                   .*|   .                 |

                         Identification of Stock Market
                                ARIMA Procedure
                     Autocorrelation Check for White Noise
  To    Chi                         Autocorrelations
 Lag  Square DF   Prob
   6 1208.39  6  0.000   0.980   0.960   0.941   0.921   0.900   0.879
  12 2142.82 12  0.000   0.858   0.838   0.817   0.796   0.776   0.755

                         Identification of Stock Market
                                ARIMA Procedure
                      Name of variable = LNSTOCK.
                      Period(s) of Differencing = 1.
                      Mean of working series = 0.014829
                      Standard deviation     = 0.053461
                      Number of observations =      226
                      NOTE: The first observation was eliminated by
                            differencing.

                                Autocorrelations

 Lag Covariance Correlation -1 9 8 7 6 5 4 3 2 1 0 1 2 3 4 5 6 7 8 9 1
   0  0.0028580     1.00000 |                    |********************|
   1 0.00087248     0.30527 |                  . |******              |
   2 0.00031126     0.10891 |                  . |**.                 |
   3 0.00026207     0.09169 |                  . |**.                 |
   4 0.00033168     0.11605 |                  . |**.                 |
   5 0.00014718     0.05150 |                  . |* .                 |
   6 0.00029064     0.10169 |                  . |**.                 |
   7 0.00017854     0.06247 |                  . |* .                 |
   8  0.0003552     0.12428 |                  . |**.                 |
   9 0.00031873     0.11152 |                  . |**.                 |
  10  0.0003283     0.11487 |                  . |**.                 |
  11 0.00030244     0.10582 |                  . |**.                 |
  12 0.00036753     0.12859 |                  . |***                 |
                             "." marks two standard errors
```

```
                    Identification of Stock Market
                           ARIMA Procedure
                      Inverse Autocorrelations
Lag Correlation -1 9 8 7 6 5 4 3 2 1 0 1 2 3 4 5 6 7 8 9 1
  1   -0.26581  |                *****|  .                  |
  2    0.04257  |                   . |*  .                 |
  3   -0.00647  |                   . |  .                  |
  4   -0.06332  |                   . *|  .                 |
  5    0.06238  |                   . |*  .                 |
  6   -0.07521  |                   .**|  .                 |
  7    0.05069  |                   . |*  .                 |
  8   -0.06431  |                   . *|  .                 |
  9   -0.01220  |                   . |  .                  |
 10   -0.02980  |                   . *|  .                 |
 11   -0.01247  |                   . |  .                  |
 12   -0.05418  |                   . *|  .                 |

                    Identification of Stock Market
                           ARIMA Procedure
                      Partial Autocorrelations
Lag Correlation -1 9 8 7 6 5 4 3 2 1 0 1 2 3 4 5 6 7 8 9 1
  1    0.30527  |                   . |******               |
  2    0.01733  |                   . |  .                  |
  3    0.05927  |                   . |*  .                 |
  4    0.07815  |                   . |**.                  |
  5   -0.01157  |                   . |  .                  |
  6    0.08672  |                   . |**.                  |
  7   -0.00112  |                   . |  .                  |
  8    0.10057  |                   . |**.                  |
  9    0.04250  |                   . |*  .                 |
 10    0.05323  |                   . |*  .                 |
 11    0.04822  |                   . |*  .                 |
 12    0.06012  |                   . |*  .                 |

                    Identification of Stock Market
                           ARIMA Procedure
              Autocorrelation Check for White Noise
 To    Chi                         Autocorrelations
Lag  Square DF  Prob
  6   32.18  6 0.000  0.305  0.109  0.092  0.116  0.051  0.102
 12   49.52 12 0.000  0.062  0.124  0.112  0.115  0.106  0.129
```

그림에서 보는 것 처럼, 이 자료는 비정상성을 나타내고 있다. 따라서 종합주가지구를 대수변환해서 분석하기로 한다. 대수변환시킨 종합주가지수에 대한 SAS프로그램을 수행한 결과가 <그림 9.9>이다. 그림에서 보는 바와 같이 이 자료는 비정상성을 나타내고 있음을 볼 수 있다. 그러므로 이 비정상시계열자료로부터 정상시계열자료를 만들기 위해서 1차차분시계열자료를 만들기 위해서 1차차분시계열자료를 생성시켜본다. 그 결과가 마지막 그림에 수록되어 있다. 이 시계열산포도로부터 1차차분시계열자료가 정상적임을 알 수 있다. 따라서 1차차분시계열자료에 대한 SAS프로그램을 수행한 결과는 다음과 같다. 즉 표본자기상관함수는 감소하는 형태를 나타내고 있으며 표본역자기상관함수와 표본부분자기상관함수는 시차 2 이후에서 절단형태를 보이고 있다. 그러므로 1차차분시계열자료를 AR(1)과정으로 식별하고 시계열자료 LNSTOCK은 ARIMA(1, 1, 0)과정으로 식별할 수 있다.

**예제 9-6**

<표 9.6>의 자료는 1993년 1월부터 2000년 11월까지의 입직률을 나타낸 시계열이다. SPSS 프로그램을 이용하여 ARIMA$(p,d,q)$모형을 식별하시오(자료명 exm9-6.sav)

<표 9.6> 입직률(1993.1 ~ 2000.11)

| | 1993 | 1994 | 1995 | 1996 | 1997 | 1998 | 1999 | 2000 |
|---|---|---|---|---|---|---|---|---|
| 01 | 2.66 | 3.72 | 3.25 | 3.08 | 2.90 | 1.84 | 2.14 | 3.33 |
| 02 | 4.12 | 2.71 | 3.50 | 2.75 | 2.45 | 1.76 | 1.79 | 3.14 |
| 03 | 4.10 | 3.88 | 4.07 | 3.71 | 3.35 | 1.95 | 2.58 | 3.92 |
| 04 | 3.70 | 3.67 | 3.21 | 3.37 | 2.67 | 1.71 | 2.69 | 2.68 |
| 05 | 3.18 | 2.93 | 3.30 | 2.91 | 2.18 | 1.62 | 2.47 | 2.74 |
| 06 | 3.31 | 3.14 | 2.98 | 2.61 | 2.36 | 1.77 | 2.81 | 2.74 |
| 07 | 3.37 | 3.22 | 3.09 | 3.17 | 2.60 | 1.46 | 2.81 | 2.80 |
| 08 | 3.09 | 3.17 | 2.42 | 2.55 | 2.01 | 1.71 | 2.54 | 2.64 |
| 09 | 2.85 | 2.72 | 2.48 | 2.38 | 1.96 | 2.00 | 2.60 | 2.41 |
| 10 | 3.53 | 3.37 | 2.72 | 2.66 | 2.87 | 1.65 | 3.15 | |
| 11 | 3.78 | 3.07 | 2.64 | 2.79 | 2.21 | 1.98 | 3.19 | |
| 12 | 3.09 | 2.89 | 2.61 | 2.44 | 1.78 | 1.98 | 2.95 | |

**풀이** ① 원 시계열 도표

원 자료의 도표에서 보는 바와 같이 시계열이 시간이 흐름에 따라 하향추세를 갖고 있다가 상승하는 현상을 나타낸 것으로 보아 비정상! 시계열임을 알 수 있다.

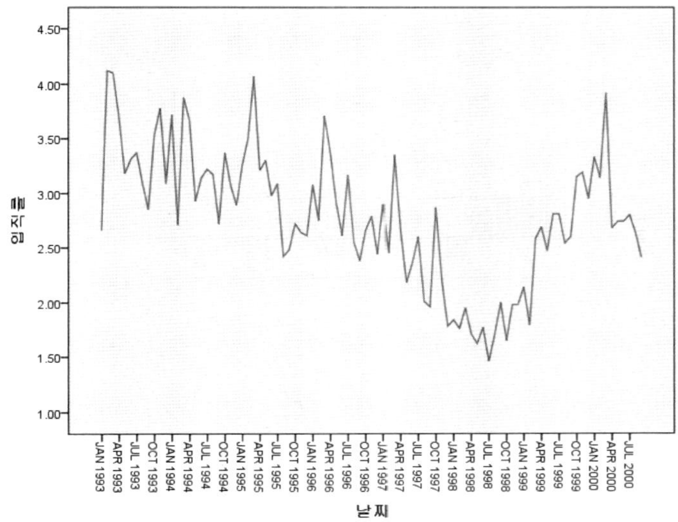


<그림 9.9> 시계열도표(원자료)

② 원 시계열의 자기상관함수 도표

원 시계열의 자기상관함수도표를 보면 전 시차에 걸쳐 자기상관함수값이 아주 완만하게 감소함을 알 수 있으며 이것은 시계열이 비정상임을 나타내는 것이다.

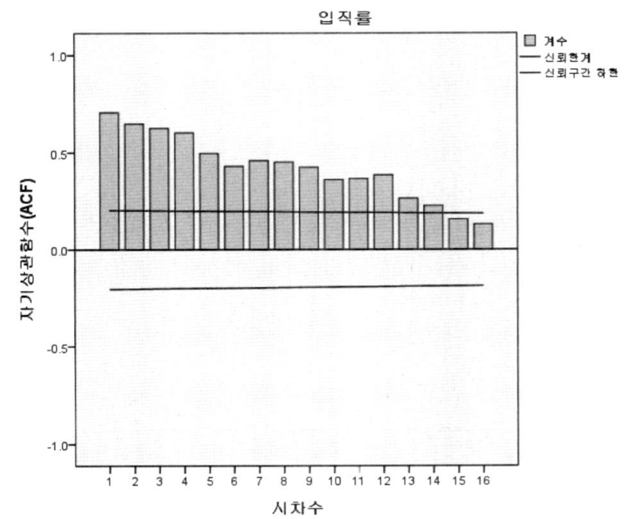

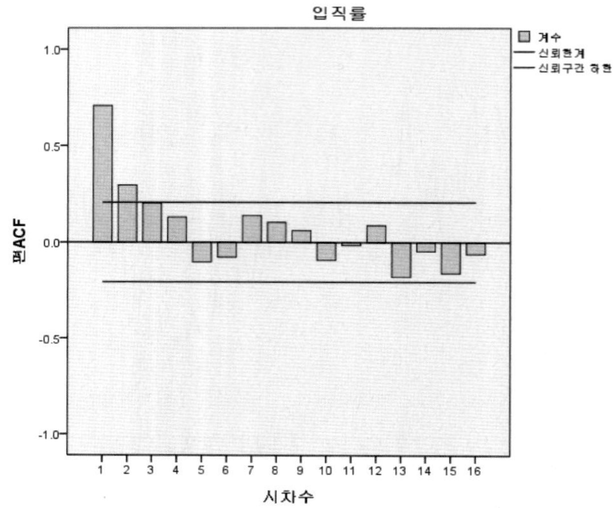


<그림 9.10> ACF 및 PACF(원자료)

③ 대수변환과 1차차분한 시계열 도표
대수변환후 1차 차분한 시계열 도표는 그림에서 보는 바와 같이 평균이 일정한 정상시계열로 변환 되었음을 보여준다.

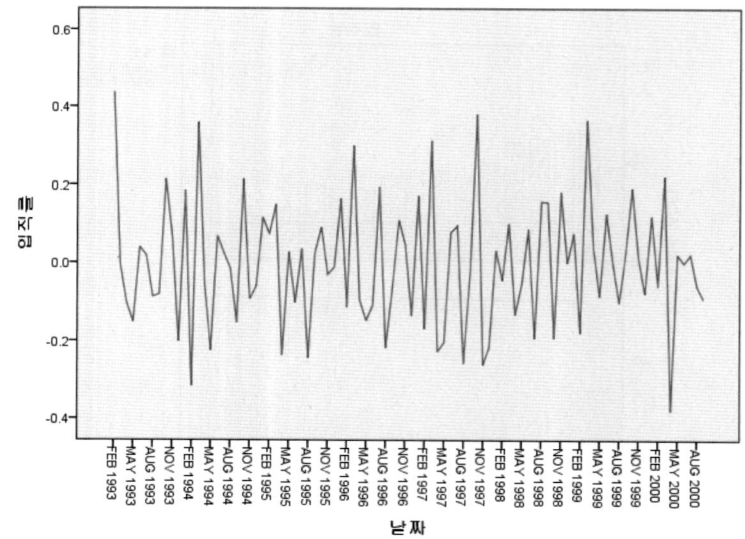


<그림 9.11> 시계열 도표(대수변환, 1차차분)

④ 자기상관함수와 부분자기상관함수도표

정상시계열로 변환된 시계열의 자기상관함수와 부분자기상관함수의 형태를 보면 자기상관함수가 시차 1에서 유의한 값을 보이며 그 이후의 시차에서는 신뢰한계 내에 들어오는 절단된 모습을 보이며 부분자기상관함수는 지수감소하는 형태를 보이고 있다. 이는 MA(1)모형의 자기상관함수와 부분자기상관함수의 형태와 같다. 따라서 대수변환과 1차 차분하여 정상화된 시계열의 모형은 MA(1)모형이다.

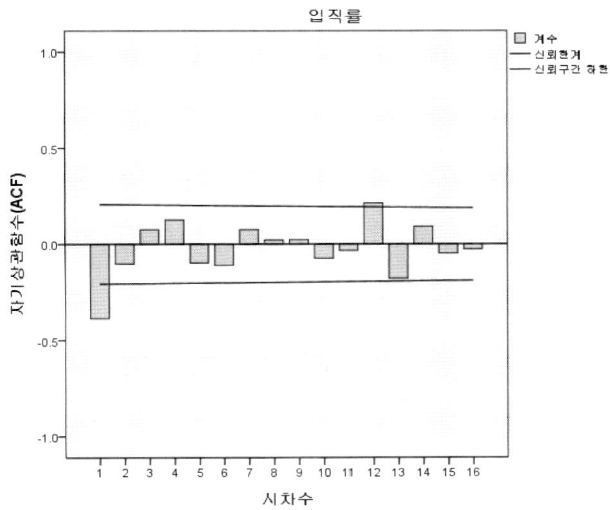


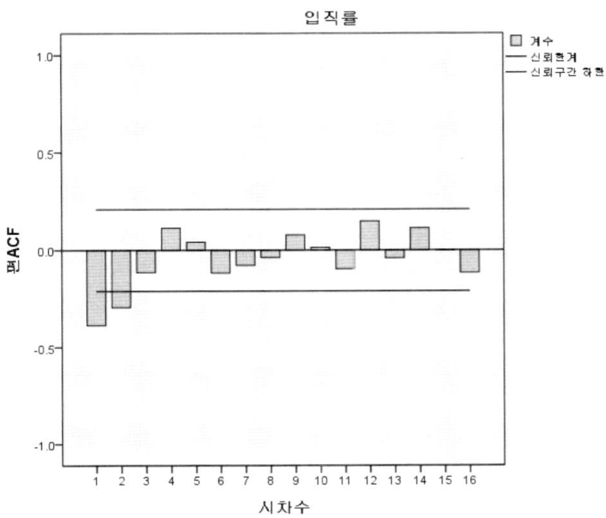


<그림 9.12> ACF 및 PACF(대수변환 , 1차차분)

# 연습문제

**1.** 다음의 표본자기상관함수를 이용하여 적절한 시계열모형을 식별하시오.

① $n=121$, 자료$=y_t$

| $k$ | 1 | 2 | 3 | 4 | 5 | 6 | 7 | 8 | 9 | 10 |
|---|---|---|---|---|---|---|---|---|---|---|
| $\hat{\rho}_k$ | .15 | −.08 | .04 | .08 | .08 | .03 | .02 | .05 | .04 | −.11 |

② $n=250$, 자료$=y_t$

| $k$ | 1 | 2 | 3 | 4 | 5 | 6 | 7 | 8 | 9 | 10 |
|---|---|---|---|---|---|---|---|---|---|---|
| $\hat{\rho}_k$ | −.63 | .36 | −.17 | .09 | −.07 | .06 | −.08 | .10 | −.11 | .06 |

③ $n=250$, 자료$=y_t$

| $k$ | 1 | 2 | 3 | 4 | 5 | 6 | 7 | 8 | 9 | 10 |
|---|---|---|---|---|---|---|---|---|---|---|
| $\hat{\rho}_k$ | −.35 | −.17 | .09 | −.06 | .01 | −.01 | −.04 | .07 | −.07 | .09 |

**2.** 다음 자료를 이용하여 적당한 모형을 식별하시오.

①

| | | | | | | |
|---|---|---|---|---|---|---|
| −2.401 | −.574 | .382 | −.535 | −1.639 | −.960 | −1.118 |
| −.719 | −1.236 | .117 | −.493 | −2.282 | −1.823 | .645 |
| −.179 | .589 | 1.413 | .370 | .082 | −.531 | −1.891 |
| −.961 | −.865 | −.790 | −1.476 | −2.491 | −4.479 | −2.809 |
| −2.154 | −1.532 | −2.119 | −3.349 | −1.588 | .740 | .907 |
| 1.540 | .557 | 2.259 | 2.622 | .701 | 2.463 | 2.714 |
| 2.089 | 3.750 | 4.322 | 3.186 | 3.192 | 2.939 | 3.263 |
| 3.279 | .295 | .227 | 1.356 | 1.912 | 1.060 | .370 |
| −.195 | .340 | 1.084 | 1.237 | .610 | 2.126 | 3.960 |
| 3.317 | 2.167 | 1.292 | .595 | .140 | −.082 | −.769 |
| .870 | 1.551 | 2.610 | 2.193 | 1.353 | −.600 | −.455 |
| .203 | 1.472 | 1.367 | 1.875 | 2.082 | 1.604 | 2.033 |
| 3.746 | 2.954 | .676 | 1.163 | 1.368 | .343 | −.334 |
| 1.041 | 1.328 | 1.325 | .968 | 1.970 | 2.296 | 2.896 |
| 1.918 | 1.569 | | | | | |

②

| −1.453 | .867 | .717 | −.765 | −1.317 | .024 | −542 |
|---|---|---|---|---|---|---|
| −.048 | −.805 | .858 | −.563 | −1.986 | −.454 | 1.738 |
| −.566 | .697 | 1.060 | −.478 | −.140 | −.581 | −1.572 |
| .174 | −.289 | −.270 | −1.002 | −1.605 | −2.984 | −.122 |
| .469 | −.239 | −1.200 | −2.077 | .421 | 1.693 | .463 |
| .996 | −.367 | 1.925 | 1.267 | −.872 | 2.043 | 1.236 |
| .461 | 2.497 | 2.072 | .593 | 1.281 | 1.023 | 1.500 |
| 1.321 | −1.673 | .050 | 1.219 | 1.098 | −.087 | −.266 |
| −.417 | .457 | .880 | .586 | −.132 | 1.760 | 2.684 |
| .941 | .177 | −.008 | −.180 | −.217 | −.165 | −.720 |
| 1.332 | 1.029 | 1.679 | .627 | .038 | −1.412 | −.095 |
| .476 | 1.350 | .484 | 1.055 | .957 | .355 | 1.071 |
| 2.526 | .707 | −1.096 | .757 | .670 | −.477 | −.540 |
| 1.241 | .704 | .528 | .173 | 1.389 | 1.115 | 1.519 |
| .180 | .419 | | | | | |

③

| 3.485 | 5.741 | 5.505 | 3.991 | 3.453 | 4.773 | 4.142 |
|---|---|---|---|---|---|---|
| 4.598 | 3.796 | 5.430 | 3.960 | 2.541 | 4.054 | 6.155 |
| 3.778 | 5.066 | 5.422 | 3.908 | 4.302 | 3.876 | 2.888 |
| 4.613 | 4.075 | 4.054 | 3.288 | 2.654 | 1.215 | 3.979 |
| 3.452 | 3.569 | 2.523 | 1.584 | 3.998 | 5.135 | 3.842 |
| 4.404 | 3.077 | 5.432 | 4.795 | 2.747 | 5.767 | 4.988 |
| 4.311 | 6.456 | 6.114 | 4.785 | 5.646 | 5.516 | 6.121 |
| 6.059 | 3.186 | 5.050 | 6.231 | 6.119 | 4.988 | 4.885 |
| 4.777 | 5.666 | 6.081 | 5.801 | 5.126 | 7.067 | 8.015 |
| 6.358 | 5.752 | 5.700 | 5.614 | 5.629 | 5.705 | 5.155 |
| 7.204 | 6.871 | 7.555 | 6.565 | 6.081 | 4.719 | 6.090 |
| 6.637 | 7.492 | 6.635 | 7.264 | 7.221 | 6.694 | 7.493 |
| 9.012 | 7.274 | 5.622 | 7.593 | 7.533 | 6.432 | 6.424 |
| 8.219 | 7.668 | 7.534 | 7.232 | 8.501 | 8.266 | 8.748 |
| 7.501 | 7.8562 | | | | | |

④

| | | | | | | |
|---|---|---|---|---|---|---|
| .315 | −.458 | −.488 | −.170 | .565 | −.344 | −1.176 |
| −1.054 | −.826 | .710 | −.341 | −1.809 | −1.242 | −.667 |
| −.999 | 2.812 | 1.286 | −1.084 | −1.505 | −2.556 | −.144 |
| −1.749 | −3.032 | −2.958 | −2.827 | −3.392 | −2.431 | −2.757 |
| −2.822 | −3.314 | −2.738 | −1.979 | −1.671 | −2.977 | −.709 |
| .718 | .736 | .879 | 1.642 | 2.180 | 1.963 | .716 |
| .769 | .973 | .334 | 1.309 | .878 | .062 | .169 |
| .677 | 1.851 | .242 | .828 | −.317 | −1.042 | −2.093 |
| .653 | .261 | 2.020 | 2.136 | 1.635 | −.141 | −1.747 |
| −2.047 | −.752 | −.211 | −1.062 | −1.565 | .232 | .015 |
| −.935 | −.338 | .853 | .888 | 3.069 | 3.364 | 3.854 |
| 4.419 | 2.145 | 2.291 | 1.753 | 1.058 | 1.048 | .200 |
| 1.424 | .590 | .356 | .476 | .684 | −2.26 | −.569 |
| −1.014 | −.207 | .638 | −.664 | −.469 | −.215 | −.296 |
| −1.561 | .246 | | | | | |

제 10 장

# 모수의 추정과 검진

## 10.1 모수의 추정

### 10.1.1 적률법

적률법(method of moments)은 ARMA모형의 모수를 추정하는 가장 간단한 방법이다. 이 방법은 자기상관함수와 모수들사이의 연립방정식을 사용하는 것이다. 즉 자기상관함수 대신 표본자기상관함수를 이 연립방정식에 대입한 뒤 이 방정식을 풀어서 모수들의 추정량을 얻는 것이다. 적률추정법의 간단한 예는 시계열의 평균을 표본평균으로 추정하는 것이다. 이 적률법에 의한 추정값들은 최우추정값을 계산하기 위한 초기값으로 많이 사용된다.

#### 1) 자기회귀모형

우선 AR(1)모형에 대해서 고려해보자 이 모형에서는$\phi = \rho_1$인 단순한 관계를 갖는다. 그러므로 자기상관함수값 $\rho_1$대신에 시차가 1인 표본자기상관함수$r_1$을 사용하면 모수는 다음과 같이 추정할 수 있다.

$$\hat{\phi} = r_1 \tag{10.1}$$

이제 AR(2)모형에 대해서 고려하면 모수들 ($\phi_1$과 $\phi_2$)과 자기상관함수들 사이의 관계는 다음과 같은『율-워커』방정식에 의해 주어진다.

$$\rho_1 = \phi_1 + \rho_1\phi_2$$

$$\rho_2 = \rho_1\phi_1 + \phi_2$$

이 방정식들에 자기상관함수값 $\rho_1$과 $\rho_2$대신에 표본자기상관함수$r_1$과 $r_2$를 대입하여 풀면 다음과 같이 $\phi_1$과 $\phi_2$를 추정할 수 있다.

$$\hat{\phi_1} = \frac{r_1(1-r_2)}{1-r_1^2} \qquad (10.2)$$
$$\hat{\phi_2} = \frac{r_2 - r_1^2}{1-r_1^2}$$

일반적으로 AR(p)모형에서도 『율-워커』 방정식에서 자기상관함수값$\rho_k$대신에 표본자기상관함수값 $r_k$을 대입해서 다음과 같은 표본 『율-워커』 방정식을 구한다.

$$r_1 = \hat{\phi_1} + r_1\hat{\phi_2} + \cdots + r_{p-1}\hat{\phi_p}$$

$$r_2 = r_1\hat{\phi_1} + \hat{\phi_2} + \cdots + r_{p-2}\hat{\phi_p}$$

$$\vdots$$

$$r_p = r_{p-1}\hat{\phi_1} + r_{p-2}\hat{\phi_2} + \cdots + \hat{\phi_p}$$

이 선형방정식을 풀면 모수들의 추정값 $\hat{\phi_1}$, $\hat{\phi_2}$, $\cdots$ , $\hat{\phi_p}$를 구할 수 있다.

$$\begin{bmatrix} \hat{\phi_1} \\ \hat{\phi_2} \\ \vdots \\ \hat{\phi_p} \end{bmatrix} = \begin{bmatrix} 1 & r_1 & r_2 & \cdots & r_{p-1} \\ r_1 & 1 & r_1 & \cdots & ra_{p-2} \\ \vdots & \vdots & \vdots & \ddots & \vdots \\ r_{p-1} & r_{p-2} & r_{p-3} & \cdots & 1 \end{bmatrix} \begin{bmatrix} r_1 \\ r_2 \\ \vdots \\ r_p \end{bmatrix}$$

그리고 백색잡음과정의 분산$\sigma_a^2$를 추정하기 위하여 우선 시계열의 분산을 다음과 같이 추정한다.

$$s^2 = \frac{1}{n-1}\sum_{t=1}^{n}(y_t - \overline{y})^2$$

이 분산값을 이용하면 AR(p)모형에 대한 백색잡음과정의 분산은 다음과 같이 추정할 수 있다.

$$\hat{\sigma_a^2} = (1 - \hat{\phi_1}r_1 - \hat{\phi_2}r_2 - \cdots - \hat{\phi_p}r_p)s^2 \qquad (10.3)$$

특히 AR(1)과정에서는 $\widehat{\phi_1}= r_1$이므로 분산의 추정값은

$$\widehat{\sigma_a^2}= [1-r_1^2]s^2 \tag{10.4}$$

이다.

## 2) 이동평균모형

적률법은 MA항이 있는 모형에 적용해서 모수들을 추정하기 위해서는 연립비선형 방정식(simultaneously nonlinear equations)을 풀어야 한다. 우선 가장 간단한 MA(1)모형에 대해서 설명하기로 한다. MA(1)모형 $y_t = a_t - \theta_1 a_{t-1}$에서 MA모수와 시차 1인 자기상관함수값 사이의 관계는 다음과 같다.

$$\rho_1 = \frac{\gamma_1}{\gamma_0} = -\frac{\theta_1}{1+\theta_1^2} \tag{10.5}$$

따라서 자기상관함수값 $\rho_1$ 대신에 표본자기상관함수값 $\gamma_1$을 대입하여 $\theta_1$에 대해서 이차방정식을 풀어 해를 구한다. 이 경우 $|\gamma_1| < 0.5$이면 이 방정식의 두개의 실근은 다음과 같다.

$$\widehat{\theta_1}= \frac{-1 \pm \sqrt{1-4r_1^2}}{2r_1} \tag{10.6}$$

위의 근을 점검해보면 쉽게 알 수 있는 바와 같이 두 근의 곱은 항상 1과 같다. 그러므로 두 근의 하나만이 가역조건 $|\theta_1| < 1$을 만족한다. 즉 이 중에서 가역조건을 만족하는 추정값은

$$\widehat{\theta_1}= \frac{-1 + (1-4r_1^2)^{\frac{1}{2}}}{2r_1} \tag{10.7}$$

이다. 만약 $r_1 = \pm 0.5$ 이면 유일한 해는 $\widehat{\theta_1}= \pm 1$이지만 가역(invertible)은 아니다. 그리고 $|r_1| > 0.5$이면 해는 존재하지 않으므로 적률법으로 $\theta$의 추정량을 구할 수 없다.

일반적인 MA($q$)모형에서 적률추정법으로 모수를 추정하기 위해서는 제 7장에서 주어진 자기상관함수와 MA모수들 사이의 연립비선형방정식을 사용하게 되는데 계산과정이 매우 복잡하다. 이식에 자기상관함수 대신에 표본자기상관함수를 대입하여 적

률추정법에 의한 추정값들을 구한다.

MA(q)모형의 MA모수들을 위한 연립방정식을 풀면 최대 $2^q$개의 근의 집합이 있다. 이 중에서 가역조건을 만족하는 것은 단 하나있고 우리는 이 근을 사용하기로 한다. 이 MA계수들이 추정되면 다음과 같이 백색잡음과정의 오차분산을 추정 할 수 있다.

$$\widehat{\sigma_a^2} = \frac{s^2}{1+\widehat{\theta_1^2}+\widehat{\theta_2^2}+\cdots+\widehat{\theta_q^2}} \tag{10.8}$$

### 3) 자기회귀 이동평균모형

ARMA(1,1)모형을 고려하면 자기상관함수와 모수들 사이에는 다음과 같은 관계식이 있다.

$$\rho_k = \rho_1 \phi^{k-1} = \frac{(1-\theta\phi)(\phi-\theta)}{1-2\phi\theta+\theta^2}\theta^{k-1}, \qquad k \geq 1 \tag{10.9}$$

ø의 적률추정량은 $k=2$일 때 $\rho_2 = \rho_1\phi$를 ø에 대하여 정리하여 AR계수를 다음과 같이 추정 할 수 있다.

$$\hat{\phi} = \frac{r_2}{r_1} \tag{10.10}$$

이 추정값 $\hat{\phi}$를 이용해서 적률방정식을 얻을 수 있다.

$$r_1 = \frac{(1-\theta\hat{\phi})(\hat{\phi}-\theta)}{1-2\hat{\phi}\hat{\theta}+\theta^2} \tag{10.11}$$

이 방정식을 $\theta$에 대해 풀면 두개의 근이 나온다. 이 중에서 가역조건을 만족하는 근을 $\theta$의 추정값으로 한다.

이 두 추정량 $\hat{\phi}$와 $\hat{\theta}$를 이용해서 백색잡음과정의 분산은 다음과 같이 추정 할 수 있다.

$$\widehat{\sigma_a^2} = \frac{(1-\widehat{\phi^2})}{1-2\hat{\theta}\hat{\phi}+\widehat{\theta^2}}s^2 \tag{10.12}$$

차수가 높은 ARMA$(p,q)$모형도 같은 방법으로 추정할 수 있다.

색잡음이다. 또한 $\boldsymbol{a}=(a_1, a_2, \cdots, a_n)'$의 결합밀도함수는 다음과 같다.

$$P(\boldsymbol{a} \mid \varnothing, \mu, \theta, \sigma_a^2) = (2\pi\sigma_a^2)^{\frac{-n}{2}} \exp[-\frac{1}{2\sigma_a^2}\sum_{t=1}^{n} a_t^2] \tag{10.33}$$

식 (10.28)를 다음식과 같이 정리하므로써 모수들$(\varnothing, \mu, \theta, \sigma_a^2)$의 우도함수를 구할 수 있다.

$$a_t = \theta_1 a_{t-1} + \cdots + \theta_q a_{t-q} + \dot{y}_t - \varnothing_1 \dot{y}_{t-1} - \cdots - \varnothing_p \dot{y}_{t-p}$$

여기서 $\boldsymbol{y}=(y_1,\ y_2,\ \cdots,\ y_n)'$이라 하고 초기조건 $\boldsymbol{y_*}=(y_{1-p},\ \cdots,\ y_{-1},\ y_0)'$와$\boldsymbol{a_*}=(a_{1-q},\ \cdots,\ a_{-1},\ a_0)'$이라고 가정한다. 따라서 조건부 대수우도함수(conditional log- likelihood function)는 다음과 같다.

$$\ln L_*(\varnothing, \mu, \theta, \sigma_a^2) = -\frac{n}{2} ln 2\pi\sigma_a^2 - \frac{S_*(\varnothing, \mu, \theta)}{2\sigma_a^2} \tag{10.34}$$

여기서

$$S_*(\varnothing, \mu, \theta) = \sum_{t=1}^{n} a_t^2(\varnothing, \mu, \theta \mid \boldsymbol{y_*}, \boldsymbol{a_*}, \boldsymbol{y}) \tag{10.35}$$

은 조건부 제곱합함수이다. 식 (10.34)를 최대화하는 추정량 $\hat{\varnothing}, \hat{\mu}$와 $\hat{\theta}$를 조건부 최우추정량이라 한다. $\ln L_*(\varnothing, \mu, \theta\sigma_a^2)$은 조건부제곱합함수 $S_*(\varnothing, \mu, \theta)$만으로 자료를 포함하므로, 이들 추정량들은 모수 $\sigma_a^2$가 포함되지 않은 조건부 제곱합함수 $S_*(\varnothing, \mu, \theta)$를 최소화함으로써 얻어진 조건부제곱추정량과 같다.

초기조건 $\boldsymbol{y_*}$와 $\boldsymbol{a_t}$를 지정하는 몇가지 대안이 있다. $\{y_t\}$가 정상적이고 $\{a_t\}$가 서로 독립이고 평균이 0이고 분산이 $\sigma_a^2$인 정규분포를 하는 확률변수들의 계열이라는 가정하에서 우리는 미지의 $y_t$를 표본평균 $\bar{y}$로 대체하고 그리고 미지의 $a_t$를 기대값 $[E(a_t)]$이 0으로 대체한다. 식 (10.32)의 모형에 대해서 $a_p = a_{p-1} = \cdots = a_{p+1-q} = 0$을 가정하고 $t \geq (p+1)$에 대해서 식 (10.32)를 이용하여 $a_t$를 계산한다. 따라서 식 (9.35)의 조건부제곱합함수는 다음식과 같이 된다.

$$S_*(\varnothing, \mu, \theta) = \sum_{t=p+1}^{n} a_t^2(\varnothing, \mu, \theta \mid \boldsymbol{y}) \tag{10.36}$$

추정값 $\hat{\varnothing}, \hat{\mu}$와 $\hat{\theta}$를 계산한 후에 $\sigma_a^2$의 추정값 $\widehat{\sigma_a^2}$은 식 (10.37)에 의하여 계산된다.

$$\widehat{\sigma_a^2} = \frac{S_*(\hat{\varnothing}, \hat{\mu}, \hat{\theta})}{d \cdot f} \tag{10.37}$$

여기서 자유도$(d,f)$는 제곱합 $S_*(\hat{\varnothing}, \hat{\mu}, \hat{\theta})$에서 사용된 항목의 수에서 모수들을 추정한 수를 뺀것과 같다. 예를들어 만일 식 (10.36)이 제곱합을 계산하기 위하여 사용하였다면 자유도 $d \cdot f$는 $(n-p)-(p+q+1) = n-(2p+q+1)$이 된다.

## 2) 비조건부 최우추정

시계열 모형의 가장 중요한 기능중의 하나는 미지의 미래값을 예측하는 일이다. 자연적으로 우리는 제곱합과 우도함수의 계산에서 필요한 미지의 값 $y_* = (y_{1-p}, \cdots, y_{-1}, y_0)'$과 $a_* = (a_{1-q}, \cdots, a_{-1}, a_0)'$을 역예측(backcast)할 수 있는지의 여부에 직면하게 된다. 사실, 어떤 ARMA모형은 전향형(forward form) 혹은 후향형(backeard form)으로 쓸 수 있다. 우선 후향형은

$$(1-\varnothing_1 B - \cdots - \varnothing_p B^p)\dot{y}_t = (1-\theta_1 B - \cdots - \theta_q B^q)a_t \tag{10.38}$$

이며 전향형은

$$(1-\varnothing_1 F - \cdots - \varnothing_p F^p)\dot{y}_t = (1-\theta_1 F - \cdots - \theta_q F^q)e_t \tag{10.39}$$

이다. 여기서 $F^j y_t = y_{t+j}$이다. 정상성의 조건에 의해서 식 (10.38)과 식 (10.39)은 정확하게 같은 자기공분산구조를 갖게 된다. 이것은 $\{e_t\}$가 또한 평균이 0이고 분산이 $\sigma_e^2$ 인 백색잡음 계열이기 때문이다. 따라서 자료에 의거 $j>0$에 대해서 미지의 미래값 $y_{n+j}$을 예측하기 위하여 전향형의 식 (10.38)을 사용하는 것과 마찬가지로 우리는 미지의 이전값 $y_j$를 역예측하기 위하여 후향형의 식 (10.39)을 사용할 수 있다. 그러므로 자료 $\{y_n, y_{n-1}, \cdots, y_1\}$에 의거 $j<0$에 대해서 $a_j$를 계산한다. 또한『박스와 제킨스(1976)』는 다음과 같은 비조건부 대수 우도함수를 제안하여 추정방법을 보다 더 개선하였다. 즉,

$$\ln L(\varnothing, \mu, \theta, \sigma_a^2) = -\frac{n}{2} ln 2\pi\sigma_a^2 - \frac{S(\varnothing, \mu, \theta)}{2\sigma_a^2} \tag{10.40}$$

여기서 $S(\varnothing,\mu,\theta)$는 다음식으로 주어진 비조건부 제곱합 함수이다.

$$S(\varnothing,\mu,\theta)=\sum_{t=-\infty}^{n}[E(a_t \mid \varnothing,\mu,\theta,y)]^2 \tag{10.41}$$

그리고 $E(a_t \mid \varnothing,\mu,\theta,y)$은 $\varnothing,\mu,\theta$ 와 $y$가 주어진 조건하에 $a_t$의 조건부기대값이다. 식 (10.40)를 최대화하는 $\hat{\varnothing},\hat{\mu}$와 $\hat{\theta}$를 비조건부 최우추정량이라 한다.다시 설명하자면 $\ln(\varnothing,\mu,\theta,\sigma_a^2)$은 단지 $S(\varnothing,\mu,\theta)$만으로 자료가 포함되므로 이러한 비조건부 최우추정량들은 $S(\varnothing,\mu,\theta)$를 최소화함으로써 구해진 비조건부 최소제곱추정량들과 같게 된다. 실제로 식 (10.41)의 합(summation)은 다음식과 같은 유한 형(finite form)에 근사된다.

$$S(\varnothing,\mu,\theta)=\sum_{t=-M}^{n}[E(a_t \mid \varnothing,\mu,\theta,y)]^2 \tag{10.42}$$

여기서, M은 충분히 큰 정수이므로 역예측증분 $\mid E(y_t \mid \varnothing,\mu,\theta,y)-E(y_{t-1} \mid \varnothing,\mu,\theta,y)\mid$ 은 $t \leqq -(M+1)$에 대해서 임의로 사전에 결정된 $\epsilon$값보다 작아야 한다. 이것은 $E(y_t \mid \varnothing,\mu,\theta,y)\cong\mu$임을 의미하므로 $E(y_t \mid \varnothing,\mu,\theta,y)$은 $t \leqq -(M+1)$에 대해서 무시할 수 있다.

모수의 추정값 $\hat{\varnothing},\hat{\mu}$와 $\hat{\theta}$를 구한 후에 $\sigma_a^2$의 추정값 $\widehat{\sigma_a^2}$은 다음식과 같이 계산할 수 있다. 즉

$$\widehat{\sigma_a^2}=\frac{S(\hat{\varnothing},\hat{\mu},\hat{\theta})}{n} \tag{10.43}$$

**예제 10-5**

다음 자료는 1995년부터 1999년까지의 월별 건축 허가 면적에 대한 시계열 자료(자료명 : exm 8.2.sav)이다. 이 자료를 이용하여 최우추정법으로 이 모형을 추정하시오.

**풀이** 이 모형은 AR(1)모형으로 다음과 같이 최우추정법을 이용하여 추정하면 다음과 같다.

$$y_t = 8664.0 + 0.46y_{t-1}$$
$$(15.48)\quad (3.87)$$

여기서 ( )는 $t$값으로 모두 통계적으로 유의한 것으로 추정 되었다. 다음은 SAS 프

로그램을 이용해서 추정한 과정은 다음과 같다.

SAS 프로그램과 추정 결과

```
DATA one;
   INFILE 'c:₩str.txt';
   INPUT con;
RUN;

PROC ARIMA;
   IDENTIFY VAR=con NOPRINT;
   ESTIMATE P=1 METHOD=ML;
RUN;
```

```
                    ESTIMATION OF STRUCTURE DATA
                           ARIMA Procedure

                    Maximum Likelihood Estimation
                                  Approx
Parameter   Estimate            Std Error        T Ratio         Lag
MU            8664.0            559.66692          15.48           0
AR 1,1       0.45977              0.11869           3.87           1

Constant Estimate       = 4680.56828
Variance Estimate       = 5656587.71
Std Error Estimate      =  2378.3582
AIC                     = 1105.37589
SBC                     = 1109.56458
Number of Residuals     =         60
```

## 10.2 식별을 위한 통계량

『박스-제킨스』의 자기상관함수와 부분자기상관함수를 이용한 ARMA모형 식별방법이나 『클리브렌드』의 자기상관함수와 역자기상관함수를 이용한 ARMA모형 식별방법은 AR모형이나 MA모형에는 효과적이나 ARMA모형에는 효과적이지 못하다. 더구나 이 방법들은 객관적이 아닌 주관적인 결정을 필요로 한다.

따라서 ARIMA모형을 식별하기 위한 여러 방법이 1970년대 이후 계속 제시되고 있다. 이 중에서 몇가지의 방법들을 간단히 소개하고자 한다. 이 방법들은 백색잡음과정의 분산의 추정값을 바탕으로 한다. 차수가 높은 ARMA모형에 시계열자료를 적합시키면 오차항의 분산의 추정량인 평균오차제곱은 작아진다. 그러나 평균오차제곱을 아주 작게 하는 차수를 택하면 이 차수는 지나치게 커서 모수절약원칙에 위배된다. 지금부터 설명하고자 하는 방법들은 평균오차제곱에 높은 차수를 택하는데 위험을 추가시킨 통계량들을 최소화하는 것들이다.

## 10.2.1 아카이케 정보판단기준(AIC)

아카이케 정보판단기준(AIC)은 모형의 최대대수우도로부터 모수의 수를 줄인 값을 근사적인 기대평균대수우도의 추정값으로써 다음식과 같이 정의한다.

$$\mathrm{AIC} = n \ln \widehat{\sigma_a^2} + 2(p+q) \qquad (10.44)$$

여기서 $n$은 관측값의 수이고 $\hat{\sigma}_a^2$은 $\sigma_a^2$의 최대우도추정량이며 $(p+q)$는 모형의 모수의 수이다. 식 (10.34)의 AIC에 있어서 우변의 제 1항은 모형의 적합이 좋음을 나타내고 있다. 그리고 모수를 증가시키는 것에 의해서 우도함수값은 크게되고 제 1항의 값은 작게된다. 이것은 최대대수우도의 내용에 의해서 모형을 선택한다면, 모수의 수가 많은 모형이 선택해지는 경향이 있는 것을 의미한다. 한편 모수의 수가 증가하면 추정값의 안정성이 저하하는 경향이 있는것이기 때문에 제 2항은 최대대수우도가 같은 정도의 모형에 관해서는 그 중 모수의 수가 적은 것을 선택해야 하는 것을 나타내고 있다. AIC는 말하자면 최우법에 의해서 결정되는 모수를 가진 모형의 나쁜 정도를 비교하기 위한 지표이고 같은 데이타에 대해서 AIC가 큰 만큼 나쁜 모형이 된다. 따라서 모형선택의 입장에서는 AIC를 최소가 되는 모형을 선택하는 것이 된다.

## 10.2.2 베이즈안 정보판단기준(BIC)

『쉬바타』(1976)는 AIC판단기준이 자기회귀의 찻수를 과대추정하는 경향이 있음을 보였다. 더구나 최근에는『아카이케』(1978, 1979)는 최소 AIC절차를『베이즈안』확장으로 개발하였는데 이것은 다음과 같은 함수를 갖는『베이즈안』정보판단기준(Bayesian information criterion ; BIC)이라 한다.

$$BIC(M) = n \ln \widehat{\sigma_a^2} + (p+q) \ln n$$

여기서 $n, \widehat{\sigma_a^2}, (p+q)$는 모두 AIC에서와 같은 의미이며 모형식별방법은 AIC와 같이 여러개의 설정된 모형에 대하여 가장 작은 BIC값을 제공하는 모형을 선택한다.『아카이케』(1978)는 모의실험을 통하여 BIC는 자기회귀의 찻수를 과대추정하지 않은 것으로 주장하였다. 그리고 이 최소 BIC 추정량은 일치성을 가짐이 증명되었다.

## 10.3 모형의 검진

박스-제킨스(Box-Jenkins)에 의한 시계열 모형화의 최종단계는 일단 확립된 모형이 적합한지를 검토하는 단계가 필요하다. 이 단계를 모형의 검진(diagnostic checking)이라 부르며, 검진방법에는 첫째로 잔차(residual : $\hat{a_t}$)의 분석에 의한 방법 둘째는 모수들에 대한 가설검정방법 그리고 마지막으로 과대적합(over fitting)방법의 세가지 방법이 있다.

### 10.3.1 잔차의 분석

ARIMA모형의 기본 가정은 오차(random error ; $a_t$)들이 평균이 0이고 일정한 분산을 갖는 상관관계가 없는 확률변수라는 것이다. 즉 오차는 백색잡음(white nosie)이라는 것이다. 이것의 의미는 첫째로 잔차의 평균은 0에 가깝다는 것이다. 둘째는 잔차들의 분산은 근사적으로 상수이어야 한다는 것이며 세째는 잔차들의 자기상관은 무시할 수 있을 만큼 작아야 한다는 것이다. 잔차들의 평균이 0인지의 여부를 점검하기 위하여 표본평균 $\overline{\hat{a}}$을 그의 표준오차와 비교하는 것이다. 분산이 상수인지의 여부는 잔차의 도표(plot)를 조사하는 것이다. 이러한 도표는 가능한 특이값(outlier)과 다른 체계적 패턴을 찾는데 유용하다. 잔차들이 서로 상관관계가 없는지를 점검하기 위하여 잔차들의 표본자기상관을 계산하고 이들의 표준오차와 비교하는 것이다. 잔차의 표본자기상관함수는

$$r_{\hat{a}}(k) = \frac{\sum_{t=k+1}^{n} (\hat{a_t} - \overline{\hat{a}})(\hat{a}_{t-k} - \overline{\hat{a}})}{\sum_{t=1}^{n} (\hat{a_t} - \overline{\hat{a}})^2}$$

이며, 잔차의 표본자기상관함수에 대한 분산과 표준오차는 보통 다음식에 근사된다.

$$Var[\gamma_{\hat{a}}(k)] \approx \frac{1}{n}$$
$$s[\gamma_{\hat{a}}(k)] \approx n^{-\frac{1}{2}}$$

그러나 $k$가 작은경우에는 표준오차는 훨씬 더 작아질 수 있다.

**예제 10-6**

AR(1)모형을 가정하고 n이 큰 경우 잔차에 대한 자기상관함수의 분산값은? 단, 식별과 추정이 잘 이루어졌다고 가정한다.

**풀이**

$$Var[\gamma_{\hat{a}}(1)] \simeq \frac{\phi^2}{n}$$
$$Var[\gamma_{\hat{a}}(k)] \simeq \frac{1-(1-\phi^2)\phi^{2k-2}}{n}, \qquad k=2,3,4,\cdots$$
$$Corr(\gamma_{\hat{a}}(1), \gamma_{\hat{a}}(k)) \simeq -Sign(\phi)\frac{(1-\phi^2)\phi^{k-2}}{1-(1-\phi^2)\phi^{2k-2}}, \qquad k=2,3,4,\cdots$$

$$Sign(\phi)\begin{cases}1 & \phi>0\\ 0 & \phi=0\\ -1 & \phi<0\end{cases}$$

이 식에서 알 수 있듯이 n이 크고 만일 $k$가 1보다 크다면 $\gamma_{\hat{a}}(k)$의 분산은 1/n에 근사한다.

**예제 10-7**

AR(2)모형의 잔차들의 시차 1과 시차 2에서의 표본자기상관함수들의 분산은 다음과 같다.

**풀이**

$$Var[\gamma_{\hat{a}}(1)] \simeq \frac{\phi_2^2}{n}$$

$$Var[\gamma_{\hat{a}}(2)] \simeq \frac{\phi_2^2+\phi_1^2(1+\phi_2)^2}{n}$$

이 AR(2)모형이 비정상모형에 가깝지 않다면, 즉 특성방정식의 두 근의 절대값이

1에 가깝지 않다면 시차 3이상의 표본자기상관함수들은 다음 식을 만족한다.

$$Var[\gamma_{\hat{a}}(k)] \simeq \frac{1}{n} \qquad k = 3, 4, \cdots$$

■

**예제 10-8**

MA모형에 대한 잔차들의 표본자기상관함수들의 분산은 AR모형에서와 비슷하다. 우선 MA(1)모형의 분산은 다음과 같다.

**풀이**

$$Var[\gamma_{\hat{a}}(1)] \simeq \frac{\theta^2}{n}$$

$$Var[\gamma_{\hat{a}}(k)] \simeq \frac{1}{n}[1-(1-\theta^2)\theta^{2k-2}], \qquad k = 2, 3, 4, \cdots$$

$$Corr(\gamma_{\hat{a}}(1), \gamma_{\hat{a}}(k)) \simeq Sign(\theta)\frac{(\theta^2-1)\theta^{k-2}}{1-(1-\theta^2)\theta^{2k-2}}, \quad k = 2, 3, 4, \cdots$$

또한 MA(2)모형인 경우는 다음과 같다.

$$Var[\gamma_{\hat{a}}(1)] \simeq \frac{\theta_2^2}{n}$$

$$Var[\gamma_{\hat{a}}(2)] \simeq \frac{1}{n}[\theta_2^2 + \theta_1^2(1+\theta_2)^2]$$

$$Var[\gamma_{\hat{a}}(k)] \simeq \frac{1}{n}$$

■

## 10.3.2 『퍼트맨 토우』 검정

잔차들의 표본자기상관계수들을 조사함으로써 모형의 적합성을 검진한다고 하였다. 이 방법의 가장 큰 단점은 각 시차별 표본자기상관계수들을 검정하므로 제 1종 오차를 지나치게 크게 한다는 점이다. 모형적합성의 귀무가설은 잔차들의 시차가 1이상인 모든 자기상관계수들이 0임을 검정하는 것이다. 따라서 주어진 유의수준 $\alpha$에서 동시검정을 해야 함에도 불구하고 통계학적인 어려움 때문에 각 시차에 대해 유의수준 $\alpha$의 개별검정을 하였다. 이 개별검정은 표본자기상관계수들 사이에 상관관계가 있음에도 불구하고 이를 고려할 수가 없다. 이러한 결점을 보완해서 ARMA모형의 적합성을 검진하기 위하여 여러 통계량이 제시되었다.

모형의 적합성에 대한 귀무가설하에서 박스와 피어스(Box-Pierce, 1970)는 $r_{\hat{a}}$의 대규모표본분포는 다변량정규분포를 하고 다음식의 $Q^*$는 자유도가 $k-p-q$인 $\chi^2$-분포를 한다는 것을 밝혔다.

$$Q^* = n\sum_{k=1}^{k} r_{\hat{a}}^2(k)$$

윗식 에서 $n$은 차분이후의 관측값의 수를 나타내며 $p+q$는 모형에서의 모수들의 총수를 나타낸다. 만일 평균이 추정되면 자유도는 $k-p-q-1$이 된다. 그런데 리웅과 박스(Ljung-Box, 1979)와 안스리와 뉴볼드(Ansley-Newbold, 1979)는 통계량$Q^*$를 수정하여 통계량 Q를 제안하였다. 즉,

$$Q = n(n+2)\sum_{k=1}^{k} \frac{r_{\hat{a}}^2(k)}{n-k}$$

수정된 Q통계량은 $\chi^2(k-p-q)$분포에 훨씬 더 근사됨을 보였다. 따라서 통계량 Q는 모형의 검진에서 사용된다. 따라서, 퍼트맨토우(portmanteau)검정은 검정통계량에 의해서 귀무가설 $H_0$: $a_t \sim N(0, \sigma^2)$을 검정하는 것이다. 유의수준을 $\alpha$라 할때 퍼트맨토우검정 방법은 다음과 같다.

① Q $>\chi_{\alpha}^2(k-p-q)$이면 귀무가설은 기각된다. 즉, 잠정적으로 선정된 ARIMA모형은 부적합하므로 기각한다.

② Q $<\chi_{\alpha}^2(k-p-q)$이면 귀무가설을 채택된다. 즉, 잠정적으로 선정된 ARIMA모형은 적합한 것으로 받아들인다. 즉, 모형의 잔차들은 백색잡음(white noise)과 다를바 없으므로 잠정적으로 선정된 ARIMA모형은 적합한것으로 채택된다. 그리고 만약 시계열 모형에 추세모수(trend parameter)인 $\theta_0$가 포함되면 검정통계량의 분포는 자유도가 $k-p-q-1$인 $\chi^2$-분포로 된다.

**예제 10-9**

다음의 가상적인 예를 이용하여 모형의 적합성을 검토하기로 한다. 우선 어떤 주어진 자료에 대해서 잠정적인 ARIMA(2,1,0)모형을 선정하였다고 한다.

$$(1-\varnothing_1 B-\varnothing_2 B^2)(1-B)y_t = a_t \qquad (1)$$

그리고 $n = 30-3 = 27$이고 $Q = 27.54$이다. 그리고 자유도$= k-p-q = 15-2-0 = 13$이다. 또한 유의수준 $\alpha$가 5%이라면 $\chi^2_{0.05}(13) = 22.4$이다. 따라서 $Q = 27.54 > \chi^2_{0.05}(13) = 22.4$이므로 잠정적으로 선정된 ARIMA(2,1,0)모형은 부적합하므로 기각한다.

그러므로 다시 모형을 개선하기 위해서 잔차의 표본자기상관함수를 조사하여야 한다.

## 10.3.3 모수들에 대한 가설검정

모수들에 대한 가설검정은 다음과 같은 절차에 의하여 이루어진다.

① 가설설정

$$H_0 : \varnothing_i = 0 \quad H_1 : \varnothing_i \neq 0 \quad i = 1,2,\cdots,p$$
$$H_0 : \theta_i = 0 \quad H_1 : \theta_i \neq 0 \quad i = 1,2,\cdots,q$$

② 검정통계량

$$t = \frac{\hat{\varnothing}_i}{\hat{\sigma}_{\hat{\varnothing}_i}} \qquad t = \frac{\hat{\theta}_i}{\hat{\sigma}_{\hat{\theta}_i}}$$

③ 의사결정규칙 : $(\alpha = 5\%)$

귀무가설 $H_0$은 $|\ t\ | > 2$이면 기각된다.

④ 결론

귀무가설 $H_0$가 기각되면 검정되어질 모수은 영이 아니라고 신뢰수준 95%에서 결론을 내릴 수 있다.

많은 모형들이 주어진 자료에 적합할지라도 각 모형에 있는 모든 항들이 통계적으로 유의할 필요는 없을지도 모른다. 그렇지만 좋은 모형설정은 모든 항들이 통계적으로 유의한 모형만이 보유되도록 요구한다. t값이 작은항들은 제외시키고 모형을 남아있는 항들은 다시 적합시켜야 한다.

**예제 10-10**

어떤 주어진 자료에 대해서 통계펙케이지를 사용한 결과 ARIMA(1,0,2)모형을 적합시켰고, 추정된 모형은 다음과 같다.

$$y_t = 0.911y_{t-1} + 9.7277 + a_t - 1.3995a_{t-1} + 0.9645a_{t-2}$$

그리고 ARIMA(1, 0, 2)모형에 대한 출력결과는 <표 10.2>와 같다.

<표 10.2> 어떤 주어진 자료에 대한 ARIMA(1,0,2)모형의 출력결과

| 모수의 추정값 | | | | |
|---|---|---|---|---|
| 번호 | 형태 | 추정값 | 표준편차 | $t$값 |
| 1 | AR 1 | .9011 | .0524 | 17.18 |
| 2 | MA 1 | 1.3995 | .0409 | 34.24 |
| 3 | MA 2 | −.9645 | .0428 | −22.54 |
| | 상수 | 9.7227 | .3613 | 26.92 |
| | 평균 | 98.323 | 3.652 | |
| | 잔차 | SS = 2372.44 | | |
| | | DF = 74 | MS = 32.06 | |
| | 관측값의 수 = 78 | | | |

<표 10.2>의 결과를 보면 우선 자기회귀계수가 0.9011로 추정되었고 이의 $t$값은 17.18로 통계적으로 유의하다고 할 수 있다. 또한 이동평균계수는 1.3995와 −0.9645로 추정되었으며 이의 $t$값은 각각 34.24와 −22.54으로 모두 통계적으로 유의하다고 할 수 있다.

### 10.3.4 과대적합법

과대적합법(overfitting method)은 식별된 모형의 적합성을 이 모형의 유사모형과 비교하여, 검진하는 방법으로 시계열로부터 이미, 잠정 식별한 ARIMA모형보다 더 정확하게 시계열을 설명해주는 모형이 있는지를 체계적으로 검토하는 방법을 의미한다.

ARIMA($p$, $d$, $q$)모형이 잠정적으로 채택되어지면 보다 높은 찻수의 AR 혹은, MA 항들이 모형의 적합성을 개선할 수 있는지의 여부를 보기위하여 과대적합을 사용할 수 있다. 즉 추가된 마지막 항이 통계적으로 유의하지 않을 때까지 AR 혹은, MA항들을 계속적으로 추가하거나 검정할 수 있다. 분석방법은 아래에서 보는 바와 같이 잠정적 모형 ARIMA($p$, $d$, $q$)의 AR과 MA의 항에 1, 2, ⋯ 등을 추가하여 이들의 유의성을 검정하는 방법이다. 즉

$$\text{과대적합모형}\left|\begin{array}{cc} \vdots & \vdots \\ \uparrow & \uparrow \\ p+2 & q+2 \\ \uparrow & \uparrow \\ p+1 & q+1 \\ \uparrow & \uparrow \end{array}\right|$$

잠정적모형 : ARIMA (p,d,q) ARIMA (p,d,q)

모형의 최소모수의 원리(principles of parsimony)에 따라 AR과 MA항들은 동시에 추가하지는 않는다. 유의해야 할 점은 과대적합법은 이 방법만을 사용하는 것보다는 잔차분석과 관련해서 사용해야 한다는 것이다.

**예제 10-11**

어떤 자료에 대해서 잔차분석을 한 결과 ARIMA(1,0,2)모형이 식별되었다고 하자. $p=1$과 $q=2$가 자기상관함수와 부분자기상관함수에서의 일치된 형을 보인것 중에서 가장 작은 찻수라고 하면 문제는 $p$ 혹은, $q$를 증가시키므로 모형의 적합성을 개선시킬 수 있는 것인가 하는 문제가 남는다. $p$만을 증가시키므로써 ARIMA(2,0,2)모형이 되고 $q$만을 증가시키려면 ARIMA(1,0,3)모형이 된다. <표 9.4>는 이들 모형에 적합시킨 것을 나타낸 출력 결과이다. 우선 <표 10.11>을 보면 추가된 AR항은 필요없게 된다. 왜냐하면 이의 $t$값이 -0.39로 통계적으로 유의하지 않기 때문이다. 마찬가지로 표 9.4(2)의 $\theta_3$의 $t$값이 작기 때문에 (−0.48) 통계적으로 유의하지 않기 때문에 추가된 MA항이 필요없게 된다. 결론적으로 보면 원래의 ARIMA(1,0,2)모형이 잘 식별되었다고 할 수 있다.

<표 10.3> ARIMA(2,0,2)모형과 ARIMA(1,0,3)모형의 출력결과

| (1) ARIMA(2,0,2)모형<br>모수의 최후추정값 | | | | |
|---|---|---|---|---|
| 번호 | 형태 | 추정값 | 표준편차 | $t$ 값 |
| 1 | AR 1 | .9407 | .1228 | 7.66 |
| 2 | AR 2 | −.0475 | .1218 | −.39 |
| 3 | MA 1 | 1.4020 | .0454 | 30.89 |
| 4 | MA 2 | −.9656 | .0478 | −20.20 |
| 5 | 상수 | 10.5182 | .3603 | 29.19 |
| | 평균 | 98.449 | 3.373 | |
| | 잔차 | SS = 2367.29 | | |
| | | DF = 73 | MS = 32.43 | |

| (2) ARIMA(1,0,3)모형<br>모수의 최후추정값 | | | | |
|---|---|---|---|---|
| 번호 | 형태 | 추정값 | 표준편차 | $t$ 값 |
| 1 | AR 1 | .8950 | .0556 | 16.10 |
| 2 | MA 1 | 1.3740 | .0572 | 24.03 |
| 3 | MA 2 | −.9213 | .0879 | −10.49 |
| 4 | MA 3 | −.0309 | .0637 | −.48 |
| 5 | 상수 | 10.3174 | .3708 | 27.82 |
| | 평균 | 98.280 | 3.532 | |
| | 잔차 | SS = 2367.02 | | |
| | | DF = 73 | MS = 32.42 | |
| | 관측값의 수 = 78 | | | |

**예제 10-12**

다음 <표 10.5>의 자료는 1971년 1월 부터 1984년 3월까지의 회사채의 이자율과 국채의 이자율과의 차이에 관한 자료이다. 이 자료를 이용하여 모형을 식별하시오.

<표 10.4> 회사채의 이자율과 국채의 이자율간의 차이에 관한 자료

(1971년 1월부터 1984년 3월까지)

| 년도 | 1월 | 2 | 3 | 4 | 5 | 6 | 7 | 8 | 9 | 10 | 11 | 12 |
|---|---|---|---|---|---|---|---|---|---|---|---|---|
| 1971 | 0.66 | 0.70 | 0.74 | 0.63 | 0.70 | 0.66 | 0.61 | 0.52 | 0.60 | 0.61 | 0.70 | 1.10 |
| 1972 | 1.17 | 1.23 | 0.85 | 0.78 | 0.71 | 0.55 | 0.56 | 0.74 | 0.80 | 0.75 | 0.74 | 0.79 |
| 1973 | 0.78 | 1.00 | 1.05 | 1.09 | 1.05 | 0.75 | 0.73 | 0.77 | 0.77 | 0.84 | 0.66 | 0.68 |
| 1974 | 0.67 | 0.56 | 0.62 | 0.72 | 0.70 | 0.74 | 0.93 | 1.00 | 1.50 | 1.30 | 1.18 | 1.15 |
| 1975 | 1.34 | 1.37 | 1.13 | 1.04 | 0.92 | 1.15 | 0.99 | 1.32 | 1.46 | 1.24 | 1.01 | 1.04 |
| 1976 | 1.08 | 0.94 | 0.81 | 1.00 | 0.98 | 1.02 | 1.16 | 0.96 | 1.23 | 1.10 | 1.02 | 1.08 |
| 1977 | 1.30 | 0.97 | 0.96 | 0.80 | 0.62 | 0.51 | 0.56 | 0.84 | 0.87 | 0.87 | 0.76 | 0.86 |
| 1978 | 0.81 | 0.77 | 0.74 | 0.80 | 0.78 | 0.72 | 0.66 | 0.92 | 0.99 | 0.98 | 0.70 | 0.65 |
| 1979 | 0.78 | 0.57 | 0.41 | 0.61 | 0.85 | 0.85 | 1.11 | 1.05 | 0.96 | 1.31 | 1.49 | 1.35 |
| 1980 | 1.32 | 1.24 | 1.37 | 1.32 | 1.23 | 1.33 | 1.48 | 1.49 | 1.48 | 1.49 | 1.55 | 1.73 |
| 1981 | 1.70 | 1.43 | 1.44 | 1.37 | 1.20 | 1.19 | 1.39 | 1.41 | 1.40 | 1.39 | 1.62 | 1.59 |
| 1982 | 1.36 | 1.31 | 0.99 | 0.89 | 0.87 | 0.94 | 1.03 | 1.27 | 1.20 | 1.10 | 0.93 | 1.00 |
| 1983 | 1.04 | 1.10 | 1.10 | 1.09 | 1.05 | 0.70 | 0.88 | 0.81 | 1.08 | 1.39 | 1.16 | 0.49 |
| 1984 | 0.74 | 0.90 | 0.91 | | | | | | | | | |

**풀이** 이 자료에 대한 산포도를 나타내면 <그림 10.3>과 같다. 이 그림을 보면 어떠한 분산안정화 변환이 필요하지 않은 것 같다. ($y_t = 1$를 중심으로 상하로 나타내고 있으므로), 다음단계로 조사해야할 점은 이 자료가 정상적인 시계열을 보여주고 있는지의 여부를 검토하기 위하여 표본자기상관함수의 도표를 <그림 10.4>와 같이 나타내어 보면 알 수 있다. 즉 이 그림과 원계열의 <그림 10.3>는 이 자료가 정상적인 계열임을 보여주고 있다. 그리고 표본자기상관함수는 지수적으로 감소하고 있고 <그림 9.5>의 표본부분자기상관함수의 도표를 보면 시차 1이후부터는 무시해도 좋은 정도로 작게 나타냈다. 따라서 같은 AR(1)모형을 설정할 수 있다.

$$y_t - \mu = \phi(y_{t-1} - \mu) + a_t$$

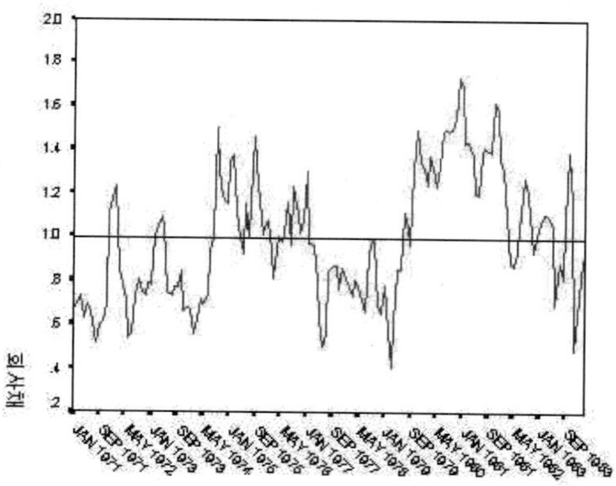


<그림 10.3> <표 10.5>의 자료에 대한 산포도

그리고 모수 $(\mu, \sigma^2, \varnothing)$들에 대한 최우추정값은 다음과 같이 추정되었다.

$$\hat{\mu} = 0.97(0.08), \quad \hat{\varnothing} = 0.85(0.04), \quad \widehat{\sigma^2} = 0.024$$

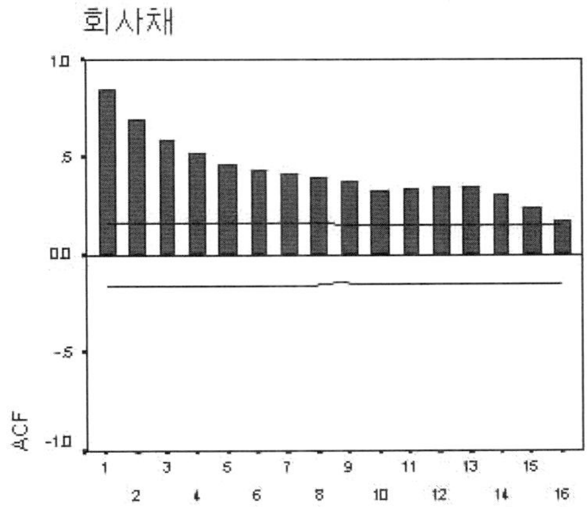


<그림 10.4> 자기상관함수

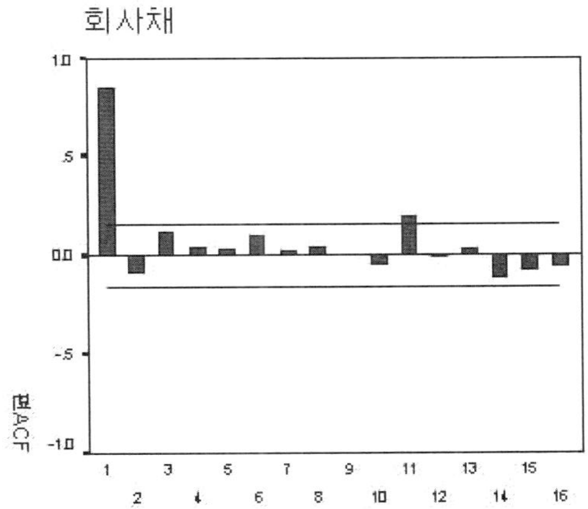


<그림 10.5> 부분자기상관함수

위의 추정값에 대한 괄호안의 수치는 추정된 표준오차이다. <그림 10.7>의 모든 잔차에 대한 표본자기상관함수는 신뢰구간 $[r_{\hat{a}}(k) \pm 2s[r_{\hat{a}}(k)]]$ 내에 있다. 그러므로 AR(1)모형을 기각할 이유가 없게 된다. 이것은 검정통계량 $Q$에 의해서 확실하게 입증된다.

즉, $k = 24$를 가정하면 통계량 Q는 다음과 같이 된다.

$$Q = 156 \times 158 \left[ \frac{(.09)^2}{155} + \frac{(-.10)^2}{154} + \cdots + \frac{(.06)^2}{132} \right] = 22.4$$

그리고 유의수준 $\alpha$가 5%이고 자유도가 $22(= 24 - 1 - 0 - 1)$인 $\chi^2$값은 33.9이다. $Q = 22.4 < \chi^2_{0.05}(22) = 33.9$이므로 이 모형은 적합한 것으로 받아들인다.

---

**예제 10-13**

예제 9.2에서 태양의 흑점수에 대한 시계열 자료가 AR(2)과정으로 식별되었다. 따라서 모형의 모수를 추정하기 위하여 조건부최소제곱추정법을 이용하여 SAS프로그램을 수행한 결과가 그림 10.8이다. 그림 10.8에서 시계열의 평균의 추정값은 46.55616으로 통계적으로 유의하며 자기회귀모수의 추정값도 1.333과 -0.647으로 각각 통계적으로 유의함을 보이고 있다. 따라서 추정된 모형은 다음과 같다.

$$y_t = 14.611 + 1.333 y_{t-1} - 0.647 y_{t-2} + \epsilon_t$$

위의 잠정모형에 대해서 잔차들이 백색잡음과정을 따른다는 가정에 대한 검정 통계량인 카이제곱값을 보면 3.15로 $\chi^2_{0.05}(df = 4) = 9.488$보다 작기 때문에 잠정 모형이 적합이 잘되고 있음을 보여주고 있다.

**풀이**

```
libname sundata 'a:₩data' ;
data sundata3 ;
   set sundata.sunspots ;
run ;

title1 'Estimation of Sunspot Data';
proc arima data=sundata3 ;
    identify var=sunspot noprint ;
    estimate p=2 printall ;
    estimate p=1 method=ULS ;
    estimate p=1 method=ML ;
run ;
```

<그림 10.8> 태양의 흑점수의 추정(SAS program 및 output)

```
                Conditional Least Squares Estimation
                                 Approx.
Parameter      Estimate       Std Error    T Ratio   Lag
MU             46.55616        3.66913       12.69    0
AR1,1           1.33319        0.05819       22.91    1
AR1,2          -0.64704        0.05837      -11.08    2

                   Estimation of Sunspot Data
                       ARIMA Procedure

Constant Estimate  =  14.611285
Variance  Estimate = 246.547537
Std Error Estimate = 15.7018323
AIC                = 1471.77015*
SBC                =  1481.2816*
Number of Residuals=        176
* Does not include log determinant.

                   Estimation of Sunspot Data
                       ARIMA Procedure
                 Correlations of the Estimates

 Parameter             MU          AR1,1         AR1,2
 MU                 1.000          0.043        -0.012
 AR1,1              0.043          1.000        -0.809
 AR1,2             -0.012         -0.809         1.000


                   Estimation of Sunspot Data
                       ARIMA Procedure

            Autocorrelation Check of Residuals
 To    Chi                      Autocorrelations
Lag  Square DF   Prob
  6    3.15  4  0.532 -0.063  0.048 -0.028  0.089 -0.033  0.037
 12   18.24 10  0.051 -0.084  0.089  0.124  0.082  0.159  0.133
 18   22.24 16  0.136 -0.016 -0.023  0.005 -0.091  0.072 -0.077
 24   25.24 22  0.286 -0.016 -0.020 -0.062  0.095  0.035  0.004
 30   38.06 28  0.097  0.015 -0.104 -0.169  0.042 -0.045 -0.132

                   Estimation of Sunspot Data
                       ARIMA Procedure
Model for variable SUNSPOT
Estimated Mean = 46.5561641

Autoregressive Factors
Factor 1: 1 - 1.3332 B**(1) + 0.64704 B**(2)
```

그리고 비조건부최소제곱추정법을 이용하여 추정된 모형은 다음과 같다.

$$y_t = 8.28 + 0.816 y_{t-1}$$

```
Estimation of Sunspot Data

                    ARIMA Procedure

          Unconditional Least Squares Estimation

                                  Approx.
      Parameter    Estimate     Std Error    T Ratio  Lag
      MU           44.96100      8.15659       5.51    0
      AR1,1         0.81584      0.04410      18.50    1

      Constant Estimate  =  8.2799592

      Variance  Estimate = 414.656975
      Std Error Estimate = 20.3631278
      AIC                = 1563.38181
      SBC                = 1569.72277
      Number of Residuals=        176
```

```
Estimation of Sunspot Data

                    ARIMA Procedure

          Autocorrelation Check of Residuals

 To    Chi                       Autocorrelations
Lag   Square DF   Prob
  6   152.47  5  0.000  0.523  0.100 -0.246 -0.389 -0.454 -0.371
 12   236.99 11  0.000 -0.222  0.049  0.268  0.364  0.372  0.233
 18   261.59 17  0.000  0.013 -0.137 -0.192 -0.202 -0.119 -0.123
 24   286.94 23  0.000 -0.068 -0.008  0.079  0.207  0.217  0.152
 30   310.18 29  0.000  0.035 -0.110 -0.183 -0.128 -0.146 -0.159
```

이 모형에 대해서 잔차들이 백색잡음과정을 따른다는 가정에 대한 검정통계량인 $\chi^2$값이 커서 귀무가설 : "$H_0$ : 적합된 AR(1)모형이 타당하다"는 가설을 기각하게 된다. 따라서 이 모형은 적합하다고 할 수 없다.

또한 최우추정법을 이용하여 추정된 모형은 다음과 같다.

$$y_t = 8.49 + 0.81 y_{t-1}$$

```
Estimation of Sunspot Data
                    ARIMA Procedure
             Maximum Likelihood Estimation
                                  Approx.
      Parameter    Estimate     Std Error    T Ratio  Lag
      MU           44.95569      7.93795       5.66    0
      AR1,1         0.81116      0.04397      18.45    1
      Constant Estimate  = 8.48937673
      Variance  Estimate = 414.683074
      Std Error Estimate = 20.3637686
      AIC                = 1563.37037
      SBC                = 1569.71134
      Number of Residuals=        176
```

```
Estimation of Sunspot Data
                         ARIMA Procedure
                  Autocorrelation Check of Residuals
    To   Chi                     Autocorrelations
   Lag  Square DF   Prob
     6  152.52  5  0.000  0.525  0.102 -0.245 -0.388 -0.454 -0.371
    12  237.36 11  0.000 -0.221  0.049  0.268  0.364  0.372  0.233
    18  262.01 17  0.000  0.014 -0.136 -0.192 -0.202 -0.120 -0.123
    24  287.34 23  0.000 -0.068 -0.008  0.079  0.207  0.217  0.152
    30  310.76 29  0.000  0.035 -0.111 -0.183 -0.129 -0.147 -0.159
```

이 모형의 잔차들이 백색잡음과정을 따른다는 가정에 대해서 유의하지 않아 이 모형은 적합하다고 할 수 없다.

그리고 각 모형에 대한 식별통계량인 AIC와 BIC를 비교하면 다음과 같다.

| 모형 | | AR(2) | AR(1) | AR(1) |
|---|---|---|---|---|
| 추정방법 | | 조건부최소제곱 | 비조건부최소제곱 | 최우법 |
| 식 별 | AIC | 1471.77 | 1563.38 | 1563.37 |
| 통계량 | BIC | 1481.28 | 1569.72 | 1569.71 |

AIC와 BIC가 가장 작은 값을 갖는 모형은 AR(2)모형으로 이 모형이 적합하다고 할 수 있다.

■

**예제 10-14**

스라소니(Lynx)에 대한 시계열 자료가 AR(2)과정으로 식별되었다. 따라서 모형의 모수를 추정하기 위하여 조건부최소제곱추정법을 이용하여 SAS프로그램을 수행한 결과가 그림 10.9이다. 그림10.9에서 시계열의 평균의 추정값은 1523.5으로 통계적으로 유의하며($t$값 = 8.03) 자기회귀모수의 추정값도 1.0778($t$값 = 13.48)과 -0.5431($t$값 = -6.78)으로 각각 통계적으로 유의함을 보이고 있다. 따라서 추정된 모형은 다음과 같다.

$$y_t = 708.986 + 1.078 y_{t-1} - 0.543 y_{t-2} + \epsilon_t$$

위의 잠정모형에 대해서 잔차들이 백색잡음과정을 따른다는 가정에 대한 검정통계량인 카이제곱값을 보면 2.87로 $\chi^2_{0.05}(df=3) = 9.488$보다 작기 때문에 잠정모형이 적합이 잘되고 있음을 보여주고 있다.

풀이

```
libname lynxdata 'a:\data' ;
data lynx3 ;
     set lynxdata.lynx_n ;
run ;

title1 'Estimation of Lynx Data by using CLSE' ;
proc arima data=lynx3 ;
    identify var=lynx noprint ;
    estimate p=2 ;
    estimate p=1 method=ULS ;
    estimate p=1 method=ML ;
run ;
```

<그림 10.6> 스라소니의 추정(SAS program 및 output)

```
              Estimation of Lynx Data by using CLSE
                         ARIMA Procedure
               Conditional Least Squares Estimation

                                    Approx.
          Parameter    Estimate    Std Error    T Ratio  Lag
          MU             1523.5    189.83092       8.03    0
          AR1,1         1.07776      0.07997      13.48    1
          AR1,2        -0.54313      0.08015      -6.78    2

              Estimation of Lynx Data by using CLSE
                         ARIMA Procedure
          Constant Estimate  = 708.986904
          Variance  Estimate = 926327.324
          Std Error Estimate = 962.458999
          AIC                = 1925.87628*
          SBC                = 1934.13706*
          Number of Residuals=        116
          * Does not include log determinant.

              Estimation of Lynx Data by using CLSE
                         ARIMA Procedure
                   Correlations of the Estimates

          Parameter            MU        AR1,1        AR1,2
          MU                1.000       -0.006       -0.002
          AR1,1            -0.006        1.000       -0.702
          AR1,2            -0.002       -0.702        1.000

              Estimation of Lynx Data by using CLSE
                         ARIMA Procedure
                 Autocorrelation Check of Residuals

  To   Chi                          Autocorrelations
 Lag  Square DF   Prob
   6    2.87  4  0.580 -0.038 -0.088  0.053 -0.042 -0.081 -0.057
  12   16.02 10  0.099 -0.164  0.030  0.230  0.150  0.001  0.002
  18   28.52 16  0.027 -0.113 -0.108 -0.074 -0.128 -0.164  0.134
  24   35.02 22  0.039  0.084  0.115  0.065 -0.094 -0.083 -0.069

              Estimation of Lynx Data by using CLSE
                         ARIMA Procedure

 Model for variable LYNX
 Estimated Mean = 1523.48582
 Autoregressive Factors
 Factor 1: 1 - 1.0778 B**(1) + 0.54313 B**(2)
```

그리고 비조건부 최소제곱법을 이용하여 추정된 모형은 다음과 같다.

$$y_t = 455.48 + 0.7y_{t-1}$$

```
                Estimation of Lynx Data by using CLSE

                         ARIMA Procedure

                Unconditional Least Squares Estimation

                                      Approx.
        Parameter    Estimate      Std Error    T Ratio  Lag
        MU             1524.6      345.57838       4.41    0
        AR1,1         0.70125        0.06691      10.48    1

        Constant Estimate  = 455.477158

        Variance  Estimate = 1284604.75
        Std Error Estimate = 1133.40405
        AIC                = 1963.50463
        SBC                = 1969.01181
        Number of Residuals=        116
```

```
                Estimation of Lynx Data by using CLSE

                         ARIMA Procedure

                Autocorrelation Check of Residuals

 To     Chi                          Autocorrelations
Lag  Square DF   Prob
  6   57.08  5  0.000  0.370 -0.087 -0.239 -0.310 -0.314 -0.269
 12  113.30 11  0.000 -0.170  0.149  0.440  0.405  0.164 -0.049
 18  153.01 17  0.000 -0.221 -0.264 -0.247 -0.241 -0.112  0.207
 24  204.78 23  0.000  0.340  0.336  0.135 -0.115 -0.215 -0.232

                Estimation of Lynx Data by using CLSE

                         ARIMA Procedure

  Model for variable LYNX

  Estimated Mean = 1524.60251

  Autoregressive Factors
  Factor  1: 1 - 0.70125 B**(1)
```

이 모형에 대해서 잔차들이 백색잡음과정을 따른다는 가정에 대한 검정통계량인 $\chi^2$값이 커져 귀무가설을 기각하게 된다. 따라서 이 모형을 적합하다고 할 수 없다. 또한 최우추정법을 이용하여 추정된 모형은 다음과 같다.

$$y_t = 464.71 + 0.69y_{t-1}$$

```
Estimation of Lynx Data by using CLSE

                        ARIMA Procedure

                  Maximum Likelihood Estimation

                                     Approx.
          Parameter    Estimate     Std Error    T Ratio  Lag
          MU             1524.9     338.00161       4.51    0
          AR1,1         0.69524       0.06673      10.42    1

          Constant Estimate    = 464.713745

          Variance  Estimate = 1284694.26
          Std Error Estimate = 1133.44354
          AIC                = 1963.49635
          SBC                = 1969.00353
          Number of Residuals=        116
```

```
Estimation of Lynx Data by using CLSE

                        ARIMA Procedure

                Autocorrelation Check of Residuals

    To    Chi                     Autocorrelations
   Lag   Square DF   Prob
     6    57.51  5  0.000   0.373 -0.085 -0.239 -0.311 -0.315 -0.270
    12   113.95 11  0.000  -0.170  0.150  0.441  0.406  0.166 -0.048
    18   154.00 17  0.000  -0.221 -0.265 -0.249 -0.242 -0.112  0.207
    24   206.04 23  0.000   0.340  0.337  0.136 -0.115 -0.216 -0.234
```

이 모형의 잔차들이 백색잡음과정을 따른다는 가정에 대해서 유의하지 않아 이 모형은 적합하다고 할 수 없다.
그리고 각 모형에 대한 식별통계량 AIC와 BIC를 비교하면 다음과 같다.

| 모형 | | AR(2) | AR(1) | AR(1) |
|---|---|---|---|---|
| 추정방법 | | 조건부최소제곱 | 비조건부최소제곱 | 최우법 |
| 식 별 통계량 | AIC | 1925.8 | 1963.5 | 1963.5 |
| | BIC | 1934.1 | 1969.0 | 1969.0 |

AIC와 BIC가 가장 작은 값을 갖는 모형은 AR(2)모형으로 이 모형이 적합하다고 할 수 있다.

# 연습문제

1. 다음의 ARMA(1,1)모형오로 부터 100개의 관측값을 이용하여 다음과 같은추정값 $\widehat{\sigma_y^2}=10$, $\widehat{\rho_1}=0.523$, $\widehat{\sigma_2}=0.418$을 얻었다. $\varnothing_1, \theta_1$과 $\widehat{\sigma_a^2}$에 대한 초기추정값을 구하시오

$$y_t - \varnothing_1 y_{t-1} = a_t - \theta_1 a_{t-1}$$

2. 다음의 AR(2)모형으로부터 100개의 관측값을 이용하여 다음과 같은 표본자기상관함수($\widehat{\rho_1}=0.8, \widehat{\rho_2}=0.5, \widehat{\rho_3}=0.4$)을 얻었다. $\varnothing_1$과 $\varnothing_2$를 추정하시오

$$y_t = \varnothing_1 y_{t-1} + \varnothing_2 y_{t-2} + a_t$$

3. 관측값(2.2, 4.5, 2.5, 1.1, 3.0, 2.1, 1.0)을 이용하여 $\theta_1 = -0.5$ 와 $\theta_2 = 0.2$를 갖는 MA(2)과정에 대한 조건부제곱합 $S(\theta_1, \theta_2)$를 계산하시오

4. 관측값(6, 2, 4, 5, 3, 4, 2, 1)을 이용하여 ARMA(1,1)모형에 대한 조건부제곱합 $S(\varnothing_1, \varnothing_2)$를 어떻게 계산하는지의 과정을 예를들어 설명하시오

5. $\theta = 4$를 갖는 MA(1)모형으로부터 다음과같은 관측값을 얻었다고 하자.

| $t$ | $y_t$ | $W_t = (1-B)y_t$ |
|---|---|---|
| 0 | 59 | |
| 1 | 62 | 3 |
| 2 | 58 | −4 |
| 3 | 63 | 5 |
| 4 | 79 | 16 |
| 5 | 90 | 11 |
| 6 | 88 | −2 |

① 조건부제곱합을 계산하시오 ($a_0 = 0$)

② 본문 <표 9.2>에서 보는 바와 같이 역예측방법을 이용함으로써 비조건부제곱합을 계산하시오

**6.** $(1-\phi B)y_t = (1-\theta B)a_t$ 모형을 갖고 다음의 자료를 이용하여 $\phi = 0.4$와 $\theta = 0.8$에 대한 비조건부제곱합을 계산하시오.

| $t$ | 1 | 2 | 3 | 4 | 5 | 6 | 7 | 8 | 9 | 10 | 11 | 12 |
|---|---|---|---|---|---|---|---|---|---|---|---|---|
| $y_t$ | −3.1 | −0.8 | 1.2 | 0.6 | 2.8 | −0.9 | 0.3 | −1.4 | −2.5 | −1.1 | 0.9 | 1.4 |

**7.** 다음의 AR(1)모형에 대해서 물음에 답하시오

$$(1-\phi B)(y_t-\mu) = a_t$$

① $\mu = 0$에 대해서 $\theta$에 대한 최우추정량을 구하고 이의 분산값도 구하시오

② $\mu \neq 0$일때 $\phi$와 $\mu$에 대한 최우추정량을 구하시오.

③ 위의 모형에서 $\phi$에 대한 최소제곱추정량과 최우추정량간의 관계를 설명하시오.

제 11 장

# 예측

## 11.1 서 론

시계열분석에서 가장 중요한 목적중의 하나는 미래의 값을 예측하는 것이다. 즉 관측된 시계열 자료 $y_1$, $y_2$, $\cdots$ ,$y_n$을 가지고 미래의 한 시점의 값 $y_{n+l}$을 예측하는 것이다. 지금까지는 관측된 자료에 대한 모형의 식별, 모수의 추정, 그리고 검진의 삼단계를 반복하면서 최종적인 모형을 확립하는 방법을 설명하였고 여기에서는 최종적으로 확정하여 추정된 모형을 사용하여 미래의 시점(n+l)에 대한 값을 예측하는 방법을 설명하기로 한다.

다음과 같은 일반적인 ARIMA$(p,d,q)$모형을 생각하기로 하자.

$$\phi(B)(1-B)^d y_t = \theta(B)a_t \tag{11.1}$$

여기서$\phi(B)=(1-\phi_1 B-\cdots-\phi_p B^p)$, $\theta(B)=(1-\theta_1 B-\cdots-\theta_q B^q)$이며 $a_t$는 『가우시안』(Gaussian) $N(0,\sigma_a^2)$백색잡음과정이다. 결정적 추세모수 $\theta_0$는 간단하게 설명하기 위하여 생략하기로 한다. 식 (11.1)은 예측에 있어서 가장 보편적으로 사용되는 모형들 중의 하나이다. 이제 $d=0$와 $d\neq 0$인 경우에 대한 모형의 최소평균제곱오차예측(minimum mean square error forecast)을 설명하기로 한다.

# 11.2 최소평균제곱오차예측

## 11.2.1 ARMA모형인 경우($d=0$)

시계열자료의 선형예측값 중에서 평균제곱오차(mean square error)를 최소로 하는 예측을 최소평균제곱오차예측(minimum mean square error forecast)이라고 한다. 이러한 평균제곱오차를 최소로 하는 예측은 $x$에 대한 $y$의 조건부 기대값 $E(y|x)$를 통해 이루어 진다. 이와 같은 내용을 시계열모형에 적용하면 현재 시점을 t라고 할 때, t시점 이전의 관측값($y_t$, $y_{t-1}$, $\cdots$)을 $x$로 하여 $l$시차 이후의 미래 시계열 $y_{t+l}$을 예측 한다면 $y_{t+l}$의 최소평균제곱오차 예측값은

$$y_t(l) = E(y_{t+l} \mid y_t,\ y_{t-1},\ \cdots\ )$$

이며 이 예측을 시점 t로부터 전방 $l$단계 예측 ($l$-step ahead forecast)이라고 한다. 또한 실제 관측값과 예측값의 차이를 예측오차라 하며 $l$시점에서의 예측오차는

$$e_t(l) = y_{t+l} - \widehat{y_t}(l)$$

이고 예측 오차가 작을수록 예측이 잘 이루어졌다고 할 수 있다.이러한 최소평균제곱오차예측을 유도하기 위하여 $d=0$일 때 즉 다음 식과 같은 정상적인 ARMA모형인 경우를 생각하기로 한다.

$$\phi(B)y_t = \theta(B)a_t \tag{11.2}$$

이 모형이 정상적이기 때문에 우리는 이것을 이동평균으로 나타내면 다음과 같다.

$$\begin{aligned} y_t &= \psi(B)a_t \\ &= a_t + \psi_1 a_{t-1} + \psi_2 a_{t-2} + \cdots \end{aligned} \tag{11.3}$$

여기서 가중값 $\psi(B)$는

$$\psi(B) = 1 + \psi_1 B + \psi_2 B^2 + \cdots \tag{11.4}$$

$$= \sum_{j=0}^{\infty} \psi_j B^j = \frac{\theta(B)}{\phi(B)}$$

이다. 그리고 $\psi_0 = 1$이다. $t = n+l$에 대해서 $y_{n+l}$은

$$y_{n+l} = \sum_{j=0}^{\infty} \psi_j a_{n+l-j} \tag{11.5}$$

이다. 현재시점을 $n$이라 할 때 $t=n$이라면 우리는 관측값 $y_n$, $y_{n-1}$, $y_{n-2}$, $\cdots$을 갖게 된다.

이제 우리는 관측값들 $y_n$, $y_{n-1}$, $y_{n-2}$, $\cdots$의 선형결합으로서 전방 $l$단계($l$-step ahead)인 미래값 $y_{n+l}$를 예측하고자 한다. $t=n,\ n-1, n-2,\ \cdots$에 대한 $y_t$는 식 (11.2)의 형태로서 쓸 수 있으므로, 미래값 $y_{n+l}$의 최소평균제곱오차예측$\hat{y}_n(l)$은 다음과 같은 $a_n$, $a_{n-1}$, $a_{n-2}$, $\cdots$의 선형결합으로 나타낼 수 있다.

$$\hat{y}_n(l)=\psi_l^* a_n+\psi_{l+1}^* a_{n-1}+\psi_{l+2}^* a_{n-2}+\cdots \tag{11.6}$$

여기서 $\psi_j^*$는 결정되어 있어야 한다. 따라서 예측값의 평균제곱오차는 다음과 같이 된다.

$$E[y_{n+l}-y_{n+l}(l)]^2=\sigma_a^2\sum_{j=0}^{l-1}\psi_j^2+\ \sigma_a^2\sum_{j=0}^{\infty}\left[\psi_{l+j}-\psi_{l+j}^*\right]^2 \tag{11.7}$$

여기서 $\psi_{l+j}^*=\psi_{l+j}$일 때 식 (11.7)은 최소가 된다. 그러므로 $y_{n+l}$의 최소평균제곱오차예측은 다음과 같다.

$$\hat{y}_n(l)=\psi_l a_n+\psi_{l+1}a_{n-1}+\psi_{l+2}a_{n-2}+\cdots$$

그러나 식 (11.5)와 다음 식이 성립된다는 사실을 이용하므로써,

$$E(a_{n+j}\mid y_n,\ y_{n-l},\ \cdots\ )=\begin{cases}0 & j>0\\ a_{n+j} & j\le 0\end{cases}$$

다음 식이 성립된다.

$$E(y_{n+l}\mid y_n,\ y_{n-1},\ \cdots\ )=\psi_l a_n+\psi_{l+1}a_{n-1}+\psi_{l+2}a_{n-2}+\cdots$$

따라서 $y_{n+l}$의 최소평균제곱오차예측은 이것의 조건부기대값에 주어진다. 즉

$$\hat{y}_n(l)=E(y_{n+l}\mid y_n,\ y_{n-1},\ \cdots\ ) \tag{11.8}$$

$\hat{y}_n(l)$을 예측원점(=현재 시점) $n$에 대한 $\hat{y}_{n+l}$의 전방 l단계예측값이라 한다.

예측오차는 실제 관측값과 예측값의 차이를 말하며 $l$시점에서의 예측오차는

$$e_n(l) = y_{n+l} - \hat{y}_n(l) \tag{11.9}$$
$$= \psi_0 a_{n+l} + \psi_1 a_{n+l-1} + \psi_2 a_{n+l-2} + \cdots$$
$$= \sum_{j=0}^{l-1} \psi_j a_{n+l-j}$$

와 같다. 즉 식 (11.9)에서 $n+l$시점의 예측오차는 관측될 수 없는 미래의 백색잡음들의 선형결합으로 나타난다.

그리고 $E[e_n(l) \mid y_t,\ t \le n] = 0$이기 때문에 예측오차의 분산 $Var[\hat{y}_n(l)]$은

$$Var[\hat{y}_n(l)] = Var[e_n(l)] = \sigma_a^2 \sum_{j=0}^{l-1} \psi_j^2 \tag{11.10}$$

이다. 정규확률과정에 대해서 $(1-\alpha)100\%$ 예측한계는 다음 식과 같이 된다.

$$\hat{y}_n(l) \pm N_{\frac{\alpha}{2}} \left[ 1 + \sum_{j=1}^{l-1} \psi_j^2 \right]^{\frac{1}{2}} \sigma_a \tag{11.11}$$

여기서 $N_{\frac{\alpha}{2}}$는 $P(N > N_{\frac{\alpha}{2}} = \frac{\alpha}{2}$인 표준 정규편차이다.

**예제 11-1**

AR(1)과정에 대한 예측 AR(1)모형이 다음과 같다고 하자.

$$y_t - \mu = \varnothing(y_{t-1} - \mu) + a_t$$

과거의 관측값 $y_n,\ y_{n-1},\ \cdots$ 이 주어졌다고 하고 미래계열 $y_{n+l}$을 예측하고자 한다. 즉, $l=1$에 대해서

$$\hat{y}_n(1) = E(y_{n+1} \mid y_n,\ y_{n-1},\ \cdots\ )$$
$$= E\{[\mu + \varnothing(y_n - \mu) + a_{n+1}] \mid y_n,\ y_{n-1},\ \cdots\ \} = \mu + \varnothing(y_n - \mu)$$

그리고, $E(y_n \mid y_n,\ y_{n-1},\ \cdots) = y_n,\ E(a_{n+1} \mid y_n,\ y_{n-1},\ \cdots) = 0$이다.

또한 $l=2$에 대해서는 다음과 같다.

$$\hat{y}_n(2) = E(y_{n+2} \mid y_n,\ y_{n-1},\ \cdots\ )$$
$$= E\{[\mu + \varnothing(y_{n+1} - \mu) + a_{n+2}] \mid y_n,\ y_{n-1},\ \cdots\ \}$$
$$= \mu + \varnothing[y_n(1) - \mu] = \mu + \varnothing^2[y_n - \mu]$$

전방 $l$ 단계예측은 다음과 같이 쓸 수 있다.

$$\hat{y}_n(l) = E(y_{n+l} \mid y_n, y_{n-1}, \cdots)$$
$$= E\{[\mu + \phi(y_{n+l-1} - \mu) + a_{n+l}] \mid y_n, y_{n-1}, \cdots\}$$
$$= \mu + \phi[y_n(l-1) - \mu] = \cdots = \mu + \phi^l[y_n - \mu]$$

이것은 정상확률과정($|\phi| < 1$)과 시차가 큰 $l$에 대해서 미래의 관측값에 대해 최적 예측은 결국 과정의 평균임을 의미한다. 위의 예측에 대응한 예측오차는 다음과 같다.

$$e_n(1) = y_{n+1} - \hat{y}_n(1) = \mu + \phi(y_n - \mu) + a_{n+1} - [\mu + \phi(y - \mu)] = a_{n+l}$$

$$e_n(2) = y_{n+2} - \hat{y}_n(2) = \mu + \phi(y_{n+1} - \mu) + a_{n+2} - [\mu + \phi^2(y_n - \mu)]$$
$$= a_{n+2} + \phi[(y_{n+1} - \mu) - \phi(y_n - \mu)] = a_{n+2} + \phi a_{n+1}$$

유사하게 미래의 시점 l에 대한 예측오차의 분산은 다음과 같다.

$$e_n(l) = a_{n+l} + \phi a_{n+l-1} + \cdots + \phi^{l-1} a_{n+1}$$

$$Var[e_n(l)] = \sigma^2(1 + \phi^2 + \cdots + \phi^{2(l-1)})$$
$$= \sigma^2 \frac{1 - \phi^{2l}}{1 - \phi^2}$$

**예제 11-2**

이제 수치를 이용하여 예를 들기로 한다. AR(1)모형의 모수의 추정값인 $\hat{\mu} = 0.97, \hat{\phi} = 0.85, \hat{\sigma}^2 = 0.024$와 현시점($n = 156$)의 시계열 관측값을 $0.49 (= y_{156})$라고 하자. 그러면 예측값은 다음과 같이 된다.

$$\hat{y}_n(l) = \mu + \phi^l(y_t - \mu)$$

$$\hat{y}_{156}(1) = 0.97 + 0.85(0.49 - 0.97) = 0.56$$

$$\hat{y}_{156}(2) = 0.97 + 0.85^2(0.49 - 0.97) = 0.62$$

$$\hat{y}_{156}(3) = 0.97 + 0.85^3(0.49 - 0.97) = 0.68$$

또한 이들의 분산값은 다음과 같다.

$$\widehat{Var}[e_n(l)] = \hat{\sigma}^2 \frac{1-\hat{\varnothing}^{2l}}{1-\hat{\varnothing}^2}$$

$$\widehat{Var}[e_{156}(1)] = 0.024$$

$$\widehat{Var}[e_{156}(2)] = 0.024\frac{1-.85^4}{1-.85^2} = 0.041$$

$$\widehat{Var}[e_{156}(3)] = 0.024\frac{1-.85^6}{1-.85^2} = 0.054$$

**예제 11-3**

건축허가면적에 대한 시계열모형(자료명 : exm8-2.sav)을 식별한 결과 AR(1)과정으로 추정되었다. 이 모형을 이용하여 2000년 1월부터 12월까지의 예측값, 예측구간의 95% 신뢰한계을 구하시오

**풀이** 추정된 모형($y_t = 8663.9 + 0.46y_{t-1}$)을 이용하여 95% 신뢰구간 조건하에서 예측기간 2000년 12월까지 12개월이다. 예측방법을 비조건부 최소제곱추정법을 이용하여 예측된 결과는 다음과 같다.

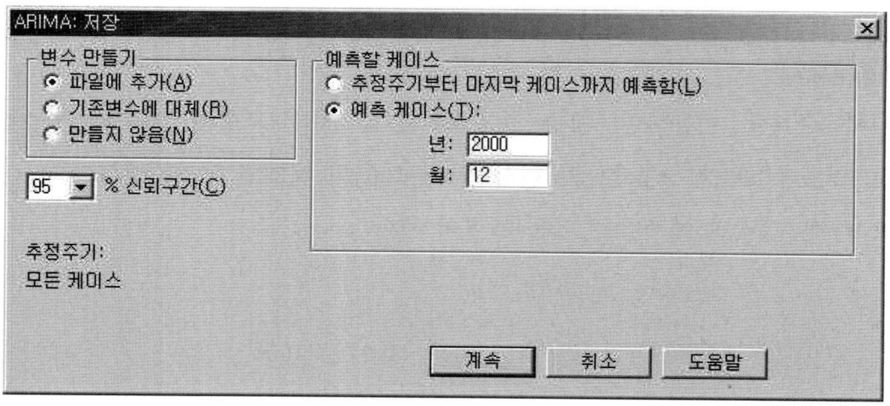

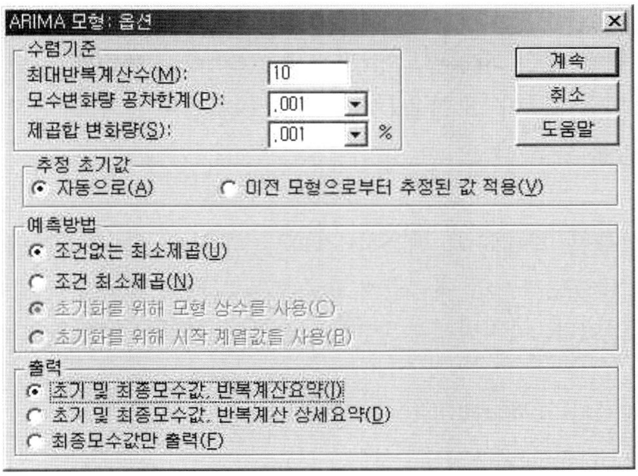


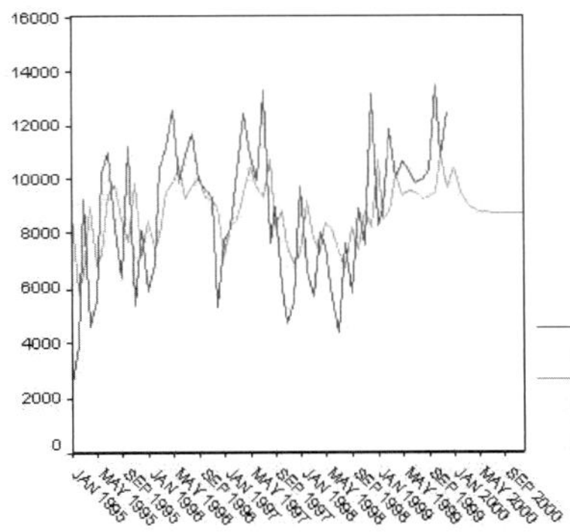


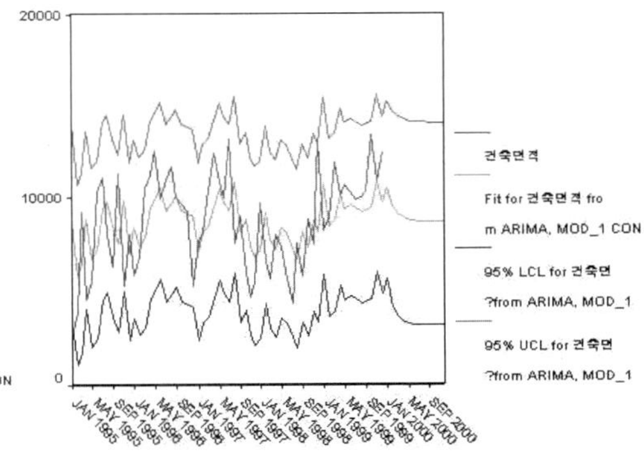


| | 예측값 | 상한값 | 하한값 |
|---|---|---|---|
| 2000.01 | 10439.78 | 15239.00 | 5640.55 |
| 2000.02 | 9480.27 | 14794.19 | 4166.34 |
| 2000.03 | 9039.18 | 14469.93 | 3608.43 |
| 2000.04 | 8836.41 | 14298.06 | 3374.75 |
| 2000.05 | 8743.19 | 14214.36 | 3272.02 |
| 2000.06 | 8700.34 | 14174.89 | 3225.79 |
| 2000.07 | 8680.64 | 14156.54 | 3204.74 |
| 2000.08 | 8671.58 | 14148.06 | 3195.11 |
| 2000.09 | 8667.42 | 14144.15 | 3190.69 |
| 2000.10 | 8665.51 | 14142.35 | 3188.66 |
| 2000.11 | 8664.63 | 14141.53 | 3187.73 |
| 2000.12 | 8664.22 | 14141.15 | 3187.30 |

**예제 11-4**

태양의 흑점수에 대한 시계열모형(자료명 : exm9-3.sav)을 식별한 결과 AR(2) 과정으로 추정되었다. 이 모형을 이용하여 1925년부터 1937년까지의 예측값과 95% 예측한계값을 구하시오.

**풀이** SAS 프로그램을 작성하여 예측한 결과는 다음과 같다. 예측결과의 중간부분은 1925년부터 1937년까지의 예측값과 표준오차 그리고 예측값에 대한 95%의 신뢰한계를 구한 것이다. 마지막부분은 이 값들의 시계열 산포도를 그린 것이다.

```
libname sundata 'a:₩data' ;
data sundata4 ;
   set sundata.sunspots ;
run ;

title1 'Forecasting of Sunspot Data' ;
proc arima data=sundata4 ;
    identify var=sunspot center noprint ;
    estimate p=2 ;
    forecast id=year lead=12 out=sunouta ;
run ;

proc plot data=sunouta (firstobs=176) ;
    plot forecast*year='F' sunspot*year='*' L95*year='L' U95*year='U'
         / vpos=22 overlay ;
run ;
```

```
                    Forecasting of Sunspot Data

                         ARIMA Procedure

              Conditional Least Squares Estimation

                                     Approx.
          Parameter    Estimate     Std Error    T Ratio  Lag
          MU            1.79951      3.68201       0.49    0
          AR1,1         1.33321      0.05819      22.91    1
          AR1,2        -0.64703      0.05837     -11.08    2
                    Forecasting of Sunspot Data
                         ARIMA Procedure

          Constant Estimate  = 0.56472586

          Variance  Estimate =  246.54753
          Std Error Estimate = 15.7018321
          AIC                = 1471.77014*
          SBC                =  1481.2816*
          Number of Residuals=        176
          * Does not include log determinant.
```

```
                    Forecasting of Sunspot Data
                        ARIMA Procedure

                   Correlations of the Estimates

        Parameter              MU         AR1,1        AR1,2

        MU                  1.000         0.043       -0.012
        AR1,1               0.043         1.000       -0.809
        AR1,2              -0.012        -0.809        1.000

                    Forecasting of Sunspot Data
                        ARIMA Procedure

                 Autocorrelation Check of Residuals

  To     Chi                      Autocorrelations
 Lag   Square DF    Prob
   6     3.15  4   0.532 -0.063  0.048 -0.028  0.089 -0.033  0.037
  12    18.24 10   0.051 -0.083  0.089  0.124  0.082  0.159  0.133
  18    22.24 16   0.136 -0.016 -0.023  0.005 -0.091  0.072 -0.077
  24    25.24 22   0.286 -0.016 -0.020 -0.062  0.095  0.035  0.004
  30    38.06 28   0.097  0.015 -0.104 -0.169  0.042 -0.045 -0.132
```

```
                    Forecasting of Sunspot Data
                        ARIMA Procedure

     Model for variable SUNSPOT

     Data have been centered by subtracting the value 44.764772727.
     Estimated Mean =   1.7995134

     Autoregressive Factors
     Factor  1:  1 - 1.3332 B**(1) + 0.64703 B**(2)

                    Forecasting of Sunspot Data
                        ARIMA Procedure

     Model for variable SUNSPOT

     Data have been centered by subtracting the value 44.764772727.
     Estimated Mean =   1.7995134

     Autoregressive Factors
     Factor  1:  1 - 1.3332 B**(1) + 0.64703 B**(2)

                    Forecasting of Sunspot Data
                        ARIMA Procedure

  Forecasts for variable SUNSPOT

   Obs     Forecast  Std Error     Lower 95%    Upper 95%
   177      33.1247    15.7018        2.3497      63.8997
   178      47.9696    26.1682       -3.3189      99.2582
   179      57.1337    31.6200       -4.8401     119.1076
   180      59.7463    33.1997       -5.3238     124.8163
   181      57.2999    33.2602       -7.8889     122.4886
   182      52.3479    33.4849      -13.2812     117.9771
   183      47.3288    34.1026      -19.5108     114.1685
   184      43.8414    34.6453      -24.0620     111.7448
   185      42.4394    34.8712      -25.9068     110.7856
   186      42.8268    34.8966      -25.5693     111.2228
   187      44.2503    34.9056      -24.1632     112.6638
   188      45.8976    34.9580      -22.6187     114.4138
```

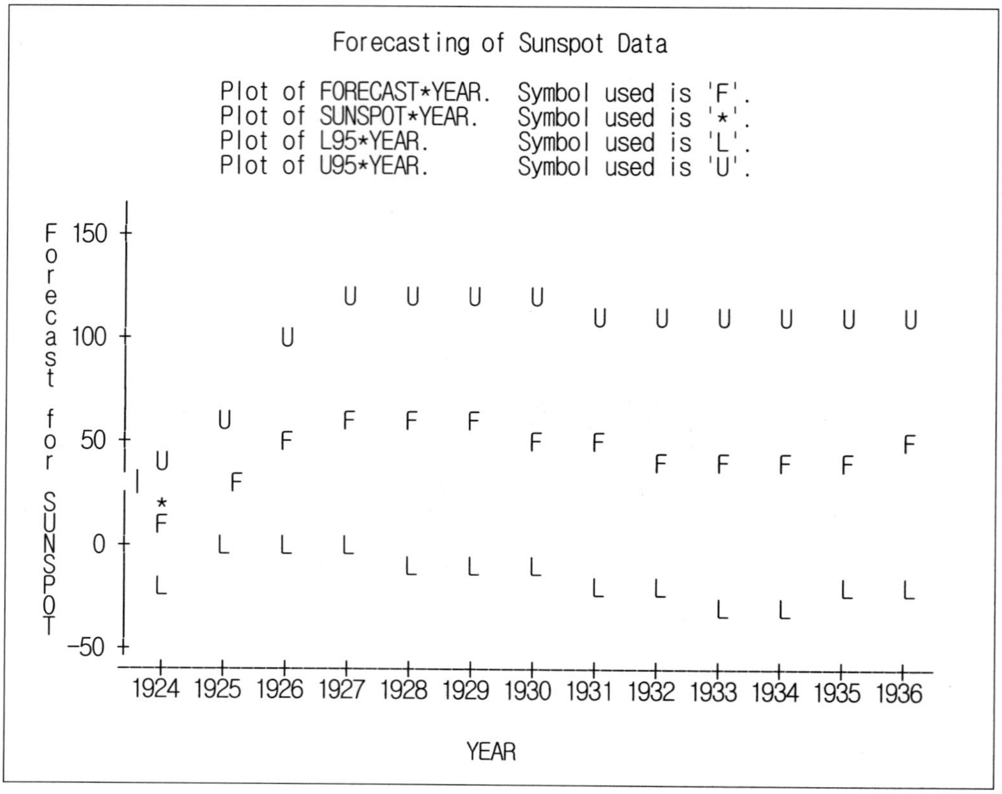


### 11.2.2 ARIMA모형인 경우($d \neq 0$)

이제 $d \neq 0$인 일반적인 비정상적인 ARIMA(p,d,q)모형을 고려하기로 한다.

$$\phi(B)(1-B)^d y_t = \theta(B)a_t \tag{11.12}$$

식 (11.12)의 일반적인 ARIMA모형에 대한 예측의 분산을 유도하기 위하여, 우리는 이 모형이 가역성이 있기 때문에 AR형태의 시점$t+l$을 갖는 모형으로 다시 쓸 수 있다. 즉

$$\pi(B)y_{t+l} = a_{t+l} \tag{11.13}$$

여기서

$$\pi(B) = 1 - \sum_{j=1}^{\infty} \pi_j B^j = \frac{\phi(B)(1-B)^d}{\theta(B)} \tag{11.14}$$

혹은

$$y_{t+l} = \sum_{j=1}^{\infty} \psi_j y_{t+l-j} + a_{t+l} \tag{11.15}$$

그런데 웨그만(Wegman, 1986)에 따르면, 연산자 $\psi_{l-1}B_{l-1} + \psi_1 B + \cdots$을 식 (11.15)에 적용하여 다음 식을 얻는다.

$$\sum_{j=0}^{\infty}\sum_{k=0}^{l-1} \psi_j \psi_k y_{t+l-j-k} + \sum_{k=0}^{l-1} \psi_k a_{t+l-k} = 0 \tag{11.16}$$

여기서 $\pi_0 = -1$이고 $\psi_0 = 1$이다. 그런데 식 (10.16)의 제1항은 다음과 같이 됨을 쉽게 알 수 있다.

$$\sum_{j=0}^{\infty}\sum_{k=0}^{l-1} \pi_j \psi_k y_{t+l-j-k} = \pi_0 y_{t+l} + \sum_{m=1}^{l-1}\sum_{i=0}^{m} \pi_{m-i}\psi_i y_{t+l-m} \tag{11.17}$$

$$+ \sum_{j=0}^{\infty}\sum_{i=0}^{l-1} \pi_{l-1+j-i}\psi_i y_{t-j+1}$$

가중값 $\psi$을 다음 식이 성립하도록 선택한다.

$$\sum_{i=0}^{m} \pi_{m-i}\psi_i = 0, \qquad m = 1, 2, \cdots, l-1 \tag{11.18}$$

우리는 $y_{t+l}$에 대해서 다음과 같이 정리된다. 즉

$$y_{t+l} = \sum_{j=1}^{\infty} \pi_j^{(l)} y_{t-j+1} + \sum_{i=0}^{l-1} \psi_i a_{t+l-i} \tag{11.19}$$

여기서

$$\pi_j^{(l)} = \sum_{i=0}^{l-1} \pi_{l-1+j-i}\psi_i \tag{11.20}$$

따라서 $t \le n$에 대해서 주어진 조건 $y_t$를 이용하면 우리는 다음 식을 얻는다.

$$\begin{aligned} \hat{y}_n(l) &= E(y_{n+l} \mid y_t, \quad t \le n) = 0 \\ &= \sum_{j=1}^{\infty} \pi_j^{(l)} y_{t-j+1} \end{aligned} \tag{11.21}$$

왜냐하면 $j > 0$에 대해서 $E(a_{n+j} \mid y_t, t \le n) = 0$이기 때문이다. 그러므로 예측오차는 다음과 같다.

$$e_n(l) = y_{n+l} - \hat{y}_n(l) \tag{11.22}$$

$$= \sum_{j=0}^{l-1} \psi_j a_{n+l-j}$$

여기서 식 (11.18)에 의해서 가중값 $\psi_j$는 다음식의 가중값 $\pi_j$로부터 반복적으로 계산되어진다. 즉

$$\psi_j = \sum_{i=0}^{j-1} \pi_{j-i} \psi_i, \quad j = 1, 2, \cdots, l-1 \tag{11.23}$$

우리가 유의해야 할 것은 식 (11.22)는 ARMA모형의 식 (11.9)와 정확하게 같다는 점이다. 그러므로 식 (11.8)에서 식 (11.11)까지의 주어진 결과는 정상적이거나 비정상적인 ARMA모형에 적용된다.

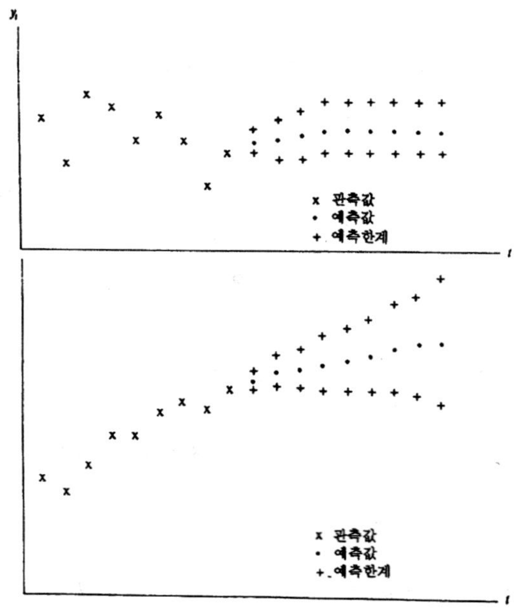


<그림 11.1> (1) 정상과정의 예측값 (2) 비정상과정의 예측값

정상과정에 대해서 $\lim_{l \to \infty} \sum_{j=0}^{l-1} \psi_j^2$은 존재한다. 그러므로 식 (11.11)의 예측한계로 부터 최종적인 예측한계들은 <그림 11.1(1)>에서 보는 바와 같이 수평적으로 평행선

을 갖게 된다. 그러나 비정상과정에 대해서 $\lim_{l\to\infty}\sum_{j=0}^{l-1}\psi_j^2$은 존재하지 않는다. 사실 $\sum_{j=0}^{l-1}\psi_j^2$은 증가하고 $l\to\infty$에 따라 무한하게 된다. 따라서 이런 경우에는 예측값은 <그림 11.1(2)>에서 보는 바와같이 선시차$l$이 커짐에 따라 보다 더 폭이 넓게 된다.

## 11.3 예측값의 계산

예측 원점 $n$에 대한 $y_{n+l}$의 최소평균제곱오차예측값은 주어진 조건부기대값의 결과를 이용함으로써 다음과 같이 주어진다.

$$\hat{y}_n(l)=E(y_{n+l}\mid y_n,y_{n-1},\cdots)$$

우리는 모형의 차분방정식을 이용함으로써 쉽게 구할 수 있다. 즉,

$$\psi(B)=\phi(B)(1-B)^d=(1-\psi_1B-\cdots-\psi_{p+d}B^{p+d})$$

식 (10.12)의 일반적인 ARIMA($p$, $d$, $q$)모형은 다음과 같은 차분방정식 형태로 쓸 수 있다.

$$(1-\psi_1B-\cdots-\psi_{p+d}B^{p+d})y_t=(1-\theta_1B-\cdots-\theta_qB^q)a_t \tag{11.24}$$

$t=n+l$에 대해서 식 (10.24)는 다음과 같이 된다.

$$\begin{aligned}y_{n+l}&=\psi_1y_{n+l-1}+\psi_2y_{n+l-2}+\cdots\psi_{p+d}\,y_{n+l-p-d}\\&\quad+a_{n+l}-\theta_1a_{n+l-1}-\cdots-\theta_qa_{n+l-q}\end{aligned} \tag{11.25}$$

따라서 원점 $n$에 대해서 조건부기대값을 취함으로써 다음 식을 구할 수 있다.

$$\begin{aligned}\hat{y}_n(l)&=\psi_1\hat{y}_n(l-1)+\cdots+\psi_{p+d}\hat{y}_{l-p-d}\\&\quad+\hat{a}_n(l)-\theta_1\hat{a}_n(l-1)-\cdots-\theta_q\hat{a}_n(l-q)\end{aligned} \tag{11.26}$$

여기서

$$\hat{y}_n(j)=E(y_{n+j}\mid y_n,\ y_{n-1},\ \cdots\ ),\qquad j\geq 1$$

$$\hat{y}_n(j)=y_{n+j}\qquad j\leqq 0$$

$$\hat{a}_n(j)=0\qquad j\geqq 1$$

$$\hat{a}_n(j)=y_{n+j}-\hat{y}_{n+j-1}(1)=a_{n+j}\qquad j\leq 0$$

**예제 11-5**

지금까지 설명한 내용에 대해서 예를 들기 위하여, 다음과 같은 ARIMA (1,0,1) 혹은 ARMA(1,1)모형에 대한 $y_{n+l}$의 전방 $l$단계 예측값 $\hat{y}_n(l)$을 생각하기로 한다. 우선 ARIMA(1,0,1)모형은

$$(1-\phi B)(y_t-\mu)=(1-\theta B)a_t \tag{1}$$

이다.

우선 차분방정식형태로 부터 조건부 기대값을 취함으로써 예측값 $\hat{y}_n(l)$를 계산한다.

$t=n+l$에 대해서 식 (1)의 모형을 다음과 같이 다시 쓸 수 있다.

$$y_{n+l}=\mu+\phi(y_{n+l-1}-\mu)+a_{n+l}-\theta a_{n+l-1}$$

그러므로

$$\hat{y}_n(1)=\mu+\phi(y_n-\mu)-\theta a_n \tag{2}$$

$$\hat{y}_n(l)=\mu+\phi[\hat{y}_n(l-1)-\mu]$$

$$=\mu+\phi^l(y_n-\mu)-\phi^{l-1}\theta a_n \qquad l\ge 2$$

다음으로 예측의 분산 $Var\left[\hat{y}_n(l)\right]=\sigma_a^2\sum_{j=0}^{l-1}\psi_j^2$을 계산한다.

$|\phi|<1$일 때 $\phi(B)=(1-\phi B)$와 $\theta(B)=(1-\theta B)$를 갖는 식 (11.3)의 이동평균모형형태로 부터 가중값 $\psi$를 계산할 수 있다. 즉

$$(1-\phi B)(1+\psi_1 B+\psi_2 B^2+\cdots)=(1-\theta B) \tag{3}$$

식 (3)의 양변에 $B^j$의 계수들을 등식화함으로써 다음과 같이 된다.

$$\psi_j=\phi^{j-1}(\phi-\theta), \qquad j\ge 1$$

그러므로 예측분산은

$$Var(\hat{y}_n(l))=\sigma_a^2\left\{1+\sum_{j=1}^{l-1}\left[\phi^{j-1}(\phi-\theta)\right]^2\right\} \tag{4}$$

이 되며 이것은 $\sigma_a^2\left[1+\frac{(\phi-\theta)^2}{(1-\phi^2)}\right]$에 수렴한다.

그리고 ø=1일 때 식 (1)의 모형은 다음 식과 같은 IMA(1,1)과정이 된다. 즉

$$(1-B)y_t = (1-\vartheta B)a_t \tag{5}$$

여기서 $(1-B)\mu\ =\ 0$임에 유의해야 한다. 예측분산에 필요한 가중값 $\psi$를 계산하기 위하여, MA형은 존재하지 않으므로, 우리는 시점이 $t+l$과 같을 때 식 (5)의 모형을 AR형태로 다시 쓸 수 있다. 즉

$$\pi(B)y_{t+l} = a_{t+l}$$

여기서

$$\pi(B) = 1 - \pi_1 B - \pi_2 B^2 - \cdots = \frac{(1-B)}{(1-\theta B)}$$

혹은

$$(1-B) = 1-(\pi_1+\theta)B-(\pi_2-\pi_1\theta)B^2-(\pi_3-\pi_2\theta)B^3-\cdots$$

양변에 $B^j$의 계수들을 등식화함으로써 다음과 같이 된다.

$$\pi_j = (1-\theta)\theta^{j-1}, \qquad j \geq 1$$

이제 식 (11.23)을 적용함으로써 다음 식을 구할 수 있다.

$$\begin{aligned}
&\psi_1 = \pi_1 = (1-\theta) \\
&\psi_2 = \pi_2 + \pi_1\psi_1 = (1-\theta)\theta + (1-\theta)^2 = (1-\theta) \\
&\vdots
\end{aligned}$$

즉, 우리는 $\psi_j = (1-\theta),\ 1 \leq j \leq l-1$을 갖는다. 따라서 식 (10.10)으로 부터 $\hat{y}_n(l)$의 분산은

$$Var(\hat{y}_n(l)) = \sigma_a^2[1+(l-1)(1-\theta)^2] \tag{6}$$

이 되며 $l\rightarrow\infty$ 일 때 분산은 $+\infty$에 접근하게 된다.

기대한 바와 같이 식 (6)은 ø→1일 때 식 (4)의 극한적인 경우가 된다. 따라서 ø가 1에 접근할 때 정상적ARMA(1,1)모형과 비정상IMA(1,1)모형중의 선택은 예측을 함에 있어서 매우 다른 의미를 갖게 된다. 이것은 식 (2)의 전방$l$단계예측 $\hat{y}_n(l)$의 극한적 형태로 부터 보다 분명하게 볼 수 있다. ∣ø∣ < 1에 대해서 $\hat{y}_n(l)$은 $l\rightarrow\infty$ 임에 따라 과정의 평균$\mu$에 접근한다. 그리고 ø→1일 때 식 (2)의 첫번째 방정식은 모든 $l$에 대해서 $\hat{y}_n(l) = \hat{y}_n(l-1)$임을 의미한다. 즉 예측값들은 고정된 수준의 주위에 집락(clustered)되어 남지 않고 자유롭게 벗어나게 된다.

**예제 11-6**

한국 종합주가지수에 대한 시계열모형(자료명 exm9-5.sav)을 식별한 결과 ARIMA(1,1,0) 과정으로 추정되었다. 이 모형을 이용하여 1990년 12우러부터 1991년 11월까지의 예측값과 95%예측한계값을 구하시오.

**풀이** SAS프로그램을 작성하여 예측한 결과는 다음과 같다. 이 SAS프로그램의 첫 번째 DATA step은 시계열 자료 stock의 분산이질성을 제거하기 위해서 이 시계열 자료를 대수변환한 시계열 자료 LNSTOCK을 얻기위한 것이다. PROC ARIMA는 이 LNSTOCK의 예측값을 얻기 위한것이고 두번째 DATA step은 이 예측값을 지수변환해서 STOCK의 예측값과 예측구간의 95% 예측한계를 구하기 위한 것이다.

```
LIBNAME TSA2DATA 'A:₩TSA2DATA';
TITLE1 'FORECASTING OF STOCK';
TITLE3 'STEP 1. LOG TRANSFORMATION';
DATA EXAM124;
     SET TSA2DATA.STOCK;
     LNSTOCK=LOG(STOCK);
     RUN;
TITLE3 'STEP 2. FORECASTING LNSTOCK';
PROC ARIMA DATA=EXAM124;
     IDENTIFY VAR=LNSTOCK(1) NOPRINT;
     ESTIMATE P=1 NOPRINT;
     FORECAST ID=NALJA INTERVAL=MONTH
              LEAD=12 OUT=EXAM124B;
     RUN;
TITLE3 'STEP 3. ANTILOG TRANSFORM';
DATA EXAM124C;
     SET EXAM124B;
     Y=EXP(LNSTOCK);
     FORECAST=EXP(FORECAST+STD*STD/2);
     L95=EXP(L95);
     U95=EXP(U95);
     RUN;
TITLE3 'STEP 4. PRINT FORECASTS OF STOCK';
PROC PRINT DATA=EXAM124C(FIRSTOBS=85);
     VAR Y FORECAST L95 U95;
     RUN;
TITLE3 'STEP 5. PLOT FORECASTS OF STOCK';
PROC PLOT DATA=EXAM124C(FIRSTOBS=85);
     PLOT Y*NALJA='*' FORECAST*NALJA='F'
          L95*NALJA='L' U95*NALJA='U'
          / VPOS=22 OVERLAY;
     RUN;
```

이 SAS프로그램을 수행한 결과는 다음과 같다.
첫 번째 부분은 대수변환된 시계열 자료 LNSTOCK을 예측한 결과물이고 중간부분은 이 결과를 지수변환해서 시계열 자료 STOCK의 관측값, 예측값, 예측구간의 신뢰한계값을 구한 것이다. 그리고 마지막 부분은 이 값들의 시계열 산포도를 그린 것이다.

```
                 FORECASTING OF STOCK
              STEP 2. FORECAS-ING LNSTOCK

                    ARIMA Procedure

            Model for variable LNSTOCK
            Estimated Mean = 0 01664274
            Period(s) of Differencing = 1.

            Autoregressive Factors
            Factor 1: 1 - 0.33296 B**(1)

                    ARIMA Procedure

            Forecasts for variable LNSTOCK

        Obs     Forecast Std Error    Lower 95%    Upper 95%
     97      6.2114     0.0450       6.1232       6.2996
     98      6.2288     0.0750       6.0819       6.3758
     99      6.2457     0.0992       6.0513       6.4402
    100      6.2625     0.1195       6.0282       6.4967
    101      6.2791     0.1371       6.0104       6.5478
    102      6.2958     0.1527       5.9964       6.5952
    103      6.3124     0.1670       5.9852       6.6397
    104      6.3291     0.1801       5.9761       6.6820
    105      6.3457     0.1923       5.9688       6.7226
    106      6.3624     0.2038       5.9630       6.7618
    107      6.3790     0.2147       5.9583       6.7997
    108      6.3956     0.2250       5.9546       6.8367

           STEP 4. PRINT FORECASTS OF STOCK
   OBS       Y        FORECAST       L95          U95
    85     289.1      282.353      258.257      308.073
    86     320.5      298.151      272.707      325.309
    87     365.9      335.737      307.085      366.319
    88     368.7      387.062      354.030      422.319
    89     384.0      374.142      342.213      408.223
    90     387.3      393.978      360.356      429.865
    91     454.0      393.139      359.589      428.950
    92     484.0      484.500      443.153      528.633
    93     481.5      500.448      457.740      546.034
    94     509.4      486.529      445.009      530.846
    95     477.5      525.370      480.535      573.226
    96     489.0      473.024      432.656      516.111
```

```
 97   .   498.897   456.322   544.342
 98   .   508.586   437.846   587.444
 99   .   518.351   424.658   626.517
100   .   528.267   414.982   662.942
101   .   538.362   407.661   697.730
102   .   548.645   401.980   731.553
103   .   559.124   397.494   764.854
104   .   569.802   393.914   797.929
105   .   580.684   391.047   830.984
106   .   591.774   388.757   864.169
107   .   603.076   386.946   897.600
108   .   614.594   385.539   931.366

          STEP 5. PLOT FORECASTS OF STOCK

Plot of Y*NALJA.          Symbol used is '*'.
Plot of FORECAST*NALJA.   Symbol used is 'F'.
Plot of L95*NALJA.        Symbol used is 'L'.
Plot of U95*NALJA.        Symbol used is 'U'.
```

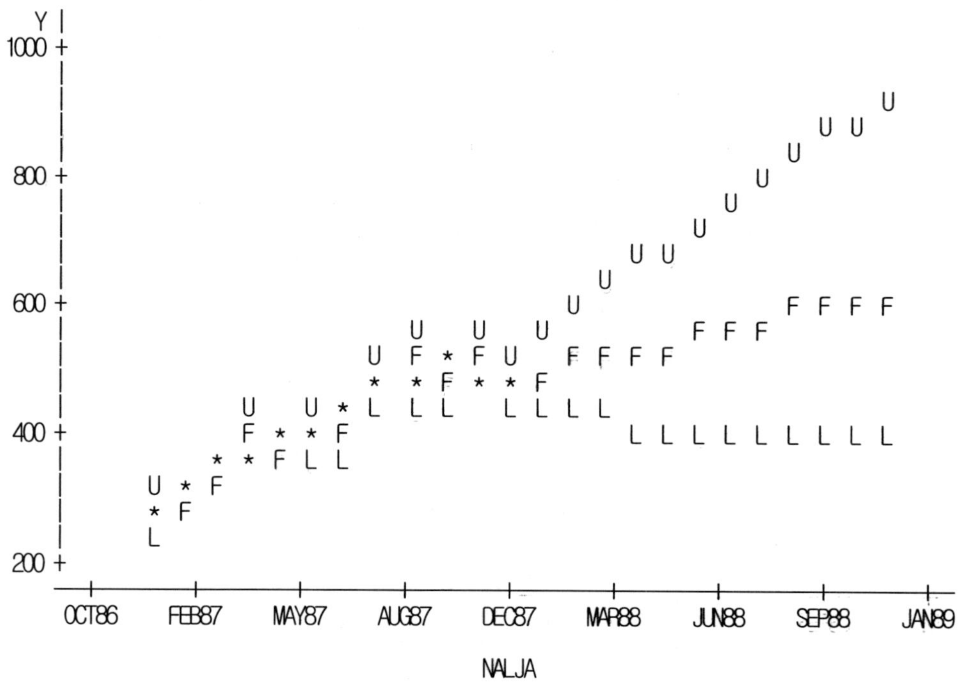


NOTE: 12 obs had missing values.  14 obs hidden.

## 11.4 최신화 예측

통계학자가 1960년부터 1990년까지의 연간 국민총생산(GNP)을 가지고 1991년부터 1995년까지의 연간 국민총생산을 예측한다고 하자. 후에 1991년의 실제 국민총생산자료가 얻어졌을 때는 이 자료를 바탕으로 1991년부터 1995년까지의 예측값을 수정하는 것은 당연한 일일 것이다. 물론 1960년부터 1991년까지의 자료를 가지고 모형 분석을 처음부터 다시 할 수도 있으나 1991년의 실제 관측값을 사용해서 먼저 예측값을 최신화(updating)하는 것이 쉬운 일일 것이다. 이와 같이 추가적 자료를 이용하여 예측값을 수정하는 것을 최신화 예측(updating forecast)이라고 한다. 여기에서는 ARIMA모형을 사용한 예측의 최신화에 대해서 설명하기로 한다.

시계열자료 $y_t$가 $t \le n$에 대해서 이용가능할 때 일반적인 ARIMA모형을 이용함으로써 예측원점 $n$에 대한 전방l단계 최소평균제곱예측오차는 다음과 같이 쓸 수 있다.

$$e_n(l) = y_{n+l} - \hat{y}_n(l) = \sum_{j=0}^{l-1} \psi_j a_{n+l-j} \tag{11.27}$$

특히 전방 1단계 예측오차는

$$e_n(1) = y_{n+1} - \hat{y}_n(1) = a_{n+1}$$

이다. 이 결과의 역도 다음과 같이 나타낼 수 있다.

$$y_n - \hat{y}_{n-1}(1) = a_n \tag{11.28}$$

식 (11.27)로 부터 다음이 성립한다.

$$e_{n-1}(l+1) = e_n(l) + \psi_l a_n$$

여기서

$$e_{n-1}(l+1) = y_{n+1} - \hat{y}_{n-1}(l+1)$$

$$e_n(l) = y_{n+l} - \hat{y}_n(l)$$

그러므로 대체한 후에 재정리하고 그리고 식 (10.28)을 이용함으로써 다음과 같은 최신화방정식을 갖을 수 있다.

$$\hat{y}_n(l) = \hat{y}_{n-1}(l+1) + \psi_l [y_n - \hat{y}_{n-1}(1)]$$

혹은

$$\hat{y}_{n+1}(l) = \hat{y}_n(l+1) + \psi_l[y_{n+1} - \hat{y}_n(1)]$$

여기서 $\{y_{n+1} - \hat{y}_n(1)\}$은 시점(n+1)에서의 실질예측오차(actual forecast error)이다.

**예제 11-7**

다음과 같은 AR(1)모형과 자료를 이용하여 선시차 ($l$=1,2,3,4)에 대한 예측과 예측한계를 구하시오. 그리고 $\hat{y}_{101}(l)$에 대한 최신화예측을 하시오.

$$(1 - øB)(y_t - \mu) = a_t$$

ø=0.6, $\mu$=9 그리고 $\sigma_a^2 = 0.1$이다 .그리고 $y_{100} = 8.9$, $y_{99} = 9$, $y_{98} = 9$, $y_{97} = 9.6$이라고 하자.

**풀이** 우선 AR(1)모형을 다음과 같이 쓸 수 있다.

$$y_t - \mu = ø(y_{t-1} - \mu) + a_t$$

그리고 예측방정식의 일반적인 형태는

$$\hat{y}_t(l) = \mu + ø(\hat{y}_t(l-1) - \mu)$$

$$= \mu + ø^l(y_t - \mu) \qquad l \geq 1$$

따라서

$$\hat{y}_{100}(l=1) = 9 + 0.6(8.9 - 9) \quad = 8.94$$

$$\hat{y}_{100}(2) = 9 + (0.6)^2(8.9 - 9) = 8.964$$

$$\hat{y}_{100}(3) = 9 + (0.6)^3(8.9 - 9) = 8.9784$$

$$\hat{y}_{100}(4) = 9 + (0.6)^4(8.9 - 9) = 8.98704$$

다음으로 예측한계를 구하기 위하여 다음 식으로 부터 가중값 $\psi$를 구한다.

$$(1 - øB)(1 + \psi_1 B + \psi_2 B^2 + \cdots) = 1$$

즉

$$\psi_j = ø^j \qquad j \geq 0$$

이다. 따라서 식 (10.11)으로 부터 $y_{101}$에 대한 95% 예측한계는

$$8.94 \pm 1.96\sqrt{0.1} \rightarrow 8.32 < y_{101} < 9.56$$

이며, $y_{102}$에 대한 95% 예측한계는

$$8.984 \pm 1.96\sqrt{1+(0.6)^2}\ \sqrt{0.1} \rightarrow 8.241 < y_{102} < 9.687$$

이다. 그리고 $y_{103}$과 $y_{104}$는 위의 방법과 같이 구할 수 있으며 이의 결과는 <그림 11.2>와 같다.

이제 $t=101$에 대한 관측값이 $y_{101}=8.8$로 계산되어졌다고 하자. 그리고 $\psi_l = ø^l = (0.6)^l$이기 때문에 $y_{102}$, $y_{103}$,와 $y_{104}$에 대한 예측값을 다음과 같이 최신화시킬 수 있다. 즉

$$\begin{aligned}
\hat{y}_{101}(1) &= \hat{y}_{100}(2) + \psi_1[y_{101} - \hat{y}_{100}(1)] \\
&= 8.964 + 0.6(8.8 - 8.94) = 8.88 \\
\hat{y}_{101}(2) &= \hat{y}_{100}(3) + \psi_2[y_{101} - \hat{y}_{100}(1)] \\
&= 8.9784 + (0.6)^2(8.8 - 8.94) = 8.928 \\
\hat{y}_{101}(3) &= \hat{y}_{100}(4) + \psi_3[y_{101} - \hat{y}_{100}(1)] \\
&= 8.98704 + (0.6)^3(8.8 - 8.94) = 8.9568
\end{aligned}$$

# 연습문제

**1.** 다음과 같은 모형들의 각각에 대해서 다음 물음에 답하시오.

( i ) $(1-\phi_1 B)(y_t-\mu)=a_t$

(ii) $(1-\phi_1 B-\phi_2 B^2)(y_t-\mu)=a_t$

(iii) $(1-\phi_1 B)(1-B)y_t=(1-\theta_1 B)a_t$

① $y_{n+l}$의 전방$l$단계예측$\hat{y}_n(l)$를 구하시오.

② $l=1,2$과 3에 대한 전방$l$단계예측분산을 구하시오.

**2.** 어떤 회사의 매출액에 대한 모형이 다음식과 같은 ARIMA(2,1,0)에 적합되었다고 하자.

$$(1-1.4B+0.7B^2)(1-B)y_t=a_t$$

여기서$\hat{\sigma}_a^2=$ 5800이고 최후 5개의 관측값은 560, 580, 640, 770과 800이다.

① 다음 3개관측값의 예측값을 구하시오.

② ①의 예측값에 대한 95% 예측한계를 구하시오.

③ 궁극적 예측함수를 구하시오.

**3.** 다음과 같은 IMA(1,1)모형을 생각해 보기로 하자

$$(1-B)y_t=(1-\theta B)a_t$$

① 예측값을 생성하는 예측방정식을 표기하시오.

② 이 모형에 의해서 생산된 95% 예측한계를 구하시오.

③ 이전 관측값의 가중평균으로서 예측값을 나타내시오.

4. 다음과 같은 모형들에 대한 궁극적 예측함수를 구하시오.

① $(1-0.6B)y_t = (1-0.8B+0.3B^2)a_t$

② $(1-0.3B)(1-B) = 0.4 + a_t$

③ $(1-1.2B+0.6B^2)(y_t - 65) = a_t$

④ $(1-B)^2 y_t = (1-0.2B-0.3B^2)a_t$

⑤ $(1-0.6B)(1-B)^2 y_t = (1-0.75B+0.34B^2)a_t$

5. 50개의 관측값으로부터 추정된 1차의 시계열과정은 다음과 같다.

$$y_t = 10.132 + 0.42a_{t-1}$$

그리고 시점 1부터 5시점까지 관측값은 다음과 같다.

$$y_1 = 9.53,\ y_2 = 10.73,\ y_3 = 9.68,\ y_4 = 10.68,\ y_5 = 10.71$$

① 오차항 $\hat{a}_0$의 추정값을 구하시오.

② $\hat{y}_1$에 대한 예측값을 구하시오.

6. 120개의 표본으로부터 구한 1차의 이동평균모형은 다음과 같다.

$$\hat{y}_t = 5.231 - 0.325a_{t-1}$$

그리고 표준오차는 0.024이다. 6개의 미래의 시점에 대한 예측값이 다음과 같이 구해졌다.

$$\hat{y}_{121} = 5.121,\ \hat{y}_{122} = 5.210,\ \hat{y}_{123} = 5.335$$

$$\hat{y}_{124} = 5.312,\ \hat{y}_{125} = 5.135,\ \hat{y}_{126} = 5.213$$

① 6개의 예측값 각각에 대한 표준오차를 계산하시오.
② 6개의 예측값 각각에 대한 95% 예측한계를 설정하시오.

**7.** 100개의 표본으로부터 구한 1차의 자기회귀모형은 다음과 같다.

$$\hat{y} = 5.231 + 0.355 y_{t-1}$$

그리고 표준오차는 0.028이다. 6개의 미래의 시점에 대한 예측값이 다음과 같이 구해졌다.

① 이들 6개의 예측값 각각에 대한 표준오차를 계산하시오.

② 위의 6개의 예측값 각각에 대한 95% 신뢰구간을 설정하시오.

**8.** 다음과 같은 모형이 있다고 하자.

(i) $(1-\phi B)(y_t - \mu) = a_t$

(ii) $(1-\phi_1 B - \phi_2 B^2)(y_t - \mu) = a_t$

(iii) $(1-\phi B)(1-B)y_t = \theta_0 + (1-\theta B)a_t$

(iv) $(1-B)^2 y_t = (1-\theta_1 B - \theta_2 B^2 - \theta_3 B^3)a_t$

① 각 모형에 대해서 예측값을 생성하는 예측방정식을 구하시오.

② 전방$l$($l$=1,2,3)단계 예측오차의 분산을 유도하시오.

**9.** 80개의 관측값으로 구한 자기회귀이동평균모형은 다음과 같다.

$$y_t = 15.23 + 0.45 y_{t-1} + 0.25 a_{t-1}$$

그리고 잔차에 대한 표준오차는 0.21이다. 5개의 미래시점에 대한 예측값은 다음과 같다.

$$\hat{y}_{81} = 29.7,\ \hat{y}_{82} = 29.85,\ \hat{y}_{83} = 28.9$$

$$\hat{y}_{84} = 28.83,\ \hat{y}_{85} = 29.05,\ \hat{y}_{126} = 5.213$$

① 이들 5개의 예측값에 대한 표준오차를 계산하시오.

② 이들 5개의 예측값에 대한 95% 예측한계를 설정하시오.

**10.** 65개의 관측값으로부터 추정한 2차의 이동평균모형은 다음과 같다.

$$y_t = 3.12 - 0.42a_{t-1} - 0.25a_{t-2}$$

그리고 잔차의 표준오차는 0.085이다. 4개의 미래시점에 대한 예측값은 다음과 같다.

$$\hat{y}_{66} = 3.285,\ \hat{y}_{67} = 3.109,\ \hat{y}_{68} = 3.120$$

① 이들 예측값의 각각에 대해서 표준오차를 계산하시오.

② 95% 예측한계를 설정하시오.

**11.** 75개의 표본으로부터 추정한 2차의 자기회귀모형은 다음과 같다.

$$\hat{y_t} = 25.23 + 0.36y_{t-1} - 0.15y_{t-2}$$

그리고 잔차계열에 대한 표준오차는 0.054이다. 6개의 미래시점에 대한 예측값은 다음과 같이 추정되었다.

$$\hat{y}_{76} = 25.82\ \hat{y}_{77} = 26.32,\ \hat{y}_{78} = 25.89$$

$$\hat{y}_{79} = 25.92,\ \hat{y}_{80} = 25.89,\ \hat{y}_{81} = 26.01$$

① 이들 6개의 예측값에 대한 표준오차를 계산하시오.

② 이들 6개의 예측값에 대한 95% 예측한계를 설정하시오.

# 제 12 장

# 계절 ARIMA모형

## 12.1 계절 AR$(p)_s$모형

### 12.1.1 계절 AR$(1)_s$모형

다음과 같은 시계열모형을 고려해 보자.

$$y_t = \Phi_1 y_{t-s} + a_t$$

여기서 $\Phi_1$는 $|\Phi_1| < 1$이며 $a_t$는 $y_{t-1}$, $y_{t-2}$, $\cdots$ 과 독립이다. 부등식 $|\Phi_1| < 1$는 정상성조건을 만족시킨다. 이러한 모형을 계절주기가 s이고 차수p가 1인 계절 AR모형이라 부르고 계절 AR$(1)_s$모형이라고 표기한다.

이 계절 AR$(1)_s$모형의 평균은

$$E(y_t) = 0$$

이며 분산은 다음과 같이 정의된다.

$$\begin{aligned} \gamma_0 &= E(y_t - E(y_t))^2 \\ &= E(\Phi_1 y_{t-s} + a_t)^2 \\ &= \Phi_1^2 \gamma_0 + \sigma_a^2 \end{aligned}$$

여기서 $E(y_{t-s} a_t) = 0$이므로 따라서 분산 $\gamma_0$은

$$Var(y_t) = \gamma_0 = \frac{\sigma_a^2}{1-\Phi_1^2} \tag{12.1}$$

이다. 그리고 차수가 1인 계절자기공분산$\gamma_s$는 다음과 같이 구해진다.

$$\begin{aligned} \gamma_s &= E\{y_t - E(y_t)\}\{y_{t-s} - E(y_{t-s})\} \\ &= E\{\Phi_1 y_{t-s} + a_t)\}(y_{t-s}) \\ &= \Phi_1 \gamma_0 \end{aligned} \tag{12.2}$$

또한 같은 방법으로 2차와 3차의 계절자기공분산 $\gamma_{2s}$와 $\gamma_{3s}$는 각각 다음과 같다.

$$\begin{aligned} \gamma_{2s} &= E\{y_t - E(y_t)\}\{y_{t-2s} - E(y_{t-2s})\} \\ &= \Phi_1 \gamma_{1s} \\ \gamma_{3s} &= \Phi_1 \gamma_{2s} \end{aligned}$$

일반적으로 차수가 j인 계절자기공분산은 다음과 같다.

$$\gamma_{js} = \Phi_1 \gamma_{(j-1)s} \tag{12.3}$$

그리고 차수가 1,2와 3인 계절자기상관함수는 각각 다음과 같다.

$$\rho_s = \frac{\gamma_s}{\gamma_0} = \frac{\Phi_1 \gamma_0}{\gamma_0} = \Phi_1$$

$$\rho_{2s} = \frac{\gamma_{2s}}{\gamma_0} = \frac{\Phi_1 \gamma_s}{\gamma_0} = \Phi_1^2$$

$$\rho_{3s} = \frac{\gamma_{3s}}{\gamma_0} = \frac{\Phi_1 \gamma_{2s}}{\gamma_0} = \Phi_1^3$$

위의 관계로 부터 일반적으로 차수가 j인 계절자기상관함수는 다음과 같이 쓸 수 있다.

$$\rho_{js} = \Phi_1^j \tag{12.4}$$

또한 차수가 높은 모든 계절자기상관함수는 1차의 계절자기상관함수로 나타낼 수 있음을 이용하면 다음과 같이 된다.

$$\rho_{2s} = \Phi_1^2 = \rho_s^2 (\Phi_1 = \rho_s)$$

$$\rho_{3s} = \Phi_1^3 = \rho_s^3$$

따라서, 일반적으로 차수가 j인 계절자기상관함수는 다음과 같이 쓸 수 있다.

$$\rho_{js} = \rho_s^j \tag{12.5}$$

이제 계절부분자기상관함수를 계산하기로 하자. 이 계산방법은 복잡한 대수학을 이용하여야 하기 때문에 생략하기로 하고 수학적으로 단순한 경우를 예를 들어 설명하기로 한다.

계절주기 $s$가 4인 분기별 계절과정을 생각해 보자. 차수가 1인 분기별 계절자기회귀과정의 1차계절부분자기상관함수는 다음과 같이 정의된다.

$$\Phi_{4,4} = \frac{\begin{vmatrix} 1 & \rho_1 & \rho_2 & \rho_1 \\ \rho_1 & 1 & \rho_1 & \rho_2 \\ \rho_2 & \rho_1 & 1 & \rho_3 \\ \rho_3 & \rho_2 & \rho_1 & \rho_4 \end{vmatrix}}{\begin{vmatrix} 1 & \rho_1 & \rho_2 & \rho_3 \\ \rho_1 & 1 & \rho_1 & \rho_2 \\ \rho_2 & \rho_1 & 1 & \rho_1 \\ \rho_3 & \rho_2 & \rho_1 & 1 \end{vmatrix}}$$

그러나 순수한 계절과정인 경우에는, 모든 비계절자기상관함수는 영이다. 그러므로 분기별 계절부분자기상관함수 $\Phi_{4,4}$는 다음과 같이 쓸 수 있다.

$$\Phi_{4,4} = \frac{\begin{vmatrix} 1 & 0 & 0 & 0 \\ 0 & 1 & 0 & 0 \\ 0 & 0 & 1 & 0 \\ 0 & 0 & 0 & \rho_4 \end{vmatrix}}{\begin{vmatrix} 1 & 0 & 0 & 0 \\ 0 & 1 & 0 & 0 \\ 0 & 0 & 1 & 0 \\ 0 & 0 & 0 & 1 \end{vmatrix}} = \frac{\rho_4}{1} = \rho_4$$

일반적으로, 이것은 다음 식과 같이 나타낼 수 있다.

$$\Phi_{js,js} = \rho_{js} \tag{12.6}$$

그리고 차수가 2인 계절부분자기상관함수는 다음과 같이 계산된다.

$$\Phi_{8,8} = \frac{\begin{vmatrix} 1 & \rho_1 & \rho_2 & \rho_3 & \rho_4 & \rho_5 & \rho_6 & \rho_1 \\ \rho_1 & 1 & \rho_1 & \rho_2 & \rho_3 & \rho_4 & \rho_5 & \rho_2 \\ \rho_2 & \rho_1 & 1 & \rho_1 & \rho_2 & \rho_3 & \rho_4 & \rho_3 \\ \rho_3 & \rho_2 & \rho_1 & 1 & \rho_1 & \rho_2 & \rho_3 & \rho_4 \\ \rho_4 & \rho_3 & \rho_2 & \rho_1 & 1 & \rho_1 & \rho_2 & \rho_5 \\ \rho_5 & \rho_4 & \rho_3 & \rho_2 & \rho_1 & 1 & \rho_1 & \rho_6 \\ \rho_6 & \rho_5 & \rho_4 & \rho_3 & \rho_2 & \rho_1 & 1 & \rho_7 \\ \rho_7 & \rho_6 & \rho_5 & \rho_4 & \rho_3 & \rho_2 & \rho_1 & \rho_8 \end{vmatrix}}{\begin{vmatrix} 1 & \rho_1 & \rho_2 & \rho_3 & \rho_4 & \rho_5 & \rho_6 & \rho_7 \\ \rho_1 & 1 & \rho_1 & \rho_2 & \rho_3 & \rho_4 & \rho_5 & \rho_6 \\ \rho_2 & \rho_1 & 1 & \rho_1 & \rho_2 & \rho_3 & \rho_4 & \rho_5 \\ \rho_3 & \rho_2 & \rho_1 & 1 & \rho_1 & \rho_2 & \rho_3 & \rho_4 \\ \rho_4 & \rho_3 & \rho_2 & \rho_1 & 1 & \rho_1 & \rho_2 & \rho_3 \\ \rho_5 & \rho_4 & \rho_3 & \rho_2 & \rho_1 & 1 & \rho_1 & \rho_2 \\ \rho_6 & \rho_5 & \rho_4 & \rho_3 & \rho_2 & \rho_1 & 1 & \rho_1 \\ \rho_7 & \rho_6 & \rho_5 & \rho_4 & \rho_3 & \rho_2 & \rho_1 & 1 \end{vmatrix}}$$

전처럼, 위의 행렬에서 오로지 영이 아닌 자기상관함수는 $\rho_4$와 $\rho_{2(4)} = \rho_8$이다. 위의 행렬들에서 각각의 행렬식을 취함으로써 우리는 다음과 같이$\Phi_{8,8}$을 구한다. 즉

$$\Phi_{8,8} = \frac{\rho_8 - \rho_4^2}{1 - \rho_4^8} = \frac{\rho_{2(4)}^2 - \rho_4^2}{1 - \rho_4^8}$$

이미 설명한 바와같이 $\rho_{js} = \rho_s^j$가 성립하므로 $\Phi_{8,8}$는 다음과 같이 쓸 수 있다.

$$\Phi_{8,8} = \frac{\rho_4^2 - \rho_4^2}{1 - \rho_4^8} = 0$$

일반적으로 계절자기상관함수와 계절부분자기상관함수와의 관계는 다음과 같다.

$$\Phi_{js,js} = \frac{\rho_{js}}{1} = \rho_{js}$$

그리고 1차의 계절자기회귀과정에서는 2차와 모든 차수가 높은 계절부분자기상관함수는 영이다. 즉

$$\Phi_{js,js} = 0 \qquad j > 1$$

## 12.1.2 계절 AR$(P)_s$모형

일반적인 차수가 P인 계절자기회귀모형은 다음과 같이 나타낼 수 있다.

$$y_t = \Phi_1 y_{t-s} + \Phi_2 y_{t-2s} + \Phi_3 y_{t-3s} + \cdots + \Phi_p y_{t-ps} + a_t \tag{12.7}$$

여기서 $\Phi_j$는 차수 $j$인 계절자기회귀모수이다. 이 과정에 대한 분산은

$$\gamma_0 = \Phi_1 \gamma_s + \Phi_2 \gamma_{2s} + \Phi_3 \gamma_{3s} + \cdots + \Phi_p \gamma_{ps} + \sigma_a^2 \tag{12.8}$$

이며 차수가 1인 계절자기공분산은

$$\gamma_s = \Phi_1 \gamma_0 + \Phi_2 \gamma_s + \Phi_3 \gamma_{2s} + \cdots + \Phi_p \gamma_{(p-1)s}$$

이다. 일반적으로 차수가 j인 계절자기공분산은 다음과 같다.

$$\gamma_{js} = \Phi_1 \gamma_{(j-1)s} + \Phi_2 \gamma_{(j-2)s} + \Phi_3 \gamma_{(j-3)s} + \cdots + \Phi_p \gamma_{(j-p)s} \quad j > 1 \tag{12.9}$$

단 $\gamma_k = \gamma_{-k}$이다.

이상에서 설명한 방정식들을 분산인 $\gamma_0$로 각각을 나눔으로써, 계절 AR$(P)_s$모형의 자기상관함수는 다음과 같은 계절 『율-워커』 방정식을 만족한다.

$$\Phi_1 \rho_{j+s} + \Phi_2 \rho_{j+2s} + \cdots + \Phi_p \rho_{j+ps} = \rho_j \tag{12.10}$$

$$(j = 1,\ 2,\ \cdots)$$

**예제 12-1**

다음은 1995년 1월부터 1999년 12월까지의 건축허가면적을 나타내는 시계열자료이다. 이 자료를 이용하여 모형을 식별하고 추정과 검진을 하시오 그리고 향후 1년간(2000년)을 예측하시오( 자료명 : exm12-1.sav)

| 연도 | 건축허가면적 | 연도 | 건축허가면적 | 연도 | 건축허가면적 |
|---|---|---|---|---|---|
| 1995.01 | 2550 | 1996.09 | 9958 | 1998.05 | 7425 |
| 1995.02 | 3923 | 1996.10 | 9629 | 1998.06 | 5665 |
| 1995.03 | 9169 | 1996.11 | 9235 | 1998.07 | 4362 |
| 1995.04 | 4582 | 1996.12 | 5321 | 1998.08 | 7562 |
| 1995.05 | 5532 | 1997.01 | 7607 | 1998.09 | 5791 |

| 1995.06 | 10256 | 1997.02 | 8125 | 1998.10 | 8823 |
|---|---|---|---|---|---|
| 1995.07 | 11023 | 1997.03 | 10327 | 1998.11 | 7493 |
| 1995.08 | 8108 | 1997.04 | 12469 | 1998.12 | 13150 |
| 1995.09 | 6344 | 1997.05 | 10806 | 1999.01 | 8211 |
| 1995.10 | 11245 | 1997.06 | 9944 | 1999.02 | 8820 |
| 1995.11 | 5327 | 1997.07 | 13251 | 1999.03 | 11885 |
| 1995.12 | 8023 | 1997.08 | 7569 | 1999.04 | 10012 |
| 1996.01 | 5903 | 1997.09 | 8918 | 1999.05 | 10619 |
| 1996.02 | 6865 | 1997.10 | 6002 | 1999.06 | 10274 |
| 1996.03 | 10442 | 1997.11 | 4693 | 1999.07 | 9808 |
| 1996.04 | 11189 | 1997.12 | 5473 | 1999.08 | 9930 |
| 1996.05 | 12574 | 1998.01 | 9695 | 1999.09 | 10275 |
| 1996.06 | 9857 | 1998.02 | 6642 | 1999.10 | 13452 |
| 1996.07 | 10934 | 1998.03 | 5678 | 1999.11 | 10839 |
| 1996.08 | 11671 | 1998.04 | 7966 | 1999.12 | 12527 |

**풀이** ① 모형의 식별

관측된 시계열의 특성을 파악하기 위해서 시계열 도표를 보면 시간이 흐름에 따라 분산이 증가하는 비정상 시계열 이므로 정상시계열로 변환하기 위해서 대수변환을 한다. 대수변환을 한 후에 계절차분($s = 12$)하고 자기상관함수와 부분자기상관함수를 구한 결과 자기상관계수는 지수감소를 보이고 있으며 부분자기상관함수는 시차 1에서만 유의한 값을 보이고 나머지 시차에서는 신뢰한계내에 들어오는 절단된 모습을 보이고 있다. 따라서 잠정적으로 식별된 모형을 AR(1)12으로 결정한다.

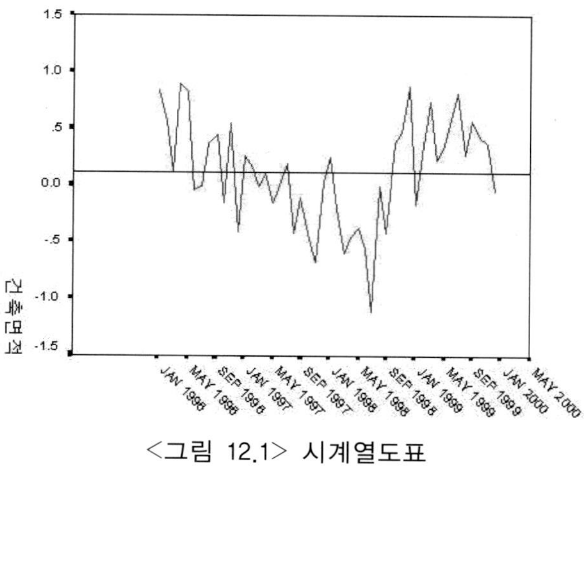


<그림 12.1> 시계열도표

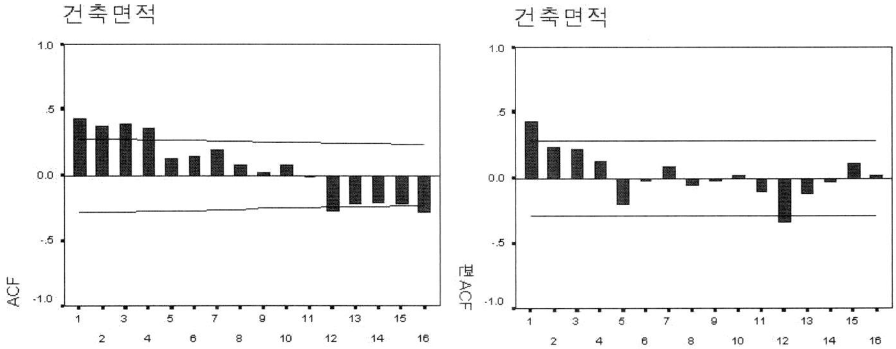


<그림 12.2> ACF 및 PACF

② 모수추정

식별된 모형은 AR(1)12이며 모형식은 $y_t = \theta_0 + \phi y_{t-12}$이다. 추정된 모수의 유의성검정 결과는 $\phi$의 유의확률이 유의하므로 모형에 포함시켜야 하며 상수항은 유의하지 않기 때문에 포함시키지 않아도 된다. 따라서 추정된 AR(1)12 모형은 다음과 같다.

$$\widehat{y_t} = 0.125 + 0.447 y_{t-12}$$

```
                    Analysis of Variance:

              DF  Adj. Sum of Squares    Residual Variance

Residuals     46          8.0467116            .17411838

            Variables in the Model:

                     B          SEB      T-RATIO   APPROX. PROB.

AR1          .44691980   .13095867   3.4126783        .00135104
CONSTANT     .12529797   .10710823   1.1698258        .24809670
```

③ 모형 검진

추정된 모형에 대한 검진은 잔차분석을 이용하기로 한다. 그림에서 보는바와 같이 잔차들의 자기상관함수와 부분자기상관함수값이 모든 시차에서 신뢰한계내에 존재하고 있으므로 잔차들이 통계적으로 서로 독립이며 백색잡음의 성질을 만족하고 있다고 할 수 있다. 따라서 추정된 모형은 좋게 추정되었으며 최종 예측모형으로 이용할 수 있다.

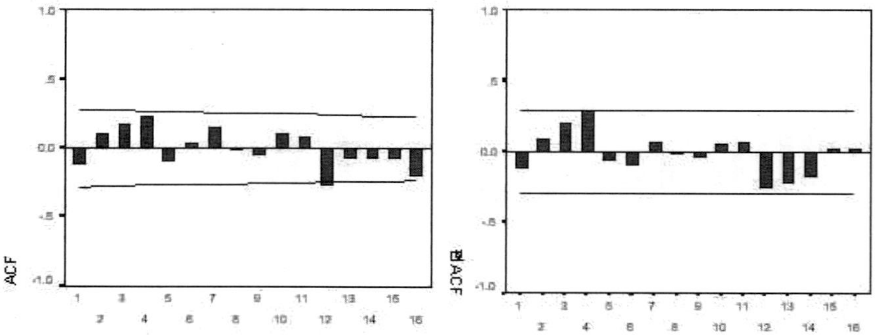


<그림 12.3> ACF 및 PACF(잔차에 대한)

④ 예측

추정된 모형을 이용하여 향후 2000년 1월부터 12월까지를 예측하기로 하자. 예측방법은 비 조건부 최소제곱추정법을 이용해서 구하면 다음과 같다.

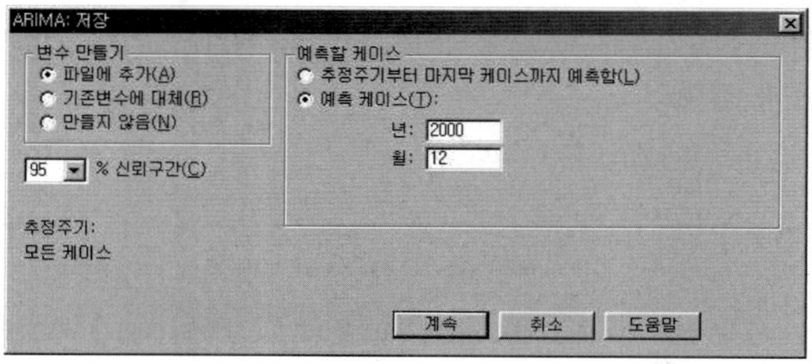


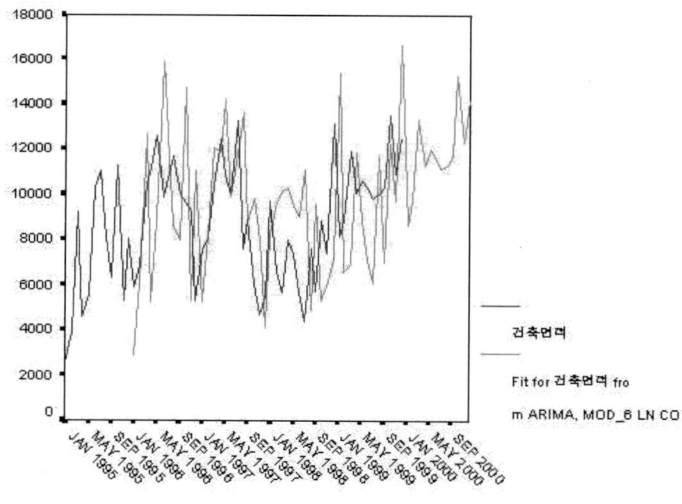


<그림 12.4> 예측값과 원데이터값

| 2000.01 | 2000.02 | 2000.03 | 2000.04 | 2000.05 | 2000.06 |
|---|---|---|---|---|---|
| 8611.36 | 9656.18 | 13264.05 | 11270.03 | 11999.24 | 11629.31 |
| 2000.07 | 2000.08 | 2000.09 | 2000.10 | 2000.11 | 2000.12 |
| 11110.35 | 11252.40 | 11645.13 | 15246.81 | 12285.55 | 14199.02 |

## 12.2 계절 MA$(Q)_s$모형

### 12.2.1 계절 MA$(1)_s$모형

계절 MA$(1)_s$과정은 다음과 같이 정의한다.

$$y_t = \mu - \Theta_1 a_{t-s} + a_t \tag{12.11}$$

평균은

$$E(y_t) = E(\mu - \Theta_a a_{t-s} + a_t) = \mu$$

이며 계절 MA(1)s과정의 분산 $\gamma_0$은

$$E(y_t - \mu)^2 = E(\mu - \Theta_a a_{t-s} + a_t - \mu)^2 = \Theta_1^2 \sigma_a^2 + \sigma_a^2$$

여기서 $E(a_{t-s}a_t) = 0$이다$(s \neq 0)$. 그리고 과정의 1차계절자기공분산은

$$\gamma_s = E(y_t - \mu)(y_{t-s} - \mu) = -\Theta_1 \sigma_a^2$$

이며 2차와 그 이상의 차수에 대한 계절자기공분산은 모두 영이 된다. 즉

$$\begin{aligned}\gamma_s &= E(y_t - \mu)(y_{t-2s} - \mu) \\ &= E(-\Theta_1 a_{t-s} + a_t)(-\Theta_1 a_{t-3s} + a_{t-2s}) \\ &= 0\end{aligned}$$

따라서 계절 MA$(1)_s$모형에 대한 1차의 계절자기상관함수는 다음과 같다.

$$\rho_s = \frac{\gamma_s}{\gamma_0} = \frac{-\Theta_1 \sigma_a^2}{(1+\Theta_1^2)\sigma_a^2} = \frac{-\Theta_1}{1+\Theta_1^2} \tag{12.12}$$

또한 차수가 2이상인 계절자기상관함수는 모두 영이다. 즉

$$\rho_{js} = 0 \qquad j \geq 2$$

지금까지 설명한 계절 MA$(1)_s$과정의 자기상관함수를 요약하면 다음과 같다.

$$\rho_{js} = \begin{cases} 1 & js = 0 \\ \dfrac{-\Theta_1}{1+\Theta_1^2} & j = s \\ 0 & \text{기타} \end{cases} \tag{12.13}$$

그리고 계절 MA$(1)_s$과정의 계절부분자기상관함수(SPACF)는

$$\Phi_{js,js} = \frac{-\Theta_1^j(1-\Theta_1^2)}{1-\Theta_1^{2(j+1)}} \tag{12.14}$$

$(j = 1,\ 2,\ 3,\ \cdots\ )$이다.

계절자기상관함수와 계절부분자기상관함수의 형태는 일반 MA(1)과정처럼 자기상관함수의 절단형태와 부분자기상관함수의 지수적 감소형태를 띠고 있으나 차이점은 계절 MA$(1)_s$모형의 자기상관함수와 부분자기상관함수의 패턴이 계절주기$s$의 배수에 해당되는 시차$(s,\ 2s,\ 3s,\ \cdots\ )$를 따라 나타난다는 것이다. 이 모형 역시 일반 MA(1)과정 처럼 항상 정상성을 가지고 있으며 가역성을 가지기 위해서는 $|\Theta_1| < 1$이어야 한다.

## 12.2.2 계절 MA$(Q)_s$모형

일반적으로 차수가 $Q$인 계절이동평균모형은 다음과 같이 나타낼 수 있다.

$$y_t = \mu - \Theta_1 a_{t-s} - \Theta_2 a_{t-2s} - \cdots - \Theta_Q a_{t-Qs} + a_t \tag{11.15}$$

이 과정의 평균 $E(y_t) = \mu$이며 분산 $\gamma_0$은

$$\begin{aligned}\gamma_0 &= E(y_t - \mu)^2 \\ &= (\Theta_1^2 + \Theta_2^2 + \cdots + \Theta_Q^2 + 1)\sigma_a^2\end{aligned}$$

이며 1차의 자기공분산은

$$\begin{aligned}\gamma_s &= E(y_t - \mu)(y_{t-s} - \mu) \\ &= (-\Theta_1 + \Theta_1\Theta_2 + \Theta_2\Theta_3 + \cdots + \Theta_{Q-1}\Theta_Q)\sigma_a^2\end{aligned}$$

이다. 같은 방법으로 2차와 3차의 계절자기공분산은 각각 다음과 같다.

$$\gamma_{2s} = (-\Theta_2 + \Theta_1\Theta_3 + \Theta_2\Theta_4 + \cdots + \Theta_{Q-2}\Theta_Q)\sigma_a^2$$

$$\gamma_{3s} = (-\Theta_3 + \Theta_1\Theta_4 + \Theta_2\Theta_5 + \cdots + \Theta_{Q-3}\Theta_Q)\sigma_a^2$$

그러므로 일반적인 차수 j에 대한 계절자기공분산은 다음과 같이 나타낼 수 있다.

$$\gamma_{js} \equiv (-\Theta_j + \Theta_1\Theta_{j+1} + \Theta_2\Theta_{j+2} + \cdots + \Theta_{Q-j}\Theta_Q)\sigma_a^2$$

$$1 \le j \le Q$$

따라서 계절주기가 $s$이고 차수가 Q인 계절이동평균과정에 대해서 차수 $j$의 계절자기상관함수는 다음과 같이 나타낼 수 있다.

$$\rho_{js} = \frac{\gamma_{js}}{\gamma_0} \tag{12.16}$$

$$= \frac{-\Theta_j + \Theta_1\Theta_{j+1} + \Theta_2\Theta_{j+2} + \cdots + \Theta_{Q-j}\Theta_Q}{1 + \Theta_1^2 + \Theta_2^2 + \cdots + \Theta_Q^2}$$

$$1 \le j \le Q$$

이 계절 MA$(Q)_s$모형은 항상 정상성을 가지며 계절주기의 배수인 $s$, $2s$, $3s$, $\cdots$, Qs이외의 시차에서는 자기상관함수값은 영이다.

그리고 부분자기상관함수는 MA(1)모형과 같은 방법으로 구하면 다음과 같다.

$$\phi_{js,js} = \frac{-\Theta_1^j\{1-\Theta_1^2\}}{1-\Theta_1^{2(j+1)}} \tag{12.17}$$

## 12.3 계절 ARMA$(P,Q)_s$모형

계절이동평균과 계절자기회귀모수들을 포함하는 혼합계절모형은 다음과 같이 나타낼 수 있다.

$$y_t = \varnothing_s y_{t-s} + \varnothing_{2s} y_{t-2s} + \cdots + \varnothing_{ps} y_{t-ps} - \theta_s a_{t-s} - \theta_{2s} a_{t-2s} - \cdots - \theta_{Qs} a_{t-Qs} + a_t$$

$$= \Phi_1 y_{t-s} + \Phi_2 y_{t-2s} + \cdots + \Phi_p y_{t-ps} - \Theta_1 a_{t-s} - \Theta_2 a_{t-2s} - \cdots - \Theta_Q a_{t-Qs} + a_t \tag{12.18}$$

식 (12.18)를 정리하여 간단하게 표기하며 다음과 같다.

$$(1-\Phi_1 B^s - \Phi_2 B^{2s} - \cdots - \Phi_p B^{ps})y_t = (1-\Theta_1 B^s - \Theta_2 B^{2s} - \cdots - \Theta_Q B^{Qs})a_t$$

$$\Phi(B^s)y_t = \Theta(B^s)a_t \tag{12.19}$$

여기서 $\Phi(B^s) = (1-\Phi_1 B - \Phi_2 B^2 - \cdots - \Phi_p B^p)$이며 또한 $\Theta(B^s) = (1-\Theta_1 B - \Theta_2 B^s - \cdots - \Theta_Q B^Q)$이다.

일반적으로 계절시계열 ARMA$(P,Q)_s$모형의 자기상관함수는 일반 ARMA$(p, q)$모형의 자기상관함수와 똑같은 형태를 취하나 일반시계열모형의 자기상관함수가 $k=s$, $2s$, $3s$, $\cdots$에 대해 일정한 형태를 띠고 있는 반면에 계절시계열모형의 자기상관함수는 시차 $k=s$, $2s$, $3s$, $\cdots$처럼 계절주기 s의 배수에 해당되는 시차를 따라 일정한 형태를 나타내고 있다. 특히 계절AR$(P)_s$모형에서 $k=s$, $2s$, $\cdots$에 대응되는 부분자기상관함수는 절단형태를 띠고 있는 반면 계절MA$(Q)_s$모형에서 $k=s$, $2s$, $\cdots$ 에 대응되는 부분자기상관함수는 지수적으로 감소하거나 진폭이 줄어드는『싸인』곡선 형태를 취하고 있다.

## 12.4 계절 ARIMA$(P,\ D,\ Q)_s$모형

계절 ARIMA모형은 비정상성을 가지고 있는 계절시계열을 적합시키는데 아주 유용한 모형으로서 다음 식과 같이 정의된다.

$$\Phi_P(B^s)(1-B^s)^D y_t = \Theta_Q(B^s)a_t \tag{12.20}$$

여기서 $\Phi_P(B^s) = 1-\Phi_1 B^s - \Phi_2 B^{2s} - \cdots - \Phi_P B^{Ps}$로서 계절AR부분이고 $\Theta_Q(B^s) = 1-\Theta_1 B^s - \Theta_2 B^{2s} - \cdots - \Theta_Q B^{Qs}$로서 계절MA부분이며 $D$는 계절차분차수이다. $a_t$는 평균이 0, 분산이 $\sigma_a^2$인 백색잡음과정을 따르며 $a_t$와 $y_{t-1}, y_{t-2}, \cdots$ 와는 서로 독립이라고 가정한다. 식 (12.20)에서 보는 바와 같이 $\{(1-B^s)^D y_t\}$는 비정상시계열 $\{y_t\}$을 정상화시키기 위해 계절차분법을 통해 얻은 정상화된 시계열을 의미함으로 $w_t = (1-B^s)^D y_t$라 놓으면 $w_t$는 계절ARMA$(P,\ Q)_s$모형을 따르게 된다.

예를 들어 설명하기 위하여 식 (12.20)에서 $P=1$, $S=12$, $D=0$ 그리고 $Q=0$이

라고 하자. 그러면 식 (12.20)은

$$(1-\Phi B^{12})y_t = a_t$$

이 된다. 그리고 $\Phi = 0.9$이라면 $y_t$에 대한 자기상관함수는 $\rho_{j(12)} = (0.9)^j$이다.

같은 방법으로 $P=0$, $S=12$, $D=0$ 그리고 $Q=1$이면

$$y_t = (1-\Theta B^{12})a_t$$

이다. $\Theta = 0.8$이라면 자기상관함수는

$$\rho_{j(12)} = \begin{cases} \dfrac{-0.8}{1.64} & j=1 \\ 0 & j \neq 1 \end{cases}$$

이 된다.

## 12.5 승법계절 ARIMA$(p,d,q)\times(P,D,Q)_s$모형

동일한 계절(월, 분기 또는 년 등)의 시계열 관측값 사이에 존재하는 높은 상관관계는 계절요인을 가진 시계열의 특징이다. 예를 들면, 월별계절시계열이란 동일한 월(1월)에 관측된 자료들의 성질이 서로 비슷한 계열을 의미한다. 그러므로 이 계열에서 구한 시차 $k=12$, 24, 36,$\cdots$ 의 자기상관계수 $\rho_k$는 큰 값을 갖게 된다. 또한 어느 특정한 월은 시계열의 성격상으로 이것에 근접한 월의 영향을 많이 받게 되어 이들 사이의 자기상관계수도 역시 큰 값을 갖게 된다.

시계열자료가 계절성(seasonality)을 갖고 있으면 이것은 비정상계열임을 의미하므로 이러한 형태의 시계열을 정상화시키기 위하여서는 추세요인의 제거에 필요한 차분과는 별도로 계절성 제거에 필요한 차분방법($\triangle_L y_t = y_t - y_{t-L}$)이 필요하게 된다. 이러한 차분과정들을 모형화시켜 계절성을 가진 시계열 모형을 차수가$(p,\ d,\ q)$ $(P,\ D,\ Q)_s$인 승법계절 ARIMA(multiplicative seasonal autoregressive integrated moving average) 모형이라 한다.

$$\Phi_p(B^s)\phi_P(B)(1-B)^d(1-B^s)^D y_t = \theta_q(B)\Theta_Q(B^s)a_t \tag{12.21}$$

### 12.5.1 승법계절모형의 자기상관함수와 부분자기상관함수

일반적인 승법모형에 대한 자기상관함수와 부분자기상관함수를 일반적인 함수형태로 표현하기는 어렵기 때문에 가장 많이 사용되는 식 (12.22)의 모형에 대해서 설명하기로 한다.

$$(1-\Phi B^s)w_t = (1-\theta B)(1-\Theta B^s)a_t\,; \qquad (0,\ d,\ 1)(1,\ D,\ 1)_s \tag{12.22}$$

여기서 $w_t = (1-B)^d(1-B^s)^D y_t$은 정상적 차분이다. 설명을 간단히 하기 위하여 $s=12$을 사용한다.

#### 1) 자기상관함수

식 (12.22)의 모형에 대한 자기상관함수는 다음과 같이 유도된다. 이 모형에 대한 차분방정식은

$$w_t = \Phi w_{t-12} + a_t - \theta_1 a_{t-1} - \Theta a_{t-12} + \theta\Theta a_{t-13} \tag{12.23}$$

이다. 식 (11.23)의 양변에 $w_t$를 곱하고 기대값을 취하면 다음 식과 같이 된다.

$$\begin{aligned}\gamma_0 &= \Phi\gamma_{12} + \sigma^2 + \theta^2\sigma^2 - \Theta(\Phi-\Theta)\sigma^2 + \theta\Theta(-\Phi\theta+\theta\Theta)\sigma^2 \\ &= \Phi\gamma_{12} + \sigma^2\left[(1+\theta^2) + \Theta(\Theta-\Phi)(1+\theta^2)\right] \\ &= \Phi\gamma_{12} + \sigma^2(1+\theta^2)\left[1+\Theta(\Theta-\Phi)\right]\end{aligned} \tag{12.24}$$

또한 식 (12.23)의 양변에 $w_{t-12}$을 곱하고 기대값을 취하면 다음과 같다.

$$\gamma_{12} = \Phi\gamma_0 - \Theta\sigma^2 + \theta\Theta(-\theta)\sigma^2 = \Phi\gamma_0 - \Theta\sigma^2(1+\theta^2) \tag{12.25}$$

따라서 식 (12.24)과 식 (12.25)를 풀어서 정리하면 다음 식을 얻는다.

$$\gamma_0 = \sigma^2(1+\theta^2)\frac{1+\Theta^2-2\Phi\Theta}{1-\Phi^2}$$

$$\gamma_{12} = \sigma^2(1+\theta^2)\left[\Phi - \Theta + \frac{\Phi(\Theta-\Phi)^2}{1-\Phi^2}\right] \tag{12.26}$$

더구나

$$\gamma_1 = E(w_t w_{t-1}) \tag{12.27}$$
$$= \Phi\gamma_{11} - \theta\sigma^2 - \Theta E(a_{t-12}w_{t-1}) + \theta\Theta E(a_{t-13}w_{t-1})$$
$$= \Phi\gamma_{11} - \theta\sigma^2 + \theta\Theta(\Phi - \Theta)\sigma^2$$

과

$$\gamma_{11} = E(w_t w_{t-11}) = \Phi\gamma_1 + \Theta\theta\sigma^2 \tag{12.28}$$

이므로 식 (12.27)과 식 (12.28)를 풀면 다음 식과 같이 된다.

$$\gamma_1 = -\theta\sigma^2\left[1 + \frac{(\Theta - \Phi)^2}{1 - \Phi^2}\right]$$

$$\gamma_{11} = \theta\sigma^2\left[\Theta - \Phi - \frac{\Phi(\Theta - \Phi)^2}{1 - \Phi^2}\right] \tag{12.29}$$

또한 $\gamma_2 = \gamma_3 = \cdots = \gamma_{10} = 0$, $\gamma_{13} = \gamma_{11}$과 $\gamma_k = \Phi\gamma_{k-12}$, $k > 13$임을 알 수 있으므로 다음과 같은 자기상관함수를 구할 수 있다.

$$\rho_k = \frac{\gamma_k}{\gamma_0} = \begin{cases} 1 & k = 0 \\ \dfrac{-\theta}{1+\theta^2} & k = 1 \\ 0 & k = 2, \cdots, 10 \\ \dfrac{\theta}{1+\theta^2}\dfrac{(\Theta-\Phi)(1-\Phi\Theta)}{1+\Theta^2-2\Phi\Theta} & k = 11 \\ \dfrac{-(\Theta-\Phi)(1-\Phi\Theta)}{1+\Theta^2-2\Phi\Theta} & k = 12 \\ \rho_{11} & k = 13 \\ \Phi\rho_{k-12} & k > 13 \end{cases}$$

### 2) 부분자기상관함수

계절 ARIMA모형에 대한 부분자기상관함수의 형태는 더욱 복잡하여 설명하기엔 어렵다. 일반적으로 $(o,\ d,\ q)(O,\ D,\ Q)_s$모형의 부분자기상관함수는 지수감소형태 또는 감소싸인곡선의 형태를 하고 $(p,\ d,\ o)(P,\ D,\ O)_s$모형의 부분자기상관함수는 일정한 시차 $k$이후에는 소멸하는 형태를 보인다.

**예제 12-2**

다음은 1971년 1월부터 1979년 10월까지의 월별 평균주거용 가스 사용량을 나타내는 시계열 자료이다. 이 자료를 이용하여 모형을 설정하고 1979년 11월부터 1980년까지를 예측하시오(자료명 : exm12-2.sav)

월별 평균 주거용가스사용량(단위 : 100세제곱피트)

| 월년 | 1 | 2 | 3 | 4 | 5 | 6 | 7 | 8 | 9 | 10 | 11 | 12 |
|---|---|---|---|---|---|---|---|---|---|---|---|---|
| 1971 | 302 | 262 | 218 | 175 | 100 | 77 | 43 | 47 | 49 | 69 | 152 | 205 |
| 1972 | 246 | 294 | 242 | 181 | 107 | 56 | 49 | 47 | 47 | 71 | 151 | 244 |
| 1973 | 280 | 230 | 185 | 148 | 98 | 61 | 46 | 45 | 55 | 48 | 115 | 185 |
| 1974 | 276 | 220 | 181 | 151 | 83 | 55 | 49 | 42 | 46 | 74 | 103 | 200 |
| 1975 | 237 | 247 | 215 | 182 | 80 | 46 | 65 | 40 | 44 | 63 | 85 | 185 |
| 1976 | 247 | 231 | 167 | 117 | 79 | 45 | 40 | 38 | 41 | 69 | 152 | 232 |
| 1977 | 282 | 255 | 161 | 107 | 53 | 40 | 39 | 34 | 35 | 56 | 97 | 210 |
| 1978 | 260 | 257 | 210 | 125 | 80 | 42 | 35 | 31 | 32 | 50 | 92 | 189 |
| 1979 | 256 | 250 | 198 | 136 | 73 | 39 | 32 | 30 | 31 | 45 | | |

**풀이** ① 모형식별

이 시계열은 12개월마다 강한 돌출점을 보이므로 확실한 계절성의 징후를 나타낸다고 볼 수 있다. 이것은 또한 표본자기상관함수를 보면 확실하게 계절성을 볼 수 있다. 시차 12에서의 자기상관이 크게 나타나 있으며 주기적인 형태를 보이고 있다. 시차 12에서의 표본자기상관함수가 큰값을 가지고 있으므로 계절적 비정상성이 존재하므로 12차차분을 행한다. 그 결과를 보면 시차가 1과 12에서 돌출하는 것으로 미루어 볼 때 이동평균과 계절성을 갖는 이동평균이 병존하는 것으로 분석할 수 있으므로 ARIMA(0,0,1)(0,1,1)모형이 타당하다고 볼 수 있다. 즉,

$$(1-B^{12})y_t = \theta_0 + (1-\theta B)(1-\Theta B^{12})a_t$$

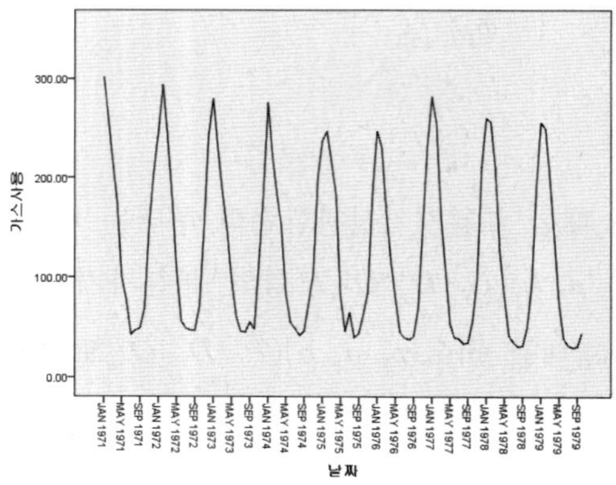


<그림 12.5> 시계열 도표 (원자료)

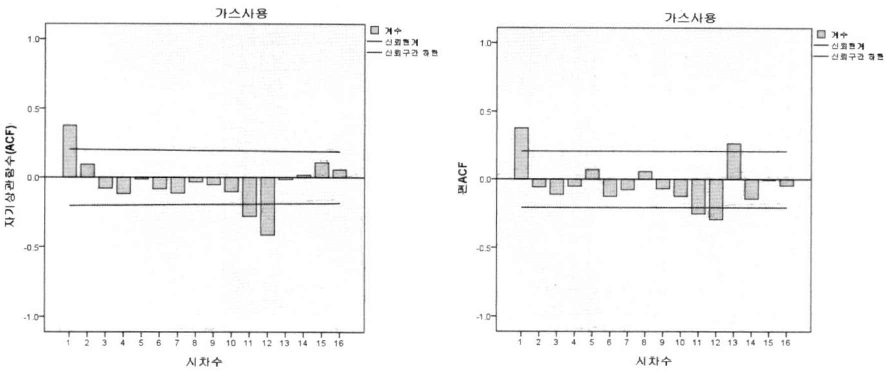


<그림 12.6> ACF 및 PACF(계절차분)

② 모수 추정

식별된 모형은 $(1-B^{12})y_t = \theta_0 + (1-\theta B)(1-\Theta B^{12})a_t$ 이며 모형의 식은 다음과 같다.

$$y_t = \theta_0 + y_{t-12} + a_t - \theta a_{t-1} - \Theta a_{t-12} + \theta\Theta a_{t-13}$$

추정된 모수의 유의성 검정결과, $\theta$와 상수는 유의확률이 유의하므로 모형에 포함시켜야 하지만 $\Theta$의 값은 유의하지 않기 때문에 문제가 될 수도 있다. 그러나 여기에서는 사용하기로 한다. 따라서 추정된 모형은 다음과 같다.

$$y_t = y_{t-12} - 3.59 + a_t + 0.42a_{t-1} - 0.97a_{t-12} - 0.41a_{t-13}$$

Analysis of Variance:

| | DF | Adj. Sum of Squares | Residual Variance |
|---|---|---|---|
| Residuals | 91 | 28360.834 | 241.90294 |

Variables in the Model:

| | B | SEB | T-RATIO | APPROX. PROB. |
|---|---|---|---|---|
| MA1 | -.4201548 | .08662630 | -4.8501986 | .00000507 |
| SMA1 | .9724164 | .94320156 | 1.0309742 | .30528530 |
| CONSTANT | -3.5921572 | .82901697 | -4.3330322 | .00003783 |

③ 모형검진

잔차분석을 이용하여 추정된 모형의 잔차가 백색잡음을 따르는지를 보기 위하여 잔차에 대한 자기상관함수와 부분자기상관함수의 그림을 보면 모두 신뢰한계내에 들어오고 시계열은 잔차들이 평균 0을 중심으로 일정한 분산을 유지하며 랜덤하게 분포하고 있음을 보여준다. 따라서 잔차는 백색잡음이라 할 수 있다.

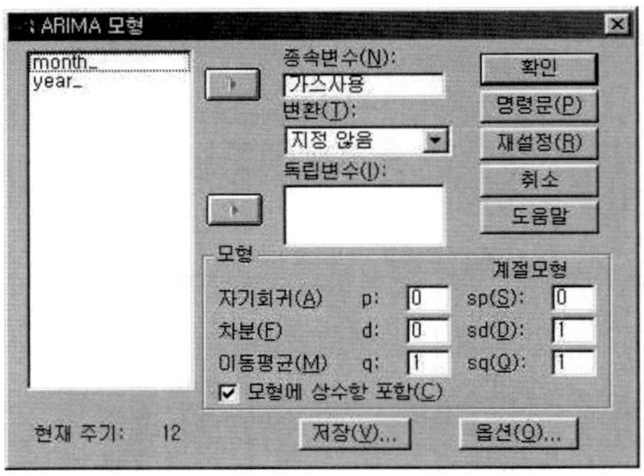


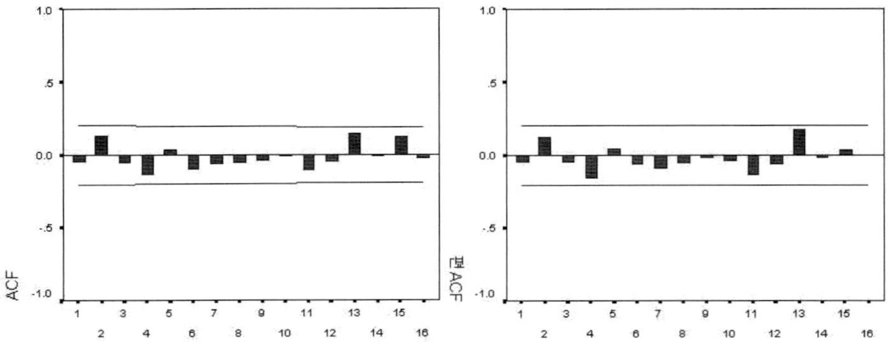


<그림 12.7> ACF 및 PACF(잔차)

④ 예 측

최종예측모형식을 이용하여 1979년 11월부터 1980년 12월까지를 예측하기로한다. 예측방법은 비조건부 최소제곱추정법을 이용한다. 예측된 결과는 다음과 같다.

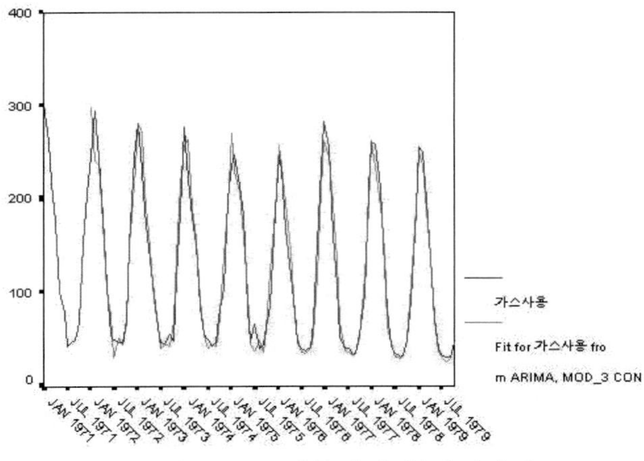


<그림 12.8> 예측값과 원데이터값

예측값

| 1979.11 | 1979.12 | 1980.01 | 1980.02 | 1980.03 | 1980.04 | 1980.05 |
|---|---|---|---|---|---|---|
| 101.32 | 191.32 | 247.18 | 231.66 | 179.50 | 128.84 | 65.68 |
| **1980.06** | **1980.07** | **1980.08** | **1980.09** | **1980.10** | **1980.11** | **1980.12** |
| 33.25 | 26.29 | 21.39 | 24.27 | 42.61 | 98.47 | 187.73 |

■

**예제 12-3**

다음 자료는 1971년부터 1981년까지의 16세이상 19세까지의 취업하고 있는 남자의 수이다. 이 자료를 이용하여 모형을 설정하고 1982년 1월부터 12월까지를 예측하시오(자료명 : exm12-3.sav)

년도별 월별 취업자수 (단위 : 천명)

| 월년 | 1 | 2 | 3 | 4 | 5 | 6 | 7 | 8 | 9 | 10 | 11 | 12 |
|---|---|---|---|---|---|---|---|---|---|---|---|---|
| 1971 | 707 | 655 | 638 | 574 | 552 | 980 | 926 | 680 | 597 | 637 | 660 | 704 |
| 1972 | 758 | 835 | 747 | 617 | 554 | 929 | 815 | 702 | 640 | 588 | 669 | 675 |
| 1973 | 610 | 651 | 605 | 592 | 527 | 898 | 839 | 614 | 594 | 576 | 672 | 651 |
| 1974 | 714 | 715 | 672 | 588 | 567 | 1057 | 949 | 683 | 771 | 708 | 824 | 835 |
| 1975 | 980 | 969 | 931 | 892 | 828 | 1350 | 1218 | 977 | 863 | 838 | 866 | 877 |
| 1976 | 1007 | 951 | 906 | 911 | 812 | 1172 | 1101 | 900 | 841 | 853 | 922 | 886 |
| 1977 | 896 | 936 | 902 | 765 | 735 | 1234 | 1052 | 868 | 798 | 751 | 820 | 725 |
| 1978 | 821 | 895 | 851 | 734 | 636 | 994 | 990 | 750 | 727 | 754 | 792 | 817 |
| 1979 | 856 | 886 | 833 | 733 | 675 | 1004 | 956 | 777 | 761 | 709 | 777 | 771 |
| 1980 | 840 | 847 | 774 | 720 | 898 | 1240 | 1168 | 939 | 853 | 910 | 953 | 874 |
| 1981 | 1026 | 1030 | 946 | 860 | 856 | 1190 | 1038 | 883 | 843 | 857 | 1016 | 1003 |

**풀이** ① 모형의 식별

자료를 보면 계절주기가 12인 강한 계절변동과 약간의 추세가 있음을 알 수 있다. 이 추세를 제거하기 위하여 식별하기전에 차분과 계절차분을 한다. 결과 자기상관함수는 1차에서 돌출점이 있으며 부분자기상관함수는 지수감소하는 현상을 보이고 있다. 따라서 다음식과 같은 ARIMA(0,1,1)(0,1,1)12 과정으로 식별된다.

$$(1-B)(1-B^{12})y_t = (1-\theta B)(1-\Theta^{12})a_t$$

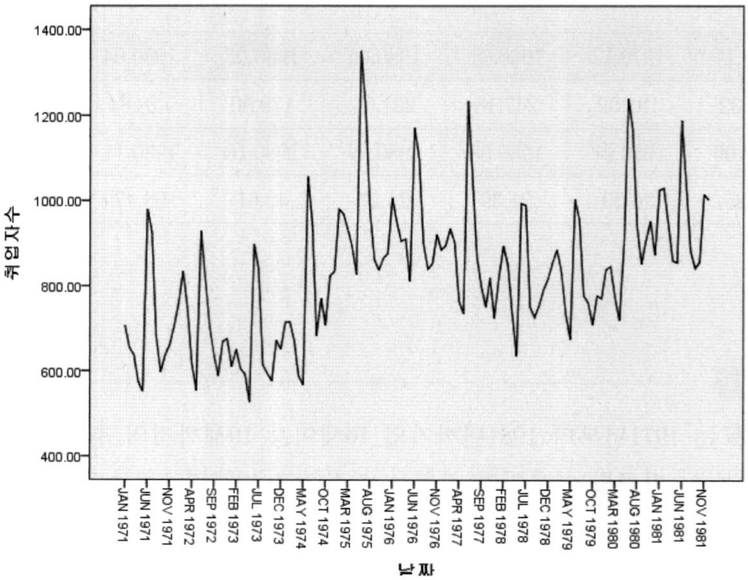


<그림 12.9> 시계열 도표(원자료)

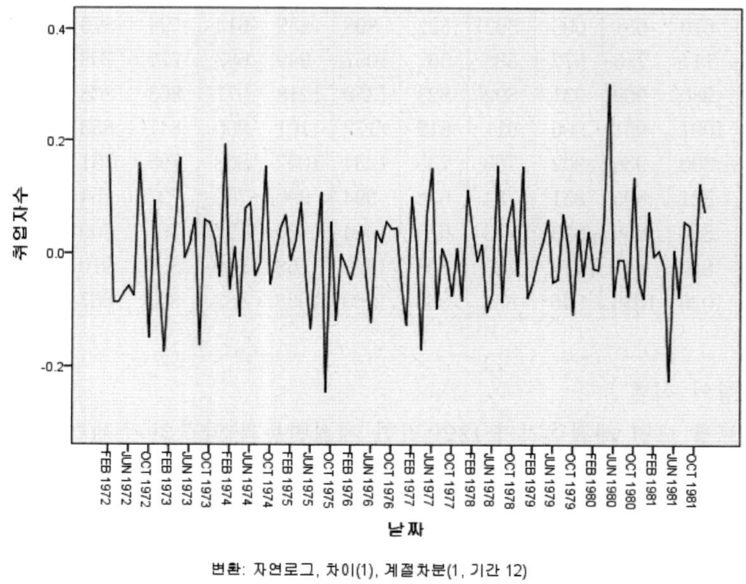


<그림 12.10> 시계열 도표(대수변환, 1차차분, 계절 1차차분)

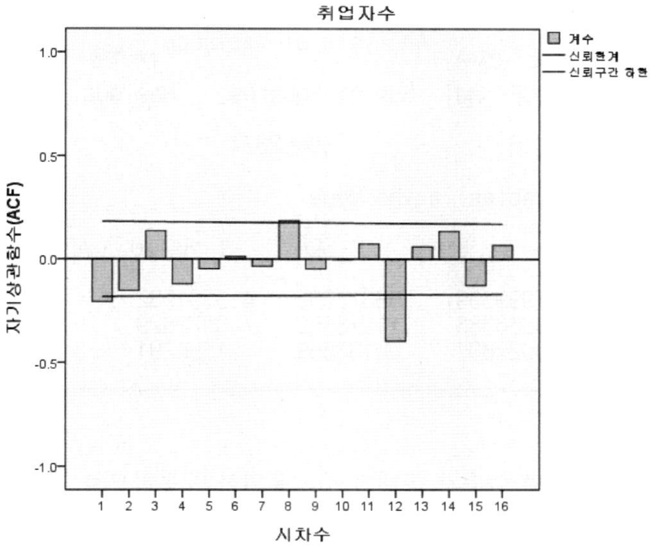


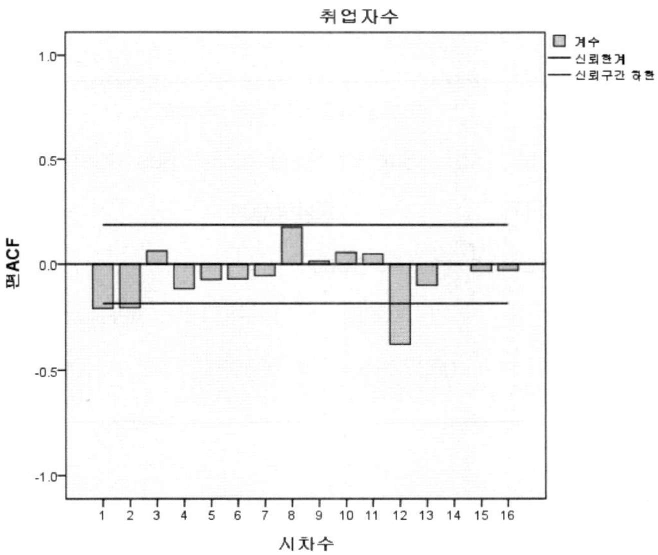


<그림 12.11> ACF 및 PACF(대수변환, 차분, 계절차분)

② 모수 추정

$(1-B)(1-B^{12})y_t = (1-\theta B)(1-\Theta^{12})a_t$ 모형에 대한 추정결과는 다음과 같다.

Analysis of Variance:

| | DF | Adj. Sum of Squares | Residual Variance |
|---|---|---|---|
| Residuals | 116 | .58482877 | .00455230 |

Variables in the Model:

| | B | SEB | T-RATIO | APPROX. PROB. |
|---|---|---|---|---|
| MA1 | .37999699 | .08377002 | 4.5361932 | .00001405 |
| SMA1 | .79656386 | .11223552 | 7.0972529 | .00000000 |
| CONSTANT | .00020801 | .00133659 | .1556291 | .87659588 |

이 결과에 의하면 상수가 통계적으로 유의하지 못하므로 결정적 추세항$\theta_0$는 필요하지 못하다. 따라서 상수항을 제외해서 추정한 결과는 다음과 같다.

$$y_t = y_{t-1} + y_{t-12} - y_{t-13} + a_t - 0.38a_{t-1} - 0.8a_{t-12} + 0.304a_{t-13}$$

Analysis of Variance:

| | DF | Adj. Sum of Squares | Residual Variance |
|---|---|---|---|
| Residuals | 117 | .58495004 | .00451327 |

Variables in the Model:

| | B | SEB | T-RATIO | APPROX. PROB. |
|---|---|---|---|---|
| MA1 | .38053171 | .08333916 | 4.5660612 | .00001237 |
| SMA1 | .79710735 | .11173788 | 7.1337253 | .00000000 |

③ 모형검진

잔차분석을 이용하여 추정된 모형의 잔차가 백색잡음을 따르는지를 보기 위하여 자기상관함수와 부분자기상관함수에 대한 잔차는 모두 신뢰한계내에 들어오고 있다. 이 시계열은 자차들이 평균 0을 중심으로 일정한 분산을 유지하며 랜덤하게 분포하고 있음을 알 수 있다.

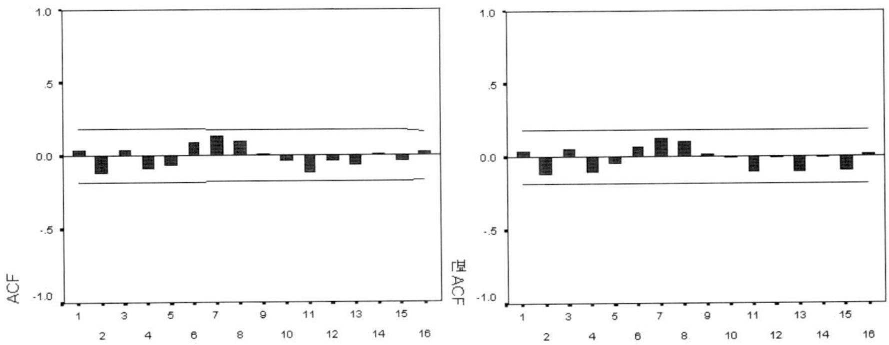


<그림 12.12> ACF 및 PACF(잔차)

④ 최종모형식을 이용하여 1982년 1월부터 12월까지 예측하기로 한다. 예측 방법은 비조건부 최소제곱법을 이용한 결과는 다음과 같다.

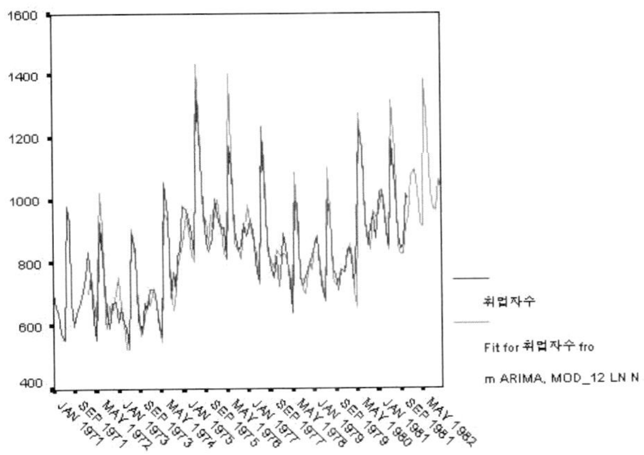


<그림 12.13> 예측값과 실제값

예측값

| | 1 | 2 | 3 | 4 | 5 | 6 | 7 | 8 | 9 | 10 | 11 | 12 |
|---|---|---|---|---|---|---|---|---|---|---|---|---|
| 1982 | 1078 | 1098 | 1027 | 930 | 912 | 1386 | 1273 | 1023 | 968 | 964 | 1062 | 1035 |

# 연습문제

**1.** 다음과 같은 2개의 모형에 대한 자기상관계수를 계산하시오.

① $y_t = (1-\theta_1 B - \theta_{12} B^{12} - \theta_{13} B^{13}) a_t$

② $y_t = (1-\theta B)(1-\Theta B^{12}) a_t$

그리고 이 두개의 모형간의 어떤 차이가 있는지를 설명하시오.

**2.** 다음과 같은 2개의 모형에 대한 자기상관계수를 유도하시오.

① $y_t = (1-\theta_1 B - \theta_2 B^2)(1-\Theta B^{12}) a_t$

② $y_t = (1-\theta_1 B - \theta_2 B^2 - \theta_{12} B^{12}) a_t$

**3.** 서로 다른 자료로부터 추정된 시계열 모형은 다음과 같다.

① $(1-B)(1-B^4)\hat{y_t} = (1+0.32B^4) a_t$

② $(1-B)^2(1-B^{12})^3 \hat{y_t} = (1-0.12B^{12}) a_t$

③ $(1-0.15B^{12})\hat{y_t} = 12.4 + a_t$

④ $(1-B)^2(1-B^{12})(1-0.25B^{12})\hat{y_t} = 11.5 + a_t$

⑤ $(1-B)(1-B^4)^2(1-0.12B^4)\hat{y_t} = (1-0.23B^4 + 0.11B^8) a_t$

⑥ $(1-B)^2 \hat{y_t} = (1-0.51B^{12}) a_t$

⑦ $y_t = (1-0.53B^{52} - 0.11B^{104}) a_t$

각 모형에 대한 다음과 같은 특성을 식별하시오.

① 계절성의 길이

② 비계절차분의 찻수

③ 계절차분의 찻수

④ 계절이동평균모수들의 수와 값

⑤ 계절자기회귀모수들의 수와 값

**4.** 다음의 시계열 모형들은 주어진 표본의 크기로 부터 추정되었다.

$$y_t = (1-0.25B^4)a_t, \qquad n=48$$

$$y_t = (1-0.35B^{12})a_t, \qquad n=96$$

$$y_t = (1+0.45B^4)a_t, \qquad n=72$$

$$y_t = 2.53+(1+0.40B^4)a_t, \qquad n=84$$

$$y_t = 1.30+(1-0.50B^{12})a_t, \quad n=120$$

① 위의 계절시계열모형에 대한 자기상관함수를 추정하시오.

② ①에서 구한 계절자기상관에 대응한 표준오차를 추정하시오.

**5.** 다음의 시계열모형들은 주어진 표본의 크기로부터 추정되었다.

$$(1-0.48B^4)y_t = a_t, \qquad n=92$$

$$(1+0.49B^4)y_t = a_t, \qquad n=76$$

$$(1+0.55B^4)y_t = a_t, \qquad n=108$$

$$(1+0.45B^4)y_t = 2.15+a_t \qquad n=72$$

$$(1-0.54B^4)y_t = 12.13+a_t, \qquad n=64$$

① 위의 계절시계열모형에 대한 자기상관함수를 추정하시오.

② ①에서 구한 자기상관함수에 대한 95%신뢰구간을 구하시오.

**6.** 88개의 표본으로부터 12개의 관측값은 다음과 같다.

$y_1 = 15.26,\ y_2 = 12.65,\ y_3 = 12.89$

$y_4 = 16.12,\ y_5 = 15.85,\ y_6 = 13.01$

$y_7 = 13.25,\ y_8 = 16.02,\ y_9 = 15.98$

$y_{10} = 11.87,\ y_{11} = 12.32,\ y_{12} = 16.38$

표본으로부터 추정된 모형은 다음과 같다

$(1 - 0.68B^{12})y_t = 12.80 + a_t$

① $t = 13,\ t = 14,\ t = 15,\ t = 16,\ t = 22,\ t = 23$과$t = 24$에 대한 한 시점 앞선 예측값을 추정하시오.

② $t = 15,\ t = 16,\ t = 23$과 $t = 24$시점에 대한 예측오차를 추정하시오.

**7.** 120개의 관측값으로부터 추정된 시계열모형은 다음과 같다.

$y_t = (1 - \theta_1 B)(1 - \Theta_1 B^s)a_t$

$\widehat{\theta_1} = 0.32,\ \widehat{\Theta_1} = -0.45,\ s = 4$

① 차수 1부터 12까지의 자기상관계수를 추정하시오.

② ①에서 구한 자기상관계수의 표준오차를 추정하시오.

**8.** 144개의 관측값으로부터 추정된 시계열모형은 다음과 같다.

$(1 - \Phi_1 B^s)y_t = (1 - \theta_1 B)(1 - \Theta_1 B^s)a_t$

$s = 4,\ \widehat{\Phi_1} = 0.2,\ \hat{\theta} = 0.3,\ \hat{\Theta} = 0.4$

① 시차 1부터 12까지의 자기상관계수를 추정하시오.

② ①에서 구한 자기상관에 대응한 표준오차를 구하시오.

9. 다음 자료는 미국의 제너럴 모타스주식에 대한 분기별 주식배당률이다. 이 자료를 이용하여 적절한 계절 ARIMA모형을 식별하고 다음 4개의 관측값($\hat{y_t}(l)$, $l = 1, 2, 3, 4$)에 대한 예측값을 구하시오. 그리고 미래의 관측값에 대한 95% 예측한계를 계산하시오.

| 년도 | 1/4 | 2/4 | 3/4 | 4/4 |
|---|---|---|---|---|
| 1961 | 0.53 | 0.52 | 0.34 | 0.50 |
| 62 | 0.47 | 0.53 | 0.44 | 0.64 |
| 63 | 0.57 | 0.60 | 0.52 | 0.54 |
| 64 | 0.71 | 0.89 | 0.60 | 0.83 |
| 65 | 1.14 | 1.27 | 0.90 | 0.99 |
| 66 | 1.01 | 0.79 | 0.48 | 0.74 |
| 67 | 0.93 | 0.78 | 0.43 | 0.85 |
| 68 | 0.65 | 0.52 | 0.22 | 0.83 |
| 69 | 1.03 | 1.05 | 0.47 | 0.51 |
| 70 | 1.14 | 1.01 | 0.30 | 0.90 |
| 71 | 0.65 | 0.88 | 0.30 | 1.20 |
| 72 | 1.23 | 1.41 | 0.64 | 1.55 |
| 73 | 1.44 | 1.62 | 0.72 | 1.77 |
| 74 | 1.87 | 2.10 | 0.77 | 1.30 |
| 75 | 2.22 | 2.23 | 0.91 | 2.05 |
| 76 | 2.08 | 1.91 | 0.35 | 1.90 |
| 77 | 1.35 | 1.82 | 0.51 | 1.97 |
| 78 | 1.46 | 1.88 | 0.62 | 2.05 |
| 79 | 1.82 | 1.56 | 0.79 | 1.77 |
| 80 | 1.21 | 1.64 | −0.28 | −0.49 |
| 81 | 2.12 | 1.97 | 0.75 | 1.88 |
| 82 | 2.26 | 2.52 | 0.41 | 2.32 |
| 83 | 2.84 | 2.78 | 0.92 | 1.80 |
| 84 | 0.41 | 1.05 | 0.05 | 1.76 |
| 85 | 0.20 | 1.14 | 0.84 | 2.14 |
| 86 | 2.78 | 3.16 | 1.37 | 2.77 |
| 87 | 3.14 | 3.82 | 1.40 | 3.26 |
| 88 | 3.03 | 3.83 | 1.84 | 3.54 |
| 89 | 4.39 | 4.13 | 0.06 | 1.46 |

**10.** 다음 자료는 한국의 소주매출액(단위 : 천만원)이다.

| 년도 | 1 | 2 | 3 | 4 | 5 | 6 | 7 | 8 | 9 | 10 | 11 | 12 |
|---|---|---|---|---|---|---|---|---|---|---|---|---|
| 1980 | 580 | 514 | 555 | 563 | 627 | 596 | 632 | 639 | 577 | 611 | 639 | 875 |
| 1981 | 650 | 594 | 650 | 668 | 712 | 731 | 779 | 713 | 708 | 738 | 758 | 1073 |
| 1982 | 669 | 652 | 743 | 709 | 751 | 774 | 803 | 760 | 749 | 757 | 779 | 1066 |
| 1983 | 734 | 707 | 785 | 762 | 838 | 876 | 878 | 871 | 807 | 834 | 877 | 1236 |
| 1984 | 789 | 744 | 827 | 831 | 895 | 889 | 955 | 976 | 976 | 929 | 989 | 1294 |
| 1985 | 860 | 799 | 899 | 866 | 1016 | 978 | 1042 | 944 | 944 | 1002 | 1009 | 1368 |
| 1986 | 908 | 849 | 916 | 958 | 1008 | 1033 | 1129 | 984 | 984 | 1045 | 1049 | 1459 |
| 1987 | 910 | 927 | 981 | 1011 | 1041 | 1080 | 1138 | 1033 | 1033 | 1072 | 1111 | 1591 |
| 1988 | 950 | 932 | 1049 | 1021 | 1097 | 1151 | 1194 | 1160 | 1160 | 1135 | 1209 | 1692 |
| 1989 | 1071 | 1044 | 1158 | 1122 | 1209 | 1334 | 1360 | 1297 | 1297 | 1283 | 1375 | 1974 |
| 1990 | 1294 | 1258 | 1301 | 1297 | 1425 | 1378 | 1429 | 1305 | 1305 | 1377 | 1439 | 1958 |

① 이 자료에 대한 계절 ARIMA모형을 설정하시오.

② 미래시점의 12개 관측값을 예측하고 이 예측값의 95% 예측한계를 구하시오.

# 제 13 장

# 전이함수모형

## 13.1 전이함수모형

### 13.1.1 일반적인 개념

전이함수모형(transfer function model)을 이해하기 위해서는, 계량경제학에서의 분포시차모형(distributed lag model)에 대한 예비지식이 있어야 한다. 일반적으로 분포시차모형에 있어서는, $Y_t$의 현재수준은 $X_t$계열의 많은 과거의 값의 함수로써 나타내어진다.

$$Y_t = v_0 X_t + v_1 X_{t-1} + v_2 X_{t-2} + \cdots + e_t \qquad (13.1)$$

혹은

$$Y_t = v(B) X_t + e_t \qquad (13.2)$$

여기서 $v(B) = \sum_{j=-\infty}^{\infty} v(B)$는 『박스와 젠킨스(1976)』에 의해서 필터(filter)의 전이함수라고 한다. 그리고 $e_t$은 잡음모형이라하며 $X_t$, $X_{t-1}$, $X_{t-2}$, $X_{t-3}$, $\cdots$ 와는 독립이다. 식 (13.1)과 식 (13.2)에서 Y는 종속변수이고 X는 설명변수 즉 선행지표이다.

식 (13.1)에서 가중값 $v_0$, $v_1$, $v_2$, $\cdots$들은 충격반응가중값(impulse response weight)이라 부르고 이들 가중값의 그림을 충격반응함수(impulse response function)이라 하고 이것을 그림으로 나타낸 것이 <그림 13.1>이다. 이들 가중값들은 $X_{t-i}(i=0,$

1, 2, ⋯ )의 1단위의 변화가 $Y_t$에 주는 충격(영향)의 크기를 표시한다.

식 (13.1) 또는 식 (13.2)의 모형에 관해서는, 추가적인 정보가 없으면 모수$v_0$, $v_1$, $v_2$, ⋯ 의 추정은 일반적으로 불가능하다고 하는 것은 추가적인 정보가 없으면 무한개

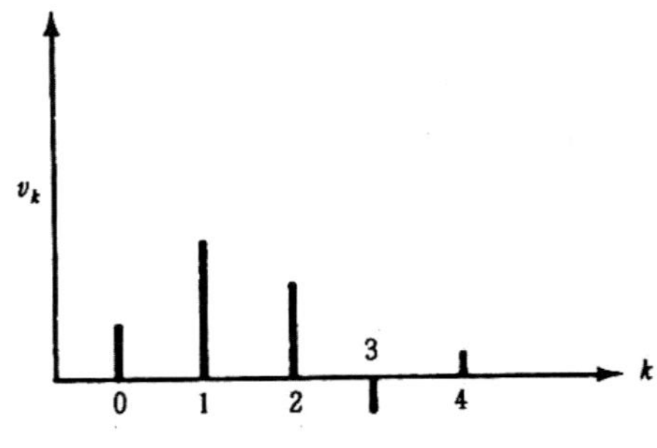


<그림 13.1> 충격반응함수

의 모수를 유한개의 측정값에 의해서 추정하지 않으면 안되기 때문이다. 따라서 무한개의 설명변수에서의 유한한 변화는 종속변수에서의 유한한 변화밖에 꾀할 수 없다고 가정하기로 한다. 이제 X가 무한히 +1의 값을 갖음으로써 이 때의 Y의 값을 관측한다. 이 때의 Y값은 충격반응가중값의 합으로써 표시된다. 그러므로 다음의 제약을 가정하기로 한다.

$$\sum_{k=0}^{\infty} v_k = g, \quad (g\text{는 유한}) \tag{13.3}$$

이 g의 값을 시스템의 안정된 상태의 이득(steady state gain)이라고 부른다. 이 값은 $X_t$의 값이 1단위 변화에 대한 새로운 값이 무한히 계속될 때의 $Y_t$값의 총변화를 나타내고 있다. 달리 표현하면 $g_t$의 값은 어느 시기에 $X_t$의 값이 1단위만 변화한 때의 $Y_t$로의 무한기간에 걸쳐 영향의 누적효과를 나타내고 있다고 간주할 수 있다. $X_t$의 전자와 같은 계속적인 변화를 단계변화(step change)라 하고 후자와 같은 변화를 충격변화(impulse change)라 한다. 그리고 식 13..3의 제약조건을 만족시키는 전이함수모형을 안정시스템(stable system)이라 한다.

덧붙여서 서로 다른 두개의 제약조건을 도입하는 것이 매우 유익할 것이다. 첫째로 추가되는 제약이 무엇이던 관계없이 참(true)의 분포시차를 임의로 정확하게 근사하

는 것이 가능하다고 하는 제약이다. 두번째는 절약의 원리(principle of parsimony)로써, 미지인 모수의 수를 가능한 한 작게 하여야 한다는 제약이다. 그렇게 하면 어떤 일반적인 조건하에서(Jorgenson, 1966 참조) 전이함수 $v(B)$를 2개의 유한한 B의 다항식의 비로써 근사할 수 있다.

$$v(B) = \frac{\omega_s(B)B^b}{\delta_r(B)} \tag{13.4}$$

여기서

$\omega_s(B) = \omega_0 - \omega_1 B - \cdots - \omega_s B^s$, $\delta_r(B) = 1 - \delta_1 B - \cdots - \delta_r B^r$ 이며 $b$는 설명변수(투입변수)의 충격이 종속변수(산출변수)에 영향을 미치기 전에 실제의 시차가 경과하는 것을 나타내는 지연모수(delay parameter)이다. 안정적 시스템에 대해서는 $\delta_r(B) = 0$의 근들이 단위원 밖에 있는 것을 가정한다.

일단 $\omega_s(B)$, $\delta_r(B)$와 $b$가 구해지면 충격반응가중값 $v_j$는 다음 식의 양변에 $B^j$의 계수들을 등식화하므로써 구해질 수 있다. 즉,

$$\delta_r(B)v(B) = \omega_s(B)B^b,$$

혹은

$$[1 - \delta_1 B - \cdots - \delta_r B^r][v_0 + v_1 B + v_2 B^2 + \cdots]$$

$$= [\omega_0 - \omega_1 B - \cdots - \omega_s B^s]B^b \tag{13.5}$$

따라서 다음 식과 같이 전개된다.

$$\begin{aligned}
v_j &= 0, && j < b \\
v_j &= \delta_1 v_{j-1} + \delta_2 v_{j-2} + \cdots + \delta_r v_{j-r} + \omega_0, && j = b \\
v_j &= \delta_1 v_{j-1} + \delta_2 v_{j-2} + \cdots + \delta_r v_{j-r} - \omega_{j-b}, && j = b+1, b+2, \cdots, b+s \\
v_j &= \delta_1 v_{j-1} + \delta_2 v_{j-2} + \cdots + \delta_r v_{j-r}, && j > b+s
\end{aligned}$$

$r$개의 충격반응가중값들 $v_{b+s}, v_{b+s+1}, \cdots, v_{b+s-r+1}$은 다음식의 차분방정식에 대한 초기값으로 이용된다.

$$\delta_r(B)v_j = 0 \qquad j > b+s \tag{13.6}$$

식 (13.6)으로부터 충격반응가중값 $v_j$는 다음과 같은 성질들을 만족한다는 것을 알

수 있다.

① 첫 $b$개의 충격반응가중값들 $v_0, v_1, \cdots, v_{b-1}$ 은 0이다.

② 충격반응가중값들 $v_b,\ v_{b+1},\ \cdots,\ v_{b+s-r}$은 특별한 형태를 갖지 않는다.

③ 충격반응가중값 $v_{b+s},\ v_{b+s-1},\ \cdots,\ v_{b+s-r+1}$은 차분방정식$\delta_r(B)v_j = 0,\ j > b+s$의 초기값들이다.

④ 임의의 $j(> b+s)$에 대해 차분방정식 $\delta_r(B)v_j = 0$을 만족한다.

이 성질들을 이용해서 전이함수의 차수들$(b,\ r,\ s)$를 다음과 같이 구할 수 있다.

① 임의의 $j(< b)$에 대해 $v_j = 0$이고 $v_b \neq 0$이라는 성질을 이용해서 지연모수 $b$를 결정한다.

② 지연모수 $b$가 정해지면 ARMA모형에서 AR차수와 MA차수를 정하는 모형식별 방법들과 비슷한 방법들을 사용해서 차수들 $r$과 $s$를 정한다.

실제로 시스템의 식 (12.4)에서 $r$과 $s$의 값은 좀처럼 2를 초과하지 않는다. 대표적인 전이함수를 예를 들어 설명하기로 한다.

① $r=0$인 전이함수

$r=0$인 전이함수는 표 12.1에서 보는 바와같이 시차 $b$에서 충격반응가중값 $v_b = \omega_0$와 시차 $b$에서 충격반응가중값 $v_{b+s} = -\omega_s$가 0이 아니고 이 두 시차들 사이의 충격반응가중값들은 0이 아닐수 있으며, 그외의 시차들에서는 충격반응가중값들이 모두 0이다.

<표 13.1> $r=0$인 전이함수

| (b, r, s) | 전이함수모형 | 충격반응가중함수 |
|---|---|---|
| (2, 0, 0) | $y_t = w_0 x_{t-2}$ | 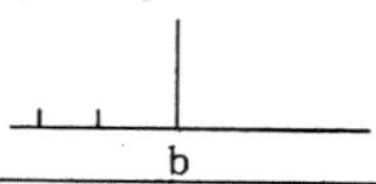 |
| (2, 0, 1) | $y_t = (w_0 - w_1 B) x_{t-2}$ | 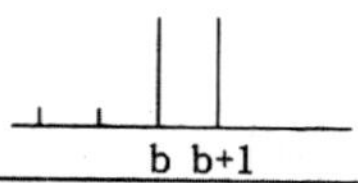 |
| (2, 0, 2) | $y_t = (w_0 - w_1 B - w_2 B^2) x_{t-2}$ | 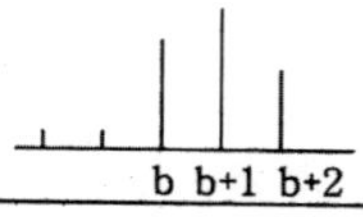 |

② $r=1$인 전이함수

만일 $s=0$이면 시차 $b$에서 충격반응가중값 $v_b$가 0이 아니고 이 시차로부터 충격반응가중값들이 지수적으로 감소한다. 또한 $s=1$이면 시차 $(b+1)$에서 충격반응가중값 $v_{b+1}$이 0이 아니고 이 시차로부터 충격반응가중값들이 지수적으로 감소하며 $s=2$이면 시차 $(b+2)$에서 충격반응가중값 $v_{b+2}$가 0이아니고 이 시차로부터 충격반응가중값들이 지수적으로 감소한다.

〈표 13.2〉 $r=1$인 전이함수

| (b, r, s) | 전이함수모형 | 충격반응가중함수 |
|---|---|---|
| (2, 1, 0) | $y_t = \dfrac{w_0}{(1-\delta_1 B)} x_{t-2}$ | 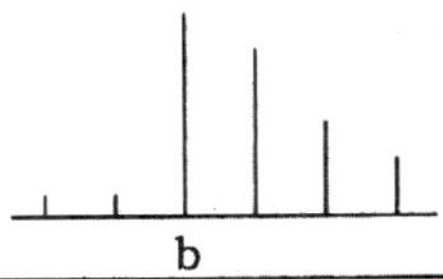 |
| (2, 1, 1) | $y_t = \dfrac{(w_0 - w_1 B)}{(1-\delta_1 B)} x_{t-2}$ | 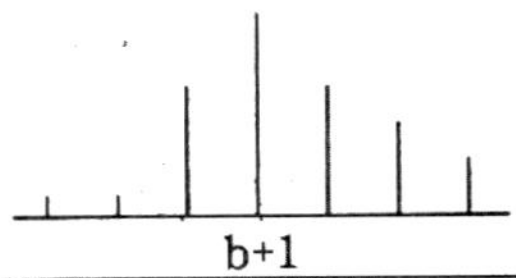 |
| (2, 1, 2) | $y_t = \dfrac{(w_0 - w_1 B - w_2 B^2)}{(1-\delta_1 B)} x_{t-2}$ | 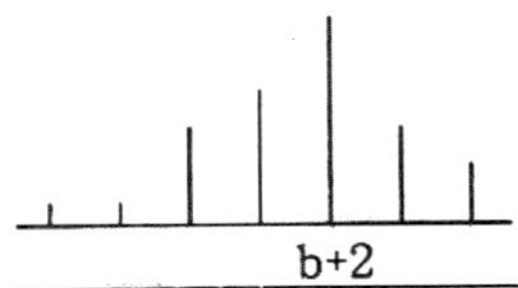 |

③ $r=2$인 전이함수

$r=2$인 경우 충격반응가중값은 <표 13.3>에서 보는 바와같이 다항식 $\delta_2(B)=(1-\delta_1 B-\delta_2 B^2)=0$의 근들의 성질에 의하여 지수적으로 감소하거나 혹은 『싸인』곡선을 이루면서 감소하게 된다. 근들이 실근이면, 즉, $\delta_1^2+4\delta_2 \geq 0$이면 지수적으로 감소한다. 그러나 근들이 허근이면 즉, $\delta_1^2+4\delta_2 < 0$이면 『싸인』곡선을 이루면서 감소하게 된다. $s$의 값은 전술한 것과 같이 유사하게 결정된다.

<표 13.3> $r=2$인 전이함수

| (b, r, s) | 전이함수모형 | 충격반응가중함수 |
|---|---|---|
| (2, 2, 0) | $y_t = \dfrac{w_0}{(1-\delta_1 B - \delta_2 B^2)} x_{t-2}$ | 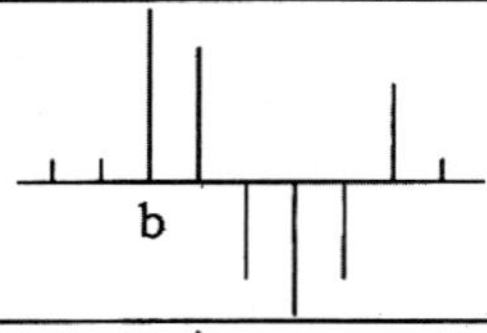 |
| (2, 2, 1) | $y_t = \dfrac{(w_0 - w_1 B)}{(1-\delta_1 B - \delta_2 B^2)} x_{t-2}$ | 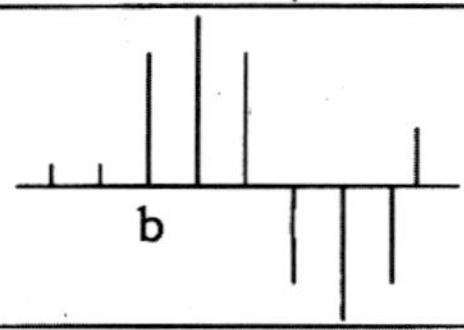 |
| (2, 2, 2) | $y_t = \dfrac{(w_0 - w_1 B - w_2 B^2)}{(1-\delta_1 B - \delta_2 B^2)} x_{t-2}$ | 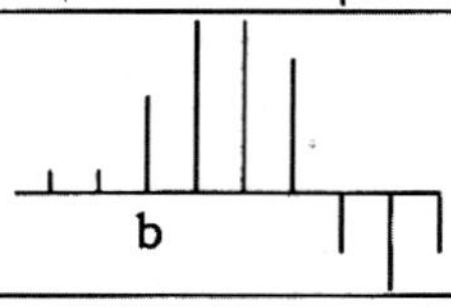 |

## 13.1.2 전이함수모형

보다 일반적인 형태의 전이함수모형을 구하기 위해서는 우선 식 (13.4)를 식 (13.2)에 대체하여 다음식을 구한다.

$$Y_t = \frac{\omega_s(B)B^b}{\delta_r(B)} X_t + e_t \tag{13.7}$$

식 (13.7)에서 지연과정의 매개변수인 b를 이용하여 식 (13.7)의 전이함수모형을 다음과 같이 고쳐 쓸 수 있다.

$$Y_t = \frac{\omega_s(B)}{\delta_r(B)} X_{t-b} + e_t \tag{13.8}$$

이 식의 양변에 $\delta_r(B)$를 곱하면 다음과 같다.

$$\delta_r(B)Y_t = \omega_s(B)X_{t-b} + \epsilon_t \tag{13.9}$$

여기서

$$\epsilon_t = \delta_r(B)e_t \tag{13.10}$$

이다.

식 (13.9)를 다음 식과 같이 고쳐써서 나타낼 수도 있다.

$$Y_t = \delta_1 Y_{t-1} + \cdots + \delta_r Y_{t-r} + \omega_0 X_{t-b} + \omega_1 X_{t-b-1} - \cdots - \omega_s X_{t-b-s} + \epsilon_t \qquad (13.10)$$

그리고 식 (13.7)과 식 (13.10)의 오차항 $e_t$는 백색잡음일 필요는 없다. 따라서 여기에서 $e_t$는 앞 장에서 설명한 단일변량ARIMA과정을 따르지만 설명변수 $X_t$와는 통계적으로 독립이라고 가정하기로 한다. 즉 단일변량ARIMA모형은 다음과 같다.

$$\triangle^d e_t = \frac{\theta(B)}{\phi(B)} a_t \qquad (13.12)$$

혹은

$$\phi(B) \triangle^d e_t = \theta(B) a_t \qquad (13.13)$$

여기서

$$\phi(B) = 1 - \phi_1 B - \cdots - \phi_p B^p$$

$$\theta(B) = 1 - \theta_1 B - \cdots - \theta_q B^q$$

이다. 또 $\triangle^d$는 $e_t$에 정상성을 도입하기 위한 연속차분연산자(consecutive difference operator)이며 $a_t$는 백색잡음이라고 가정한다. 또한 $\phi(B)$다항식은 정상성조건을 만족하고 $\theta(B)$다항식은 가역성조건을 만족한다고 가정한다. 즉 이들 다항식의 모든 근들은 단위원 밖에 존재한다고 가정한다.

이제, 식 (13.7)에 식 (13.12)를 대입해서 정리하면 다음과 같이 된다.

$$\triangle^d Y_t = \frac{\omega(B) B^b}{\delta(B)} \triangle^d X_t + \frac{\theta(B)}{\phi(B)} a_t \qquad (13.14)$$

여기서 유의할 것은 식 (13.12)의 오차과정이 정상성이기 위해서 차분이 필요하다면 종속변수와 설명변수는 동일한 차분을 적용해야 한다는 것이다.

그러나 보통은 정상적인 종속변수와 정상적인 설명변수를 이용함으로써 전이함수를 구축하는 것이 좋다. 그러므로 각 변수에 대한 동일한 차분연산자를 절대적으로 이용할 필요는 없다. 더구나 이러한 정상화변환을 한 뒤에는, 식 (13.12)의 오차과정은 어떠한 차분연산자를 포함하지 않은 단순한 ARMA($p$, $q$)과정이 된다.

결과적으로, 이제 보다 일반적으로 식 (13.14)의 전이함수는 다음 식과 같이 쓸 수 있다.

$$y_t = \frac{\omega(B)}{\delta(B)} x_{t-b} + \frac{\theta(B)}{\phi(B)} a_t \tag{13.15}$$

여기서, $y_t = \Delta^{d'} Y_t$와 $x_t = \Delta^{d} X_t$이다. 그리고 $d'$는 종속변수 $Y_t$의 연속차분의 차수를 나타내고 d는 설명변수$X_t$의 연속차분의 차수를 나타내고 있다. 또한 $d'$와 d는 동일한 차수일 필요는 없다. 전이함수모형의 설정에 있어서, 대문자활자는 비정상적인 원시자료를 표시하고 소문자는 정상적 자료를 표시하기로 한다. 그림 13.2는 전이함수모형을 나타내고 있다. 이 그림의 윗쪽부분에는 설명변수가 종속변수에 주는 영향의 성질을 결정하는 전이함수의 구조가 나타나고 있고, 아래쪽 부분에는 단일변량 ARIMA과정을 나타내는 백색잡음모형의 구조를 표시하고 있다. 마지막으로 이들 두 개의 구성요소가 통합되어 완전한 전이함수모형이 형성되는 것을 나타내고 있다.

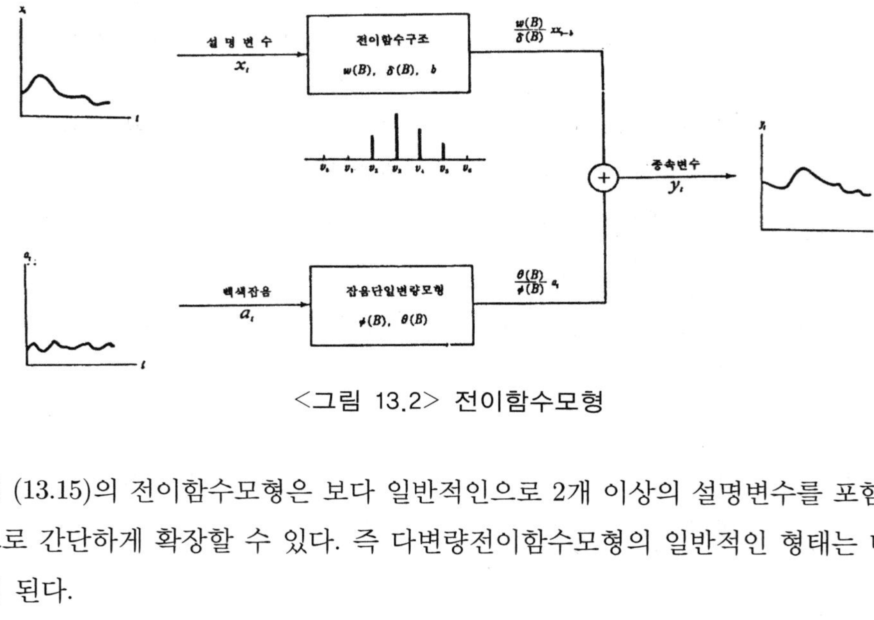


<그림 13.2> 전이함수모형

식 (13.15)의 전이함수모형은 보다 일반적인으로 2개 이상의 설명변수를 포함한 모형으로 간단하게 확장할 수 있다. 즉 다변량전이함수모형의 일반적인 형태는 다음과 같이 된다.

$$y_t = \sum_{i=1}^{m} \frac{\omega_i(B)}{\delta_i(B)} x_{i,t-bi} + \frac{\theta(B)}{\phi(B)} a_t \tag{13.16}$$

여기서 $m$은 이 모형에 포함되는 설명변수의 수이다. 다변량전이함수모형에 있어서도, 다항식 $\omega_i(B)$, $\delta_i(B)$, $\theta(B)$와 $\phi(B)$의 모든 근은 단위원 밖에 존재한다고 가정한다.

# 13.2 전이함수모형의 식별

## 13.2.1 표본교차상관함수

주어진 일련의 시계열자료 $x_t$와 $y_t(1 \le t \le n)$에 대해서, 교차상관함수는

$$\rho_{xy}(k) = \frac{\gamma_{xy}(k)}{\sigma_x \sigma_y}, \qquad k = 0,\ \pm 1,\ \pm 2,\ \cdots, \tag{13.17}$$

이며 이것은 다음과 같은 표본교차상관함수에 의해서 추정되어진다. 즉,

$$\widehat{\rho_{xy}}(k) = \frac{\widehat{\gamma_{xy}}(k)}{S_x S_y}, \qquad k = 0,\ \pm 1,\ \pm 2,\ \cdots, \tag{13.18}$$

여기서 표본교차공분산함수는 다음과 같다.

$$\widehat{\gamma_{xy}}(k) = \begin{cases} \dfrac{1}{n}\displaystyle\sum_{t=1}^{n-k}(x_t - \overline{x})(y_{t+k} - \overline{y}), & k \ge 0, \\ \dfrac{1}{n}\displaystyle\sum_{t=1-k}^{n}(x_t - \overline{x})(y_{t+k} - \overline{y}), & k < 0, \end{cases}$$

$$S_x = \sqrt{\widehat{\gamma_{xx}}(0)}, \qquad S_y = \sqrt{\widehat{\gamma_{yy}}(0)},$$

그리고 $\overline{x}$와 $\overline{y}$는 $x_t$와 $y_t$의 각각의 표본평균들이다.

교차상관함수 $\rho_{xy}(k)$의 어떤 값이 0인지의 여부에 대한 검정을 하기 위해서는 표본교차상관함수 $\hat{\rho}_{xy}(k)$와 이의 표준오차를 비교한다. 정규성의 가정하에서, 『바아틀레트』(Bartlett, 1955)는 두개의 표본교차상관 $\widehat{\rho_{xy}}(k)$와 $\widehat{\rho_{xy}}(k+j)$간의 다음과 같은 근사적인 분산을 유도하였다.(유도과정은 생략)

$$Var[\widehat{\rho_{xy}}(k)] \simeq \frac{1}{n-k} \tag{13.19}$$

따라서, 계열 $x_t$가 백색잡음일 때 두계열 $x_t$와 $y_t$는 표본교차상관함수 $\hat{\rho}_{xy}(k)$와 이의 근사적인 표준오차 $1/\sqrt{n-k}$를 비교함으로써 교차상관되지 않는다는 가설을 검정할 수 있다.

실제적으로는 $x_t$계열은 보통 백색잡음이 아니고, 그리고 이것을 사전백색화(prewhitening)하고 또한 산출계열을 여과시킨다. 이것에 대한 내용은 다음 절에서 설

명하게 될 것이다.

### 13.2.2 전이함수모형의 식별

앞 절에서 설명한 전이함수모형은 다음 식과 같이 표시된다.

$$y_t = v(B)x_t + e_t \tag{13.20}$$

$$y_t = \frac{\omega_s(B)}{\delta_r(B)} x_{t-b} + e_t \tag{13.21}$$

여기서 $\delta_r(B) = 1 - \delta_1 B - \delta_2 B^2 - \cdots - \delta_r B^r$ 이며 $\omega_s(B) = \omega_0 - \omega_1 B - \cdots - \omega_s B^s$ 이다.

전이함수모형을 식별하기 위하여서는 전이함수모형의 차수 $r$, $s$를 정하고 매개변수 $\delta$, $\omega$의 초기값 그리고 지연과정의 매개변수 $b$를 잠정적으로 결정해야 한다. 또한 잡음(noise)을 나타내는 ARIMA과정의 $p$, $d$, $q$를 정하고 모형에서 ø 및 $\theta$의 값들에 대한 초기추정값을 단일변량 ARIMA모형에서와 같이 잠정적으로 구해야 한다. 이와 같이 잠정적으로 식별한 전이함수모형을 더욱 적합한 모형을 세우기 위한 출발점이 된다.

전이함수를 다음과 같은 단순한 단계를 거쳐서 얻게 된다.

(1) 모형식별을 위한 과정

① 식 (13.20)에서 충격반응가중값 $\hat{v}_j$의 값을 근사적으로 유도한다.

② 추정값 $\hat{v}_j$을 이용하여 식 (13.21)의 차수 $r$, $s$와 지연과정의 매개변수 b를 전이함수의 성질을 이용하여 구한다.

③ 위에서 구한 $r$, $s$ 및 $b$의 값들과 추정값 $\hat{v}_j$를 이용하여 식 (13.6)에서 매개변수 $\delta$와 $\omega$의 초기추정값을 구한다.

(2) 입력계열(input series)을 사전백색화(prewhitening)할 때 전이함수모형의 식별모형의 입력계열이 확률과정(stochastic process)을 따를 때 사전백색화를 하면 모형이 단순화된다. 적절한 차분계산을 한 입력과정 $x_t$가 정상적이며 ARIMA모형에 의하여 표시를 할 수 있다고 하자. 그러면 이때에 $x_t$과정에 대한 모형은 다음 식과 같이 표시할 수 있다.

$$\phi_x(B)x_t = \theta_x(B)\alpha_t$$

$$\alpha_t = \frac{\phi_x(B)}{\theta_x(B)}x_t \tag{13.22}$$

여기서 $\alpha_t$는 평균이 0이고 분산 $\sigma_\alpha^2$인 백색잡음계열이다. 식 (13.22)는 상관관계가 있는 입력시계열을 상관관계가 없는 순수잡음시계열 $\alpha_t$로 변환시켜 주며 이 때 $\sigma_\alpha^2$의 추정값 $s_\alpha^2$를 구할 수 있다.

(3) 여과된 산출계열(output series)를 계산한다. 즉 계열을 생성하기 위하여 위의 사전 백색화모형을 이용하여 산출계열 $y_t$를 변환한다.

$$\beta_t = \frac{\phi_x(B)}{\theta_x(B)}y_t \tag{13.23}$$

(4) $v_k$를 추정하기 위하여 $\alpha_t$와 $\beta_t$간의 표본교차상관함수$\hat{\rho}_{\alpha\beta}(k)$를 계산한다.

$$\widehat{v_k} = \frac{\widehat{\sigma_\beta}}{\widehat{\sigma_\alpha}}\widehat{\rho_{\alpha\beta}}(k) \tag{13.24}$$

표본교차상관함수와 $\widehat{v_k}$에 대한 유의성은 이들의 표준오차 $1/\sqrt{(n-k)}$와 이들 값을 비교함으로써 검정할 수 있다.

(5) 우리가 알고 있는 $v_k$의 이론적인 『패턴』과 $\widehat{v_k}$의 『패턴』을 비교함으로써 $b$, $\delta_r(B) = (1-\delta_1 B - \cdots \delta_r B^r)$와 $\omega_s(B) = (\omega_0 - \omega_1 B - \cdots - \omega_s B^s)$을 식별한다. 일단 $b$, $r$와 $s$가 선택되어지면 초기추정값 $\widehat{\omega_j}$와 $\widehat{\delta_j}$은 다음의 관계식에서 추정된다.

$$\hat{v}(B) = \frac{\widehat{\omega_s}(B)}{\widehat{\delta_r}(B)}B^b \tag{13.25}$$

(6) 또한 변이함수가 사전적으로 추정되면 다음과 같이 잡음계열도 추정할 수 있다.

$$\widehat{e_t} = y_t - \hat{v}(B)x_t = y_t - \frac{\widehat{\omega_s}(B)}{\widehat{\delta_r}(B)}B^b x_t \tag{13.26}$$

따라서 잡음에 대한 적절한 모형은 표본자기상관함수와 표본부분자기상관함수를 조사하는 단일변량모형에서의 방법을 이용하여 다음과 같이 식별된다.

$$\phi(B)e_t = \theta(B)a_t \tag{13.27}$$

그리고 사전적으로 식별된 모형은 변이함수와 잡음모형을 결합시킨 다음과 같은 두 변량 ARIMA모형(혹은 변이함수–잡음모형)이 된다.

$$y_t = \frac{\omega_s(B)}{\delta_r(B)}x_{t-b} + \frac{\theta(B)}{\phi(B)}a_t \tag{13.28}$$

## 13.3 전이함수모형의 추정

잠정적인 전이함수모형을 식별한 후에

$$y_t = \frac{\omega(B)}{\delta(B)}x_{t-b} + \frac{\theta(B)}{\phi(B)}a_t \tag{13.29}$$

우리는 모수들 $\boldsymbol{\delta} = (\delta_1, \cdots, \delta_r)'$, $\boldsymbol{\omega} = (\omega_0, \omega_1, \cdots, \omega)s)'$, $\boldsymbol{\phi} = (\phi_1, \cdots, \phi_p)'$, $\boldsymbol{\theta} = (\theta_1, \cdots, \theta_q)'$와 $\sigma_a^2$을 추정할 필요가 있다. 식 (13.29)를 다음 식과 같이 다시 쓸 수 있다.

$$\delta(B)\phi(B)y_t = \phi(B)\omega(B)x_{t-b} + \delta(B)\theta(B)a_t \tag{13.30}$$

혹은 같게

$$c(B)y_t = d(B)x_{t-b} + e(B)a_t \tag{13.31}$$

여기서

$$\begin{aligned}
c(B) &= \delta(B)\phi(B) = (1-\delta_1 B - \cdots - \delta_r B^r)(1-\phi_1 B - \cdots - \phi_p B^p) \\
&= (1 - c_1 B - c_2 B^2 - \cdots c_{p+r}B^{p+r}), \\
d(B) &= \phi(B)\omega(B) = (1-\phi_1 B - \cdots - \phi_p B^p)(\omega_0 - \omega_1 B - \cdots - \omega_s B^s) \\
&= (d_0 - d_1 B - d_2 B^2 - \cdots - d_{p+s}B^{p+s}), \\
e(B) &= \delta(B)\theta(B) = (1-\delta_1 B - \cdots - \delta_r B^r)(1-\theta_1 B - \cdots - \theta_q B^q) \\
&= (1 - e_1 B - e_2 B^2 - \cdots - e_{r+q}B^{r+q})
\end{aligned}$$

따라서

$$a_t = y_t - c_1 y_{t-1} - \cdots - c_{p+r} y_{t-p-r} - d_0 x_{t-b} + d_1 x_{t-b-1} + \cdots + d_{p+s} x_{t-b-p-s} + e_1 a_{t-1} + \cdots e_{r+q} a_{t-r-q} \tag{13.32}$$

여기서 $c_i$, $d_j$와 $e_k$은 $\delta_i$, $\omega_j$, $\varnothing_k$와 $\theta_l$의 함수들이다. $a_k$가 $N(0,\sigma_a^2)$인 백색잡음계열이라는 가정하에서 우리는 다음과 같은 조건부 우도함수를 갖는다. 즉

$$L(\boldsymbol{\delta},\omega,\varnothing,\boldsymbol{\theta},\sigma_a^2 \mid b, \boldsymbol{x}, \boldsymbol{y}, \boldsymbol{x}_0, \boldsymbol{y}_0, \boldsymbol{a}_0)$$

$$= (2\pi\sigma_a^2)^{-n/2} \exp\left[-\frac{1}{2\sigma_a^2}\sum_{t=1}^{n} a_t^2\right] \tag{13.33}$$

여기서 $\boldsymbol{x}_0, \boldsymbol{y}_0, \boldsymbol{a}_0$는 식 (13.33)으로부터 $a_t$를 계산하기 위한 초기값들이다.

일반적으로 앞 장에서 설명한 추정방법들을 모수 $\omega, \delta, \varnothing, \theta$와 $\sigma_a^2$ 를 추정하기 위하여 사용되어진다.

## 13.4 적합성 검진

모형이 식별되고 모수들이 추정되면 우리들은 추정된 모형이 예측을 위하여 사용하기 전에 먼저 모형의 적합성을 검진해야만 한다. 전이함수모형에서 우리는 $a_t$가 백색잡음이고 투입계열 $x_t$와 독립인 것을 가정했으므로 사전백색화된 투입계열 $\alpha_t$와도 독립이 된다는 것을 가정하게 된다. 따라서 전이함수모형의 적합성검진에서는, 가정들이 성립되는지의 여부를 보기 위하여 사전백색화된 투입모형으로부터 잔차 $\alpha_t$와 잡음모형으로부터 잔차 $\widehat{a_t}$를 조사하게 된다.

### 13.4.1 교차상관검진

잡음계열 $a_t$와 투입계열 $x_t$가 서로 독립인가를 검정하는 방법은 적합된 모형에서 $\widehat{a_t}$와 $\alpha_t$간의 표본교차상관함수 $\rho_{\widehat{\alpha\hat{a}}}(k)$가 아무런 『패턴』을 나타내지 않고 또 표준오차의 2배범위 $\left[2(n-k)^{-1/2}\right]$ 이내에 있는가를 조사하면 된다. 또한 다음과 같은 『포트만토우』검정을 사용할 수도 있다.

$$Q_0 = m(m+2)\sum_{j=0}^{K}(m-j)^{-1}\widehat{\rho^2}_{\alpha\hat{a}}(j), \qquad (13.34)$$

여기서 $Q_0$는 자유도가 $K+1-M$인 $\chi^2$-분포에 근사하게 된다. 그리고 $m=n-t_0+1\,(t_0=\max\{p+r+1,\ b+p+s+1\})$는 계산된 잔차 $\widehat{a_t}$의 갯수가 되고, $M$은 변이함수 $\upsilon(B)=\omega(B)/\delta(B)$에서 추정된 모수 $\delta_i$, $\omega_j$의 개수이다.

### 13.4.2 자기상관검진

잡음모형이 적절한가를 검진하기 위해서는, 적합된 모형에서 잔차$\widehat{a_t}$의 표본자기상관함수와 표본부분자기상관함수에 아무런『패턴』이 없는가를 조사하면 된다. 또한 다음과 같은『포트맨토우』검정통계량을 사용할 수 있다.

$$Q_1 = m(m+2)\sum_{j=1}^{K}(m-j)^{-1}\widehat{\rho^2}_{\hat{a}}(j) \qquad (13.35)$$

여기서 $Q_1$은 잡음모형에서 모수의 수에만 의존하는 자유도$(k-p-q)$인 $\chi^2$-분포에 근사하게 된다.

## 13.5 예 측

### 13.5.1 정상적인 투입과 산출계열에 대한 최소평균제곱오차예측

$Y_t$와 $X_t$가 정상적이고 다음과 같은 전이함수모형으로 나타난다고 하자.

$$Y_t = \frac{\omega(B)}{\delta(B)}B^b X_t + \frac{\theta(B)}{\varnothing(B)}a_t \qquad (13.36)$$

그리고

$$\varnothing_x(B)X_t = \theta_x(B)\alpha_t \qquad (13.37)$$

여기서 $\omega(B)$, $\delta(B)$, $\theta(B)$, $\varnothing(B)$, $\varnothing_x(B)$ 그리고 $\theta_x(B)$는 $B$의 다항식의 유한 찻수를 갖는다. 그리고 $\delta(B)=0$, $\varnothing(B)=0$, $\varnothing_x(B)=0$ 그리고 $\theta_x(B)$=0의 근들은 모두 단위원 밖에 있고 $a_t$와 $\alpha_t$는 각각 분산이 $\sigma_a^2$과 $\sigma_\alpha^2$이고 평균이 0인 백색잡음계열이다. $u(B)$와 $\psi(B)$를 다음과 같이 나타내기로 한다.

$$u(B) = \frac{\omega(B)B^b\theta_x(B)}{\delta(B)\varnothing_x(B)} = u_0 + u_1 B + u_2 B^2 + \cdots \tag{13.38}$$

$$\psi(B) = \frac{\theta(B)}{\varnothing(B)} = 1 + \psi_1 B + \psi_2 B^2 + \cdots \tag{13.39}$$

식(13.36)의 모형을 $u(B)$와 $\psi(B)$를 이용하여 다음과 같이 나타낼 수 있다.

$$Y_t = u(B)\alpha_t + \psi(B)a_t = \sum_{j=0}^{\infty} u_j\alpha_{t-j} + \sum_{j=0}^{\infty}\psi_j a_{t-j} \tag{13.40}$$

여기서 $\psi_0 = 1$ 따라서 $t+l$ 시점에서의 Y는 $Y_{t+l} = \sum_{j=0}^{\infty} u_j^*\alpha_{t+l-j} + \sum_{j=0}^{\infty}\psi_j a_{t+l-j}$ 와 같이 된다. $\widehat{Y}_t(l) = \sum_{j=0}^{\infty} u_{l+j}^*\alpha_{t-j} + \sum_{j=0}^{\infty}\psi_{l+j}^* a_{t-j}$을 $Y_{t+l}$의 전방 $l$단계 최적예측이라 하자. 그러면 예측오차는

$$Y_{t+l} - \widehat{Y}_t(l) = \sum_{j=0}^{l-1}\left[u_j\alpha_{t-l-j} + \psi_j a_{t+l-j}\right]$$

$$- \sum_{j=0}^{\infty}\left[u_{l+j}^* - u_{l+j}\right]\alpha_{t-j} - \sum_{j=0}^{\infty}\left(\psi_{l+j}^* - \psi_{l+j}\right)a_{t-j} \tag{13.41}$$

이다. 예측오차의 평균제곱 $E\left[Y_{t+l} - \widehat{Y}_t(l)\right]^2$은 다음 식에 의하여 주어진다.

$$E\left[Y_{t+l} - \widehat{Y}_t(l)\right]^2 = \sum_{j=0}^{l-1}\left(\sigma_\alpha^2 u_j^2 + \sigma_a^2\psi_j^2\right)$$

$$+ \sum_{j=0}^{\infty}\sigma_\alpha^2(u_{l+j}^* - u_{l+j})^2 + \sum_{j=0}^{\infty}\sigma_a^2(\psi_{l+j}^* - \psi_{l+j})^2 \tag{13.42}$$

여기에서 위의 식은 $u_{l+j}^* = u_{l+j}$와 $\Psi_{l+j}^* = \Psi_{l+j}$일 때 최소가 된다. 즉 예측의 분산은 다음과 같이 된다.

$$V(l) = E(Y_{t+l} - \widehat{Y}_t(l))^2 = \sigma_\alpha^2\sum_{j=0}^{l-1}u_j^2 + \sigma_a^2\sum_{j=0}^{l-1}\psi_j^2 \tag{13.43}$$

### 13.5.2 비정상적인 경우

이제 $Y_t$와 $X_t$는 비정상계열이지만 $(1-B)^d Y_t$와 $(1-B)^d X_t$는 정상적이고 다음과

같은 전이함수모형과 관계가 있다. 즉

$$(1-B)^d Y_t = \frac{\omega(B)}{\delta(B)} B^b (1-B)^d X_t + \frac{\theta(B)}{\theta(B)} a_t \tag{13.44}$$

그리고

$$\varnothing_x(B)(1-B)^d X_t = \theta_x(B)\alpha_t$$

식 (13.44)로부터 다음식을 갖는다.

$$Y_t = \frac{\omega(B)}{\delta(B)} B^b X_t + \frac{\theta(B)}{\varnothing(B)(1-B)^d} a_t \tag{13.46}$$

그리고 $Y_t$는 두개의 독립된 확률과정의 합계이다. 가중값 $u_j$는 식 (13.46)의 첫 번째항 $[\psi(B)/\delta(B)]B^b X_t$로부터 생기고 가중값$\psi_j$는 두번째항($[\theta(B)/\varnothing(B)1-B)^d]a_t$)로부터 생긴다.

이제 가중값 $\psi_j$를 유도하기 위하여 식 (13.46)의 두번째 항을 $e_t$라 하자. 즉

$$e_t = \frac{\theta(B)}{\varnothing(B)(1-B)^d} a_t \tag{13.47}$$

$e_t$를($\theta(B)=0$의 근들이 단위원 밖에 존재하기 때문에) AR식으로 나타낼 수 있다. 따라서,

$$\pi^{(a)}(B)e_t = a_t \tag{13.48}$$

여기서

$$\pi^{(a)}(B) = 1 - \sum_{j=1}^{\infty} \pi_j^{(a)} B^j = \frac{\varnothing(B)(1-B)^d}{\theta(B)} \tag{13.49}$$

따라서 가중값 $\pi_j$는 다음 식과 같이 식 (13.49)의 가중값 $\pi_j^{(a)}$으로부터 반복적으로 계산되어진다. 즉

$$\psi_j = \sum_{i=0}^{j-1} \pi_{j-i}^{(a)} \psi_i \qquad j=1,\ 2,\ \cdots,\ l-1 \tag{13.50}$$

그리고 $\psi_0 = 1$이다.

또한 가중값 $u_j$를 유도하기 위하여 식 (13.45)의 $X_t$을($\theta_x(B)=0$의 근들이 단위원 밖에 존재하기 때문에) AR식으로 나타낼 수 있다. 따라서

$$\pi^{(\alpha)}(B)X_t = \alpha_t \tag{13.51}$$

이다. 여기서

$$\pi^{(\alpha)}(B) = 1 - \sum_{j=1}^{\infty} \pi_j^{(\alpha)} B^j = \frac{\phi_x(B)(1-B)^d}{\theta_x(B)} \tag{13.52}$$

다음으로 다음과 같은 가중값 $\psi_j^{(\alpha)}$을 계산하기 위하여 다음 식을 사용한다.

$$\psi_j^{(\alpha)} = \sum_{i=0}^{j-1} \pi_{j-i}^{(\alpha)} \psi_i^{(\alpha)}, \quad j = 1, \cdots, l-1 \tag{13.53}$$

그리고 $\psi_0^{(\alpha)} = 1$이다. $\omega(B)$은 $B$의 다항식의 유한 찻수이며 $\delta(B)=0$의 근들이 단위원 밖에 존재하기 때문에, $j=0, 1, \cdots, (l-1)$에 대한 가중값 $u_j$은 다음 식의 $B^j$의 계수와 같다.

$$\frac{\omega(B)B^b}{\delta(B)}\left(1 + \psi_1^{(\alpha)}B + \cdots + \psi_{l-1}^{(\alpha)}B^{l-1}\right) \tag{13.54}$$

만일 $b \neq 0$이면 $j < b$에 대해서 $u_j = 0$이며, 만일 $b = 0$이면 $\omega(B) = (\omega_0 - \omega_1 B - \cdots - \omega_s B^s)$에서 $\omega_0 = 1$인 경우 이외에는 $u_0 \neq 1$이다.

실질적인 예측을 하기 위해서는 우리는 식 (13.44)의 일반적인 전이함수모형을 고려하고 이것을 차분방정식형태로 다시 쓰면 다음과 같다.

$$c(B)Y_t = d(B)X_{t-b} + e(B)a_t \tag{13.55}$$

여기서

$$\begin{aligned} c(B) &= \delta(B)\phi(B)(1-B)^d \\ &= 1 - c_1 B - c_2 B^2 - \cdots - c_{p+r+d} B^{p+r+d} \\ d(B) &= \omega(B)\phi(B)(1-B)^d \\ &= d_0 - d_1 B^1 - d_2 B^2 - \cdots - d_{p+s+d} B^{p+s+d} \\ e(B) &= \delta(B)\theta(B) \\ &= 1 - e_1 B - \cdots - e_{q+r} B^{q+r} \end{aligned}$$

따라서 $Y_{t+l}$의 전방 l단계 예측은 다음과 같다.

$$\begin{aligned}\widehat{Y}_t(l) &= E_t(Y_{t+l})\\ &= c_1\widehat{Y}_t(l-1)+\cdots+c_{p+r+d}\widehat{Y}_t(l-p-r-d)\\ &+d_0\widehat{X}_t(l-b)-\cdots-d_{p+s+d}\widehat{X}_t(l-b-p-s-d)\\ &+\widehat{a}_t(l)-e_1\widehat{a}_t(l-1)-\cdots-e_{q+r}\widehat{a}_t(l-q-r)\end{aligned}$$

여기서

$$\widehat{Y}_t(j)=\begin{cases}Y_{t+j}, & j\le 0,\\ \widehat{Y}_t(j), & j>0\end{cases}$$

$$\widehat{X}_t(j)=\begin{cases}X_{t+j}, & j\le 0,\\ \widehat{X}_t(j), & j>0,\end{cases} \qquad (13.57)$$

$$\widehat{a}_t(j)=\begin{cases}\widehat{a}_{t+j}, & j\le 0,\\ 0, & j>0,\end{cases}$$

그리고 $\widehat{a}_t$는 한 단계 예측오차 $Y_t-\widehat{Y}_{t-1}(1)$로써 식 (13.55) 혹은 식 (13.32)에 의하여 생성되어진다.

**예제 13-1**

다음 자료는 『리디아 핀햄』야채복합물(Lydia Pinkham's Vegetable compound)의 광고비와 매출액(1907～1960년)이다.(자료명 : exm13-3.sav)

**풀이**

<표 13.4> 『리디아 핀햄』 야채복합물자료(단위 : 천달러)

| 년도 | 광고비 | 매출액 | 년도 | 광고비 | 매출액 | 년도 | 광고비 | 매출액 | 년도 | 광고비 | 매출액 |
|---|---|---|---|---|---|---|---|---|---|---|---|
| 1907 | 608 | 1016 | 1921 | 1016 | 2514 | 1935 | 807 | 1518 | 1949 | 981 | 1984 |
| 1908 | 451 | 921 | 1922 | 1360 | 2726 | 1936 | 339 | 1103 | 1950 | 974 | 1787 |
| 1909 | 529 | 934 | 1923 | 1482 | 3185 | 1937 | 562 | 1266 | 1951 | 766 | 1689 |
| 1910 | 543 | 976 | 1924 | 1608 | 3351 | 1938 | 745 | 1473 | 1952 | 920 | 1866 |
| 1911 | 525 | 930 | 1925 | 1800 | 3438 | 1939 | 749 | 1423 | 1953 | 964 | 1896 |
| 1912 | 549 | 1052 | 1926 | 1941 | 2917 | 1940 | 862 | 1767 | 1954 | 811 | 1684 |
| 1913 | 525 | 1184 | 1927 | 1229 | 2359 | 1941 | 1034 | 2161 | 1955 | 789 | 1633 |
| 1914 | 578 | 1089 | 1928 | 1373 | 2240 | 1942 | 1054 | 2336 | 1956 | 802 | 1657 |
| 1915 | 609 | 1087 | 1929 | 1611 | 2196 | 1943 | 1164 | 2602 | 1957 | 770 | 1569 |
| 1916 | 504 | 1154 | 1930 | 1568 | 2111 | 1944 | 1102 | 2518 | 1958 | 639 | 1390 |
| 1917 | 752 | 1330 | 1931 | 983 | 1806 | 1945 | 1145 | 2637 | 1959 | 644 | 1387 |
| 1918 | 613 | 1980 | 1932 | 1046 | 1644 | 1946 | 1012 | 2177 | 1960 | 564 | 1289 |
| 1919 | 862 | 2223 | 1933 | 1453 | 1814 | 1947 | 836 | 1920 | | | |
| 1920 | 866 | 2203 | 1934 | 1504 | 1770 | 1948 | 941 | 1910 | | | |

이 자료에 대한 관련성을 조사하기 위하여 이들을 그림으로 나타내면 <그림 13.3>과 같다. 이 자료들은 유사한 형태를 나타내고 있으므로 광고비를 투입변수로 사용하고 매출액은 산출변수로 사용할 수 있을 것이다.

<그림 13.3> 시계열도표

우선 전이함수의 모형에 대한 식별과 추정을 다음과 같은 과정에 의하여 설명되어진다.

### 1) 광고비계열의 사전백색

전이함수의 모형을 설정하기 위한 첫번째 단계는 투입계열(광고비)을 사전백색하는 일이다. 원계열 $X_t$에 대한 표본자기상관함수와 표본부분자기상관함수의 값이 <표 13.5>에 계산되어 있다. 이 자료에 의하면 원계열 $X_t$는 비정상적임을 알 수 있다. 따라서 차분된 계열 $x_t = (1-B)X_t$는 정상적이므로 <표 13.5>의 자료에 의해서 AR(2) 모형을 한다고 할 수 있다. 여기에 적합된 모형은 다음과 같다.

$$(1 - 0.07B + 0.41B^2)x_t = \alpha_t \tag{1}$$

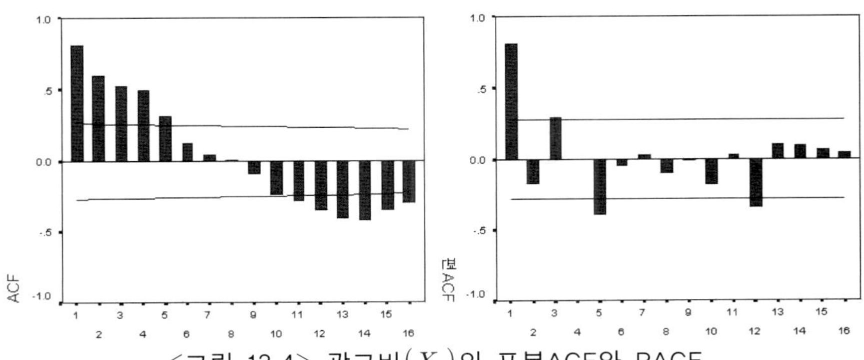


<그림 13.4> 광고비($X_t$)의 표본ACF와 PACF

$X_t$ 의 $\widehat{\rho_k}$ 와 $\widehat{\phi_{kk}}$

| $k$ | 1 | 2 | 3 | 4 | 5 | 6 | 7 | 8 | 9 | 10 | 11 | 12 |
|---|---|---|---|---|---|---|---|---|---|---|---|---|
| $\widehat{\rho_k}$ | .82 | .60 | .53 | .50 | .31 | .11 | .02 | −.02 | −.13 | −.27 | −.33 | .40 |
| St.E. | .16 | .24 | .28 | .30 | .32 | .33 | .33 | .33 | .33 | .33 | .34 | .34 |
| $\widehat{\phi_{kk}}$ | .82 | −.19 | .31 | −.03 | −.41 | −.01 | −.00 | −.11 | −.01 | −.19 | −.00 | −.32 |
| St.E. | .16 | .16 | .16 | .16 | .16 | .16 | .16 | .16 | .16 | .16 | .16 | .16 |

$x_t = (1-B)X_t$ 의 $\widehat{\rho_k}$ 와 $\widehat{\phi_{kk}}$

| $k$ | 1 | 2 | 3 | 4 | 5 | 6 | 7 | 8 | 9 | 10 | 11 | 12 |
|---|---|---|---|---|---|---|---|---|---|---|---|---|
| $\widehat{\rho_k}$ | .06 | −.40 | −.11 | .43 | .05 | −.34 | −.10 | .17 | .10 | −.20 | −.00 | −.05 |
| St.E. | .16 | .16 | .18 | .19 | .21 | .21 | .22 | .23 | .23 | .23 | .23 | .23 |
| $\widehat{\phi_{kk}}$ | .06 | −.40 | −.07 | .24 | −.10 | −.13 | .01 | −.12 | .04 | −.05 | .10 | −.23 |
| St.E. | .16 | .16 | .16 | .16 | .16 | .16 | .16 | .16 | .16 | .16 | .16 | .16 |

여기서 $x_t = (1-B)X_t$ 이며 $\alpha_t$ 는 평균이 0이고 $\widehat{\sigma_\alpha^2} = 52.601$ 인 백색잡음이다. 또한 매출액에 대한 원계열은 비정상적이므로 차분한 산출계열, $y_t = (1-B)Y_t$ 을 여과시키기 위하여 사용할 것이다. 즉, $Y_t$ 에 적용시키면

$$(1-0.07B+0.41B^2)y_t = \beta_t$$

와 같이 된다. $X_t$ 와 $Y_t$ 에 대하여 사전순화된 계열은 $\alpha_t$, $\beta_t$ 가 된다.

<표 13.5> 교차상관함수와 충격반응함수

| 시차($k$) | 표본교차상관함수 | 충격반응함수 $\hat{v}_k$ |
|---|---|---|
| 0 | .508 | .637 |
| 1 | .315 | .395 |
| 2 | .109 | .136 |
| 3 | −.094 | −.118 |
| 4 | .004 | .005 |
| 5 | −.257 | −.322 |
| 6 | −.257 | −.323 |
| 7 | −.279 | −.349 |
| 8 | −.140 | −.175 |
| 9 | −.080 | −.099 |
| 10 | −.182 | −.228 |

### 2) 충격반응함수와 전이함수의 식별

<표 13.5>에는 사전백색화된 투입계열과 여과된 산출계열에 대한 표본교차상관함수 $\hat{\rho}_{\alpha\beta}$와 충격반응함수 $\hat{\upsilon}_k = (\hat{\sigma}_\beta / \hat{\sigma}_\alpha)\hat{\rho}_{\alpha\beta}(k)$값이 계산되어 있다. 여기서 사전백색화된 투입계열은

$$\alpha_t = (1 - 0.07B + 0.41B^2)x_t, \qquad \hat{\sigma}_\alpha = 229.35$$

이며 여과된 산출계열은

$$\beta_t = (1 - 0.07B + 0.41B^2)y_t, \qquad \hat{\sigma}_\beta = 287.54$$

이다. 그런데 표본교차상관함수에서 b, r, s를 개략적으로 식별해야 한다. 그러나 대부분의 경우에 이러한 식별은 명확하게 나타나지는 않는다. 여기에서는 유의적인 교차상관함수는 $k = 0\,(\hat{\rho}_{\alpha\beta}(0) = 0.508)$에서 나타나므로 $b$는 0으로 식별할 수 있다. 따라서 $b = 0,\ r = 1,\ s = 0$인 전이함수모형은

$$\upsilon(B)x_t = \frac{\omega_0}{1 - \delta_1 B}x_t \tag{2}$$

이다. 단지 첫번째 두번째의 큰 충격가중값 $\hat{\upsilon}_1$와 $\hat{\upsilon}_2$만을 사용하고 나머지는 무시한다면, $b = 0,\ r = 0$와 $s = 1$인 전이함수모형은

$$\upsilon(B)x_t = (\omega_0 - \omega_1 B)x_t \tag{3}$$

이다.

### 3) 잡음모형의 식별

일단 잠정적인 전이함수가 구해지면 우리는 전이함수에서의 모수들에 대한 초기 추정값을 구할 수 있다. 식(2)에서 주어진 전이함수에 대해서 다음과 같이 된다.

$$(1 - \delta_1 B)\left[\hat{\upsilon}_0 + \hat{\upsilon}_1 B + \hat{\upsilon}_2 B^2 + \cdots\right] = \hat{\omega}_0$$

따라서

$$\hat{\omega}_0 = \hat{\upsilon}_0 = 0.637$$

$$\hat{\delta}_1 = \frac{\hat{\upsilon}_1}{\hat{\upsilon}_0} = \frac{0.396}{0.637} = 0.62$$

추정된 잡음계열은 다음 식에 의해서 구해진다.

$$\hat{e_t} = y_t - \frac{0.64}{(1-0.62B)} x_t \qquad (4)$$

여기서 $y_t = (1-B)Y_t$와 $x_t = (1-B)X_t$이다. <표 13.6>은 추정된 잡음계열의 표본자기상관함수와 표본부분자기상관함수를 나타내고 있다. 『패턴』은 백색잡음모형을 보이고 있다. 하지만 엄밀하게 보면 다음과 같은 AR(1)모형을 나타내고 있다. 따라서

$$(1-\phi_1 B)e_t = a_t \qquad (5)$$

$\phi_1 = 0$인지의 여부를 조사하기 위하여 결합된 전이함수-잡음모형에서의 추정의 결과를 검진하기로 한다.

<표 13.6> 추정된 잡음계열에 대한 표본 ACF 와 PACF

| $k$ | 1 | 2 | 3 | 4 | 5 | 6 | 7 | 8 | 9 | 10 |
|---|---|---|---|---|---|---|---|---|---|---|
| $\hat{\rho}_k$ | −.03 | −.22 | −.20 | .22 | −.11 | −.17 | −.11 | .41 | −.06 | −.13 |
| St.E. | .19 | .19 | .20 | .21 | .21 | .22 | .22 | .22 | .25 | .25 |
| $\hat{\phi}_{kk}$ | −.09 | −.22 | −.23 | .16 | −.20 | −.18 | .14 | .31 | −.03 | .11 |
| St.E. | .19 | .19 | .19 | .19 | .19 | .19 | .19 | .19 | .19 | .19 |

## 4) 전이함수모형의 추정

위의 결과를 결합함으로써 우리는 다음과 같은 두개의 잠정적인 전이함수모형을 얻는다. 즉

$$(1-B)Y_t = \frac{\omega_0}{(1-\delta_1 B)}(1-B)X_t + \frac{1}{(1-\phi_1 B)} a_t \qquad (6)$$

$$(1-B)Y_t = (\omega_0 - \omega_1 B)(1-B)X_t + \frac{1}{(1-\phi_1 B)} a_t \qquad (7)$$

모수들과 이들의 관련된 표준오차의 추정값들은 다음과 같다.

| 식 (6) | | | 식 (7) | | |
|---|---|---|---|---|---|
| 모수 | 추정값 | $S_t.E$ | 모수 | 추정값 | $S_t.E$ |
| $\omega_0$ | .52 | .16 | $\omega_0$ | .48 | .15 |
| $\delta_1$ | .36 | .25 | $\delta_1$ | −.19 | .14 |
| $\phi_1$ | .26 | .19 | $\phi_1$ | .28 | .19 |
| $\sigma_a^2$ | 45175 | | $\sigma_a^2$ | 45238 | |

추정된 결과를 이용하면, 모수 $\delta_1$, $\omega_1$과 $\phi_1$은 모형으로부터 제외시킬 수 있다. 그러므로 다음과 같은 모형을 고려할 수 있다. 즉

$$(1-B)Y_t = \omega_0(1-B)X_t + a_t \tag{8}$$

따라서 적합된 모형은 다음과 같다.

$$(1-B)Y_t = 0.6(1-B)X_t + a_t \quad (0.14)$$

여기서 $\widehat{\sigma_a^2} = 46935$이다.

### 5) 적합성의 검진

잠정적으로 제안된 모형의 최종적인 채택은 잔차의 분석을 통하여 즉 $a_t$가 백색잡음인가 투입계열 $X_t$의 독립성 여부 또는 사전백색된 투입계열 $\alpha_t$와 독립인가를 검토하여 이루어진다. <표 13.7>에는 식 (6)으로부터의 잔차 $\widehat{a_t}$와 사전백색된 투입계열 $\alpha_t$와의 교차상관함수와 $\widehat{a_t}$의 자기상관함수값이 계산되어 있다. 이들 함수를 관찰하면 추정된 ACF와 CCF들은 시차들($k=0,\ 1,\ \cdots,\ 10$)에서 0이므로 우리는 방정식(6)은 적당하다고 결론을 내릴 수 있다. 그리고 식 (7)과 식 (8)으로부터의 잔차와 사전순화된 투입계열과의 ACF와 CCF는 위와 같은 유사한 결과를 갖게 된다.

<표 13.7> 식(6)으로부터의 잔차에 대한 표본 ACF와 CCF

| $k$ | 1 | 2 | 3 | 4 | 5 | 6 | 7 | 8 | 9 | 10 | 11 |
|---|---|---|---|---|---|---|---|---|---|---|---|
| $\widehat{\rho_{\hat{a}}}(k)$ | 1 | −.04 | .12 | .02 | −.09 | .11 | −.01 | −.04 | −.23 | −.21 | .03 |
| St.E. | .16 | .16 | .16 | .16 | .17 | .17 | .17 | .17 | .17 | .18 | .18 |
| $\widehat{\rho_{\alpha\hat{a}}}$ | −.01 | .02 | −.04 | −.14 | −.10 | −.31 | −.16 | −.17 | −.04 | −.07 | −.07 |
| St.E. | .17 | .17 | .17 | .17 | .18 | .18 | .18 | .18 | .19 | .20 | .20 |

### 6) 예 측

식 (6)으로부터 다음 식을 갖게 된다.

$$(1-B)Y_t = \frac{0.52}{(1-0.36B)}(1-B)X_t + \frac{1}{(1-0.26B)}a_t \tag{9}$$

그리고

$$(1-0.07B+0.41B^2)(1-B)X_t = \alpha_t \tag{10}$$

여기서 $\widehat{\sigma_a^2} = 45175$ 이며 $\widehat{\sigma_\alpha^2} = 52601$ 이다. 예측값을 계산하기 위하여 식(9)을 다음 식과 같이 다시 쓰기로 하자.

$$(1-0.36B)(1-0.26B)(1-B)Y_t = (1-0.26B)(0.52)(1-B)X_t + (1-0.36B)a_t$$

따라서

$$Y_{n+l} = 1.62Y_{n+l-1} - 0.71Y_{n+l-2} + 0.09Y_{n+l-3} + 0.52X_{n+l}$$
$$-0.66X_{n+l-1} + 0.14X_{n+l-2} + a_{n+l} - 0.36a_{n+l-1}$$

예측원점 $n = 40$ 으로부터 전방한단계예측은

$$\widehat{Y_{40}}(1) = 1.62Y_{40} - 0.71Y_{39} + 0.09Y_{38} + 0.52\widehat{X_{40}}(1) - 0.66X_{40}$$
$$+0.14X_{39} - 0.36a_{40}$$

이며 실제값이 알려져 있는 경우에는 $\widehat{X_{40}}(1) = X_{41}$ 이다. 다른 방법으로 설명하면 이것은 식 (10)를 통하여 그의 자신의 과거값으로 결정되는 $X_{41}$ 의 전방한단계예측과 같다. 이제 자료와 적합된 모형으로부터 $\widehat{a_{40}} = -101.05$, $Y_{38} = 2518$, $Y_{39} = 2637$, $Y_{40} = 2177$, $X_{39} = 1145$, $X_{40} = 1012$ 그리고 $X_{41} = 836$ 이다. 따라서

$$\widehat{Y_{40}}(1) = 1.62(2177) - 0.71(2637) + 0.09(2518) + 0.52(836)$$
$$-\ 0.66(1012)\ +\ 0.14(1145)\ -\ 0.36(-101.05)\ =\ 1844.57$$

예측분산을 구하기 위하여 우리는 가중값 $u_j$와 $\psi_j$을 계산할 필요가 있다. 식 (9)을 다음 식과 같이 표기할 수 있다.

$$Y_t = \frac{0.52}{(1-0.36B)}X_t + \frac{1}{(1-0.26B)(1-B)}a_t \tag{11}$$

$e_t$를 다음 식과 같다고 하자.

$$e_t = \frac{1}{(1-0.26B)(1-B)}a_t$$

그리고

$$\pi^{(a)}(B)e_t = a_t$$

여기서

$$\pi^{(a)}(B) = 1 - \sum_{j=1}^{\infty}\pi_j^{(a)}B^j = (1-0.26B)(1-B)$$
$$= (1-1.26B+0.26B^2)$$

따라서

$$\pi_1^{(a)} = 1.26$$

$$\pi_2^{(a)} = -0.26$$

$$\pi_j^{(a)} = 0 \qquad j \geq 3$$

식 (13.50)을 이용함으로써 다음과 같은 가중값$\psi_j$을 구한다.

$$\psi_0 = 1,$$

$$\psi_1 = \pi_1^{(a)} = 1.26,$$

$$\psi_2 = \pi_2^{(a)} + \pi_1^{(a)}\psi_1 = -.26 + (1.26)^2 = 1.33,$$

$$\vdots$$

$$\psi_{l-1} = \sum_{i=0}^{l-2}\pi_{l-1-i}^{(a)}\psi_i$$

가중값 $u_j$을 구하기 위하여, 다음식이 성립됨에 유의하여야 한다.

$$\pi^{(a)}(B)X_t = a_t$$

여기서

$$\pi^{(a)}(B) = 1 - \sum_{j=1}^{\infty}\pi_j^{(a)}B^j = (1-.07B+.41B^2)(1-B)$$

$$= 1 - 1.07B + .48B^2 - .41B^3$$

그러므로

$$\pi_1^{(a)} = 1.07,$$

$$\pi_2^{(a)} = -.48,$$

$$\pi_3^{(a)} = .41,$$

$$\pi_j^{(a)} = 0, \qquad \text{for } j \geqq 4.$$

식 (13.53)을 이용함으로써 우리는 다음을 갖는다.

$$\psi_0^{(a)} = 1,$$

$$\psi_1^{(a)} = \pi_1^{(a)} = 1.07,$$

$$\psi_2^{(a)} = \pi_2^{(a)} + \pi_1^{(a)}\psi_1^{(a)} = -.48 + (1.07)^2 = .66,$$

$$\vdots$$

$$\psi_{l-1}^{(a)} = \sum_{i=0}^{l-2} \pi_{l-1-i}^{(a)} \psi_i^{(a)}$$

따라서 식 (13.5)에 의해서 $j = 0,\ 1,\ \cdots,\ l-1$에 대한 가중값 $u_j$는 다음 식의 $B^j$의 계수와 같다.

$$\frac{.52}{(1-.36B)}(1+\psi_1^{(a)}B+\psi_2^{(a)}B^2+\ \cdots\ +\psi_{l-1}^{(a)}B^{l-1})$$

$$= .52(1+.36B+(.36)^2B^2+(.36)^3B^3+\ \cdots\ )$$

$$(1+\psi_1^{(a)}B+\psi_2^{(a)}B^2+\ \cdots\ +\psi_{l-1}^{(a)}B^{l-1}).$$

따라서

$$u_0 = .52$$

$$u_1 = .52(.36+\psi_1^{(a)})$$

$$= .52(.36+1.07) = .7436,$$

$$u_2 = .52(\psi_2^{(a)} + .36\psi_1^{(a)} + (.36)^2)$$

$$= .52\{.66+.36(1.07)+(.35)^2\} = .61$$

$$\vdots$$

가중값 $u_j$와 $\psi_j$을 구함으로써 우리는 이제 식 (13.43)을 이용하여 전방한단계예측오차분산을 구할 수 있다. 즉

$$V(1) = E[Y_{41} - \widehat{Y_{40}}(1)]^2 = \widehat{\sigma_a^2}(u_0^2) + \widehat{\sigma_a^2}(\psi_0)^2$$

$$= (52601)(.52)^2 + (45175)(1) = 59398.31,$$

# 연습문제

**1.** 다음 전이함수에 대한 충격가중값을 계산하고 그림으로 나타내시오.

① $v(B) = B/(1-.8B)$

② $v(B) = (3+2B)/(1+.6B)$

③ $v(B) = (B+B^2)/(1-.8B+.6B^2)$

**2.** 다음과 같은 ARMA(1,1)과정에 대해서 물음에 답하시오.

$$(1-0.4B)y_t = (1+0.8B)a_t$$

여기서 $a_t$ 는 평균이 0이고 일정한 분산 1을 갖는 백색잡음계열이다. $a_t$와 $y_t$간의 교차상관함수를 구하시오.

**3.** $y_t = (2+B)x_t + e_t$을 가정하자. 여기서 $x_t$와 $e_t$는 각각 평균이 0이고 분산이 3인 상관관계가 아닌 백색잡음과정이다. $x_t$과 $y_t$간의 교차상관함수를 구하시오.

**4.** 다음과 같은 전이함수모형에 대해서 고려해보자.

$$y_t = \frac{\omega_0 - \omega_1 B}{(1-\delta B)} x_{t-1} + (1-\theta B)a_t$$

$$(1 - \phi B)x_t = \alpha_t$$

여기서 $\omega_0 = 1,\ \omega_1 = -2,\ \delta = 0.5,\ \varphi = 0.4,\ \theta = 0.2,\ \sigma_a^2 = 0.53$ 그리고, $\sigma_\alpha^2 = 0.35$ 이다.$x_t$와 $y_t$에 대한 최종 몇개의 자료는 다음과 같다.

| $t$ | $x_t$ | $y_t$ |
|---|---|---|
| 98 | 1.2 | 10.4 |
| 99 | 1.6 | 10.0 |
| 100 | 2.0 | 9.5 |

$l=1$, 2와 3에 대한 예측값 $\widehat{y_{100}}(l)$과 이들의 예측오차분산을 구하시오.

# 찾아보기

## 저자 소개

### 김 연 형

성균관대학교 통계학과 졸업
성균관대학교 대학원 졸업
전북대학교 대학원 졸업(경제학 박사)
전주대학교 이부대학장, 통계연구소장, 전자계산소장,
경상대학장, 기획조정처장, 대학원장, 교수협의회 의장 역임
현재 전주대학교 여론정보 통계학과 교수

**<논문 및 저서>**

- 노동통계조사의 표본설계에 관한 연구
- Box-Jenkins 모형설정에 의한 예측
- 경기순환의 주기추정에 관한 스펙트럴 분석
- 통계학(탑출판사, 1983)
- 표본이론(공저) (박영사, 1986)
- 수리통계학(역) (형설출판사, 1987)
- 통계적 방법(경문사, 1988)
- 스팩트럴분석 입문(공저) (자유아카데미, 1988)
- 통계학 개론(형설출판사, 1992)
- 통계자료분석(공저) (자유아카데미, 1993)
- 통계조사방법과 응용(공저) (자유아카데미, 1996)
- 통계학의 이해와 응용(형설출판사, 2004)
- SPSS와 사회과학 자료분석(공저) (교우사, 2006)
- 고객관계관리와 데이터마이닝(공저) (교우사, 2006)
- 통계학의 개념과 응용(교우사, 2006)
- 별이 내리는 마을에서 길을 묻다(월인, 2009)
- 고객관계관리원론(교우사, 2009)



**PASW(SPSS) 시계열 분석**

2012년 2월 25일 초판 1쇄 발행

저 자 / 김연형
발행자 / 오판근
발행처 / 교우사

주 소 / 서울 동대문구 약령시로 8 교우빌딩 2층
전 화 / 925-2861~2, 편집부 / 925-2825
팩 스 / 925-2860

E-mail / kyowoo@kyowoo.co.kr
http://www.kyowoo.co.kr

등록 / 1994. 3. 24 제6-0256호

ISBN 978-89-8172-915-8 (93310)

값 24,000 원